U0905958

福州市文物志

福州市文物局 编　吴聿建 主编

海峡出版发行集团 | 福建人民出版社
THE STRAITS PUBLISHING & DISTRIBUTING GROUP | FUJIAN PEOPLE'S PUBLISHING HOUSE

凡例

一、本志以马克思列宁主义、毛泽东思想、邓小平理论、“三个代表”重要思想、科学发展观、习近平新时代中国特色社会主义思想为指导，坚持辩证唯物主义和历史唯物主义立场，全面、系统地记述福州市文物事业的发展状况。

二、本志以现行行政区域为记述范围，历史上曾隶属于本行政区域今已划出的，除建置外，一般不作记述。

三、本志所记述的时间上限尽可能追溯至事物的发端，下限截至2019年12月31日。

四、本志采用述、记、志、图、表等体裁，全志除《大事记》《附录》外，分为《全国重点文物保护单位》《古遗址》《墓葬》《古建筑》《石刻、雕刻》《近现代重要史迹及代表性建筑》《红色文物》《可移动文物》《历史文化名城》《机构设置》10章，41节。

五、本志所记述的文物，以福州地区第三次全国文物普查和第一次全国可移动文物普查所形成的文物普查资料为主要依据，同时参考有关文献及其他调查、研究成果。

六、本志历史纪年，民国以前的朝代，采用年号记述，用汉字书写，以括号注公元纪年；民国时期，用阿拉伯数字书写，以括号注公元纪年；新中国成立后，采用公元纪年，用阿拉伯数字书写。引用内容的历史纪年，不注公元纪年。

七、本志各章节内容，按区域划分，以鼓楼区、台江区、仓山区、晋安区、马尾区、长乐区、高新区、福清市、闽侯县、连江县、闽清县、罗源县、永泰县的顺序编排条目。

八、本志的资料，来源于地方文献、历史档案、统计资料，以及各种史志、家谱、报刊、调查等，均经甄别、核实后载入，不再注明出处。

前 言

福州历史悠久，文化积淀丰厚，具有 2200 多年建城史。早在 7000 多年前，先民已在这块土地上繁衍生息，源远流长的历史为福州留下丰富的文物资源。

2007 年至 2011 年开展第三次全国文物普查。福州市现有不可移动文物 4746 处，其中全国重点文物保护单位 25 处，省级文物保护单位 131 处，市级文物保护单位 101 处，县（市）区级文物保护单位 532 处。全市现存古遗址 264 处，其中秦汉以前的文化遗存 100 处，包括新石器时代 13 处，青铜时代 87 处。现存古墓葬 365 处，其中帝王陵寝 1 处，即晋安区新店镇战坂村五代闽王墓，现存明张经墓、清林则徐墓、清陈季同墓等名人或贵族墓 149 处。福州传统古建筑类型丰富，包括民居、园林、祠堂、会馆、书院、宫观、廊桥、桥梁、街亭、商铺等，其基本特点始终是以木构架为结构主体，以单体建筑为构成单元。全市共有摩崖石刻与造像、碑刻 287 处，字体有篆、隶、草、楷、行书，形式有榜书、题名刻、纪游刻、记事刻、诗刻、祈福刻等，其中最早的摩崖石刻为乌石山唐大历七年（772）李阳冰篆书《般若台记》。全市现存红色文物 86 处，其中省级文物保护单位 9 处、市级文物保护单位 2 处、市政府挂牌保护的文物 3 处，县（市）区级文物保护单位 35 处。

2013 年 6 月至 2016 年 9 月，根据国家和省文物局统一部署，福州市开展了第一次全国可移动文物普查工作，对全市2896个国有单位的文物收藏情况进行摸底、核实、汇总，基本摸清我市国有单位可移动文物总体情况，并以此为基础，建立国家文物身份证制度，建设可移动文物资源数据库，全面提升福州市可移动文物保护管理水平。经普查，福州市共有国有文物收藏单位39家（不含省属单位），文物藏品总数24923件/套，其中一级文物23件/套，二级文物101件/套。文物类别涵盖陶瓷器、寿山石雕、字画、青铜器、丝织品、玉器、漆器、古家具、古木雕等，种类丰富，品种齐全，样式精美，其中以寿山石雕、漆器、字画、丝织品和沉船出水文物最具地方特色。

1986年，福州市被国务院公布为第二批国家历史文化名城。福州市深入挖掘国家历史文化名城的价值、特色与内涵，全力推进文物保护工作，全面梳理历史记忆、古城符号和福州元素，探索创新文化遗产保护和城市建设的协调关系，在加快实施名城历史记忆工程，持续推进三坊七巷、朱紫坊、上下杭、烟台山等历史文化街区（风貌区）和名镇名村保护修复等方面均取得了可喜成绩。现有中心城区历史地段24处，包括历史文化街区3处、历史文化风貌区8处、历史建筑群13处，其中三坊七巷历史文化街区被誉为明清建筑博物馆，名列“中国十大历史文化名街”榜首，被授予国家5A级旅游景区。有历史文化名镇名村23处，其中国家级6处，省级 17 处。

回溯新中国成立以来福州市 70 年的文物保护发展历程，福州市文物事业从无到有，而今蒸蒸日上。文博机构、队伍逐步建立、健全、完善，形成市、县（市、区）、乡（镇、街道）三级文物保护管理网络。文物保护经费逐年增加，全社会文物保护意识日益增强，文博事业取得可喜成就。尤其是习近平总书记任职福州市委书记期间，提出文物保护“四个一”，其中包括成立于 1995 年的市文物管理局，极大地促进福州市文物博物馆事业的发展。同时我市还相继建设了一批博物馆，至 2019 年底，市直文博系统下属有福州市博物馆（包括市博物馆、福州文庙、华林寺大殿、福州辛亥革命纪念馆、邓拓故居、闽王祠、福州市海上丝绸之路展示馆、陈绍宽故居），福州市林则徐纪念馆（包括林则徐出生地、林则徐故居和林文忠公祠），福州市文物考古工作队。各县（市）区均设立专门的国有博物馆，共计 14 家，实现每个县（市）区至少拥有 1 家国有博物馆。此外，我市还积极推进非国有博物馆发展，现有经省文物局备案成立的非国有博物馆 7 家。

新中国成立至今，福州市尚无一部全面系统反映全市文物全貌的专著。2014 年，市文物局以福州地区第三次全国文物普查和第一次全国可移动文物普查所形成的文物普查资料为主要依据，同时参考有关文献及其他调查、研究成果，对全市范围内各类文物进行系统整理，并按专业志书体例编纂《福州市文物志》。经过六年多艰苦细致的工作，《福州市文物志》终于编纂完成，这是我市文物工作的重要成果。作为福州市第一部文物志，该志书体例完备、资料翔实、内容丰富，称得上福州地区历史宝藏地图。

《福州市文物志》共分 10 章 41 节，收录古遗址 49 处、墓葬 44 处、古建筑（含寺、庙、观、书院、祠堂、会馆、民居、塔、桥、井、牌坊、古园林等）247 处、石刻雕刻（含摩崖题刻、碑刻、造像等）49 处、近现代重要史迹及代表性建筑 27 处、红色文物 25 处、可移动文物 274 件 / 套，全面展现福州市现有文物的整体面貌。我们期待《福州市文物志》的问世，能让广大读者在了解福州地区文物资源的同时，进一步热爱祖国优秀传统文化，爱上福州这座古城。为子孙后代留下宝贵的历史文化遗产，让我们一起行动吧！

编 者

2020 年 10 月

目录

第四章　古建筑 / 139

第一节　寺庙、庵堂、道观 / 141

第六章　近现代重要史迹及代表性建筑 / 227

大事记

□史前时期（含商、周）

◎距今约 7000 年前的新石器时代平潭壳丘头遗存、距今 5500 至 4000 年前的闽侯昙石山文化遗存，都是福建海洋文明发祥地的证据。

◎距今 3000 年前的闽侯黄土仑遗存，是具有福建特色的商周文化。

□春秋战国

◎史称欧冶子在福州城内冶山以北设冶灶，铸造铜刀、剑等器物。冶址旁有水，称欧冶池。

◎战国晚期　越王勾践后裔无诸在福州自立为闽越王，并在今福州北部新店一带修筑小土城，成为闽越族的首领。

□秦

◎始皇二十六年（前 221）　秦设闽中郡，废无诸闽越王称号，改为君长。闽中郡范围包括今福建全省及浙江南部，江西、广东的部分地区。

□汉

◎高祖五年（前 202）　刘邦以无诸助汉灭秦破楚有功，复立他为闽越王，统治闽中故地，建都东冶（简称“冶”，即今福州城区）。无诸在福州屏山（亦称越王山）东南麓冶山（即泉山）一带建城，称冶城。

◎元封元年（前 110）　汉廷发兵平叛，命朱买臣、韩说、杨瑛、王温舒和越侯等领兵入东冶（今福州），东越繇王居股杀余善，“以其众降”，闽越国历 92 年而亡。汉朝廷迁闽越人于江、淮之间，冶地遂虚。

◎始元二年（前 85）　汉朝廷在今福州立冶县。

◎永和六年（141）　汉廷在冶县设都尉，也称东部都尉。

◎建安元年（196）　冶县改名侯官县，商升任侯官长。

□三国

◎吴孙权年间（222—252）　吴遣名将潘璋入闽，设温麻船屯（今连江）造船。

◎吴永安三年（260）　设建安郡（治在今建瓯市），侯官县属之。

◎吴景帝年间（258—264）　在侯官县设典船校尉，址在今鼓楼区开元寺东直巷。

□两晋—南朝

◎西晋太康元年（280） 城西北建第一座佛寺——药山寺。

◎西晋太康三年（282） 分建安郡部分地立晋安郡，郡治设在侯官县。首任郡守严高在越王山南麓建郡署，筑子城。

◎同年 废典船校尉，设立原丰县。

◎同年 严高在城北凿挖西湖、东湖，广溉农田。

◎西晋末年（291—306） 中原动乱，“衣冠南渡，八姓入闽”，带来中原先进生产技术和文化。

◎东晋太和二年（367）《光孝观于山碑记》为福州最早的碑刻。

◎东晋太元十九年（394）太守陶夔撰《闽中记》，是为福州首部方志，后佚。

◎宋元嘉二年（425） 昌国郡（由晋安郡改称）太守阮弥之“教稼穑，兴学校，家有诗书，市无斗嚣”，为福州官方办学之始。

◎梁大通元年（527） 金鸡山西麓建法林尼寺，是为福建最早的尼庵，即今地藏寺。

◎太清三年（549） 侯官芝山南麓建灵山寺，唐开元二十六年（738），改称开元寺。

◎永圣三年（554） 长乐五峰建西山寺，唐百丈禅师落发于此，即今龙泉寺。

◎陈光大二年（568） 以晋安郡置丰州，州治仍在侯官。

□隋

◎开皇九年（589） 侯官县并入原丰县，属丰州（今福州）；后因州治有泉山，丰州改名泉州。

◎开皇十二年（592） 原丰县改为闽县。

□唐

◎武德六年（623） 闽县分部分地再置侯官县。

◎贞观二年（628） 在今鼓楼区安泰桥附近建清真寺。

◎开元十三年（725） 以州西北有福山（或为今保福山），改闽州为福州，沿用至今。

◎天宝八年（749） 乌石山南麓依岩刻佛像，是为福州最早的摩崖造像。

◎大历七年（772） 乌石山华严岩刻李阳冰篆书“般若台记”，是为福州最早的摩崖题刻。

◎大历八年（773） 福建观察使李椅在今圣庙路建福州学官，提倡教化；继任常衮大兴文教，广设乡学。

◎建中四年（783） 灵峤法师在鼓山创建华严寺，是为鼓山兴寺之始。

◎贞元五年（789） 禅宗弟子正幹自曹溪回闽，结庵福清黄檗山，是为黄檗寺之始。

◎贞元十年（794） 闽县陈通方中进士，是福州历史上第一名进士。

◎贞元十二年（796） 西郊怡山建冲虚观，即今西禅寺之始。

◎贞元二十年（804） 日本僧人空海渡海来唐，遇风在长溪赤岸（今霞浦）登岸，进福州城，居开元寺。

◎元和八年（813） 刺史裴次元在州城内冶山东麓开辟马毬场，建山亭并作《毬场山亭诗刻自序》，观察推官冯审作《毬场山亭记》碑。

◎咸通十一年（870） 义存和尚至雪峰，里人谢仿等为其诛茅结庵，是为雪峰建寺之始。

◎元德元年（888） 永泰大洋高盖山建高盖名山院。

◎天复元年（901） 福建威武军节度使王审知修筑罗城，周围四十里，城砖印有钱纹图案。

◎天祐元年（904） 王审知在于山南麓建报恩定光多宝塔（俗称白塔）。

◎同年 闽王王审知为义存筑枯木庵并修水池。

◎同年 王审知始刻徐寅《钓矶集》，为福州刻书之始。

◎天祐三年（906） 敕立琅琊郡王德政碑于闽王府第前，即今闽王祠前院。

□五代闽国

◎后梁开平二年（908） 王审知筑南北夹城，屏山、乌石山、于山等三山始围入城内。

◎开平四年（910） 王审知修浚西湖，湖周扩至四十里。

◎龙德元年（921） 王审知置四门学，奠定福州文教基础。

◎长兴四年（931） 王延钧称帝，改号龙启，建立“五代十国”中的闽国。

◎后晋天福六年（941） 王延曦在乌石山南麓唐贞元无垢净光塔旧址，建成崇妙保圣坚牢塔（俗称乌塔）。

◎后汉天福元年（947） 王审知府第改建为忠懿王庙，即闽王庙，今称闽王祠。

□宋

◎乾德二年（964） 吴越国郡守鲍修让在越王山南麓建越山吉祥禅院（明代赐额

华林寺），华林寺大殿为长江以南现存最早的木构建筑。

◎太平兴国二年（977） 北郊兴建崇福寺。

◎太平兴国三年（978） 吴越向宋朝廷纳土，福州归宋统治。宋太宗下诏铲平福州历代城垣。

◎景祐六年（981） 以闽县敦业里等九乡设怀安县，县衙设今淮安村。

◎大中祥符至元祐年间（1012—1092） 福州人陈襄、周希孟、陈烈、郑穆等提倡理学，奠定"闽学"基础，称"海滨四先生"。

◎嘉祐元年（1056） 蔡襄再知福州，整治西湖，并疏浚乐游桥以北外城城壕，灌溉农田。

◎嘉祐八年（1063） 许将考中状元，是福州历史上第一位状元。

◎治平二年（1065） 张伯玉知福州，令编户植榕，绿荫满城，"榕城"之名更著。

◎熙宁元年（1068） 程师孟知福州，修复子城。

◎熙宁二年（1069）夏 扩建子城，于宣毅营北将军山下，发现唐元和八年（813）冯审《毬场山亭记》碑，移置"郡中日新堂之西庑"，知州程师孟为之题记。

◎熙宁十年（1077） 曾巩知福州，作《道山亭记》。

◎元丰五年（1082） 城门梁厝龙瑞寺烧制两座千佛陶塔，匠师高成。

◎元丰六年（1083） 福州开元寺铁佛铸成。

◎政和二年（1112） 福州开元寺开始刻印《毗卢大藏经》，至乾道八年（1172）完成，计6263卷，567函，是全国有名的佛藏。

◎政和三年（1113） 福清海口兴建螺江桥，历时10年竣工，后改称龙江桥。

◎政和六至七年（1116—1117） 遵宋徽宗命，福州知州黄裳在闽县九仙山万寿观（即今天君殿）监雕《政和万寿道藏》，计5481卷，分装540函运进京师，是为中国最早官版雕印的道教总集。

◎政和七年（1117） 长乐兴建圣寿宝塔，俗称三峰寺塔。

◎建炎三年（1129） 西外宗正司移驻福州太平寺（今开元寺）。

◎建炎四年至绍兴十年（1130—1140） 抗金名将李纲三度遭贬，均住福州。绍兴十年正月上元节，逝于仓山楞岩精舍，葬怀安桐口大嘉山。

◎绍兴二十九年（1159） 陆游从宁德主簿调任福州决曹，曾游南台、天庆观、塔崎顶、余深宅等，留下诗文。

◎隆兴至庆元年间（1163—1200） 朱熹及其门徒黄榦，先后在福州创办紫阳、濂江、高峰、龙津等书院，宣扬理学，集闽学之大成。

◎淳熙九年（1182） 梁克家再知福州，修纂《三山志》，是为现存最早的福州志书。

◎淳熙十年（1183） 赵汝愚知福州，疏浚西湖，建澄澜阁。

◎绍熙四年（1193） 辛弃疾知福州，留下《七闽之什》词一卷。

◎淳祐年间（1241—1252） 福州女子陈靖姑被敕封“顺懿夫人”，民间奉为“救产保赤”女神，影响及于闽、浙、粤、台，以至东南亚、美、欧。

◎德祐二年（1276） 宋皇室赵昰在福州登基，是为端宗，年号景炎，以福州为行都。

□元

◎至元三十一年（1294） 福建平章政事高兴主持修建西水关水闸。

◎大德二年（1298） 意大利旅行家马可·波罗到福州，所作《游记》，载有“福州王国”“福州城”“侯官城”等章节。

◎大德七年（1303） 南台万寿寺头陀王法助倡造闽江石桥，近二十年桥成，称“万寿桥”，俗称大桥（即今解放大桥）。

◎至正年间（1341—1368） 福清人吕伯恭鸠集工匠在瑞岩山岩体上雕造弥勒佛像，被誉为“江南第一佛”。

□明

◎洪武四年（1371） 驸马都尉王恭奉命修城，以石砌城垣，北跨越王山，就山巅建城楼，称“样楼”（后称镇海楼）；城南绕乌石山、于山，称府城。明、清两代多次修建。

◎洪武十二年（1379） 怀安县署从石岊（今建新镇淮安村）移至城内。

◎永乐三年至宣德八年（1405—1433） 二十八年间，郑和七次下西洋，船队均进入福州港（时称太平港）候风补给，增添兵勇，而后扬帆远航。

◎永乐十五年（1417） 灵济宫修建。

◎成化十年（1474） 福建市舶司从泉州移驻福州。

◎成化二十一年（1485） 黄仲昭在福州于山九仙观东轩编纂《八闽通志》，弘治二年（1489）定稿。

◎嘉靖三十四年（1555） 张经率军抗倭，获后塘湾、王江泾大捷，称为“东南战功第一”。

◎嘉靖四十一年（1562） 戚继光率军由浙入闽，抗击倭寇，获三次大捷，终于平定沿海倭患。

◎万历八年（1580） 怀安县并入侯官县。

◎万历十六年（1588） 连江含光寺兴建含光塔。

◎万历二十二年（1594） 长乐人陈振龙由吕宋（今菲律宾）携带番薯种苗回福州，试种成功，予以推广。

◎万历三十一年（1603） 陈第赴台湾，写成《东番记》，为现存最早介绍台湾风土民情的著作。

◎同年中秋 福州府推官阮自华邀屠隆等七十余人，在乌石山凌霄台观看昆剧；次日晚，曹学佺又邀屠隆等观看曹家班（“儒林班”）用福州方言演出的地方戏剧，是为闽剧之滥觞。

◎万历三十四年（1606） 福清兴建瑞云塔，李邦达设计，历时十年竣工。

◎万历三十七年（1609） 福州船户、乡民集资修建仓前桥（石构），即江南桥。乾隆十六年（1751），福清何际逑兄弟捐资重建。

◎天启四年（1624） 叶向高邀请意大利耶稣会传教士艾儒略来闽传教；数年后，艾儒略在城内宫巷建成三山堂，是为福州第一座天主教堂。

◎崇祯元年（1628） 叶长青为纪念祖父叶向高两度任首辅的殊荣，在福清县城利桥街兴建“黄阁重纶”坊。

◎弘光元年（1645） 明唐王朱聿键在福州登基，改福州为“福京”，年号隆武。

□清

◎顺治十一年（1654） 福清隐元和尚东渡日本传法，带去建筑、书画、音乐等中国文化，尤以佛教文化对日本影响巨大，形成黄檗宗。

◎康熙二十三年（1684） 福州设闽海关，为中国设立海关之始。

◎康熙四十一年至四十五年（1702—1706） 闽县人陈梦雷编纂《古今图书集成》，是中国现存最大型类书。

◎康熙四十六年（1707） 福建巡抚张伯行创办鳌峰书院，先后有蔡壁、林枝春、朱仕琇、郑光策、孟超然、陈寿祺、林春溥、郭柏荫、陈宝琛等任山长。

◎乾隆六十年（1795） 沈绍安采用“夹纻”制作技术创制福州脱胎漆器，后成中国工艺品“三宝”之一。

◎嘉庆二十年（1817） 总督汪志伊、盐法道孙尔准在凤池里建圣功书院。道光元年（1831）改名凤池书院，赵在田、魏敬中、陈璧等任山长。

◎嘉庆年间（1796—1820） 福州出现折枝诗（又称诗钟），晚清迅速发展，风靡全国，传布海外，福州因此有“诗钟王国”之称。

◎道光九年（1829） 林则徐丁忧在籍时，倡浚西湖，并建李纲祠于西湖荷亭池北皇华亭旧址，取名“桂斋”。

◎同年 陈寿祺受命编纂《福建通志》，历十四年完稿，后于同治末年出版。

◎道光二十四年（1844） 根据中英《南京条约》，福州辟为“五口通商”口岸；此后，福州港渐成世界著名的“茶港”。

◎道光二十五年（1845） 英国在仓山率先设立驻福州领事馆。

◎同治五年（1866） 闽浙总督左宗棠在新美里（今黄巷）创正谊书局，以校刊理学总集。

◎同年 左宗棠、沈葆桢在马尾创办福建船政，建船厂、办学堂，制造船舰，培养人才，发展近代工业，成就巨大。

◎同治九年（1870） 正谊书局迁至凤池里，改为正谊书院，林鸿年、叶大焯、陈宝琛、陈衍、吴曾祺等任山长。

◎同治十三年（1874） 船政大臣沈葆桢奉旨率舰赴台，开展保台、抚台，逼退日本军队，而后提出开发台湾方略，被誉为“台湾近代化之父”。

◎光绪十年（1884）七月 法国舰队非法侵入福州港，挑起中法马江海战。清廷忍让，贻误战机，福建水师英勇抗敌，殉难将士700余人，葬于马尾昭忠祠畔。

◎光绪二十二年（1896） 黄乃裳在福州发行福建近代第一张报纸《福报》；后三年，率领福州乡人1000余人到马来西亚诗巫开发“新福州”垦场，成为一代侨领。

◎光绪二十四年（1898）四月 严复译著《天演论》出版，在全国产生巨大影响，成为近代中国启蒙思想家。

◎光绪二十八年（1902） 林白水、黄展云、方声涛、郑权等在文儒坊卢家祠创办蒙学堂，提倡新学。

◎同年 布政使周莲、盐法道鹿学良合并凤池书院、正谊书院创建“全闽大学堂”，聘叶在琦为总教习。

◎光绪三十一年（1905） 始建林文忠公祠于澳门路。

◎宣统三年（1911）三月二十九日 福州同盟会会员林文、方声洞、林觉民、林尹民、陈更新、陈与燊、陈可钧、冯超骧、刘元栋、刘六符等在广州起义中英勇牺牲，葬于黄花岗七十二烈士墓。史称“福建十杰”。

◎同年 11 月 9 日 在武昌起义影响下，福建同盟会武装起义成功，福州光复。

□民国

◎民国元年（1912）4 月 20 日 孙中山来到福州，慰问辛亥革命志士和广州起义烈士亲属，接见各界代表，发表演讲。

◎民国 10 年（1921） 近代启蒙思想家严复病卒于郎官巷，葬于福州南台岛阳岐山。

◎民国 15 年（1926）秋 中共中央特派员王荷波在福州指导地委工作，开展统战，发动工农。并推动共产党、国民党和海军三方的“马江会议”，调动海军拦截军阀张毅部于闽江南岸。于 12 月 2 日，迎接北伐军进入福州城。现存马尾区的潮江楼为当年旧址。

◎民国 18 年（1929）6 月 福州西湖桂斋建林则徐读书处、禁烟亭。

◎民国 21 年（1932） 闽侯县名胜古迹古物保存会重浚欧冶池，修复冶山古迹。

◎民国 21 年（1933）11 月 20 日 十九路军将领陈铭枢、蒋光鼐、蔡廷锴等发动“福建事变”（简称“闽变”），成立“中华共和国人民革命政府”，打出联共抗日反蒋的旗帜，以福州为临时国都，后失败。

◎民国 27 年（1938）2 月 新四军驻福州办事处成立，址设安民巷，主任王助。

◎同年 5 月 23 至 25 日 李良荣率部在闽侯大湖阻击向内地进犯的日军，获大捷，副团长郭志雄壮烈牺牲。

◎民国 35 年（1946）1 月 1 日 福州市政府正式成立，黄曾樾任代理市长，址仍设鼓西路东口北侧。

□中华人民共和国

1949 年

◎ 8 月 17 日 中国人民解放军解放福州。

◎ 10 月 福州市人民政府教育局成立，设教育科，管理教育和文化。

◎ 12 月 25 日 福建省革命文物搜集委员会在福州成立。

□ 1950年

◎7月2日至4日　为纪念中国共产党建党29周年，中共福建省委在福州举办“福建革命历史文物展览会”。

◎8月10日　省文教厅发出《妥善保护文物古迹的通知》。

◎同月　省文教厅副厅长廖华到福州东郊横屿调查，发现一批史前彩陶和石器。

◎9月　福建省文化古物保管委员会在福州成立，张鼎丞任主任委员，陈辛仁、廖华任副主任委员。

◎10月1日　省文教厅设立文物保管处，址在福州文庙。

□ 1951年

◎2月27日　省人民政府发出《关于执行政务院保护古文物与征集各项法令的补充通知》。

◎3月　福州市人民政府教育局改为市人民政府文教局。

◎是年　省人民政府拨款修缮白塔，加固塔身，更换塔上木桩悬梯。

□ 1952年

◎是年　懒安禅师塔内真心铭于西郊出土，移置西禅寺。

□ 1953年

◎4月10日　省政府文教委员会、财政经济委员会和文物管理委员会联合发出《关于配合本省经济建设保护文物古迹的通知》。

◎同月　福州市人民政府文化事业管理处（简称市文化处）成立。

◎5月　省文管会在文物调查中发现福州屏山华林寺大殿、乌石山李阳冰《般若台记》、乌石山石塔、于山白塔、《恩赐琅琊郡王德政碑》、于山大士殿男相观音碑、《李忠定公祠碑记》等七处文物史迹。

◎6月15日　省政府发布《福建省关于保护文物古迹管理办法布告》。

◎是年　省文管会派员先后到福州、连江、罗源、闽侯等地进行文物古迹调查。

□ 1954年

◎1月7日　省文管会调查组在闽侯县第七区甘蔗恒心联乡修筑闽江防洪堤取土工

程中，首次发现昙石山新石器时代遗址，随后又发现庄边山等史前遗址。

◎ 3 月　华东文物工作队副队长、南京博物院保管部主任尹焕章和宋伯胤等来闽考察昙石山遗址，认为遗址内涵比较丰富，有研究价值，决定组织力量进行考古发掘。

◎ 4 月 12 日至 19 日　由华东文物工作队尹焕章、宋伯胤和省文管会文物组组成闽侯县昙石山挖掘小组，试挖探沟二道，出土石、陶、骨、蚌器等一批文物。厦门大学教授林惠祥参加。

◎ 12 月　文化部副部长兼文物局局长郑振铎来闽视察，发现《榴花梦》部分抄本。

□ 1955 年

◎ 1 月 30 日　市人民政府拨款修复福州西湖荷亭、林则徐读书处等古迹。

◎ 11 月 30 日　省人民委员会拨专款 7000 元维修华林寺大殿。

◎同月　省文管会调查发现福州新店浮村新石器时代遗址。

□ 1956 年

◎ 2 月　省人民委员会发出《切实做好保护文物古迹的通知》。

◎同月　省文化局、水利局、文管会联合发出通知，要求各地在水利建设工程中保护文物。

◎ 6 月 25 日　省人民委员会发出《关于颁布本省文物古迹保护单位名单希作出标志切实加以保护的通知》，公布保护单位 56 处，其中福州地区 19 处。

◎ 6 月 29 日　按照福州市副市长严叔夏指示，市文化处启动调查乌石山石塔（乌塔）保护工作。

◎ 12 月　市文化处通过 167 个单位重点调查，提出 40 处文物保护单位上报审定。

◎是年　文化部和省人委拨出专款修缮华林寺大殿、乌塔、白塔，及《贞元无垢净光塔碑铭》《恩赐琅琊郡王德政碑》。

□ 1957 年

◎ 1 月 7 日至 3 月 19 日　省文管会试挖掘福州新店浮村遗址，开 4 个探方，揭露面积 90 平方米。发现上层为汉闽越国时期遗存，出土大量绳文板瓦；下层为青铜时代遗存，出土石镞、石斧、石锛、石刀、印纹硬陶片、陶纺轮、陶网及兽骨。

◎ 1 月　省文管会在福清东张水库淹没区发现白豸寺新石器时代遗址。

◎1月26日 北郊新店乡浮村山发现闽越国时期遗址一处，出土文物有石器、陶器、建筑遗存等，称为浮村遗址。

◎2月15日 省人委颁布第二批文物保护单位名单共52处。市人委转发省人委《关于加强文物保护工作的通知》，市文化处转发给三个城区和各建筑单位。

◎6月13日 省人委拨款42000元，修缮加固乌塔。

◎10月 省委宣传部、老区办公室、市文化处在福州西湖公园展览馆联合举办“福建革命文物展览”。

□ 1958年

◎1月 《考古》1958年第1期发表《南福铁路工程中福州附近的考古发现》。

◎2月 《考古学报》1958年第2期发表《福州北郊浮村遗址的发掘》。

◎3月28日至6月15日 省文管会组织发掘福清东张新石器时代遗址，发掘1500平方米，出土石器1251件、陶器366件、陶片30万片。

◎同月 鼓屏路东侧发现唐冯审《球场山亭记》残碑。

◎4月至12月 省文管会开展第一次全省文物普查。

◎4月26日 省人委发布《福建省保护文物奖惩暂行办法》。

◎4月 市文化处、市商业局根据省文化局、省供销社的联合通知，发出《关于在废品收购中加强对古铜器、革命文物、古旧书刊、字画的保护工作的联合通知》。

◎同月 省文化局发出《关于建立县博物馆的初步意见》。

◎同月 省文化局发出《关于保护革命文物和普查建立革命纪念馆的通知》。

◎同月 福州市文物史料研究小组成立，邀请郑贞文、郑丽生、萨士武、黄曾樾、潘守正、翁春雪、陈子奋、林石庐、林汾贻、杨湘衍、刘永清、蔡辉煌、徐天胎、盛宝清、萨福简、王铁藩、陈铎等参加。

◎8月 福州市文化处更名为福州市文化局。

□ 1959年

◎1月 省文管会编印《福建省文物保管单位分级管理名单目录》，福州市有30处列入。

◎4月 《考古》1959年第4期发表《闽侯荆山 杜武南朝 唐墓清理记》。

◎7月28日 闽侯荆溪发现汉代土坑墓2座、砖墓室6座，出土陶瓷、铜器、铁器共百余件。

◎ 12 月 23 日至次年 1 月 5 日 闽侯县石山遗址进行第二次发掘。

□ 1960 年

◎ 1 月 省文管会在闽侯竹岐榕岸庄边山发现新石器时代墓葬及战国末西汉初大型土坑墓。

◎ 3 月 24 日 省文管会在闽侯第三次昙石山遗址发掘中，清理出新石器时代墓葬一座。

◎ 3 月 市文化局开始筹建林则徐纪念馆。

◎ 5 月 17 日 闽侯县昙石山发掘出福建省第一具原始社会末期完整的女性人骨架。

◎ 7 月 省文管会联合厦大历史系人类博物馆，对昙石山遗址进行第四次发掘，出土陶器等 321 件、陶片 15757 片。

是年 林家溱、林筱舟、林冰如、林健基、钱家濂等捐赠一批林则徐文史资料，现存于市林则徐纪念馆。

□ 1961 年

◎ 1 月 31 日 林祥谦烈士灵柩迁葬于闽侯枕峰山祥谦陵园。

◎ 3 月 4 日 国务院颁布《文物保护管理暂行条例》。

◎ 5 月 10 日 省人委公布第一批省级文物保护单位共 61 处，其中福州市 9 处：华林寺大殿、崇妙保圣坚牢塔、闽王墓、张经墓、林则徐墓、鼓山摩崖题刻、乌石山摩崖题刻及造像、恩赐琅琊郡王德政碑、李忠定公祠堂记。

◎ 7 月 市人委公布第一批市级文物保护单位，有白塔、闽王祠、戚公祠、林则徐祠堂等 24 处。

◎ 10 月 省文化局拨款 3000 元，修缮林则徐墓、张经墓。

◎是年 收集古字画 2000 多件、其他文物近万件，编印《福州文史资料》等 8 册（油印本）。

□ 1962 年

◎ 1 月 福州市文物管理委员会成立（以下简称市文管会），主任苏里，副主任陈高文、韩正博。

◎4月　市委指示："保护民族文化遗产工作，丰富广大人民群众文化生活，逐步修缮开放名胜古迹。"市文管会调查文物古迹、游览区32处，并提出分期分批修复的意见。

◎4月12日　洪山桥发现宋墓一座，出土寿山石俑20多件。

◎4月16日　市文管会调查发现怀安南朝窑址和古寨址。

◎6月　市文管会发出《关于在风景区建筑物上任意涂抹的恶劣行为通报》，批评福州十九中、福州制药厂等27个单位。

◎6月5日　市文管会在西湖宛在堂举办林则徐生平事迹陈列。其间，征集到一批林则徐真迹。

◎10月　省军区将马尾昭忠祠移交还福州市人委。

◎11月　市文管会从福州军区对敌工作部收回闽王祠，经市房管局办理移接手续。

□ 1963年

◎元旦、春节　先后开放西湖、鼓山、开元寺、法海寺、西禅寺、崇福寺、青芝寺、金山塔寺、乌塔、罗星塔等一批文物景点。

◎3月　修缮西禅寺明远阁、林则徐祠堂碑亭、开元寺，并重修张经墓。

◎5月23日　省、市拨款11000元，动工修复闽王祠。

◎7月　市人委批准由市文管会向市房产公司接管白塔寺；白塔寺修复后，交由福州图书馆使用。

◎7月26日至8月3日　市文管会在罗源进行文物调查，发现圣水寺石刻、栖云洞十八罗汉石雕像、起步窑址、匹岩寺等。

◎9月　闽侯县石山遗址进行第五次考古发掘。

◎同月　省文管会拨款2000元修缮闽王墓墓表；市人委拨款修复戚公祠、真龙庵和马尾罗星塔、昭忠祠。

◎是年　市文管会调查福州长安山、白泉庵、金鸡山、吉祥山一带琉球墓。

◎是年　福州市文物管理委员会设立办公室。

◎是年　编印《林则徐资料汇编》一辑。

□ 1964年

◎5月1日　于山戚公祠对外开放；同日，于山大士殿二进开始修缮。

◎ 7 月 马尾罗星塔大修后，辟为罗星山公园。

◎ 9 月 11 日至次年 8 月 省博物馆第六次发掘闽侯昙石山遗址，出土石器 221 件、陶器 326 件、陶片 16983 片、骨器 34 件、蚌器 49 件，以及完整人骨架多具。

□ 1965 年

◎ 2 月 市文管会在怀安调查南朝古窑址，并发现巴掌山汉代土坑墓。

◎同月 省、市文管会在新店塔仔兜发掘闽王王延钧妻刘华墓，出土墓志铭、一批陶俑（含女官、宫女俑、十二生肖俑和蛇身人首俑等）、孔雀蓝釉陶瓶残片，以及鎏金开元钱等。

◎ 3 月 福州北门二凤山清理南朝墓一座，出土托杯、莲花纹碗和寿山石猪二只。

◎ 4 月 市人委提出分期收回林则徐祠堂，进行陈列。

◎ 6 月 市文管会迁入于山戚公祠蓬莱阁办公。陆续收集到一批字画、寿山石和砚台等。

◎ 10 月 于山真龙庵全面修复，举办出土文物展览。

□ 1966 年

◎ 3 月至 5 月 市文管会与马尾区联合调查马尾地区百年史文物 13 处：中共马江地下联络点、印刷所、图书馆、海潮寺、天后宫炮台、三岐山炮台、马限山炮台、英国监狱、猪仔牙、天后宫、天主教堂、船厂、船坞等。

◎ 4 月 3 日 在北峰石牌江南竹村发现宋黄文肃（黄榦）墓。

□ 1967 年

◎ 5 月 14 日 中共中央发出《关于在无产阶级文化大革命中保护文物图书的几点意见》。

◎ 11 月至 12 月 市文管会同市图书馆到各区和派出所，收集到抄家上交的文物、书籍、字画等，共有线装古书 3600 余册、古字画 327 件。

□ 1968 年

◎ 1 月下旬 造反派进驻戚公祠，市文管会工作人员被赶出去，古字画散失殆尽，剩下少量古书。

□ 1969 年

◎ 12 月 24 日　市革委会决定将于山风景区划归福州警备区，停止对外开放。

□ 1970 年

◎ 10 月　市文管会、林则徐纪念馆（筹）机构撤销，文物干部下放，文物工作停顿。

◎ 12 月 26 日　福建电视台在乌石山顶修建中，唐李阳冰《般若台记》摩崖石刻遭破坏。

◎是年　省文物部门工作人员发现、清理新店胭脂山王延政墓。

□ 1971 年

◎ 10 月　市革委会决定恢复鼓山景点，成立鼓山管理所。

□ 1972 年

◎ 2 月　为接待美国客人，鼓山陈列展出《金刚血经》、康熙御笔《药师经》、《缅甸贝叶经》等经书，以及明清两代代表性经版。

◎是年　修复鼓山涌泉寺时，将城门梁厝龙瑞寺一对千佛寺陶塔移至涌泉寺前，并予重修。

□ 1973 年

◎ 3 月　进行乌塔修缮。

◎ 3 月 9 日　省、市文物干部联手在洪山桥西山工地发掘宋墓一座，获《宋承奉郎陈君孺人黄氏墓铭》。

◎ 12 月 4 日　于山天君殿改作福州市少年宫和福州市阶级斗争展览馆；大士殿改作福州市图书馆和福州市文化馆。

◎是年　北峰调查中发现林阳寺“隐山塔墓”和“云龛海会之塔”。

□ 1974 年

◎ 10 月　省博物馆对闽侯昙石山遗址进行第七次考古发掘。

◎ 11 月　省博物馆在闽侯鸿尾石佛头村发现商周时期的黄土仑遗址。

◎是年　市文教组从回收物资中获得数件青铜器，含战国时期青铜剑、南朝铜鐎斗、铜镜、铜观音、铜香炉。

□ 1975 年

◎ 1 月 6 日　省博物馆在连江县浦口镇山堂村发掘出埋藏于云居山脚 40 米处地下的独木舟，舟体完整，系樟木凿成，为战国末期产物，是福建省发现的最早独木舟。

◎ 8 月　省博物馆、厦门大学历史系对闽侯白沙溪头新石器时代遗址进行第一次发掘。

◎ 10 月下旬　省博物馆在福州新店浮仓山发掘南宋状元黄朴之女黄昇墓一座，出土服饰、丝织品 354 件、梳妆用品 48 件、墓志一合、地券一份、铜钱 25 枚，其他用品 6 件，出土大批宋代丝织品和服饰为全国罕见。

◎ 12 月　福州市革命委员会设立文化局。

□ 1976 年

◎ 1 月　市文化局清理文物，登记扇面、斗方共 1619 张。

是年　乌塔第二次修复。

□ 1977 年

◎ 10 月　建新洪塘九龙山发现赵新墓。

□ 1978 年

◎ 2 月至 3 月　省文管会发掘闽侯鸿尾黄土仑遗址，揭露面积 700 平方米，发现墓葬 14 座，出土几何印纹硬陶豆、罐、尊、壶等葬品 170 多件。经中国科学院考古所碳 14 测定，年代在公元前 1300—1500 年，约为商代晚期或西周初期。

◎ 7 月　省编委核定福州市文管会办公室编制 3 名。市文管会办公室归市文化局管理，作为文物科。

◎ 9 月 11 日　省革委会颁发《关于加强文物保护管理的布告》。

◎ 11 月 15 日　根据中共福建省委批复，福州警备区将于山文化游览区归还市委。市文化局成立修复于山工作班子，开始修复戚公祠。

◎ 11 月 27 日　福州市文物管理委员会重新成立，主任杨佈，副主任孙明、卓青。

◎ 12 月 28 日　市文管会第一次会议在于山白塔寺召开。制订 1979—1980 年文物事业发展规划；讨论重申、调整文物保护单位。

□ 1979 年

◎2月 于山游览区如期开放，戚公祠展出戚公生平，天君殿展出古字画，游人火爆。

◎3月 朱振声任市文化局文物科科长，负责市文管办日常工作。

◎4月23日 市文管会发出《关于保护欧冶池古迹的通知》。

◎4月25日 市革委会批转市文管会《关于进一步加强文物保护管理的请示报告》。

◎4月26日 市革委会同意市文管会报告，市商业局仓库撤出北峰林阳寺，年内移交宗教部门管理。

◎9月 市文管会在南台岛开展文物调查。

◎10月1日 市文管会收集福州市内、市郊的宋、元、明、清碑刻15方，在于山天君殿大殿东西两侧建立碑廊。含：宋《刘蒙伯墓碣》《陆畸妻林氏墓葬记》《绍兴年间石敢当》；元《三皇庙五龙堂欧冶池官地碑》；明《重修常衮祠记》；清《关帝像》《河口万寿桥碑记》《重修江南桥记》《安澜会馆碑记》《重修严氏宗祠碑记》《南湖郑氏祭田记》《御赐福州将军穆图善碑》汉满文各一方、《真善堂碑记》等。

◎同月 省文管会对溪头村遗址进行第二次发掘，发现墓葬42座、灰坑32个，出土石器300件。

◎同月 连江出土西汉初期梓木制的独木舟一艘。

◎12月13日 市文管会向市革委会报送《关于保护林则徐祠堂辟为林则徐纪念馆的报告》。

◎12月18日 黄乃裳纪念馆在闽清县坂东公社湖头落成。

□ 1980 年

◎2月 市文管会修复闽侯大嘉山李纲墓，砌筑围墙。

◎3月20日 市文管会从省革委会机关事务管理局接收华林寺大殿。

◎3月至6月 国家文物局委托清华大学建筑工程系教授莫宗江率研究生王贵祥、钟晓青来福州全面测绘华林寺大殿。

◎4月13日 市政府批转市文管会《关于在基本建设中加强文物保护的报告》，规定：“凡在我市范围内的各种大、中型基建项目，基建单位应事先报市文物管理部门登记，进行审查，经基本建设部门批准才得施工。”

◎ 4 月　市文管会在东山基建工地清理发掘唐砖券古墓一座，出土盘口双耳壶等 30 多件青瓷器。

◎ 5 月 20 日　连江青芝山林森藏骨塔按原样修复竣工。

◎ 5 月 29 日　市文管会发现林浦瑞迹寺附近唐代浮雕石佛像。

◎ 6 月 13 日　市政府批准成立福州市古代建筑修缮队，编制 10 名，全民所有，企业管理，自负盈亏。

◎ 6 月 28 日　福州发现宋代李纲使用的铜锏，重 3.6 公斤，上刻“靖康元年李纲制”。

◎ 7 月　日本国冲绳代表访问福州，祭扫琉球墓。

◎ 8 月 23 日　市文管会发出《关于保护鼓山摩崖题刻的通知》。

◎ 8 月 24 日　发现林则徐晚年书法碑刻 5 块，将乐石质，宽 31.5 厘米、高 20 厘米。

◎ 9 月　市文化局文物科增至 8 人：朱振声、王铁藩、杨秉纶、林洵、郑国珍、林树、钟同、江德章。

◎同月　市文物店成立，挂靠在市美术馆。

◎ 9 月 23 日至 26 日　市文管会配合福州大学基建，清理马森墓。出土马森和其妻任氏墓志铭，以及其二夫人陈妙祯尸体和随葬品。

◎ 10 月 6 日　市文管会发出《关于保护闽王庙德政碑的通知》，要求福州第十九中归还闽王祠。

◎ 10 月 29 日　市委宣传部副部长鞠恒尧主持闽王祠归还协调会，决定先收回东半部。

□ 1981 年

◎ 2 月 3 日　井边亭伊斯兰圣墓亭发现清乾隆二年（1737）台湾总兵马骥石刻匾额一方。

◎ 4 月　省、市联合清理闽王王审知及夫人任氏墓室，发现王审知墓志一盒、任氏墓志一方以及白色瓷合一件、青瓷唾壶等。

◎ 5 月　省委书记项南、副省长蔡宁林视察闽王祠，要求省各厅局领导参观闽王事迹陈列。

◎ 5 月 2 日　日本“日本贸易史”学者友好访问团参观柔远驿旧址，建议辟为纪念馆。

◎同月　全省开展第二次文物普查。

◎ 6 月 5 日　市文管会编印出版《福州历史与文物》第一期。

◎10月 马尾昭忠祠归还文物部门。

◎11月 省委书记项南视察华林寺大殿，批示："大殿要保护好，省市文化局要制定修复方案，请国家文物局专家审定。"

◎同月 市文管会在城门龙瑞寺调查发现大殿殿基石雕、石柱，以及石槽、龙泉井、温泉遗址等。

◎12月25日 市文管会向省委、省政府报送《关于福州市文物在十年动乱中被破坏的情况和当前急待解决问题的报告》。

◎是年 在于山大士殿举办"福州市文物古迹图片展"。

□ 1982年

◎1月1日 市长游德馨宣布市林则徐纪念馆成立。

◎1月20日 市领导张继中、杨佈、苏里、游德馨、成仞千、孙明、仲容等视察林则徐祠堂和闽王祠。

◎1月26日 省委书记项南视察林则徐祠堂、闽王祠、陈宝琛故居和陈若霖墓。要求在福州召开"林则徐与鸦片战争学术讨论会"。

◎同月 市长游德馨主持会议，讨论修复林文忠公祠，市政府拨出20单元住房，责成鼓楼区房管所在8月底前迁出18户居民。

◎2月23日 国务院公布第二批全国重点文物保护单位62处，其中福州市1处：华林寺大殿。

◎6月 市政府批转市文管会《关于文物市场管理的通知》。

◎8月 连续发现几座墓葬：东晋隆安元年（397）墓，出土铜镜、盘口壶、包铜皮漆奁等6件文物；太元十五年（390）墓，出土盘口壶、残青瓷器、青瓷碗等文物；康山清理一座宋墓，出土圆形、钟形和带柄的铜镜5枚、画瓶2件、小壶7件、"祥符元宝"铜钱一枚。

◎8月至10月 省、市联合发掘怀安古窑址，出土器物万余件，并出土南朝大同纪年器物。

◎9月1日至11月20日 国家文物局拨款15万元、省文化局拨款5万元，林则徐祠堂修复仪门、碑亭、树德堂祠厅和南北花厅，举办"林则徐生平陈列"。

◎12月31日 王铁藩任市林则徐纪念馆馆长、杨秉纶任副馆长。

◎是年 市文管会在乌石山按原拓片重刻李阳冰《般若台记》。

□ 1983 年

◎ 1 月 1 日　市林则徐纪念馆正式对外开放。

◎ 4 月 24 日　市委书记张继中、副书记袁启彤视察马尾昭忠祠，讨论修复问题。

◎同月　全国特选文物展览会在北京开幕，郑和下西洋铜钟和李纲铜锏参展。

◎ 6 月 13 日　省政府办公厅召开“华林寺修复协调会”，基本同意原址修复华林寺大殿。

◎ 7 月 25 日　市文物保护工作先进表彰大会召开，市领导袁启彤、仲容、孙明、朱柽和省文化局副局长李仕彬等出席。

◎同日　宣布调整市文管会领导名单，陈敬森任主任。

◎ 7 月 1 日　金山塔寺修复竣工。

◎ 8 月 31 日　市政府确认第一批省级文物保护单位 9 处：崇妙保圣坚牢塔、龙瑞寺千佛宝塔、闽王墓、张经墓、林则徐墓、鼓山摩崖题刻、乌石山摩崖题刻及造像、恩赐琅琊郡王德政碑、新建李忠定公祠堂记；第一批市级文物保护单位 17 处。同时公布第二批市级文物保护单位 26 处。

◎ 10 月 17 日　闽侯雪峰寺修复竣工。

◎ 10 月至次年 1 月　省考古队全面发掘闽侯庄边山遗址。

◎ 12 月 19 日　中共中央政治局常委、中央军委副主席刘华清视察市林则徐纪念馆。

□ 1984 年

◎ 2 月　全市各县、区开展文物普查工作，市区以文儒坊为试点。

◎ 2 月 24 日至 26 日　建设部和北京、西安、兰州、合肥、扬州等市城市规划、建设专家来福州，参观于山、闽王祠、华林寺大殿等文物点，对历史文化名城保护提出意见。

◎ 3 月 22 日　北峰林阳寺修复竣工，重新开放。

◎ 5 月　北京故宫博物院专家徐邦达来榕鉴定字画，认为全省收藏的古字画，以福州市博物馆为最精，系全省唯一拥有宋画的馆。

◎ 6 月 4 日　市政府发出《关于认真做好文物保护工作大检查的通知》。

◎同月　市文管会拨款修复清代刑部尚书陈若霖墓。

◎同月　国家文物局派古建专家李竹君来福州，主持华林寺大殿的修复工程。省长胡平到现场调研并指示：“华林寺大殿就地修复；机关用地要服从保护华林寺大殿的需求。”

◎ 6 月 30 日 中共中央书记处书记邓力群视察市林则徐纪念馆，题词：抗英伟人，留传千古。

◎ 7 月 欧冶池重修竣工。

◎同月 恩赐琅琊郡王德政碑进行加固、防风维护工程，耗资 2 万元。

◎ 8 月 22 日 马尾昭忠祠大修工程完成，辟为马江海战纪念馆，耗资 40 多万元。

◎ 9 月 市文管会在连江举办文物干部培训班。

◎ 9 月 18 日 国务院（1984）国函字 138 号《关于福州市城市总体规划的批复》指出：“福州是有两千多年历史的古城，要加强对文物古迹和城市风貌的保护。对重要的文物古迹、风景名胜和有代表性的传统街区要划定保护范围，采取保护措施，要注意保护以‘三山、两塔’为特点的城市空间格局。于山、乌山、屏山位于城市中心地带，是城市人民游憩的理想地段，要按照规划逐步形成城区的公园绿地。”

◎ 9 月 20 日 福州市古建队更名为福州市古代建筑保护研究所。

◎是年 加固白塔内木梯；维修张经墓、林纾墓、严复墓、罗源太尉宫、闽清文庙、长乐郑和纪念馆。

◎是年 各区普查发现：鼓楼区明清古民居 100 多座，台江区会馆等 50 多座，马尾区近百年建筑 30 多处，郊区古建筑、摩崖题刻和墓葬 120 多处。

□ 1985 年

◎ 1 月 15 日 于山南麓发现明府城城墙一段。

◎ 1 月 16 日至 20 日 文化部文物局在福州召开“全国配合基本建设考古工作座谈会”，交流配合基建进行考古发掘经验，研究措施。

◎同月 苏秉琦教授考察平潭壳丘头遗址陶片，认为是新石器早期遗物。

◎同月 于山白云寺收归文物部门管理。

◎ 2 月 4 日 中共中央政治局委员、中国社科院院长胡乔木视察市林则徐纪念馆，题词：最早反抗帝国主义侵略的伟大民族英雄，并撰联一副。

◎同日 白云寺举办“全市文物普查展览”。

◎ 3 月 1 日 福州市文物旅游综合经营部成立，负责人陈炘。

◎ 4 月 8 日 市林则徐纪念馆后半部修复动工。

◎ 5 月 市政府批准成立华林寺大殿保管所，编制 3 名。

◎ 6 月 22 日 郑和纪念馆开放典礼暨纪念郑和下西洋 580 周年大会举行。

◎ 9 月 27 日　市政府发出《关于保护文物采取措施的几点意见的通知》。

◎ 10 月 11 日　省政府公布第二批省级文物保护单位 58 处，其中福州 10 处：马尾昭忠祠和马江海战烈士墓、林祥谦烈士陵园、枯木庵树腹碑、罗源陈太尉宫、罗星塔、“黄阁重纶”石坊、林则徐祠堂、瑞岩弥勒造像和摩崖题刻、严复墓、陈修园墓。

◎ 10 月　省考古队发掘距今 5500—7000 年的平潭县南垅壳丘头新石器时代遗址，揭露面积 772 平方米，出土一批陶器、石器、贝器等遗物。

◎ 11 月 11 日至 14 日　文化部文物局在福州召开“全国博物馆藏品保管工作座谈会”。

◎ 12 月 28 日　中共福州市文物管理委员会支部成立，方锦江任书记。

□ 1986 年

◎ 6 月 20 日　福州“古闽地学术讨论会”举行，研讨冶城地望，中国历史地理研究所所长、复旦大学教授谭其骧主张冶城在今福州。

◎ 6 月 27 日　郑和史迹陈列馆在长乐揭幕，全国人大常委会副委员长叶飞为该馆题名。

◎同日　省旅游局拨款 7 万元维修琉球墓群。

◎ 8 月　福州火车站茶园村发掘一座宋墓，出土男女尸各一具，并出土纺织衣物 100 多套及漆器、贴金木梳、薰饰、幡、契纸等，其中雕漆剔犀奁、盒尤为珍贵。

◎ 12 月 8 日　国务院公布福州为第二批国家历史文化名城。

◎是年　市文管会进行调整，主任明敏，副主任林景华、朱桂、卓青、林萱治。

□ 1987 年

◎ 1 月　华林寺大殿落架重修工程动工。

◎ 2 月 26 日　市政府发出《关于积极做好历史文化名城保护、建设工作的通知》。

◎ 5 月　市政府决定将马江海战纪念馆移交马尾区管理。

◎同月　筹建市博物馆，国家文物局拨款 20 万元大修于山大士殿。

◎ 7 月 11 日　长乐发现新石器时代至商周时期遗址 7 处、宋代陶窑址 1 处，并清理唐代墓葬 1 座。

◎ 7 月 15 日　鼓楼打击非法经营文物，收缴古钱币 5000 多枚。

◎ 7 月 24 日　市政府发布《关于加强“三山两塔一条江”保护的通告》。

◎同月　市普查队在闽清坂东、白樟等处发掘一批石器、陶器残片，推断为4000多年前新石器时代遗物。

◎8月10日　市文化局、文管会在小桥花鸟市场查出三家违法经营文物商店，收缴文物数十件。

◎10月4日　市博物馆开馆，馆址设于山大士殿、护国寺、真龙庵。林萱治任馆长。同时举办“福州北郊茶园村宋墓出土文物展览”“福州传世流散文物展览”“福州那霸友好交往史展览”。

◎10月5日　国家文物局批准福州市华林寺大殿修缮工程设计方案，批准施工。

◎11月　省文化厅批准市政府《关于应日本那霸市要求，拟赠送琉球墓碑拓本的报告》。

◎是年　戚公祠保管所成立。

◎是年　开始每年从城市维护费中拨给文物修缮经费8万元，直至1991年。

□ 1988年

◎1月13日　国务院公布第三批全国重点文物保护单位258处，其中福州市1处：林则徐墓。

◎1月15日至16日　福州国家历史文化名城第一次学术讨论会举行。

◎1月　法海寺归宗教部门管理，重修竣工。

◎2月6日　市政府批复同意将省邮电学校内两座琉球墓迁至迎安琉球墓园内。

◎2月25日　市政府表彰向市林则徐纪念馆捐赠文物的人士：孙少楚捐赠林则徐印章一合；林维和兄弟捐赠林则徐遗札近百件；郭学群捐赠林则徐书信八封（其中一封为道光三十年八月初十日寄刘齐衔的信）。

◎4月5日　文林山革命陵园、革命烈士碑建成。

◎8月　华林寺大殿落架大修竣工。

◎同月　全省第二次文物普查完成，验收统计福州市文物普查工作。

◎9月9日　福州市古代建筑保护研究所更名为福州市古代建筑设计研究所。

◎12月20日　省文物工作先进集体、先进个人表彰大会召开。福州市文管会办公室、罗源县人民政府、福州海关旅检处为先进单位；连江陈恩、郊区黄荣春、福州晚报王植伦、市建设规划处张有铸为先进个人。

◎是年　新店盘石山遗址发掘西南坡，范围达1万多平方米，出土商周时期一批文物。

□ 1989 年

◎ 3 月　市文管会进行调整，主任明敏，副主任朱柽、林文健、黄启权（常务）、马国防、曾意丹。

◎ 4 月 12 日　国家文物局发出《关于选派水下考古专业人员培训班的通知》。福州市选派林果参加，同年 8 月培训结束，林果成为中国第一批水下考古队员。

◎ 4 月 13 日　市文管会发出《关于做好非文物部门收藏文物的清库、鉴定、建档并加强保护的通知》。

◎ 6 月 6 日　自 1984 年至此，国家文物局拨给福州市华林寺大殿维修经费 140 万元全部到位。

◎ 6 月 23 日　华林寺保管所编制从 3 名增至 7 名。

◎ 8 月 18 日　戚公祠保管所编制从 4 名增至 6 名。

◎ 9 月 22 日　市文管会、市公安局、市文化局联合发出《关于贯彻落实国家文物局、公安部〈关于进一步加强文物安全工作的通知〉的通知》。

◎ 10 月 16 日　省文化厅传达省委书记陈光毅关于华林寺不要重塑佛像、严禁游客烧香、可以搞些文物陈列展览的三点指示。

◎ 10 月 24 日　副省长陈明义视察华林寺，指示佛教界不能收回，不要重塑佛像，禁止烧香。

◎ 10 月　黄启权任市博物馆馆长。

◎ 12 月 12 日　福州市历史文化名城保护规划领导小组成立。组长林忠兴，副组长黄启权，成员曾意丹兼办公室主任，副主任郑国珍、杨秉纶。

◎ 12 月 27 日　市文管会急阅件《坚决执行城市总体规划，共同保护三山两塔格局，八一礼堂不宜改建为 80 米高度建筑物》。

◎是年　市政府聘请上海同济大学制订《福州市历史文化名城保护规划》。

□ 1990 年

◎ 1 月 19 日　市文管会、市建委联合发出《关于支持恢复路通庵古迹的通知》。

◎ 3 月 1 日　中澳联合举办水下考古培训班在连江开学。接着中澳联合开展连江定海一带水下考古。

◎ 3 月 15 日至 17 日　在茶园山小学发掘宋代许峻墓，被民工偷盗 10 件珍贵文物，及时发现收回，其中一、二级文物 6 件。

◎3月中旬 根据国家文物局通知，向杭州中国丝绸博物馆提供茶园村宋墓出土的丝绸7类14件。

◎5月11日 原国务院副总理、全国政协副主席谷牧参观市林则徐纪念馆，省政协副主席凌青等陪同。谷牧题词：英灵常在，激励千秋。

◎6月8日 市委书记习近平调研华林寺大殿。

◎6月18日 市委书记习近平到市林则徐纪念馆瞻仰、调研。

◎10月29日 著名诗人、书法大师赵朴初偕夫人参观市林则徐纪念馆，题词：高山仰止，景行行止。

◎12月14日 市文管会就省建委《征求对浩达大厦高度协商意见的函》报告，坚持建筑物高度宜压至45米左右。

◎是年 建设部、国家文物局联合发出401号《关于妥善处理浩达大厦工程的函》。

□ 1991年

◎1月5日 省政协副主席高胡召集省、市宗教、卫生、城建、文管等部门领导会议，做出决定：不同意开元寺灵源阁兴建佛教中草药肿瘤医院；限期一年将门诊所迁出。

◎1月21日至23日 华林寺大殿修复工程验收评定会，国家文物局工程验收组罗哲文、傅连兴、姜怀英、朱长翎、郭旃、李竹君、刘育玲，确认工程质量合格，予以验收。副省长刘金美接见国家文物局专家，表示感谢。1月26日中央电视台《午间新闻》播出消息。

◎1月28日至2月1日 国家文物局在福州召开全国考古工作会议。

◎2月9日 省委书记陈光毅对《福建日报》发表《林觉民故居遇拆有感》批示：“在福州和全省其他地方都有类似情况，希望能研究管理办法，并告各地予以注意。保护历史文物和一些有纪念意义的故居、遗址，应该看作是开展传统教育、进行精神文明建设的一项重要内容，各有关部门都应予重视。”

◎2月1日至3日 国家文物局副局长黄景略视察市林则徐纪念馆。

◎3月10日 市委书记习近平主持召开市委、市政府文物工作现场办公会议。会议指出，保护历史文化名城、保护文物是城市建设中极为重要的问题，市委、市政府务必把它摆上重要议事日程。要认识：评价一个制度、一种力量是进步还是反动的，重要的一点是看它对待历史、文化的态度。一定要在我们手里，把全市的文物保护、发展、利用工作做好，不仅不能受到破坏，而且还要更加增辉生色，传给后代。会议强调，要从我们这一任负起责任，切实加强领导，明确责任制。凡在故城范围内，即属于各级文物保护单位、“三坊七巷”以及“三山、两塔”之间的工程建设，应经规划部门和文管部门两家同意，并报市人民政府批准后，方可进行。会议指出，为了适应现代化建设的发展，在加快旧城改造的同时，特别要采取措施，加强对“三坊七巷”和名人故居的保护。会议决定，年内为加强文物保护工作办好七件实事：一是加快制订《福州市历史文化名城保护规划》和《福州市“三坊七巷”保护规划》；二是抓紧修改《福州市历史文化名城保护管理条例》，上报省人大常委会批准；三是立即修复林觉民故居，作为福州辛亥革命纪念馆开放；四是修复原琉球馆，作为福州市中外文化交流纪念馆；五是增加市文管会办公室事业编制 10 名。建立福州市文物考古工作队，编制 8 名（事业），科级机构；六是各级文物保护单位挂牌、立碑，名人故居、遗址采取多种形式挂牌、建档；七是各级文物保护单位的使用单位，应与文物主管部门签订使用保证合同，文物部门要经常检查、监督。

会议对各县区文物工作提出要求：各县区党政都应加强对文物工作的领导，搞好文物古迹的保护。对各地各级文物保护单位要进行一次全面的检查，根据存在的问题提出有力措施，尽快予以解决。要加强对县区级文物单位的审批工作，市文物主管部门要参加联合核定。对破坏文物的现象，要分别给予教育、劝告，乃至惩罚、处理；对挖掘古墓，盗窃、走私文物等犯罪活动，要坚决予以打击。

◎ 3 月 20 日　省政府公布第三批省级文物保护单位 71 处，其中福州 21 处：新四军驻福州办事处旧址、迴龙桥、灵济宫碑亭、报恩定光多宝塔（白塔）、亭江炮台、长门炮台、福建船政建筑群、江继芸墓、黄乃裳黄乃模墓、辛亥革命福州前敌总指挥部旧址——于山大士殿、林纾墓、林森藏骨塔、十九路军筹划“福建事变”会议旧址——于山补山精舍、栖云洞十八罗汉石造像、名山室石刻、壳丘头遗址、怀安窑址、义窑窑址、陈第墓、谢肇淛墓、福州开元寺铁佛。

◎ 4 月 29 日　市文管会完成林觉民故居修复方案上报。是日，市长洪永世批示同意，并指出：修复时间要确保在十月底之前完成，要组织力量日夜施工；施工单位应保证工程质量。

◎ 5 月 31 日　林觉民故居修复动工。

◎同月　占用琉球馆的福州第二开关厂住户全部迁出，由市文管会接收，并制订修复方案，报市政府。

◎ 8 月 5 日　市文管会向市规划部门提出：制订各区文物古迹的分区规划和控制线

性规划。

◎ 9 月 30 日　林觉民故居主体建筑修复竣工；同步进行陈列工作，10 月 5 日完成。

◎ 10 月 11 日　市委书记习近平带市四套班子领导视察修复中的林觉民故居暨福州辛亥革命纪念馆，并召开现场办公会。会议充分肯定故居修复工作和纪念馆筹备陈列工作，要求认真抓好内部管理、解说人员的配备及制度建设，确保林觉民故居暨福州辛亥革命纪念馆于 11 月 9 日（辛亥革命福州光复纪念日）正式开放，成为福州市近代史教育的重要基地。

◎ 10 月 20 日　为落实 3 月 10 日市委、市政府文物工作现场办公会议精神，福州市名人故居、历史纪念地、代表性建筑 64 处全部以市政府名义挂牌保护，这是新中国成立以来福州市公布数量最多的一批挂牌保护建筑。

◎ 11 月 9 日　福州辛亥革命纪念馆成立，事业编制 3 名，副市长刘文鹏主持开馆仪式。

◎ 12 月 9 日　原中顾委常委姬鹏飞在省委书记陈光毅陪同下参观林觉民故居。

◎是年　文物修缮经费增加 100 万元，共 108 万元。

□ 1992 年

◎ 1 月　福州市文物考古工作队批准成立，编制 8 名，林果任副队长。

◎ 2 月 17 日　市文管会、公安局联合发出《关于坚决贯彻中央（1992）12 号文件，严厉打击盗掘古墓葬犯罪活动的意见》。

◎ 4 月　市博物馆举办“国家历史文化名城——福州”专题陈列。

◎ 6 月 11 日　郊区新店斗顶、下坊、战峰、坂中联合文物保护小组成立。

◎ 6 月 22 日　长乐漳港仙岐村发现埋藏在地下的东境大王宫遗址。8 至 9 月，省、市文物考古工作队联合进行抢救性清理发掘，出土明代饰金泥塑神像群、明清香炉、碗、杯和石碑等文物。

◎ 6 月至 11 月　市文管会开展“纪念《文物法》颁布 10 周年”宣传活动。

◎ 8 月 15 日　市政府聘请黄启权任福州市人民政府文化工作顾问。

◎ 9 月　市文物考古工作队同厦门大学考古专业合作，对平潭县商周时期地下遗址进行调查。

◎ 11 月 2 日　市政府公布第三批市级文物保护单位 62 处。

◎ 11 月 11 日　北京、上海、沈阳、哈尔滨及华东各省会十城市文化局长会议在榕召开，市委书记习近平接见与会人员。

◎ 11 月 19 日 召开福州市历任市文管会正、副主任会议。

◎ 11 月 31 日 市文管会发出《关于加强文物保护单位管理，进行文物单位投保的通知》。

◎ 12 月 8 日 福州琉球馆修复竣工，辟为福州市对外文化交流纪念馆。省市领导袁启彤、黄贤模、习近平及日本那霸市议长唐真弘安、副市长新垣景布等参加剪彩。

□ 1993 年

◎ 1 月 1 日 台江区博物馆（路通庵）开馆。

◎ 1 月 11 日 国家文物局局长张德勤调研福州文物保护工作。

◎ 4 月下旬 接市委办公厅通知，“台湾林”亲属反映，东建公司将对鼓山下院林镜帆墓进行拆建，要求予以保护。市文管会立即赶赴现场调查论证，并向东建公司联系协商，得到妥善解决。

◎同月 市文物考古工作队与连江县文化馆合作，开展山仔水利枢纽淹没区内田野考古调查；考古队与郊区文管会合作，对金鸡山用地、八一水库山川别墅用地进行考古调查。

◎ 5 月 31 日 市委、市政府确定：市林则徐纪念馆、市博物馆为青少年教育基地并挂牌。

◎同月 市文管会就杜锡珪故居保护问题与市房地产经营公司进行协商，由对方出资就近移位修复。

◎ 6 月 4 日 曾意丹、黄启权列席省人大常委会会议讨论名城建设和文物保护。

◎ 7 月 市文物考古工作队接待澳大利亚水下考古专家一行 3 人，会同省博物院考古部商讨次年在连江定海水下考古计划。

◎ 9 月 市文物考古工作队发掘北大路闽国夹道遗址，出土一批闽国时期文物。

◎ 10 月 17 日 螺洲陈氏宗祠修复落成典礼。

◎ 11 月 市文物考古工作队在淮安进行地面考古调查，在怀安遗址、相公庙遗址、顶坪岭遗址、包厝山遗址、马掌山遗址都有新的发现，并发现怀安县衙署、接官道、五帝庙、临水宫、相公庙等古建筑及朱敬则墓、翁正春墓、胡也频墓等名人墓，以及古民居 8 座、古井 6 处。

□ 1994 年

◎ 1 月 6 日至 8 日　市政协组织召开纪念严复诞辰 140 周年纪念大会和学术研讨会，省委常委、市委书记习近平出席并讲话。

◎ 1 月 7 日　省委常委、市委书记习近平视察邓拓纪念馆。习近平指出，邓拓的一生是光明磊落的一生，在纪念馆布展上要突出体现他忠于党、热爱人民、不屈不挠的革命精神和严谨、求实的学风，把纪念馆办成革命传统教育的阵地。

◎ 2 月 24 日　邓拓故居修缮工程竣工并正式对外开放，省政协主席游德馨，省委常委、市委书记习近平，邓拓夫人丁一岚出席开馆典礼并讲话。

◎ 4 月 7 日　省文化厅《关于淮安地区文物保护问题的批复》，同意市文管会提出的保护方案。

◎ 6 月 11 日　螺洲天后宫修复竣工。

◎ 8 月 5 日　市文物管理委员会进行调整：主任林强，副主任马国防、王培伦、曾意丹（常务），顾问黄启权。

◎ 9 月 20 日　辛亥革命纪念馆、邓拓故居、华林寺大殿、琉球馆、长门炮台被列为福州市青少年教育基地。

◎ 10 月 1 日　市博物馆在护国寺举办“馆藏文物珍品展”。

◎ 10 月 29 日　萧克上将参观邓拓故居、市林则徐纪念馆、林觉民故居和严复故居。

◎ 11 月 11 日　省委常委、市委书记习近平主持召开市委常委扩大会议，专题研究历史文化名城保护问题。会议强调，历史文化名城保护的内涵已远远超出文物保护的范畴，全市各级各部门都要充分认识历史文化名城保护的重要意义，在发展经济的同时，强化历史文化名城的观念。会议决定，要强化对历史文化名城保护工作的领导，健全文物管理工作机构，在机构改革中应考虑设立市文物管理局（二级局）；完成《福州市历史文化名城保护规划》和《福州市历史文化名城保护条例》，尽快按有关程序提交审批；全面检查、重新确定福州市文物保护范围，做好保护碑的制作、安装工作；加强文物部门在土地问题上介入，土地出让或转让前要征求文物主管部门的意见，涉及文物保护单位的，其方案的拟定要有文物主管部门参加，在建设过程中发现文物遗迹的，要及时通知文物考古部门处理；积极做好文物保护工作，包括修缮文物古迹，保护文物周边环境、打击文物盗掘、盗窃和走私犯罪活动等。

◎ 11 月 30 日　福州市历史文化名城保护建设领导小组成立。组长：王文贵，副组长：林爱枝、林忠兴、高翔、林永诚、林强、姚金泰；曾意丹、黄启权为成员。曾意丹兼办公室主任。

□ 1995 年

◎ 4 月 省长陈明义拨出省长基金 200 万元，用于修复林则徐遗迹。

◎ 5 月 8 日 省委副书记、市委书记习近平主持召开市委常委会，专题研究林则徐诞辰 210 周年活动及林则徐遗迹修复等事宜。

◎ 5 月 10 日至 6 月 28 日 中国、澳大利亚有关方面联合组成水下考古队，对连江县定海白礁 1 号遗址进行水下考古调查和发掘工作。

◎ 6 月 3 日 省委副书记、市委书记习近平出席仓山白湖亭林则徐塑像揭幕仪式并讲话。习近平指出，一个伟大的民族要有伟大的精神，爱国主义就是凝聚中华民族、激励炎黄子孙为振兴中华而奋斗的强大精神支柱。林则徐铜像的落成，为福州这座历史文化名城增添了光彩，为我们加强爱国主义教育提供了一个很有意义的场所。

◎同月 福州市文物管理局正式批准成立，作为市直二级局，局长曾意丹，党组书记蒋锦荣。

◎ 7 月至次年 10 月 对福清市少林院遗址进行考古发掘，证实福建南少林寺在福清市。

◎ 8 月 24 日 省委副书记、市委书记习近平出席福州市纪念林则徐诞辰 210 周年大会并讲话。习近平指出，福州是林则徐的家乡，林则徐是福州人的骄傲，在新的历史时期，我们要继承、发扬林则徐坚贞不渝的爱国主义精神和气贯长虹的民族正气，学习他清廉刚正的高尚风范，学习他“开眼看世界”的开拓精神。

◎ 10 月 27 日 省委副书记、市委书记、市人大常委会主任习近平主持召开福州市十届人大第十九次会议，会议研究并通过了《福州市历史文化名城保护管理条例》，这是全国历史文化名城保护工作的领先之举。

◎ 11 月 6 日 省市联合纪念林则徐诞辰 210 周年，并开展系列活动。

◎是年 中澳联合水下考古队在连江定海水域考古发现黑釉盏瓷器 1000 多件，是中国第一支水下考古队伍成立后的初次考古成果。

◎是年 市文物考古工作队在新店胭脂山元墓发掘中，出土寿山石俑几十件，其数量之多、质量之高、造型之美均属空前，这批文物 1997 年进京参加“近年全国出土文物精品展”。

□ 1996 年

◎ 2 月 6 日　省委副书记、市委书记习近平主持会议，专题研究林则徐系列遗迹的修复和充实工作。会议决定成立福州市林则徐系列遗迹保护、开发领导小组；会议同意林则徐纪念馆、故居、出生地作为市文物局下属单位，归市文物局统一管理。

◎ 3 月 24 日　全国政协主席李瑞环视察市林则徐纪念馆，并题词：民族英雄，万代景仰。

◎ 4 月 18 日　市政府办公厅下发通知，决定设立市文物管理局（副处级），主管全市文物、博物馆事业的职能部门，内设办公室、人事保卫处、文物处、博物馆处等 4 个副科级处室，核定行政编制 18 名，工勤人员事业编制 2 名，其中局长 1 名（副处级）、副局长 2 名（正科级），处室领导 4 名（副科级）。

◎ 9 月 2 日　省政府公布第四批省级文物保护单位 49 处，其中福州 8 处：林觉民故居、邓拓故居、沈葆桢故居、柔远驿、福州文庙、古田会馆、泛船浦天主教堂、义存祖师墓。

◎ 10 月 29 日至次年 1 月　省考古队先后三次对福州北郊新店镇新店村的古城遗址进行考古发掘，面积约 1500 平方米，发现护城河遗迹和 1 处战国时期的冶铁炉遗址。

◎同月　中国历史博物馆和省水下考古队对长乐大祉水下沉船开展调查工作。

◎ 11 月　动工修复林氏支祠和罗氏试馆。

◎ 11 月至次年 6 月　省博物馆对闽侯昙石山遗址进行第八次考古发掘。

◎ 11 月 20 日　国务院公布第四批全国重点文物保护单位 250 处，其中福州市 2 处：马江海战炮台、烈士墓及昭忠祠，瑞岩弥勒造像。

□ 1997 年

◎ 1 月　市文物管理局正式录用首批工作人员 4 名。

◎ 2 月 14 日　省领导贺国强、何少川、赵学敏、王建双、黄小晶视察正在修复的林则徐出生地和幼年读书处。

◎ 3 月　王培伦任市文物管理局党组书记、局长。

◎ 6 月 10 日　市林则徐纪念馆被中共中央宣传部列入全国百个爱国主义教育示范基地之一。

◎同月　市政府公布林则徐出生地为第四批市级文物保护单位，并成立市林则徐出生地保管所。

◎ 6 月 30 日　1996 年 3 月 27 日动工的林则徐出生地和幼年读书处修复竣工，省市领导陈明义、贺国强、袁启彤、游德馨、习近平、黄瑞霖、赵学敏、梁绮萍、何少川、凌青、许集美、翁福琳等出席竣工仪式。

◎ 12 月 市文物管理局正式录用第二批工作人员 4 名。

□ 1998 年

◎ 3 月 3 日 林果任市文物考古工作队队长，杨小红任市历史文化名城研究室副主任。

◎ 4 月 7 日 福建省昙石山遗址博物馆成立。

◎ 5 月 1 日 闽侯县博物馆正式对外开放。

◎ 5 月 20 日至 30 日 纪念“福州建城 2200 周年暨 98 中国福州国际招商月”活动举办。

◎ 5 月 21 日至 23 日 冶城学术研讨会在省海外联谊中心召开，原国家文物局副局长黄景略、中国社科院黄展岳、卢兆荫等 81 位专家学者参加会议集中探讨冶城地望问题等。

◎ 5 月中旬 在于山堂举办“福州文物精品展”，这是福州市自新中国成立以来规模最大、展品最多，档次最高的文物展。共展出精品文物 300 多件，其中国宝级 2 件，一级品 26 件。

◎同月 中国近代海军博物馆在马尾落成。

◎ 6 月 21 日 中共中央政治局委员、国务院副总理吴邦国视察市林则徐纪念馆。

◎ 9 月 1 日 市博物馆新馆建设开始施工。

◎ 11 月至次年 2 月 中山路省直机关事务管理局宿舍工地考古发掘，发现中晚唐的马毬场遗址，这是全国首次发现的马毬场遗址。

◎ 12 月 4 日至 7 日 国家文物局局长张文彬来福州视察。

□ 1999 年

◎ 2 月 3 日至 5 日 国家文物局文物保护司杨志军司长一行视察福州市文物考古工作。

◎ 3 月 18 日 长乐江田镇三溪村、航城镇琴江村、连江透堡镇、连江筱埕镇定海村被授予福建省首批省级历史文化名镇名村。

◎ 4 月 17 日 由驻 40 多个国家的领事、大使、参赞组成的外交部使节团约 60 多人参观市林则徐纪念馆。

◎8月23日　闽侯县石山新石器时代遗址、闽侯黄土仑青铜时代遗址、福州浮仓山南宋黄昇墓列为福建省二十年十大考古发现；林则徐祠和宅、福州华林寺大殿列为五十年福建省十项文物遗迹保护成就。

◎9月　市文物局编《福州文物集萃》画册，由福建人民出版社出版。

◎10月21日　省委副书记、代省长习近平视察市博物馆新馆建设工地。

◎是年　市政府将福州文庙划归市文物管理局管理，经整治、初步修复，2000年元旦对外试开放。

□ 2000年

◎1月1日　市博物馆新馆建成开馆，展出“国家历史文化名城——福州”和“茶园村宋墓出土文物展”。

◎1月2日　省领导何少川、袁启彤、游德馨参观福州文庙、市博物馆。

◎2月3日　福州市文庙保管所成立。

◎3月17日　“三坊七巷”文物保护小组成立，王培伦任组长，王华南任副组长。

◎3月25日　中共中央政治局委员、中央军委副主席、国务委员兼国防部长迟浩田上将瞻仰林则徐墓。

◎6月17日　全国人大常委会副委员长许嘉璐一行视察“三坊七巷”。

◎8月　华林寺大殿进行屋面翻修，经过4个多月施工，整个修缮工程顺利完成。

◎同月　市文物局邀请福建诚佳地质工程勘察院对乌塔进行了地质勘查。9月，邀请古塔研究专家、同济大学建筑系博士生导师路秉杰教授等来榕现场踏勘。专家们在充分研究乌塔的历史、塔体、塔基以及地质、台风影响等基础上，编制了《福州崇妙保圣坚牢塔保护维修方案》。

□ 2001年

◎1月20日　省政府公布第五批省级文物保护单位74处，其中福州16处：新店古城遗址、定海白礁水下沉船遗址、郑侨墓、黄榦墓、天宝陂、龙瑞寺大殿、凤凰寺大殿、含光塔、衣锦坊水榭戏台、南阳陈氏祠堂、东关寨、高应松祠堂、显应宫泥塑、连江光复会旧址、大湖战役遗址、啸馀庐。

◎1月30日　外交部副部长李肇星视察市林则徐纪念馆，并题词：唯祖国永恒。

◎2月　省文管会、省文化厅认定市林则徐纪念馆为“三级达标纪念馆”。

◎4月至10月 市文物考古工作队在马尾亭江长柄村清理了一座完整的龙窑，出土一批宋代瓷器，证实这座民窑是黑釉与青瓷的混装合烧窑。

◎6月4日 市政府公布第五批市级文物保护单位5处。

◎6月25日 国务院公布第五批全国重点文物保护单位518处，其中福州市5处：崇妙保圣坚牢塔、陈太尉宫、昙石山文化遗址、福建船政建筑、鼓山摩崖题刻。

◎8月至11月 市文物考古工作队与省博物馆联合对西洪路牛头山工地发掘。清理出西汉至清代后期各时期文化堆积、墓葬和建筑遗址，出土大量文物，取得重大的考古成果。

◎11月至次年4月 市文物考古工作队与省博物馆联合对闽侯鸿尾古洋遗址进行大面积考古发掘。发现3座商周时期墓葬、2座陶窑，出土大量陶片和一批石锛、斧、石凿、纺轮、玉璜等。

◎11月19日 原中共中央书记处书记、最高人民检察院检察长任建新参观市林则徐纪念馆。

◎是年 福州文庙棂星门、大成门及东西廊依原样修复，拆除大成殿后原住房等；完成于山大士殿修缮等工作。

◎是年 在“2000年度全国博物馆十大陈列展览精品”评选活动中，市博物馆选送的“国家历史文化名城——福州”展获“全国博物馆十大陈列精品评选提名奖”。

□ 2002年

◎2月 黄启权任市博物馆名誉馆长。

◎同月 王华南任市文物管理局党组书记、局长。

◎4月16日 福州魏杰故居异地迁移至金鸡山公园，并进行修复，9月竣工。

◎同月 省委副书记、省长习近平为福州市文物管理局首任局长曾意丹《福州古厝》一书作序。序言指出，“保护好古建筑、保护好文物就是保存历史，保存城市的文脉，保存历史文化名城无形的优良传统”“作为历史文化名城的领导者，既要重视经济的发展，又要重视生态环境、人文环境的保护。发展经济是领导者的重要责任，保护好古建筑，保护好传统街区，保护好文物，保护好名城，同样也是领导者的重要责任，二者同等重要。因此，在经济发展了的时候，应加大保护名城、保护文物、保护古建筑的投入，而名城保护好了，就能够加大城市的吸引力、凝聚力。二者应是相辅相成的关系”。

◎ 5 月 20 日 中国寿山石馆在晋安区寿山乡建成并正式对外开放，这是目前国内唯一的国有寿山石专题博物馆。

◎ 10 月 16 日 国际友人韩素音、泰国公主诗琳通参观市林则徐纪念馆。

◎ 12 月 19 日 福州文庙正式对外开放。

◎ 12 月 13 日至 17 日 市文物管理局代表福州市参加了为纪念中韩建交 10 周年而在韩国举办“中国历史文化名城展”，这是福州市首次在国外举办名城展，意义重大。

◎年底 华东片区国家历史文化名城第二次年会（历史建筑的保护与利用研讨会）在福州市召开。来自华东片区及其他兄弟片区、19 个国家历史文化名城的代表参加会议。

◎是年 市文物考古工作队与中国历史博物馆航空考古中心合作，对重庆云阳云安盐场遗址项目进行第二次发掘，这次发掘被评为三峡重庆库区 2002 年度十大考古项目之一。

□ 2003 年

◎ 5 月 1 日 市博物馆与读一珍藏馆联合举办的“福州民俗文物展”在市博物馆展出。

◎ 7 月 14 日至 16 日 省政协副主席王耀华、文史委主任林爱枝率省政协委员视察三坊七巷、朱紫坊、上下杭及仓山等文物保护单位。

◎ 8 月 25 日至 27 日 全市《文物保护法》培训班在马尾举行。

◎ 8 月 26 日 省委常委、市委书记何立峰主持召开市委常委会，决定从 2004 年起，将文物保护专项经费由每年 100 万元增至 200 万元。

◎ 9 月 11 日 台湾诗人余光中夫妇、傅孟丽女士等“原乡行”人员参观市林则徐纪念馆，余光中题词：八闽生辉。

◎ 10 月 1 日 全国政协原副主席、民革中央主席周铁农参观市林则徐纪念馆。

◎ 11 月 林则徐故居七十二峰楼修复竣工。

◎ 12 月 21 日 国家文物局局长单霁翔视察华林寺大殿、三坊七巷、乌塔等。

◎是年 福州市文物管理局改为市文化局挂靠单位，编制核定为 10 名。

◎是年 市博物馆接收存放在市美术馆 17 年之久的 3273 件文物，其中三级品 98 件。

◎是年 《林则徐全集》在两年一度的全国古籍图书评比中获得一等奖，并入围第六届国家图书奖候选图书。

□ 2004 年

◎ 3 月中旬　市文物考古工作队在国防工业技术学校内发现一座明代墓葬，出土两具古棺，为明知县官德章夫妻合葬墓。

◎ 2 月　福州市文博系统整合，邓拓纪念馆等 7 个小馆所并入市博物馆，林则徐出生地并入市林则徐纪念馆。经过整合，市文物系统保留市博物馆、市林则徐纪念馆、市文物考古工作队三个单位。

◎ 2 月至 5 月　省博物院与昙石山遗址博物馆对闽侯昙石山遗址进行第九次考古发掘。

◎ 5 月 1 日　市博物馆、福州文庙、林则徐出生地、于山大士殿、郎官巷严复故居等 5 个馆向社会免费开放。市林则徐纪念馆等 5 个馆所向未成年人和持证的现役军人、老年人、残疾人等特殊社会群体免费开放。

◎ 6 月 18 日　博鳌亚洲论坛秘书长龙永图参观市林则徐纪念馆。

◎ 8 月 11 日　中纪委副书记刘锡荣视察市林则徐纪念馆。

◎ 9 月 28 日　福州市首次举行纪念孔子诞辰 2555 周年大型活动。

◎同日　市对外友好关系史馆更新陈列后，对外开放。

◎ 11 月 25 日　中共中央政治局常委李长春视察市林则徐纪念馆。

◎ 12 月 17 日　市政府发出《关于进一步加强文物保护工作的意见》。

□ 2005 年

◎ 1 月 11 日　国家审计署审计长李金华视察市林则徐纪念馆。

◎ 2 月 25 日　林纾故居修缮完成并对外开放。

◎ 3 月 30 日　市外经贸局向市博物馆转交 15 件 / 套文物，其中 7 件三级文物。

◎ 4 月 8 日　市文物管理委员会扩大会议召开，主任朱华主持。

◎ 5 月 11 日　省政府公布第六批省级文物保护单位 133 处，其中福州 21 处：朱紫坊萨氏民居、安民巷鄢家花厅、芙蓉园、宫巷林氏民居、宫巷刘氏民居、黄巷郭氏民居、吉庇巷谢家祠、二梅书屋、严复故居、南后街叶氏民居、文儒坊尤氏民居、文儒坊陈氏民居、衣锦坊欧阳氏民居、光禄坊刘氏民居、朱紫坊方氏民居、凤洋将军庙、九头马民居、福清少林院遗址、宏琳厝、联奎塔—三元祠、高峰书院遗址。

◎ 7 月至 10 月　国家博物馆水下考古研究中心联合市文物考古工作队，在平潭碗礁水域进行水下考古，出水文物约 17000 余件，均为清康熙年间景德镇民窑瓷器。

◎7月14日至15日　国家文物局副局长董保华率国家文物局行政执法督察组到福州督察三坊七巷、崇妙保圣坚牢塔（乌塔）、华林寺大殿等保护工作。

◎7月至8月　在福清东瀚海域、连江黄岐北茭海域、苏澳海域相继发现有古沉船。

◎8月10日　航天英雄杨利伟参观市林则徐纪念馆。

◎8月15日　福州文庙修复工程竣工。

◎8月30日　市林则徐纪念馆扩建完成，更新陈列对外开放。

◎9月16日至20日　中央电视台连续五天直播平潭碗礁一号水下考古情况，轰动海内外。

◎11月　市文物管理局与鼓楼区组织人员对三坊七巷古建筑进行全面调查，确定159处需要保护的古建筑和名人故居。

◎11月11日　全国政协副主席李蒙、董建华率香港特别行政区全国政协视察团一行60多人参观市林则徐纪念馆，赠送全国政协委员会会标。

◎11月20日　马尾福建船政文化遗址群被中共中央宣传部确定为全国爱国主义教育示范基地。

◎11月底　高士其故居修缮工程完成，并对外开放。

◎12月　经多年谈判，福州市人民政府与福建闽长置业有限公司终止三坊七巷保护改造项目合同，由政府收回三坊七巷土地使用权。

◎12月9日　中国驻俄罗斯大使、驻巴基斯坦大使等驻外使节团23人参观市林则徐纪念馆。

◎是年　因南江滨大道建设需要，泛船浦天主教堂神父楼整体平移保护。

□ 2006年

◎1月15日　中共中央总书记、国家主席胡锦涛视察中国船政文化博物馆。

◎1月20日至4月20日　“‘碗礁一号’出水文物精品展”在市博物馆举行，共展出文物2000多件。

◎2月9日　全国人大常委会秘书长何椿霖参观市林则徐纪念馆。

◎3月2日　全市文物工作暨业务培训会议在永泰召开。

◎3月9日至4月中旬　市文物考古工作队完成环城高速和机场二期高速的考古调查，发现商周时期遗址5处。

◎4月15日　原中共中央政治局常委、国务院总理朱镕基偕夫人参观市林则徐纪念馆。

◎ 4 月 30 日 “福州古代教育史展”“邓拓生平展”分别在福州文庙和福州邓拓故居展出。

◎ 5 月 15 日 原中共中央政治局常委、中央书记处书记、中纪委书记尉健行偕夫人参观市林则徐纪念馆。

◎ 5 月 25 日 国务院公布第六批全国重点文物保护单位 1080 处，其中福州市 8 处：三坊七巷和朱紫坊建筑群、严复故居和墓、名山室、圣寿宝塔、福州文庙、栖云洞造像、显应宫泥塑、灵济宫碑。

◎ 6 月 8 日至 12 日 中国首个“文化遗产日”系列活动举行。

◎ 6 月 10 日 全国重点文物保护单位“三坊七巷和朱紫坊建筑群”揭碑、授牌仪式举行。

◎ 6 月 22 日至 9 月底 市文物考古工作队配合中国水下考古中心开展福建沿海水下考古调查，完成福州、莆田、泉州、漳州等市海域的普查工作。

◎ 6 月 28 日 市委、市政府举行福州文庙、高士其故居、林纾故居、福州琉球馆等 12 个市级爱国主义教育基地授牌仪式。

◎ 6 月 30 日 《福州三坊七巷、朱紫坊历史文化街区保护与管理办法》正式公布实施，保护 159 处古建筑。

◎ 9 月 8 日 中国水下考古中心在平潭大练渔限海域发现一艘古代沉船。

◎ 9 月 28 日 福州文庙举办纪念孔子诞辰 2557 周年大型祭孔活动，市长郑松岩主祭。

◎ 10 月 1 日 国家文物局局长单霁翔视察市林则徐纪念馆。

◎ 11 月 27 日至 12 月 1 日 由国家文物局和福州市人民政府主办，市文物管理局承办的“国家文物局 2006 年文物行政执法培训班”在福州举行。

◎ 12 月 30 日 国家文物局、省政府、市政府召开大会，隆重表彰为保护水下文物安全做出突出贡献的福建公安边防官兵，单霁翔、汪毅夫、郑松岩等为受表彰的边防官兵颁奖。

◎同日 衣锦坊水榭戏台保护修复工程开工，标志三坊七巷保护工程正式启动，单霁翔、汪毅夫等出席。

◎是年 市文物考古工作队对“碗礁一号”出水文物进行为期四个月的脱水脱盐处理。

□ 2007 年

◎ 3 月 15 日　乌塔保护规划方案获国家文物局批复。

◎ 4 月 5 日　西藏自治区党委书记张庆黎率领西藏自治区党政代表团参观市林则徐纪念馆。

◎ 4 月 17 日　全国政协文史和学习委员会副主任邓成城参观市林则徐纪念馆、市博物馆等。

◎ 4 月 28 日　福州市十大名片评选揭晓：三坊七巷、马尾福建船政、林则徐、三山两塔一条江、鼓山、闽剧、温泉、寿山石、昙石山文化遗址、青云山当选。

◎ 5 月 18 日　重修后的林觉民故居对外开放。

◎ 6 月 5 日　市博物馆从公安边防支队接收“2006.12.10”重大盗窃、倒卖水下古文物中缴获的古瓷器 220 多件，其中三级文物 41 件。

◎ 6 月 6 日　福州文庙“福州古代教育史”陈列获福建省第四届文博考古优秀成果三等奖。

◎ 7 月 2 日　市政府公布《福州市文物修缮、陈列制作项目实施办法》。

◎ 8 月 24 日　《福州市三坊七巷文化遗产保护规划》获国家文物局批复。

◎ 10 月 15 日至 12 月　国家博物馆、省博物院、市文物管理局、市文物考古队四家单位组成的水下考古队对大练海域沉船进行发掘，出水 500 多件元代晚期浙江龙泉窑青瓷。

◎ 10 月　福州市第三次全国文物普查工作正式启动，市政府成立领导小组和办公室。

◎ 12 月　马尾亭江镇闽安村、仓山城门镇林浦村被授予省级历史文化名村。

◎ 12 月 20 日　第十一世班禅额尔德尼·确吉杰布参观市林则徐纪念馆。

□ 2008 年

◎ 3 月 7 日　《中国文物报》以《福州市圆满完成第三次全国文物普查试点工作》为题，全文刊载福州市的普查经验。

◎ 5 月 3 日　原中共中央总书记、国家主席江泽民偕夫人参观林则徐出生地、市林则徐纪念馆。

◎ 6 月 24 日至 26 日　省政协副主席陈芸率省政协委员视察福州博物馆、纪念馆免费开放情况。

◎同月　仓山螺洲镇、永泰嵩口镇、仓山盖山镇阳岐村被授予省级历史文化名镇名村。

◎ 11 月 10 日　中央电视台《寻宝——走进福州》栏目组在福州文庙“海选”，鉴宝专家蔡国声、王立军等 11 位国内著名文物鉴定专家为市民现场鉴宝。

◎ 12 月 23 日　永泰嵩口镇获第四批“中国历史文化名镇（村）”称号，成为福州市首个获评“中国历史文化名镇”的乡镇。

◎ 12 月上旬　市博物馆主办的《福州文博》正式创刊。

◎ 12 月 30 日至次年 2 月 28 日　市博物馆和内蒙古包头博物馆联合主办、福州晚报协办的“草原古韵——藏蒙唐卡岩画珍贵文物展”在市博物馆展出。

□ 2009 年

◎ 1 月 14 日　市博物馆接收平潭县公安局边防大队收缴的海捞古瓷器 34 件，其中三级文物 3 件。

◎ 1 月至 6 月　为配合三环路东北段建设，市文物考古工作队联合福建博物院完成了罗汉山遗址、浮村遗址、东山遗址、柳山遗址等多个遗址的抢救性考古发掘工作。

◎ 2 月 14 日　中共中央政治局委员、中央书记处书记、中央组织部部长李源潮视察市林则徐纪念馆。

◎ 3 月 16 日　原中共中央政治局委员、中央书记处书记丁关根参观市林则徐纪念馆。

◎ 4 月 2 日　中共中央政治局常委、中央纪委书记贺国强视察市林则徐纪念馆。

◎ 4 月 15 日　市博物馆接收福清市边防大队收缴的近 600 件古陶瓷，其中三级文物 17 件。

◎ 4 月至 5 月　昙石山遗址博物馆对闽侯昙石山遗址进行第十次考古发掘。

◎ 5 月 26 日 中共中央政治局委员、国务委员刘延东视察新扩建的市林则徐纪念馆。

◎ 6 月 3 日　市林则徐纪念馆举行全国禁毒教育基地揭牌暨新馆开馆仪式。扩建后新馆总面积 8500 平方米，是全国最大的展示林则徐史料的展览馆。

◎ 6 月 10 日　三坊七巷入选首批“中国十大历史文化名街区”。

◎同月上旬　国家文物局公布福州市博物馆为二级博物馆，中国船政文化博物馆和长乐市博物馆为三级博物馆。

◎ 7 月至 8 月底　第五期全国水下考古专业人员培训班，学员 20 名，在平潭县大练乡小练岛进行水下考古实习，对小练岛元代沉船遗址进行水下考古发掘。

◎ 9 月 29 日　三坊七巷建筑群等 11 个项目入选新中国成立 60 周年来“福建文博

成就”。

◎9月下旬　市博物馆“国家历史文化名城——福州”、市林则徐纪念馆“林则徐史迹展”、中国船政文化博物馆“船政文化”分获省第一届博物馆陈列展览精品特别奖、精品奖和优秀奖。

◎10月1日至11月30日　市博物馆举办“新中国60周年文物征集成果展”。

◎同月　由市三坊七巷管委会、市文物局、清华大学建筑设计研究院和市规划设计研究院联合编制的《三坊七巷历史文化遗产保护规划及数字技术应用项目》荣获第三届国家文化部创新奖，为福建省首次获得该奖项。

◎同月　杨勇任市文物管理局局长。

◎10月20日　国家民政部部长李学举，副部长孙绍骋、李立国，以及原最高人民检察院检察长贾春旺视察市林则徐纪念馆。

◎10月31日　日本前首相、日本社民党顾问村山富市一行参观市林则徐纪念馆。

◎11月16日　省政府公布第七批省级文物保护单位203处，其中福州28处：王麒故居、陈衍故居、建宁会馆、龙峰泰山庙、福州中山堂、福州商务总会旧址、张真君祖殿、侯德榜故居、采峰别墅、蔡忠惠公祠、安澜会馆、陈氏五楼及宗祠、林浦泰山宫、螺洲天后宫、台屿陈氏宗祠、永盛梁氏宗祠、阳岐尚书祖庙、林森公馆、林尔康墓、福建戍守台湾将士墓群、闽安协台衙门、仙塔、宝林寺法堂、方广岩寺、青石寨、金山堂、樟坂乡贤第、方壶岩摩崖题刻。

◎11月8日　中共中央政治局委员、全国政协副主席王刚视察市林则徐纪念馆。

◎同月　国家国防教育办授予市林则徐纪念馆为首批“国家国防教育示范基地”。

□2010年

◎1月1日　陈氏五楼二期工程全面竣工。3月，工程通过验收。

◎1月31日　全国政协副主席孙家正视察市林则徐纪念馆。

◎2月23日　旅港福州乡亲阮幼兰捐赠国家领导人朱德、彭德怀墨宝仪式在市博物馆举行。

◎3月23日　最高人民检察院党组成员、副检察长张常韧视察市林则徐纪念馆。

◎4月21日　中共中央政治局委员、广东省委书记汪洋和省委副书记、省长黄华华率广东省党政代表团一行97人参观市林则徐纪念馆。

◎4月22日　河南省委常委、宣传部长、副省长孔玉芳参观市林则徐纪念馆。

◎ 5 月 8 日至 20 日　市博物馆配合中央台四套“走遍中国”栏目组，拍摄“宋端平二年南宋古墓”专题及“寿山石雕”专题节目。

◎ 5 月 15 日　最高人民检察院检察长曹建明视察市林则徐纪念馆。

◎ 6 月 2 日　全国政协副主席、中共中央统战部部长杜青林视察市林则徐纪念馆。

◎ 6 月 12 日至 7 月 12 日　市博物馆举办“福州地区第三次文物普查新发现成果图片展”。

◎ 6 月 12 日　闽清县博物馆林跃先被国务院第三次全国文物普查领导小组办公室、国家文物局评为“第三次全国文物普查实地文物调查阶段突出贡献个人奖”。

◎ 9 月 3 日　人力资源和社会保障部副部长杨士秋视察市林则徐纪念馆，并题词：海纳百川。

◎ 9 月 19 日　中共中央政治局委员、国务院副总理回良玉视察市林则徐纪念馆。

◎ 10 月 1 日　市博物馆举办“共享文明　共筑名城——社会各界捐赠文物展”，展示瓷器、铜器、玉器、砚石、字画等精品文物近 200 件。

◎ 10 月 8 日至 12 月 26 日　“文艺绍兴——南宋艺术与文化特展”在台北故宫博物馆揭幕，市博物馆剔犀葵瓣式三层套盒等 6 件文物获邀参展。

◎ 10 月 28 日　市林则徐纪念馆编印出版的《林则徐翰墨》获福州市第七届社会科学优秀成果一等奖。

◎ 10 月 31 日　中共中央政治局委员、全国人大常委会副委员长王兆国视察市林则徐纪念馆。

◎ 11 月 9 日　市委机构编制委员会批准市林则徐纪念馆编制增加 7 名，共 21 名。

◎ 11 月 26 日　交通部副部长冯正霖一行参观市林则徐纪念馆。

◎ 12 月中旬　马尾区闽安村、长乐市琴江村获第五批“中国历史文化名镇（村）”称号。

◎ 12 月 11 日　市林则徐纪念馆参加澳门莲峰庙慈善值理会与澳门林则徐纪念馆联合举办的“庆祝澳门纪念林则徐巡阅澳门 171 周年及林则徐纪念馆建设 13 周年”纪念活动。

◎ 12 月 29 日　全国人大常委会副委员长华建敏视察市林则徐纪念馆。

□ 2011 年

◎ 3 月 9 日　原中共中央政治局常委、中纪委书记吴官正参观市林则徐纪念馆。

◎ 4 月 7 日 中国国民党荣誉主席吴伯雄偕夫人一行参观市林则徐纪念馆。

◎ 4 月 23 日 “中国水下文化遗产保护万里行”活动在市博物馆启动，并举办“福州沿海水下文化遗产保护专题展”。

◎ 5 月 10 日至 6 月 21 日 市文物考古工作队在晋安区盘石山遗址进行考古勘探，发现 1 座商周时期墓葬、2 个宋代灰坑和 1 条宋代沟。

◎ 6 月 10 日 省文化厅、省文物局和各市、县（区）文化广电新闻出版局联合举办的“‘八闽丰碑’纪念中国共产党诞辰 90 周年——全省革命历史文物联展”在市林则徐纪念馆开展。

◎ 7 月 1 日至 8 月 31 日 市博物馆与景德镇陶瓷馆联合举办的“辉煌历程 瓷韵馨香——建国以来景德镇陶瓷艺术展”在市博物馆展出。

◎ 7 月 28 日 国家文物局局长单霁翔考察长乐市博物馆、琴江满族八旗博物馆和琴江历史文化名村。

◎ 8 月 18 日至 9 月 17 日 市博物馆“馆藏文物精品展”在新疆奇台县博物馆展出。

◎ 8 月 24 日 国家文物局局长单霁翔出席全国首批生态（社区）博物馆示范点——福州三坊七巷社区博物馆揭牌仪式。

◎ 8 月 29 日至 9 月 31 日 市博物馆与省收藏家协会联合举办的“纪念辛亥革命一百周年收藏文献、文物展”在市博物馆展出。

◎ 10 月 省、市文博部门联合对鼓楼区文儒坊西段、金斗桥西侧进行抢救性考古，发现水井、灰坑、房屋及唐宋时期城墙、巷路等。

◎ 11 月 3 日 世界遗产研究院院长克里斯托弗一行参观市林则徐纪念馆。

◎ 11 月 21 日 国务院国资委主任、党委书记王勇一行视察市林则徐纪念馆。

◎是年 闽王祠修复工程完工，并修复福州商务总会旧址八角亭、高氏文昌阁和独立厅。

□ 2012 年

◎ 1 月 7 日 福州市首场“市民道德讲堂”在福州文庙开讲。

◎ 1 月 20 日 省文物局副调研员何经平挂职任福州市文化新闻出版局党组成员、副局长。

◎ 2 月 10 日 福州市在北京召开“海上丝绸之路 · 福州史迹”申报中国世界文化遗产预备名单专家论证会，专家一致同意福州市成为“海上丝绸之路”申遗城市之一，与其他 7 个城市联合申遗。会后，市文物局委托中国建筑设计研究院编制“海上丝绸之路 · 福州史迹”申遗文本。

◎ 3 月 市文物局完成鼓岭核心区域（宜夏村周边）80 座（处）历史遗迹实地调查。

◎ 3 月 30 日 “海上丝绸之路 · 福州史迹”申报中国世界文化遗产预备名单文本及保护管理规划上报国家文物局。

◎ 5 月 10 日至 7 月 21 日 福州与武汉文化部门联合举办的“‘中山舰与福州’出水文物展”在市林则徐纪念馆展出。

◎ 5 月 11 日 市政府发布《福州市人民政府办公厅关于加强“海上丝绸之路 · 福州史迹”文化遗产保护管理工作的通知》。

◎ 5 月 18 日至 8 月 18 日 市博物馆参与的“跨越海洋——中国‘海上丝绸之路’八城市文化遗产精品联展”在宁波市博物馆展出。

◎ 5 月 23 日至 24 日 国家文物局专家孙华、余红到福州核查“海上丝绸之路 · 福州史迹”拟申报中国世界文化遗产预备名单史迹点：长乐圣寿宝塔、天妃灵应之记碑、登文道码头、马尾东岐码头、闽安邢港（迴龙桥）等。

◎ 6 月 26 日至 8 月 25 日 市林则徐纪念馆“林则徐生平史迹展”在安阳市博物馆展出。

◎ 6 月至 10 月 市文物考古工作队队员参加广东南澳一号、辽宁沿海水下考古项目。

◎ 7 月 闽清县博物馆馆长林跃先被人力资源与社会保障部、国家文物局评为“全国文物系统先进工作者”。

◎ 7 月至 8 月 央视 4 套《国宝档案》节目对市博物馆馆藏的商代青铜方罍、南宋纱罗对襟女上衣、清代夹纻胎漆器达摩坐像、林纾《祝寿图》、徐悲鸿《伯乐相马图》等 11 件文物进行专题报道。

◎ 8 月 9 日至 9 月 30 日 市林则徐纪念馆“闽台近代名人文物展暨林则徐纪念馆藏品文物”在台湾中兴新村文献馆展出。

◎ 9 月 26 日 中共中央宣传部、文化部、国家广电总局、新闻出版总署授予市林则徐纪念馆“全国文化体制改革先进单位”。

◎ 9 月 28 日至次年 2 月 25 日 “跨越海洋——中国‘海上丝绸之路’八城市文化遗产精品联展”在市博物馆举办，国家文物局副局长童明康及八城市代表出席开幕式。

◎ 10 月 29 日 美国华人收藏协会秘书长招思虹向市博物馆捐赠在美国收集到的福建、福州文物资料。

◎同月　市博物馆、市林则徐纪念馆通过省文物局评估定为省一级馆。

◎ 10 月、12 月　市博物馆“‘平潭碗礁一号’沉船出水瓷器精品展”分别在景德镇、武汉博物馆展出。

◎ 11 月 13 日　国家文物局公布“中国世界文化遗产预备名单”，福州“三坊七巷”和“海上丝绸之路”入选。

◎同月　市文物考古工作队队员赴肯尼亚参加水下考古项目。

◎ 11 月至 12 月　市文物局在闽清县开办“古建筑培训班”。

◎ 12 月 20 日　中央纪委副书记、监察部部长兼国家预防腐败局局长马馼参观市林则徐纪念馆。

◎ 12 月 17 日　马尾区闽安村、长乐市琴江村列入第一批中国传统村落名录。

◎ 12 月 25 日　市林则徐纪念馆被教育部、公安部、国家禁毒委员会办公室联合公布为首批全国中小学毒品预防教育社会实践基地。

◎ 12 月 31 日至次年 1 月 6 日　“左海近现代名人字画展”在市林则徐纪念馆展出。

□ 2013 年

◎年初　在鼓楼区闽山巷遗址抢救性考古发掘中，首次发现六朝时期地层、夯土墙基和灰坑等遗存。

◎ 1 月 28 日　省政府公布第八批省级文物保护单位 230 处，其中福州 35 处：高爷庙、大光里陈氏民居、道山观、宫巷刘氏民居、正谊书院、泉山仁寿堂、上下杭商号建筑群、淮安丞相墓、烟台山近代建筑群、华南女子文理学院旧址、福建协和大学建筑群、南屿碗窑山遗址、瓜山屯兵营址、侯官镇国宝塔、汤院驿道、云林院八角井、拔仕官路及摩崖题刻、尚干庵塔、莲峰石塔、青圃青石塔、旗山石松寺、池坑溪岭亭、水西林建筑群、闽侯木拱廊桥（龙津桥、坑坪桥、远济桥）、南屿福垆寺、溪东丞相墓、宝溪尚书墓、海峡之声黄岐广播站、万松岭驿道、合龙桥、闽清文庙、际上石刻群、中房林氏祖厅旗杆林、岐阳郑氏宗祠、姬岩摩崖石刻。

◎ 4 月 21 日　广东省委常委、深圳市委书记王荣率深圳市党政代表团参观市林则徐纪念馆。

◎ 4 月 16 日至 6 月 26 日　市博物馆参与的“跨越海洋——中国‘海上丝绸之路’九城市文化遗产精品联展”在扬州市博物馆展出。

◎ 5 月 6 日　国务院公布第七批全国重点文物保护单位 1943 处，其中福州市 7 处：

龙江桥，罗星塔，九头马民居，乌石山、于山摩崖题刻及造像，亭江炮台，林则徐宅与祠，福建戍守台湾将士墓群。

◎同日　三坊七巷和朱紫坊建筑群增补黄巷郭氏民居、南后街叶氏民居、安民巷鄢家花厅、光禄坊刘氏民居、王麒故居、刘冠雄故居等6个点。

◎同日　市文化新闻出版局局长杨凡兼任市文物局局长。

◎5月12日　市林则徐纪念馆“左海讲坛”开讲。

◎5月　省住建厅、文化厅公布首批省级历史文化街区9处，三坊七巷、朱紫坊、上下杭列入。

◎5月　长乐市博物馆被评为国家二级博物馆。

◎6月　市文物考古工作队三名队员参加国家文物局在湖北丹江口水库进行的水下考古项目。

◎6月9日　福州市成立第一次全国可移动文物普查领导小组，由分管副市长担任组长，普查领导小组办公室设在市文化新闻出版局，负责普查工作的日常组织和具体协调。

◎7月12日　福州市发布《福州市第一次全国可移动文物普查实施方案》。随后，各县（市）区分别成立可移动文物普查领导小组，设立普查领导小组办公室。

◎同月　市文物考古工作队队员参加国家文物局水下文化遗产保护中心在平潭附近海域的水下考古项目。

◎7月16日至10月10日　市博物馆参与的“跨越海洋——中国‘海上丝绸之路’九城市文化遗产精品联展”在登州博物馆展出。

◎8月至11月　市文物考古工作队在新店古城遗址考古勘探，勘探面积7万平方米，布下探沟27个，出土数量较多的西汉时期筒瓦、板瓦、砖等，首次发现西汉文化层，还发现不少唐五代以来的遗迹、遗物。

◎8月5日至12月　省市考古部门联合开展福州地铁屏山站考古发掘和保护工作，发掘面积2500平方米，发现西汉夯土台基及水井，唐代砖砌台基及水井，南朝、唐代、宋代沟等重要遗迹，出土“长乐万岁”瓦当、壶、罐、炉、碗、铜镜等一批精美文物，取得重大成果。

◎9月2日至4日　举办福州市第一次全国可移动文物普查培训班，各县（市）区文体局、市属文化系统相关单位普查机构负责人及业务骨干约80人参加。

◎9月15日　市林则徐纪念馆“近现代左海名人与新疆书画展”在伊犁州博物馆

展出。

◎ 10 月 11 日　文化部党组成员、故宫博物院院长单霁翔来福州马尾调研福建船政文物。

◎ 10 月 18 日　福建博物院联合江苏、浙江、福建、山东、广东、广西和海南七省的 45 家博物馆举办“丝路帆远——海上丝绸之路文物精品七省联展”在福建博物院正式开展，市博物馆 13 件馆藏文物参加了此次联展。

◎ 10 月 23 日至次年 2 月 17 日　市博物馆参与的“跨越海洋——中国‘海上丝绸之路’九城市文化遗产精品联展”在广西民族博物馆举办。

◎ 11 月 9 日　国家文物局专家徐光翼、信立祥现场指导福州地铁一号线屏山站考古工作。

◎ 11 月 26 日　市政府发布《福州市上下杭历史文化街区文化遗产保护管理办法》，自 2014 年 1 月 1 日起施行。

◎ 11 月底至次年 1 月　市文物考古工作队员参加中国和肯尼亚合作实施拉穆群岛地区水下考古项目。

◎ 12 月 27 日　《福州历史文化名城（名街、名镇、名村）保护近期规划》编制完成。

◎是年　《福州市历史文化名城保护条例》完成修订，并公布实施。

□ 2014 年

◎ 1 月 7 日　国家文物局副局长董保华到福州地铁一号线屏山站考古工地现场指导工作。

◎ 1 月 7 日至 8 日　文化部党组成员、故宫博物院院长单霁翔，国家文物局党组副书记、副局长董保华一行来福州长乐参加郑振铎铜像落成揭幕仪式，并指导检查我市文物工作。

◎ 1 月 16 日　市政府专题会议通过由市文物局组织编制的《福州历史文化名城（名街、名镇、名村）保护近期规划》。

◎ 1 月 31 日　市文物考古工作队“无诸故垒　冶城春秋——屏山地铁站考古成果展”在市博物馆展出。

◎ 2 月 11 日至 12 日　文化部副部长、国家文物局局长励小捷一行 5 人调研福州市 2014 年全国文物重点工作落实情况及文物保护工程项目库实施情况。

◎ 3 月 13 日至 14 日　国家文物局顾玉才副局长一行莅榕调研福州市涉台文物保护

工作，考察三坊七巷、朱紫坊历史文化街区、福建船政建筑、昭忠祠、闽安村；调研福州市“整治国有文物保护单位设立私人会所或高档餐厅”情况。

◎同月　市文物考古工作队开展福州江北城区山洪防治及生态补水工程项目调查勘探。

◎ 4 月 9 日至 7 月 9 日　市博物馆参与的“跨越海洋——中国‘海上丝绸之路’九城市文化遗产精品联展”在广州市博物馆举办。

◎ 5 月 13 日　日本冲绳教育部交流团一行十余人参观闽王祠、琉球馆。

◎ 5 月 18 日　总投资 2750 万元（含陈列展览、安防消防、文物征集等）的市博物馆基本陈列更新改造项目完成，“闽都华章——福州历史文化陈列”“海丝门户　有福之州——福州海上丝绸之路文化遗产专题展”两个基本陈列正式对外开放。

◎ 6 月 14 日　吴聿建任市文物局局长。

◎同月　市文物考古工作队队员参加国家文物局水下文化遗产保护中心在湖北丹江口水库的水下考古项目。

◎ 6 月至 9 月　中国船政文化博物馆、台北长荣海事博物馆、台湾财团法人海军军官学校校友文教基金会联合在台湾台北长荣海事博物馆、高雄科学工艺博物馆举办“船政与台湾”专题巡展，其中台北展期 1 个月、高雄展期 3 个月。

◎ 7 月　市文物考古工作队与国家博物馆、福建博物院合作，在平潭海域开展水下沉船遗迹考古调查工作。经调查，在乌猪岛、东洛岛等海域发现疑似沉船遗迹。

◎ 8 月 8 日至 11 月 8 日　市博物馆参与的“跨越海洋——中国‘海上丝绸之路’九城市文化遗产精品联展”在漳州市博物馆举办。

◎ 8 月至 9 月　市文物考古工作队开展长乐前塘至福清庄前高速公路项目调查勘探。

◎ 8 月至 12 月　福建博物院文物考古研究所、市文物考古工作队联合开展三坊七巷金斗桥东侧空地考古发掘工作，发现唐五代的罗城城墙、唐代的安泰河北岸木质护岸、木质河道挡板和宋代坊巷中的成组房基。

◎ 8 月 15 日至 9 月 15 日　市林则徐纪念馆“福州近现代名人书画与图片展”在东莞鸦片战争博物馆展出。

◎ 8 月 20 日　市文物局召开“历史名城　海丝门户——福州与海上丝绸之路学术研讨会”，省市知名海丝研究专家、学者深入研讨，同年 11 月，《历史名城　海丝门户——福州海上丝绸之路论文集》由海峡文艺出版社出版。

◎ 9 月 18 日　举办福州市第一次全国可移动文物普查骨干培训班，市直国有文物收藏单位、各县（市）区普查办业务骨干参加。

◎ 9 月 28 日　由市文化新闻出版局、市社科联、台湾中华华夏文化交流协会主办，市博物馆、福州市传统文化促进会、台湾玉山宝光圣堂承办的首届海峡两岸联合祭孔大典在福州文庙举行，约 300 位台湾代表参加。这是海峡两岸首次联合在福州文庙举行的祭孔典礼，也是福州文庙 60 年来最大规模的祭孔典礼。

◎ 10 月 16 日至 11 月 16 日　市林则徐纪念馆“一代伟人林则徐生平事迹展”在沈阳张氏帅府博物馆展出。

◎ 10 月 17 日　公布实施《福州市历史文化名城保护规划（2012—2020）》。

◎ 10 月 31 日至 12 月 15 日　市博物馆“海丝遗珍——‘碗礁一号’沉船出水瓷器展”在广东东莞可园博物馆举办。

◎ 11 月 17 日　市文物局吴聿建局长参加泉州海上丝绸之路与世界文化遗产申报学术研讨会。研讨会发布《泉州宣言》。

◎同日　罗源县中房镇深坑村、永泰县嵩口镇月洲村、永泰县嵩口镇中山村、永泰县盖洋乡盖洋村、福清市南岭镇大山村食菜厝村等 5 个村落入选第三批中国传统村落名录。

◎ 11 月 26 日　省建委古建木工培训班学员 200 人参观华林寺大殿。

◎ 11 月 27 日至次年 2 月 27 日　市博物馆参与的“跨越海洋——中国‘海上丝绸之路’九城市文化遗产精品联展”在泉州海外交通史博物馆展出。

◎ 11 月至次年 1 月　市文物考古工作队开展连江窑址调查。

◎是年　配合市委宣传部开展香港大公报“福州海上丝绸之路文化调查与系列报道”活动，提供海丝文物、史迹方面的采访配合。

□ 2015 年

◎ 1 月 6 日　《福建日报》刊登长篇通讯《像爱惜自己的生命一样保护好文化遗产——习近平在福建保护文化遗产纪事》

◎ 1 月 16 日至 3 月 26 日　市博物馆“海丝遗珍——‘碗礁一号’沉船出水瓷器展”在海口市博物馆展出。

◎ 1 月 24 日　市政府公布第六批市级文物保护单位 15 处。

◎ 1 月 25 日至 3 月 25 日　市博物馆与武汉博物馆联合举办的“铜镜的故事——武汉博物馆馆藏铜镜展”在市博物馆展出。

◎3月　邀请省文物鉴定中心专家对全市文化文物系统外国有文物收藏单位进行可移动文物认定工作，认定系统外国有文物收藏单位26家。

◎3月15日至5月31日　福建博物院文物考古研究所、市文物考古工作队联合开展地铁屏山站东入口一期考古发掘工作，发掘面积为700平方米，发现宋代房基、宋代路面及宋代排水沟等建筑遗迹，出土唐宋时期罐、盏、瓦当及少量汉代遗物。

◎3月27日　市文物局参加国家文物局在南京举办的海上丝绸之路保护和申遗工作会议。

◎3月27日至6月27日　市博物馆参与的“跨越海洋——中国‘海上丝绸之路’九城市文化遗产精品联展”在南京市博物馆展出。

◎4月24日　李克强总理参观三坊七巷严复故居。他说：“严复学贯东西，是第一批‘放眼看世界’的中国人。他向国人翻译介绍西学，启蒙了几代中国人，同时又葆有一颗纯正的‘中国心’。每个中国人都应该记住严复。”

◎4月28日至6月5日　市博物馆与唐山市博物馆联合举办的“唐山皮影艺术展”在市博物馆展出。

◎5月15日　福州市召开可移动文物普查工作会议暨数据审核与管理培训班，各县（市）区普查业务骨干，各相关文物收藏单位代表约43人参加。

◎同月　市文物局负责的课题《加强福州古城遗址保护和利用的研究》获2014年度市优秀调研课题成果三等奖。

◎5月至7月　市文物考古工作队开展福建省北水南调平潭及闽江口水资源配置工程调查勘探。

◎6月12日至7月19日　市博物馆“海丝遗珍——‘碗礁一号’沉船出水瓷器展”在广东佛山南海区博物馆展出。

◎6月18日至9月18日　市林则徐纪念馆“壁立千仞　无欲则刚——林则徐廉政事迹展”在南京中国近代史遗址博物馆展出。

◎6月至12月　市文物考古工作队三名队员参加湖北丹江口水库文物调查、辽宁丹东一号沉船遗址发掘以及广东、广西、安徽、河北、上海等海域的水下考古工作。

◎6月18日　市文化广电新闻出版局、市文物局主办，市博物馆、市摄影家协会、市图片社承办的“忘不了的乡愁——福州古村落古民居摄影展”在市博物馆展出。

◎6月24日　省文化厅厅长陈秋平和清华大学建筑学院教授王贵祥相继调研华林寺大殿。

◎7月7日　省政府批复《三坊七巷历史文化街区保护规划》（修编）。

◎7月以来　闽清、永泰等地部分文物因受台风“尼伯特”侵袭严重损坏，闽清宏琳厝受损尤其严重。

◎7月至9月　市文物考古工作队对霍口大型水库建设进行考古调查。

◎8月中旬至11月　市文物考古工作队开展三坊七巷文儒坊西段金斗桥工地东南部进行考古发掘，发现唐五代河岸建筑遗迹，以及宋代台基、排水沟等。

◎8月24日　省委宣传部内刊《宣传思想工作》（28期）刊登市文物局《关于加强福州古城遗址保护和利用的调研报告》，省委常委、宣传部长李书磊在内刊上做出批示，肯定调研报告很有价值。

◎8月29日　林则徐文献馆揭牌暨林则徐故居二期修缮工程启动仪式在林则徐故居举行，同日“继承传统　弘扬文化——林则徐文物精品展”在市林则徐纪念馆开展，省委常委、市委书记杨岳带市四套班子领导参加并讲话。

◎同日　省委常委、宣传部长李书磊，省委常委、政法委书记陈冬到永泰县嵩口镇调研历史文化名镇名村保护工作，并对历史文化名镇名村保护利用工作提出要求。

◎9月8日　市林则徐纪念馆“壁立千仞　无欲则刚——林则徐廉政事迹展”在新疆伊犁霍城县伊犁将军府开展。

◎9月16日　省政府批复《朱紫坊历史文化街区保护规划》。

◎9月26日至10月28日　市博物馆“海丝遗珍——‘碗礁一号’沉船出水瓷器展”在中山市博物馆展出。

◎9月26日至11月26日　市博物馆与东莞可园博物馆联合举办的“东莞可园博物馆馆藏岭南书画精品展”在市博物馆展出。

◎9月28日　福州文庙举行孔子诞辰2566周年纪念活动。

◎10月21日　省住建厅、省文化厅、省财政厅公布第一批省级传统村落名单，我市福清、长乐、闽清、永泰县共有42个传统村落入选。

◎10月22日至23日　省政协召开宗教活动场所文物保护和管理专题调研，听取省及福州市宗教事务和文物部门情况介绍，实地考察开元寺、泛船浦天主教堂、永泰名山室、闽侯石松寺、灵济宫。

◎11月4日　省政府批复《上下杭历史文化街区保护规划》。

◎11月16日至21日　省文物局在福州举办2015年福建省文物保护工程（福州片区）培训班。

◎12月20日至次年2月25日 市博物馆与内蒙古科尔沁博物馆联合举办的“草原盛装——中国蒙古族服饰展”在市博物馆展出。

◎12月22日至23日 中央文史研究馆馆员安家瑶一行来榕开展“海上丝绸之路申遗”调研。

◎12月22日 根据省委常委、宣传部长李书磊对连江县政府《关于申请修复连江县贵安村朱文公祠经费的报告》批示精神，在市文物局的指导下，连江县开展贵安朱子祠修复工作。

□2016年

◎1月14日至3月1日 市博物馆与佛山市南海区博物馆联合举办的“南海之光——康有为手迹精品展”在市博物馆展出。

◎1月30日至3月17日 市林则徐纪念馆“‘和合家风’之林则徐家风展”在北京中华世纪坛展出。

◎2月3日 市政府公布第七批市级文物保护单位6处。

◎3月21日至25日 市文物局参加福州市琉球馆修缮技术交流团，赴日本那霸考察学习。

◎同月 国务院出台《关于进一步加强文物工作的指导意见》，这是指导新时期文物工作的纲领性文件。

◎4月14日至5月23日 市林则徐纪念馆“壁立千仞 无欲则刚——林则徐廉政事迹展”在遵义市博物馆展出。

◎4月13日 省政府批复《中国历史文化名村长乐市航城街道琴江村保护规划》。

◎4月27日 省委常委、市委书记杨岳调研文物保护工作。

◎同日 召开全市第一次可移动文物普查数据审核工作会议，成立审核专家小组开展全市文物普查离线数据审核工作。

◎5月5日 市政府正式公布实施《福州市廊桥保护管理办法》。

◎6月13日 市林则徐纪念馆“珍爱生命、远离毒品、创造美好未来禁毒知识宣传展览”在伊犁霍城县展出。

◎同月 根据省委常委、宣传部长李书磊批示，“切实保护好这座福州的‘断桥’，为城市增色”，市文物局委托福建省建筑工程质量检测中心有限公司，对洪山桥桥墩结构布置、病害状况及其周围闽江河床分布状况，以及桥墩现状承载力和抗灾情况进行科学检测，为洪山桥加固修缮及利用提供可靠依据。

◎ 7 月 19 日至 23 日　市文物局、市名城委承办“福建省 2016 年文物保护工程施工技术人员——木工（北片地区）培训班”，40 多名福州本地木工参加培训。

◎ 8 月 23 日至 26 日　福州市召开福州市第一次可移动文物普查数据审核与验收培训班，市普查专家小组成员、各县（市）区普查业务骨干约 23 人参加。

◎ 8 月 27 日　由市博物馆、市传统文化促进会、台湾传统文化促进协会联合举办的“稚儿执笔书未来——丙申年开笔礼”在福州文庙举办。

◎ 9 月 5 日　全面完成福州市第一次可移动文物普查数据审核工作。经核查，我市共有国有文物收藏单位 39 家，共有藏品数量 24923 件 / 套。

◎ 9 月 21 日至 22 日　国家文物局宋新潮副局长一行赴我省实地调研文物抗台救灾情况，现场察看宏琳厝修缮工程。

◎同月　因台风影响，省级文物保护单位闽侯木栱廊桥之龙津桥等多座木拱廊桥被洪水冲走。在各界共同努力下，后已搜寻到龙津桥和县级文物保护单位三溪桥等大部分廊桥构件，并着手开展重修工作。

◎ 10 月 17 日至 28 日　市文物局与国家古籍保护中心联合举办第三期全国传拓技术培训班暨第一期福州市文物传拓培训班，国家图书馆、省图书馆、市区文博馆所和图书馆等单位近 40 人参加了培训。

◎ 10 月 25 日　尤猛军代市长带队赴京向国家文物局汇报福州市文物保护及海丝申遗工作。

10 月 25 日至 12 月 27 日　市博物馆参与的“跨越海洋——中国海上丝绸之路文化遗产精品联展”在香港历史博物馆展出。

◎ 11 月 1 日　尤猛军代市长赴怀安窑址实地调研海丝申遗工作。

◎ 11 月 10 日至 12 月初　市文物考古工作队对地铁 4 号线一期轨道交通线工程涉及范围地面、地下遗存进行实地考古调查、勘探。

◎ 11 月 24 日　宏琳厝灾后修缮工程全面动工。

◎ 12 月 14 日至次年 1 月 13 日　由市文化广电新闻出版局、陈云纪念馆主办，市林则徐纪念馆承办“伟大光辉的一生——陈云生平业绩展”在市林则徐纪念馆展出。

◎ 12 月 25 日至次年 2 月 25 日　市博物馆“海丝遗珍——‘碗礁一号’沉船出水瓷器展”在丽江市博物院展出。

◎是年　市林则徐纪念馆被确定为首批“福建省高等学校思想政治理论课实践教学

基地”和省级青年文明号。

◎是年 市文物局会同市名城委等部门进一步加强朱紫坊、上下杭、烟台山、冶山、苍霞等历史文化街区（风貌区、历史建筑群）保护工作。

□ 2017 年

◎ 1 月 1 日 市委、市政府为民办实事项目——福州市海上丝绸之路展示馆“福地宝船 海丝帆影”陈列展览工作圆满完成并对外开放。

◎ 1 月 10 日 全国妇联副主席、书记处书记、党组成员张晓兰参观市林则徐纪念馆。

◎同日 北京大学原党委书记、校务委员会原主任朱善璐参观市林则徐纪念馆。

◎ 1 月至 3 月 福建博物院文物考古研究所、市文物考古工作队联合开展地铁四号线化工路站遗址考古发掘。该遗址文化内涵丰富，涵盖了新石器时代晚期昙石山文化、商周、汉代，乃至唐宋明清时期地层。

◎ 1 月 26 日 市博物馆“拾遗补阙 同享记忆——福州市博物馆征集文物成果展”开展。

◎ 2 月 14 日 省委副书记、市委书记倪岳峰带队赴京拜访国家文物局励小捷局长，争取国家文物局支持福州海丝申遗工作。

◎ 2 月 15 日 中国人民银行党委委员、副行长殷勇参观市林则徐纪念馆。

◎ 2 月 16 日 福建省委常委、政法委书记陈东参观调研市林则徐纪念馆。

◎同日 市文物局负责的全市重点课题《福州市文物保护工程现状及思路调研》获 2016 年度福州市政府系统优秀调研课题三等奖。

◎ 2 月 22 日 中共中央政治局委员、中央党的建设工作领导小组副组长张春贤参观市林则徐纪念馆。

◎ 2 月 25 日 尤猛军市长签发第 70 号政府令，发布《“海上丝绸之路 · 福州史迹”文化遗产保护管理办法》，自 2017 年 4 月 1 日起实施。

◎ 3 月 5 日至 4 月 30 日 市博物馆“海丝遗珍——‘碗礁一号’出水文物精品展”在普洱市博物馆展出。

◎ 3 月 18 日 市政府成立以市委副书记、市长尤猛军为组长的福州市申报世界文化遗产工作小组，下设办公室（设在市名城委），副市长李春兼任办公室主任、市名城委主任杨勇任常务副主任、市文物局局长吴聿建任副主任，负责统筹推进申遗工作。

◎同月 中央纪委监察部网络中心组织编写的《中国家规》一书出版发行，以“荀

利国家生死以 岂因祸福避趋之”为主题的林则徐家规入选，成为我省入选的四个家规之一。

◎ 4 月 市文物局开展全国重点文物保护单位华林寺大殿修缮工程。

◎ 4 月 1 日 市文物局组织撰写的《关于挖掘利用福州海丝文化资源的问题与对策》被评为 2016 年度市宣传思想文化系统优秀调研课题成果二等奖。

◎ 4 月 12 日 省委副书记、市委书记倪岳峰赴林则徐出生地等文保单位调研，并主持召开市委常委会（扩大）会议专题研究文物保护工作，研究议定了调整充实市历史文化名城保护建设领导小组、市县两级文物机构设置及力量配备、土地出让及项目建设征得文物部门用印、增加文物保护工作经费、加大历史文化资源挖掘和宣传力度等事项。明确由市委编办负责，为市文物局办理法人机构登记，管理职能和经费单独运作，调剂增加 4 名编制；由各县（市）区在各自文体局（科技文体局）内部增设专门科室承担文物保护工作职能，增加从事文保工作的人员编制；由市规划局、市建委等部门负责，今后凡是在全市历史文化名城保护范围内进行土地出让、房屋征收、项目建设，必须征得文物部门用印同意；2017 年度文物保护专项经费由原来安排的 400 万元增至 600 万元，今后逐年增加，申遗等其他专项工作所需经费由市财政据实安排。

◎ 4 月 14 日至 15 日 全国政协文史学习委副主任叶小文带领海丝文化遗产保护和利用情况调研组来榕考察海丝文化遗产保护与申遗工作。

◎ 4 月至 5 月 市文物考古工作队开展闽安村古城墙遗址考古清理，揭露出一段长约 5 米、宽约 4.5 米、残高 0.8 米至 1.2 米的东北—西南走向古城墙。

◎ 4 月至 6 月 市文物考古工作队开展福州宦溪窑址考古调查，通过实地调查共发现窑址相关地点 19 处，主要形成 4 个保护区域，总面积约 10 万平方米。

◎ 5 月 1 日 陈绍宽故居“船政海军的标杆领军——陈绍宽生平展”对外开放。

◎ 5 月 8 日 国务委员、国务院党组成员兼国防部长常万全参观市林则徐纪念馆。

◎ 5 月 11 日 召开全市文物工作座谈会，落实市委常委扩大会议精神，进一步部署下一阶段文物保护工作。

◎ 5 月 15 日 全国重点文物保护单位灵济宫碑（亭）修缮工程竣工。

◎ 5 月 22 日至 8 月 22 日 市林则徐纪念馆“家和万事兴——家教家风主题展”在中国妇女儿童博物馆展出。

◎ 5 月 22 日 尤猛军市长调研林则徐出生地等冶山历史风貌区保护修复工作。

◎ 5 月至 6 月 市文物考古工作队开展福建省委党校（福建行政学院）新校区建设

项目用地考古调查。

◎ 6 月 3 日至 7 月 10 日　市林则徐纪念馆“民族英雄林则徐生平史绩展”在马祖民俗文物馆展出。

◎ 6 月 5 日　香港特别行政区第十二届全国人大代表一行参观市林则徐纪念馆。

◎ 6 月 10 日　市博物馆、市林则徐纪念馆等文博场所举办系列首个中国文化和自然遗产日活动。

◎ 6 月 11 日　国家监察部副部长崔鹏一行参观市林则徐纪念馆。

◎ 6 月 16 日至 20 日　中国古迹遗址保护协会主席郭旃、中国文化遗产研究院古建所长张之平、省文物局原局长郑国珍应邀对福州市海丝史迹进行考察。

◎ 6 月 20 日　根据省委常委、宣传部长李书磊在《福建文化调查》（2015 年第 3 期）上关于要进一步落实朱子文化品牌建设计划的批示精神，市委宣传部、市文广新局编辑完成内部出版物《福州朱子文化遗存图影集》。

◎ 6 月 27 日　国际禁毒日纪念邮票首发活动在市林则徐纪念馆举行。

◎ 6 月 30 日　“源远流长　根深叶茂——林则徐出生地竣工 20 周年暨林则徐遗迹保护回顾展”在林则徐出生地（罗氏试馆）开展。

◎ 6 月　市文物考古工作队开展鼓岭地区历史遗存调查。

◎ 7 月 1 日至 30 日　伊犁林则徐纪念馆“林则徐在新疆专题展”在市林则徐纪念馆展出。这是该馆自 1994 年成立以来，首次赴外地举办大型展览。

◎ 7 月 19 日　青海省委常委王宇燕参观市林则徐纪念馆。

◎ 7 月 27 日至 10 月 27 日　市博物馆“海丝遗珍——‘碗礁一号’沉船出水瓷器展”在玉溪市博物馆展出。

◎ 8 月 1 日至 28 日　市林则徐纪念馆与南昌八一纪念馆联合举办的“从南昌起义走出的共和国将帅”在市林则徐纪念馆展出。

◎ 8 月 9 日至 9 月 9 日　市林则徐纪念馆“清廉自律　慎守儒风——林则徐家风展”在伊犁哈萨克自治州博物馆展出。

◎ 8 月 30 日　市林则徐纪念馆与香港警察历史收藏学会联合举办的“纪念林则徐诞辰 232 周年暨百年中国禁毒文物展”在市林则徐纪念馆开展，会长林建强作《从文物视角回顾：鸦片贸易到中国禁毒百年》演讲。

◎同月　省级文物保护单位东关寨保护修缮工程竣工。

◎ 9 月 6 日至 10 月 6 日　市林则徐纪念馆“清廉自律　慎守儒风——林则徐家风展”

在上海陈云纪念馆展出。

◎ 9 月 6 日 教育部副部长田学军参观市林则徐纪念馆。

◎ 9 月 27 日 甘肃省委副书记、省长唐仁健参观市林则徐纪念馆。

◎ 9 月 28 日 市文化广电新闻出版局编辑《凝固岁月 记住乡愁——福州市文物古迹摄影集》正式出版。

◎ 9 月至 11 月 市文物考古工作队开展福州机场第二高速公路工程考古调查、勘探。

◎ 10 月 1 日至 30 日 市林则徐纪念馆与上海中共“一大”会址纪念馆联合举办“光辉的历程——中共一大至十八大图片展”在市林则徐纪念馆展出。

◎ 10 月 10 日 市政府公布实施《福州市历史文化街区国有文物保护单位使用管理办法》《福州市历史文化街区国有房产租赁管理办法》。

◎ 10 月 18 日 菲律宾禁毒署署长艾伦·阿奎诺一行到市林则徐纪念馆参观交流。

◎ 10 月 20 日至 12 月 20 日 市博物馆“海丝遗珍——‘碗礁一号’沉船出水瓷器展”在楚雄州博物馆展出。

◎ 10 月 25 日 尤猛军市长带队前往国家文物局汇报宏琳厝灾后修缮及福州市申遗情况。

◎同日 央视《我有传家宝》栏目组走进市林则徐纪念馆录制专题节目。

◎ 10 月至 11 月 市文物考古工作队开展闽侯二桥建设项目用地考古调查、勘探，涉及不可移动文物点白头山遗址及新发现春风村古民居。

◎ 10 月至 12 月 市文物考古工作队开展福清虎溪变电站建设工地宋墓清理，该墓是目前福州地区研究宋代高等级墓葬极为珍贵的实物资料。

◎ 11 月 市文化广电新闻出版局编辑的《千年古港 海丝帆影——福州海上丝绸之路图录》正式出版。

◎ 11 月 15 日至 20 日 由福建省文物局主办，市文物局和市名城委联合承办的福建省文物保护工程技术人员——泥水工（北片地区）培训班在福州开班。培训班采取课堂讲授理论与现场实际操作相结合的方式，来自福建北片地区（福州、宁德、南平、三明）39 家古建公司 80 余人参加了此次培训。

◎ 11 月 26 日 市林则徐纪念馆赴澳门参加“庆祝民族英雄林则徐巡阅澳门 178 周年及林公诞辰 232 周年暨澳门林则徐纪念馆建馆 20 周年庆典”并出席“弘扬林则徐爱国精神学术座谈会”及第二届林则徐纪念机构联谊活动。

◎ 12 月 1 日至 4 日 市文物局参加由国家文物局、国家海洋局和福建省政府主办的“跨海和声——海上丝绸之路文化遗产保护论坛”，签署《关于海上丝绸之路文化遗产保护莆田共识》。

◎ 12 月 10 日至次年 1 月 10 日　市林则徐纪念馆与大理市博物馆联合举办的“苍洱镌石——大理历代名碑拓片精品展”在市林则徐纪念馆展出。

◎ 12 月 12 日　市博物馆与定西市博物馆联合举办的“丝路定西情·非遗福州行——定西市传统手工制作技艺成果展”在市博物馆开展。

◎ 12 月 12 日至 14 日　市文物局赴海南省琼海市参加由国家文物局和海南省政府主办的第三届南海海上丝绸之路文化遗产保护国际论坛。

◎ 12 月 18 日至 21 日　由福建博物院和福州市文物局联合主办的“丝路帆远——中国海上丝绸之路文物精品展”在法国巴黎玛黑区 COMMINES 艺术中心展出。

◎ 12 月 29 日至次年 3 月 1 日　市博物馆“海丝遗珍——‘碗礁一号’沉船出水瓷器展”在大理州博物馆展出。

◎同月　市文物局完成市政府重点课题《福州市文物保护工作调研》。

□ 2018 年

◎ 1 月 1 日至 10 日　由省文化厅主办、福建博物院承办、市博物馆参展的“绿叶对根的情意——华侨华人奉献展”在市博物馆展出。

◎ 2 月 9 日至 5 月 13 日　市博物馆与各区县博物馆联合举办的“寻珍辑宝——福州市第一次全国可移动文物普查成果展”在市博物馆展出。

◎ 3 月 8 日至 4 月 8 日　市林则徐纪念馆与中国妇女儿童博物馆联合举办的“新中国百位女性第一与中国梦”在市林则徐纪念馆展出。

◎ 3 月 8 日至 7 月 21 日　市博物馆与邯郸市博物馆联合举办的“千年窑火　生生不息——邯郸市博物馆藏磁州窑瓷器展”在市博物馆展出。

◎ 3 月 10 日至 7 月 10 日　市博物馆“海丝遗珍——‘碗礁一号’沉船出水瓷器展”在昆明市博物馆展出。

◎ 3 月 25 日　省文化厅党组书记、厅长石建平在福州调研林则徐故居和林则徐出生地等处林则徐文物保护利用情况。

◎ 4 月 2 日至 4 日　李春副市长带队赴广州参加国家文物局主办的海丝保护和联合申遗城市联盟第一次联席会议，李春副市长代表福州市政府与其他海丝申遗城市联合签署海丝保护和联合申遗城市联盟章程及其办公室规程。

◎ 4 月至 5 月　市文物考古工作队开展浦口窑址实地考古调查，此次考古调查共划分 16 个分布范围，总面积约 22.5 万平方米。

◎ 4 月至 7 月　市文物考古工作队开展冶山公园马毬场遗址考古勘探。

◎ 4 月至 8 月　市文物考古工作队与福建省博物院考古所联合开展白头山遗址考古发掘，发现距今 4000 多年前的水稻标本若干。

◎ 5 月 24 日　市林则徐纪念馆“清廉自律　慎守儒风——林则徐家风展”在定西市图书馆开幕，该展还陆续走进定西市各学校巡展。

◎ 6 月 21 日　市林则徐纪念馆“无毒青春　铸梦中国——林则徐与禁毒教育展”在中国妇女儿童博物馆开展。

◎ 6 月 26 日　省委副书记、省长唐登杰等到市林则徐纪念馆调研禁毒工作。

◎ 7 月 19 日　市委、市政府成立以省委副书记、市委书记王宁为组长，市长尤猛军为第一副组长的福州市特色历史文化街区建设工作领导小组，下设办公室，由市规划局翁华峰任主任，市名城委杨勇、市文物局吴聿建、市规划局吴建青任副主任，负责统筹协调、督促推进特色历史文化街区建设工作。

◎ 7 月 29 日　《近代民族英雄》纪念邮票首发式暨“铭记民族脊梁　传承英雄精神”邮展在市林则徐纪念馆举行。

◎ 8 月 15 日至 11 月 15 日　市博物馆“海丝遗珍——‘碗礁一号’沉船出水瓷器展”在唐山博物馆站开展。

◎ 8 月 24 日　市人大常委会召开新闻发布会，正式公布《福州市海上丝绸之路史迹保护条例》。

◎ 9 月 7 日　省政府公布第九批省级文物保护单位 252 处，其中福州 21 处：朱紫坊张钰哲故居、朱紫坊陈兆锵故居、冶山摩崖石刻、高士其故居、路通桥、河口万寿桥、黄培松故居、龙院郑氏民居、烟台山约翰堂、陈绍宽故居、杨树庄墓、厦王里孙氏民居、闇亭禅寺、盖洋三对厝、下坂厝、下车碓厝、垅口祖厝、谷贻堂、赤岸铳楼群、永泰庄寨建筑群、将军堂建筑群。

◎ 9 月 20 日　应急管理部、文化和旅游部、国家文物局第九工作组由国家文物局文物保护与考古司司长闫亚林组长带队来福州开展第一轮文物消防安全大检查。

◎ 9 月 27 日　连江县贵安朱子祠修缮工程竣工并通过验收。

◎ 9 月 28 日至 11 月 28 日　市博物馆与楚雄彝族自治州博物馆联合举办的“威楚彝韵——楚雄彝族历史文化展”在市博物馆展出。

◎ 10 月 1 日 《福州市海上丝绸之路史迹保护条例》正式实施。

◎ 10 月 18 日 国家文物局工作组一行赴连江县开展“文物法人违法案件专项整治行动（2016—2018 年）”实地督察工作。

◎ 10 月 23 日 市政府正式公布《报恩定光多宝塔保护规划》。

◎ 10 月 29 日至 11 月 2 日 由市文物局和市名城委联合主办的福州市古建筑保护施工技术人员——石工及泥塑工培训班在福州举办。全市具有文物保护工程施工资质的 46 家公司 59 名技术工匠及部分县区特色历史文化街区管理人员参加了培训。

◎ 10 月至 11 月 市文物考古工作队开展福清东张窑址调查。

◎ 10 月至 12 月 市文物考古工作队开展闽侯庄边山遗址调查。

◎ 11 月 5 日 十一世班禅额尔德尼·确吉杰布一行参观市林则徐纪念馆。

◎ 11 月 8 日 中共中央政治局常委刘云山一行到市林则徐纪念馆参观。

◎ 11 月 10 日 由市台胞投资企业协会主办、市台胞投资企业协会青年委员会承办的首届台湾青年集体成人礼在福州文庙举行。

◎ 11 月 23 日至 26 日 由国家文物局指导，中国博物馆协会、中国自然科学博物馆协会主办的第八届“中国博物馆及相关产品与技术博览会”在福州举行。福州市政府作为首届国际博物馆青年论坛和首届丝绸之路博物馆联盟大会的主办方之一。市博物馆、市林则徐纪念馆、市非遗中心展示了 16 类 180 多件文创产品。国家文物局局长刘玉珠、副局长关强，省委常委周联清，省文化厅厅长石建平，市长尤猛军等参加活动。

◎ 11 月 30 日 由福州市文化广电新闻出版局和抚州市文化广电新闻出版局主办，市林则徐纪念馆、抚州市博物馆、抚州市汤显祖纪念馆承办的“清廉自律 慎守儒风——林则徐家风展”在抚州市博物馆开展。

◎ 11 月 市林则徐纪念馆被评为全国中小学生研学实践教育基地，成为福州市唯一获此殊荣的单位。

◎ 12 月 6 日 市博物馆“海丝遗珍——‘碗礁一号’沉船出水瓷器展”在沧州博物馆展出。

□ 2019 年

◎ 1 月 1 日至 6 日 市林则徐纪念馆承办的“林则徐禁毒文化节——纪念虎门销烟 180 周年”专题活动暨“林则徐家风展”在香港饶宗颐文化馆开展。

◎ 1 月至 2 月 市文物考古工作队完成福建省天然气基础设施互联互通福州联络线

工程项目文物调查勘探。

◎ 1 月至 3 月 福建博物院考古所和市文物考古工作队联合组队开展省委党校闽侯新校区用地范围涉及赤塘山遗址抢救性考古发掘，共发掘六朝至唐墓葬 32 座，清理商周墓葬 10 座，宋墓 1 座，出土文物 142 件。

◎ 2 月 2 日 完成乌山明城墙遗址公园建设，并正式开园。

◎ 3 月 11 日至 5 月 1 日 市文物局开展海上丝绸之路史迹专题调查。

◎ 4 月 15 日 市文物局首次举办全市国有建设单位文物保护专题培训班。

◎5 月 13 日 2019 年海上丝绸之路保护和联合申遗城市联盟联席会议在南京召开，市申遗办参加。

◎同月 市级文物保护单位于山明城墙保护及景观提升工程竣工。

◎ 6 月 3 日 由市林则徐纪念馆参与协办的“林则徐禁毒文化节——百年中国禁毒文物展、林则徐家风展”在澳门林则徐纪念馆举行。

◎ 6 月 8 日 《人民日报》重刊习近平《〈福州古厝〉序》。

◎ 6 月 9 日 省委副书记、市委书记王宁调研林文忠公祠、戚公祠和开元寺铁佛等古厝保护利用工作。

◎ 6 月 22 日 市文化和旅游局召开全市文物安全工作会议，全市文物系统约 40 人参会。

◎ 6 月 24 日 省人大常委会副主任吴洪芹一行调研福州市文化遗产保护工作。

◎ 6 月 26 日 “福建省财政厅爱国主义教育基地揭牌仪式”暨主题党日活动在林则徐出生地举行，省财政厅党组书记、厅长余军为基地揭牌。

◎ 6 月至 10 月 市文物考古工作队开展长乐老城区城墙遗迹文物调查勘探，发现残长 130 米始建于明代的东城墙，规模较大，省内少见，为研究长乐老城区历史变迁提供实物见证。

◎ 7 月 4 日 李淑萍女士向福州市林则徐纪念馆捐赠一方《清赠儒林郎容庵林公墓志铭》碑刻。

◎ 7 月 7 日至 11 日 福州市团组由李春副市长带队赴阿塞拜疆参加联合国教科文组织第 43 届世界遗产大会，并积极争取第 44 届世界遗产大会在中国福建省福州市举办，市文物局吴聿建局长参加。

◎ 7 月 9 日 在阿塞拜疆首都巴库举行的第 43 届世界遗产大会宣布，第 44 届世界遗产大会将于 2020 年在福州市举办，这是继 2004 年在苏州举办第 28 届世界遗产大会后我国第二次承办世界遗产大会。

◎ 7 月 27 日 市政府办公厅下发《关于加强城市建设中文物保护工作的意见》。

◎ 7 月 28 日 福州古厝保护与文化传承论坛开幕式暨主论坛在福州海峡国际会展中心举行。论坛由市长尤猛军主持，住房和城乡建设部副部长王艳，国家文物局党组副书记、副局长顾玉才，省委副书记、市委书记王宁出席论坛并致辞。来自中国、日本、以色列等国家和地区的 500 多位专家学者等参会。开幕式上，北京、南京、福州、厦门等 30 多个城市共同发布了《福州古厝保护与文化传承论坛福州宣言》。除主论坛外，还同时举办 5 个专题分论坛、13 场配套活动。

◎同日 市委、市政府印发《关于进一步加强福州古厝保护工作的意见》，并下发任务清单，项目涉及 11 类 84 项，总投资 159 亿元。

◎同月 《福州古厝》一书再版发行。

◎ 8 月 21 日 庆祝中华人民共和国成立 70 周年“纪念虎门销烟 180 周年特制纪念茶”捐赠仪式暨福建省爱国主义禁毒宣传志愿者大队授旗仪式在市林则徐纪念馆举行。

◎ 8 月 26 日至 31 日 市文物局、市名城委举办 2019 年度古建筑保护施工人员培训班，共有 80 人参加培训。

◎ 8 月 30 日 古厝保护工作纳入市对县（市）区、高新区年度绩效考核指标。

◎同日 由市文化和旅游局、市文物局主办，市林则徐纪念馆承办，福州新闻网协办的大型专题“左海伟人与福州西湖——纪念林则徐疏浚福州西湖 190 周年”和 H5 产品“穿越 1829，看看林则徐怎么整治福州西湖”在福州新闻网正式上线。

◎ 9 月 16 日至 20 日 市文物局举办 2019 年全市文博馆所讲解员培训班，福州市和甘肃省定西市各文博单位约 40 名讲解员参加培训。

◎ 9 月 21 日至 10 月 21 日 市林则徐纪念馆在新疆昌吉州博物馆举办“弘扬林公志 传承民族魂——林则徐史迹展”。

◎ 9 月 26 日至 28 日 市博物馆与市传统文化促进会在福州文庙共同举办纪念孔子诞辰 2570 周年系列活动。

◎ 9 月 30 日 市博物馆“福地宝船 海丝帆影”陈列展览获“福建十大陈列展览精品奖”；市博物馆编的“海丝遗珍——‘碗礁一号’沉船及平潭水域出水瓷器”获“福建文物考古博物馆科研成果奖”二等奖；福州市博物馆、福建省屏南耕读文化博物馆编的《福在福地》获“福建文物考古博物馆科研成果奖”三等奖。

◎ 10 月 市考古队员蔡喜鹏参加国家文物局水下文化遗产保护中心主办的“首届

青年水下考古学家论坛暨中国考古学会水下考古专业委员会成立大会”，作题为“宋元时期福州地区陶瓷贸易的近海航路”的主题发言。

◎ 10 月 16 日　国务院公布第八批全国重点文物保护单位名单，永泰庄寨建筑群名列其中。

◎ 10 月至 11 月　市文物考古工作队完成福州 LNG 接收站码头工程项目用地考古调查勘探工作。

◎ 10 月 27 日至 28 日　国家文物局党组副书记、副局长顾玉才等三人莅榕，参加全省分管文物工作领导干部培训班，考察福清市龙江桥、瑞岩弥勒造像，鼓楼区乌石山—于山摩崖石刻、戚公祠、福州辛亥革命纪念馆。

◎同月　省级文物保护单位宏琳厝修缮工程完成。该工程自 2016 年宏琳厝遭受“尼伯特”洪灾后启动，历时三年。

◎ 11 月 11 日　市政府办公厅印发《福州市新一轮古厝保护提升工作方案》，涉及项目 91 项，总投资 176.6459 亿元。

◎ 11 月 19 日至 20 日　国家文物局党组书记、局长刘玉珠来省委党校讲课，期间调研福州市上下杭历史文化街区。

◎ 11 月 26 日至 27 日　澳门特别行政区文化局副局长梁惠敏一行 15 人莅榕，考察福建博物院、脱胎漆器艺术中心和三坊七巷历史文化街区。

◎ 11 月 28 日至 12 月 27 日　“苟利国家生死以　岂因祸福避趋之——纪念虎门销烟 180 周年五馆联展”在市林则徐纪念馆开幕，同时召开福州、虎门、伊犁、蒲城、澳门五地林则徐纪念馆联谊座谈会。

◎ 12 月　市文物局完成全市明代建筑调查工作。

第一章 全国重点文物保护单位

全国重点文物保护单位由国务院公布，第一批至第八批公布时间分别为：1961年、1982年、1988年、1996年、2001年、2006年、2013年、2019年。福州市现有全国重点文物保护单位25处56点，除第一批外，第二批至第八批各批都有。第二批1处；第三批1处；第四批2处4点；第五批5处9点；第六批8处26点；第七批7处10点；第八批1处5点。按文物类别来划分，古遗址、古墓葬、石窟寺及石刻、近现代史迹及代表性建筑等类别均有，尤以古建筑居多，有华林寺大殿、陈太尉宫、三坊七巷和朱紫坊建筑群、福州文庙、林则徐宅与祠、严复故居、马江昭忠祠、亭江炮台、崇妙保圣坚牢塔、圣寿宝塔、罗星塔、九头马民居、龙江桥、永泰庄寨建筑群等。从地域来看，鼓楼7处26点、仓山1处2点、晋安1处、马尾5处11点、长乐3处4点、福清2处、罗源2处、闽侯2处、永泰2处6点。全国重点文物保护单位中以三坊七巷和朱紫坊建筑群所涵盖文物建筑最多，有17处。福建船政建筑，马江海战炮台、烈士墓及昭忠祠，严复故居和墓，林则徐宅与祠，乌石山、于山摩崖石刻及造像，永泰庄寨建筑群等均由多处建筑组成。

第一节　第二批全国重点文物保护单位

华林寺大殿

位于鼓楼区华林路78号。宋乾德二年（964）吴越国郡守鲍修让为祈求国境安宁而建。初名“越山吉祥禅院”。宋为福州名刹，张浚贬谪福州时寓居寺内，称所居为绝学寮；宋高宗御书“越山”“环峰”，残碑犹存。明正统九年(1444)赐额“华林寺”。几经兴废,仅存大殿。

华林寺大殿（林振寿摄）

大殿坐北向南，面阔三间，进深四间，抬梁式木构架，单檐九脊顶，高15.5米，面积572平方米。用材规格超等，构件硕大；梭形柱，斗底有皿板痕迹，保存魏晋风格；阑额、乳栿均属“月梁造”作法，造型古朴；斗拱组合严谨、简洁，檐下四周外向用“双杪三下昂重拱偷心七铺作”，内向斗拱铺作均按需要随宜加减，大量运用插拱。经碳14测定，确认为千年前原有构架，是长江以南最古老的木构建筑物。日本镰仓时期“大佛样”“天竺样”建筑，深受此类建筑风格影响。1986年国家拨款落架重修，新址较原址东偏14.6米、南移8.3米。维修中采用有机化学灌浆等新技术工艺，保存了原构件各种精美造型和特色；并配建附属建筑：山门、东西配殿、回廊及工作室等。1989年10月，华林寺大殿及其配套工程全部完成，1991年1月通过国家文物局验收。寺内存有宋高宗赵构篆书残碑一方、清康熙《华林禅寺香灯碑》、民国《林森纪念堂碑》等。1982年公布为全国重点文物保护单位。

第二节　第三批全国重点文物保护单位

林则徐墓

位于鼓楼区五凤街道铜盘社区马鞍村。林则徐（1785—1850），字元抚，又字少穆、石麟，晚号俟村老人、俟村退叟、七十二峰退叟等，侯官人。官至一品，曾任湖广总督、陕甘总督和云贵总督，两次受命钦差大臣禁毒销烟，反对外来侵略，是近代中国“开眼看世界第一人”。墓坐西北向东南，平面呈风字形，三合土夯筑，五层墓埕，面宽14.6米、纵深37米。封土隆起，形如覆釜。封土后护坡正中饰一圆形的“寿”字，字径0.82米。封土前竖立一块高1.08米、宽2.55米、厚0.16米的墓碑，碑面阴刻：“皇清诰封资政大夫、两淮盐政、前江苏按察使旸谷林公、配陈夫人，男少穆公、妇郑夫人，出继男雨人公、妇李孺人寿域。道光丙戌年仲夏吉旦立。”楷书，直下11行，字径0.12米。碑文中“旸谷林公”为林则徐父林宾日（1749—1827）；“陈夫人”为林则徐母陈帙（1759—1824）；“少穆公”即林则徐，“郑夫人”为林则徐妻郑淑卿（1789—1847）；“雨人公”为林则徐弟林霈霖，“李孺人”为霈霖妻李氏。此墓系清道光十二年（1826），林则徐以母丧守制，为其父母营造的，林则徐逝世后附葬于此。墓碑两侧墓柱亦为三合土质，上刻：“百丈松楸驯鹿土；千秋圭节卧牛眠。”封土前两侧的墓屏镌刻：“风清华表翔元鹤；云护佳城阖玉鱼。”第一层墓埕两旁雄踞一对狮子，三合土堆塑，雄戏球，雌携子。两侧竖立一对青石碑，左为《御赐祭文》，右为《御赐碑文》，高2.6米、宽1.10米。第二层墓埕正中立一堵三合土横屏，上刻“五凤来翔”楷书，字高0.59米、宽0.46米。1961年、1981年两次重修。1988年公布为全国重点文物保护单位。

林则徐墓（林振寿摄）

第三节　第四批全国重点文物保护单位

一、马江海战炮台、烈士墓及昭忠祠

位于马尾区马限山。包括马江海战炮台、烈士墓及昭忠祠，1996年公布为全国重点文物保护单位。

（一）马江海战炮台

位于马尾区马限山东侧山顶，又称中坡炮台。始筑于清同治七年（1868），甲申中法马江海战中被毁。清光绪十三至十四年（1887—1888）船政大臣裴荫森主持重修，并增建前后炮台两处。炮台用糯米汁拌三合土夯筑而成，占地面积 3800 平方米，1993 年重修。

马限山炮台（林振寿摄）

（二）烈士墓

位于马尾区马限山东麓。光绪十年（1884）安葬中法马江海战烈士 796 人，共九冢，民国 9 年（1920）合九冢为一大坟，1984 年重修。长 49 米、宽 10.9 米、高 1.03 米。坐西北朝东南，砌石，混凝土面，墓前立一方形拱顶碑亭，楷书曰：“光绪十年（1884）七月初三日马江诸战士埋骨之处。”

马江海战烈士墓（林振寿摄）

（三）昭忠祠

位于马尾区马限山东麓。清光绪十一年（1885）6 月，署理船政大臣张佩纶奏疏兴建昭忠祠，翌年 12 月建成，民国 9 年（1920）、1984 年重修。占地面积 24300 平方米。祠坐西北朝东南，两进，前后殿均为穿斗式木构架，双坡顶，围以封火墙。

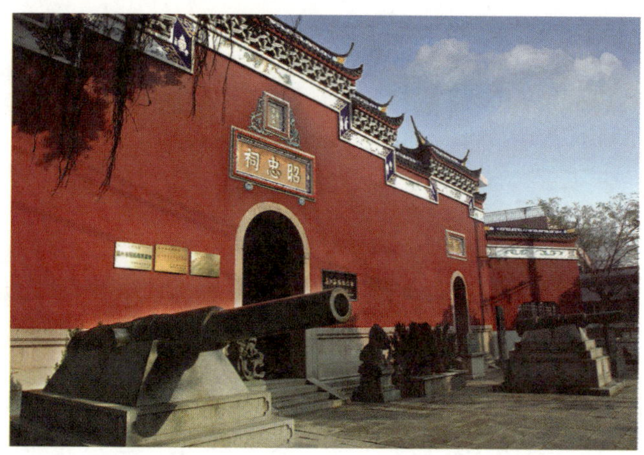

昭忠祠（林振寿摄）

后殿中设神龛、灵位。大殿及两庑祀殉难官兵 796 人。1984 年辟为马江海战纪念馆，现保存完好。

二、瑞岩弥勒造像

瑞岩弥勒造像（林振寿摄）

位于福清市海口镇牛宅村塔岩山前岩。元至正元年（1341）由里人吕伯恭等人鸠工，依岩石自然形态雕凿，明洪武元年（1368）竣工，历时 27 年。造像高 9 米、宽 8.9 米、厚 8 米、头部高 2.3 米。弥勒足着草履，身披袈裟，盘腿打坐，袒胸露腹，右手捻珠，右臂垂腹，两眼平视，双耳垂肩，笑容可掬，神态逼真，线条流畅。怀中和腿上还有 3 尊小和尚，其中 2 尊高 0.8 米、宽 0.4 米，1 尊只露出头部和手部。明洪武二十三年（1390），僧悟普建堂覆盖。万历十一年（1583）重建，太昌元年（1620）叶向高募缘再建，并增魁星楼，名石佛阁。清同治元年（1862）阁毁圮，现仅存 10 根残缺不全的石柱，柱上阴刻，楷书：“愿天常生好人，愿人常行好事。”石碑 3 块，一为明万历十一年（1583）重建弥勒阁时碑刻，其余 2 块碑面风化，字迹不清。1996 年公布为全国重点文物保护单位。

第四节　第五批全国重点文物保护单位

一、崇妙保圣坚牢塔

位于鼓楼区乌石山东麓，俗称“乌塔”，与于山白塔并称“榕城双塔”。五代后晋天福六年（941）闽王王延曦称帝，为自身和眷属以及臣下祈福，在唐贞元无垢净光塔的旧址上修建此塔。原计划造九层，天福九年（944），在部属政变中延曦被杀，塔仅建七层结束。塔平面呈八角形，通高 34.74 米。塔内层层有石阶通道，接连层廊串连至顶。台阶式塔座，五级，高 1.88 米。每层叠涩出檐，层层收分，上施平座栏板，栏

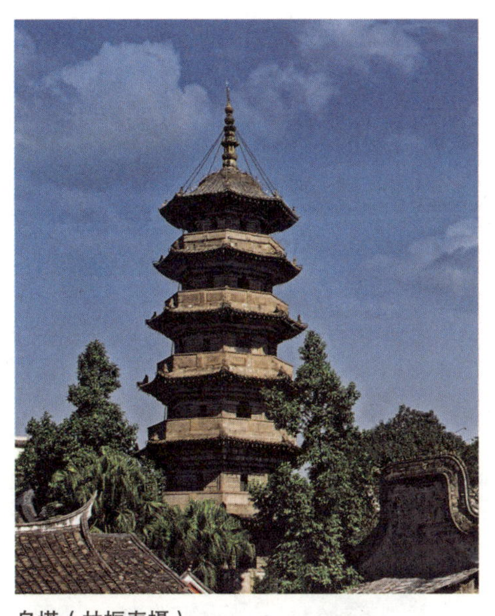
乌塔（林振寿摄）

板双面浮刻勾片纹，回护周廊。檐面刻瓦垅，檐口刻勾头滴水。八角各有翘脊，脊端各坐一尊镇塔佛，七层计 56 尊。塔顶八面坡，覆钵结顶，上置圆球、宝塔、露盘，铁葫芦顶刹。露盘八方各垂铁链，连接塔顶八角脊端，稳重挺拔。第一层塔身，东面设门，八角各立一尊金刚，着盔披甲，各执剑、锏牙铲以及宝珠、铃铎、琵琶、凉伞等法器，系明天启元年（1621）镶嵌上去的；七面塔壁各设一供佛石龛。其他各层，均两面对称设门，余面设龛。龛下为须弥座，龛呈长方形，高 0.9 米、宽 0.5 米、深 0.2 米，内镶黑色页岩高浮雕佛像一尊。佛肩左右上方分别刻佛名、捐资祈福者题名。每层统一供奉一佛，自下而上："南无金轮王佛""南无当来下生弥勒佛" "南无无量寿佛" "南无多宝佛" "南无药师琉璃光佛" "南无龙自在王佛" "南无释迦牟尼佛" 。各佛的坐相、手势与法器也各异。塔名碑"崇妙保圣坚牢之塔"，楷体、分双行、直下。上款功德主王延曦名号等 42 字，下款监造官员名号等 80 字，均各一行。碑质为黑色页岩，全高 1.73 米，宽 0.92 米，嵌于第四层东面塔壁。塔记，篆额"崇妙保圣坚牢塔"，碑文楷书，21 行，行 27 字。碑质黑色页岩，高 1.37 米，嵌于第五层南面塔壁。另有祈福题名碑，上列闽国 16 名高级官员爵号、职位及妻子的爵封、姓氏，镶嵌在第七层南面塔壁佛龛中。上述佛像、文字均为研究五代闽国史及其宗教、雕刻艺术的珍贵资料。清道光十八年（1838），塔石因风飞坠。2001 年公布为全国重点文物保护单位。

二、鼓山摩崖题刻

位于晋安区鼓山镇鼓山上。分布在鼓山绝顶峰、灵源洞、石门、古登山道、

鼓山摩崖石刻（林振寿摄）

十八景等处。自宋代迄今，计有576段。其中：宋刻89段，元刻11段，明刻32段，清刻176段，民国石刻103段，中华人民共和国成立后4段，另有疑刻161段。篆、隶、行、草、楷等各体齐全。著名题刻有蔡襄、李纲、朱熹、赵汝愚等人手书真迹。最早是镌于喝水岩的宋庆历年间（1041—1048）蔡襄等人纪游题名；最大是榜书“寿”字，高4米。大部分保存完好。2001年公布为全国重点文物保护单位。

千佛陶塔

位于晋安区鼓山涌泉寺天王殿前东西两侧，为鼓山摩崖题刻附属文物。陶塔原位于仓山区城门镇梁厝村龙瑞寺大殿前，20世纪70年代移至今址。这对千佛陶塔烧造于宋元丰五年（1082），东塔名“庄严劫千佛宝塔”，西塔曰“贤劫千佛宝塔”，陶质，捏塑烧制。仿木构楼阁式，八角，九层，用双层须弥座，宝葫芦塔刹，通高8.3米，每座塔的塔壁贴有捏塑坐佛1556尊。塔身施釉，塔座刻有烧制年代及匠人高成等款识。千佛陶塔是研究宋代陶瓷烧制技术及建筑史的珍贵实物，具有较高的历史、艺术、科学价值。

千佛陶塔（林振寿摄）

三、福建船政建筑

位于马尾区马限山西麓。清同治五年（1866），左宗棠选址动工。后由沈葆桢接手，至同治七年（1868），建有衙署（船政衙门）、学校（前后学堂）、艺圃、绘事洋员办公所和住所、储藏所、厂房（车间）、船坞、洋房（宿舍）等80余座建筑物，占地面积40万平方米，其规模在当时全国首屈一指；与同时西方的造船场设备一样齐全。今尚存有轮机厂、绘事院、一号船坞、钟楼、官厅池等，2001年公布为全国重点文物保护单位。

（一）轮机厂（车间）

建于清同治五年（1866），是船政十三厂（车间）唯一保留完整的厂房，占地面积2744平方米。主要制造轮船机件和合拢校准，最盛时工人360名。到同治十三年（1874）已生产出7台150匹马力船用蒸汽机。砖木结构，外墙用红砖砌建，木料采用泰国红桑木，支架承载屋面，安装有移动式吊车，百年后尚在使用，是中国最老的造船厂轮机车间。

轮机车间（林振寿摄）

（二）绘事院

原称绘事院画馆，建于清同治六年（1867）。绘制船身构造图样、机器图样以及测算、设计；同时又招收少年，培养绘图、测量、设计专业人员。绘事院建筑为法国式双层楼房，砖木结构，占地面积689平方米。上为绘事楼，下为合拢厂（装配车间）。

绘事院（林振寿摄）

（三）一号船坞

位于马尾区罗星山东侧青洲，又称“青洲船坞”。清光绪十三年（1887），福建按察使裴荫森署理船政，船政道员提调杨政仪、船坞道员提调沈翊清“仿照洋式”建造。光绪十九年（1892）竣工。坞长130.92米、宽33.53米，坞口设有水闸，全用花岗石垒砌。连其配套设施抽水厂、机器厂、官厅、丁役房、水手房、木料房、机房等，共占地面积达3万多平方米，在当时世界首例，是当时远东最大的船坞，仅次于英国利物浦的世界第二船坞。建坞后，北洋舰队不用每年赴香港维修。1899年，

一号船坞（林振寿摄）

法式钟楼（林振寿摄）

官厅池（林振寿摄）

该坞还受托为美国西能达夹板船、法国官兵舰、商船等维修。

（四）法式钟楼

位于马尾造船厂内。系民国 15 年（1926）福州船政局局长陈兆锵设计，由继任造船所所长马德骥组织施工。钟楼为法国式，总高度 18.7 米，平面呈方形，共五层，底边长 3.94 米，层层收分。一、二层均为四根方形水泥钢筋支柱，三、四层四面设门洞，门洞前出廊，廊沿饰以铸铁花纹栏杆；五层（顶层）四面各镶一时钟。时钟由造船所仪表车间精制，直径 1 米，内安装钟表传动装置，按时报点。五层之上为八角楼顶，顶上安装南北指向标杆和风向标，高 2 米。1939 年被日机多次轰炸，部分被毁，1984 年修复。

（五）官厅池

位于船政衙门前。清同治五年（1866）创办船政时建造了船政衙门，为船政大臣及其他船政官员办公场所。衙门前为官厅池，长方形，条石构筑，占地 520 平方米，四周为方形石围栏。抗日战争期间遭日军破坏，现仅存石围栏。

四、昙石山遗址

位于闽侯县甘蔗街道昙石村 330 号。面积约 3 万平方米，是福建省著名的贝丘遗址。从 1954 年至 2009 年，经省考古队 10 次发掘，发掘面积约 3000 平方米，发现厚达 3 米的文化层堆积，分为四层。第一层厚约 0.3 米，出土有石锛、骨锥、陶纺轮、陶网坠和以硬陶为主的陶片。陶片纹饰有云雷纹、刻划纹等，可辨器型有豆、罐等。年

昙石山遗址（林振寿摄）

代距今约3000年，属青铜时代“黄土仑文化”。第二层厚约0.2米，出土有泥质橙黄陶片、泥质灰陶片和灰硬陶片。陶片纹饰有几何形黑彩、赭红彩和条纹、叶脉纹、方格纹、绳纹、篮纹等，可辨器型有豆、簋、尊、罐、釜等。年代距今约4000年至3500年，属新石器时代末期至青铜时代初期的“黄瓜山文化”。第三层厚1米多，有墓葬、陶窑、灰坑、红烧土层等遗存，出土有石锛、石镞、骨锥、蚌耜、石镰、陶器等，陶器以粗砂灰陶和泥质磨光灰陶为主，纹饰有绳纹、条纹等，器型有豆、壶、罐、釜、杯等。年代距今约5000年至4000年。第四层厚度为0.2—0.4米，有灰坑、墓葬等遗存，出土有石锛、石镞、陶网坠、陶纺轮，陶器以细砂陶为主。陶片纹饰有绳纹、条纹、堆文等，可辨器型有釜、壶、缸、豆、杯、碗、盆等，还出土有猪、狗、牛、虎、熊、象、斑鹿、水鹿等兽骨和大量贝壳。年代距今约5000年至4000年。第三层、第四层属新石器时代晚期，文化内涵具有特色，被命名为“昙石山文化”。1998年被辟为“福建省昙石山遗址博物馆”。2001年公布为全国重点文物保护单位。

五、陈太尉宫

位于罗源县中房镇乾溪村。原为陈氏家祠，系陈苏始建。陈苏（831—915），河南光州固始人。唐乾符三年（876）随王审知入闽，至罗源新丰里曹峰（今曹土湾）卜居，教民农桑，享年85岁，乡人感慕，入祠奉祀，

陈太尉宫（林振寿摄）

改称“高行先生祠”。宋嘉熙三年（1239）陈苏十五世孙陈庆卒后封“都统伏魔太尉”，入祠配祀，因而改称“陈太尉宫”。宫坐西北向东南。从大门入，依次为宫门、戏台、庑殿、正殿。总建筑面积1155平方米。大门外石刻对联云：“祖殿重修永镇河川崇祀典；虬松倒插长缥丰里显威灵。”大殿为陈苏手建，单开间，进深三间，前廊后堂，用石磉墩，梭形柱，抬梁式木构架。檐下斗拱为“双杪双下昂单拱六铺作偷心造”。前后各用3朵补间铺作，两山柱间均只用1朵补间铺作；单檐九脊顶，高9米。经碳14测定，为宋代原构。元代扩建大殿。殿面阔三开间，进深六间；明、清陆续添建两庑殿、戏台、山门等，均为穿斗式木构架，歇山顶。被专家誉为古代建筑博物馆。2001年公布为全国重点文物保护单位。

第五节　第六批全国重点文物保护单位

一、三坊七巷和朱紫坊建筑群

位于鼓楼区八一七北路中段两侧。包括林觉民故居、郎官巷严复故居、衣锦坊水榭戏台、衣锦坊欧阳氏民居、文儒坊陈氏民居、二梅书屋、小黄楼、宫巷林氏民居、沈葆桢故居、朱紫坊萨氏民居、芙蓉园、黄巷郭氏民居、南后街叶氏民居、安民巷鄢家花厅、光禄坊刘氏民居、王麒故居、刘冠雄故居。其中，林觉民故居、郎官巷严复故居、衣锦坊水榭戏台、衣锦坊欧阳氏民居、文儒坊陈氏民居、二梅书屋、小黄楼、宫巷林氏民居、沈葆桢故居、朱紫坊萨氏民居、芙蓉园，于2006年公布为全国重点文物保护单位。黄巷郭氏民居、南后街叶氏民居、安民巷鄢家花厅、光禄坊刘氏民居、王麒故居、刘冠雄故居2013年增补为全国重点文物保护单位。

（一）林觉民故居

位于鼓楼区杨桥路17号。林觉民（1887—1911），字意洞，号抖飞，又号天外生，闽县人。辛亥革命中黄花岗七十二烈士之一。此宅原为林觉民父辈七户人家聚居处。林觉民烈士殉难广州后，林家避祸迁离，房屋让售冰心祖父谢銮恩，谢家直至20世纪50年代才离去。宅木构，清式，坐西向东。四面封火墙，临街原开设“万升桶石店”。主建筑三进，一进与二进间，原有甬道，旁植翠竹。首进厅堂与建筑主轴线外的北院、南墙外客厅，均已拆毁无存。现存三进厅堂，面阔三间，进深七柱，穿斗式木构架，双坡顶。正中为厅，两侧厢房，冰心幼年与其祖父谢銮恩曾居此。冰心（1900—

林觉民故居（林振寿摄）

1999），原名谢婉莹，笔名冰心，长乐人。现代著名诗人、作家、翻译家、儿童文学家。厅前有天井、围廊、屏门；厅后小天井，两侧有披榭。正座南侧紫藤书屋，坐南向北，为五柱三开间。书屋西有小书斋，坐西向东，墙外西南角有小院。院中小屋双开间（一厅一房），坐北向南，进深三柱，是林觉民夫妇居室。南面有小天井，花台上植有腊梅花，北面为厨房，今改为花园；园东北角有小门，通连二进厅堂。这正是林觉民在《与妻书》中所写的情景："回忆后街之屋，入门穿廊，过前后厅又三四折，有小厅，厅旁一室，为吾与你双栖之所。初婚三四个月，适冬之望日前后，窗外疏梅筛月影，依稀掩映，吾与汝并肩携手，低低切切，何事不语，何情不诉？"1991年由市房地产开发总公司出资，市文物管理委员会主持全面修复，按原貌垫高构架，重砌周围封火墙；并在二进门前北侧临街，增修仿清式门头房一座，完善建筑布局。

（二）郎官巷严复故居

位于鼓楼区郎官巷20号。严复（1854—1921），原名宗光，字又陵，后改名复，字几道，侯官人。中国近代著名的启蒙思想家、翻译家和教育家。1920年底，严复回到福州居住于此，直至1921年病逝。故居坐北向南，主座与花厅两座相邻，占地面积625平方米。主座门墙两侧做马头墙，垂花柱门罩门，石门框双重木门。主厝面阔三间，进深五柱，穿斗式木构架，双坡硬山顶。主厝前檐出三跳插拱，明间设屏门，分割前后厅，次间为前后厢房。前天井两侧为廊庑，西

严复故居（林振寿摄）

廊设边门，通花厅。花厅北侧为双层民国木楼房，三角桁架结构。上下层均为单间，设白灰吊顶。

（三）衣锦坊水榭戏台

位于鼓楼区衣锦坊4号。始建于明万历年间（1573—1620），后经多次修建，清道光年间（1821—1850），成为三座相邻、全坊最大的宅院。自西而东，分别为主座、别院和花厅，占地面积2675平方米。坐北朝南，四面围墙，厅堂皆用穿斗式木构架，双坡顶。主座临街为屋宇门，明间设六扇大门。二进三面环廊，中有天井。厅堂面阔三间，进深七柱，做大敞厅；第二、三进都是面阔三间、进深五柱。每进东侧设小门通别院。别院由书斋、佛堂、厨房、饭厅、库房等组成。再往东，又有小门通花厅园林。花厅最大特色是水榭戏台，是府内聚会、演戏的地方。戏台建在水池上面，坐南向北，面积约30平方米，台后有化妆室，池外左右两侧有假山、雪洞。戏台正面建楼阁，坐北向南，前廊后堂，穿斗式木构架，单檐歇山顶，可供聚会、观剧或登高临远。墙头灰塑、屋脊等均精工细作，独具风格。是福州市保存最好的水榭戏台。

水榭戏台（林振寿摄）

（四）衣锦坊欧阳氏民居

位于鼓楼区衣锦坊29、31、33、35号。始建于清乾隆年间；光绪十六年（1891），由欧阳宾购置重修，后传给其子欧阳推。合院式民居，主座两进坐南向北，穿斗式木构架，双坡硬山顶，建筑高敞。设屋宇门，明间六扇大门，设屏门，屋宇门独立成院。一进院墙设石框门，石框眉上设泥塑三狮戏球门额。主屋面宽12米，面阔三间，设前廊，中为厅堂，进深13米，左右厢房，八扇门全是精雕楠木户扇。两边风火墙顶上直径1.5米的灰塑月亮，左边是“吴刚伐桂”，右边“玉兔捣药”。厅前天井宽9米，深6米，左右走廊各宽1.5米，两旁排列花架鱼缸。二进格局与一进基本相同，唯天井较小些，前后房有楼阁。西院花厅，具有大、奇、精、巧等特色，是全宅的精华。占地面积约400平方米，由前后花厅、覆龟亭、书房组成。前花厅宽12米、进深21米，三开间，中为厅、旁为房，共有前后左右四间厢房。书房为倒朝，坐北向南，进深3.5米，木构，三间，中为堂，旁二间书室。整座花厅20扇房门、14扇窗棂、15扇隔扇，全用楠木精雕细刻，上有几百种图案、几百幅花鸟虫鱼。花厅与书房所有门、窗、壁板、漏花，以及框架全用拼花、镶花、榫卯合成，关启自如。所有窗子都是双重，冬夹纸，夏蒙纱。门框和窗门都用格心，棂条仅0.6厘米，最大空隙2.5厘米，榫接用生漆作黏合料。特别是客厅左右厢房八扇门，镶入100多幅用黄杨木树根相形雕刻的飞禽走兽和人物，可随拆随嵌，巧夺天工。复龟亭连接客厅与书房间，高与厅檐齐，宽6米、长5米，两边设鹅项椅（美人靠），地面铺斗底砖，亭两侧各有一个小天井。后花厅，又称女花厅，宽12米、进深5米，木构，三间排，前廊宽2米，廊前左右对称两根吊柱，柱头雕刻牡丹花，乳栿间雕刻飞天，造型优美。

欧阳氏民居（林振寿摄）

（五）文儒坊陈氏民居

位于鼓楼区文儒坊45、47号。建于清初，以用料考究、精雕细刻闻名。同治年间为陈宝琛之父陈承裘所购，经修葺扩充，更加富丽堂皇。宅坐南朝北，临街屋宇门，面阔三间，明间开六扇大门，门扇下半部用竹条铜钉钉成“卍字”等图案。门额上高悬“六子科甲”横匾。门墙两侧马头墙。一进院墙设石框门，天井三面环廊，中设插屏门，一进厅堂面阔三间，进深七柱，穿斗

陈承裘故居（林振寿摄）

式木构架，双坡顶硬山顶；前檐柱用青石细磨须弥座柱础，四面雕刻松、竹、梅、兰；次间开向明间四扇楠木隔扇门，格心漏花，中嵌楠木花窗，精雕博古图饰，均属上乘之品。正厅上驼峰、斗拱等所有木构件，皆精刻巧镌。灯杠雕花贴金悬挂宫灯。二进分前后天井、前后披榭。主座面阔三间，进深五柱，穿斗式木构架双层楼房，屋宇高10米左右。前檐垂花柱挑檐；左右次间开向明间各四扇隔扇门，格心用整块楠木板阴刻“鸳鸯戏水”等八幅花鸟图案。全宅所有窗门、框格皆饰漏花，计有11种。主座东侧是花园。园中老梅一株，传为陈承裘手植，至今枝叶繁茂；还有曼陀罗、外国石榴等名贵树木。园中有阁楼一座，名为“天香楼”，坐北向南，小巧精致，上层楼沿木栏杆，设有美人靠，登楼用假山凿成踏步。前有鱼池、假山及六角亭等。假山石笋上，刻有“坐花醉月”“夏云献态”和“濠濮闲意”；六角亭对联是“室雅何须大；花香不在多”。池旁栽有枇杷、桂花，从阁楼下望，可见鱼池中桂花倒映，称为“月中桂”。假山南有小廊通往书房。书房坐西朝东，面阔三间，匾曰“梅舫”，其门窗户扇皆为楠木雕刻，别具一格。房前也是小花园。后座尚有小院，与西边主座二进通连。

（六）二梅书屋

位于鼓楼区郎官巷25号，为凤池林星章住宅。林星章（1797—1841），字景芸，又字锦云，号古畲、坦甫，闽县人。清道光六年（1826）进士，主修《新会县志》。始建于明末，清光绪及民国年间大修。坐南向北，前后、东西共五进，自郎官巷通至塔巷，占地面积2126平方米。朝郎官巷设三开间屋宇门，明间六扇大门，原门额上挂“进士”牌匾。一进天井三面环廊，天井两旁摆设花架，一进主屋面阔三间，进深七柱，穿斗式木构架，双坡顶。明间彩金插屏门，分隔前后厅。大厅高敞，两侧次间朝明间各开四扇隔扇门，格心、绦环板等全部楠木构成。二进院落，天井两侧有披榭。东墙外即是“二梅书屋”，一间藏书屋、一间书房，屋前有两株梅花，自成小院落。院内尚有坐南向北三间排与坐西向东五间排小屋。二梅书屋的东侧有灰塑雪洞（七星洞）通连一、三进。三进为

二梅书屋（林振寿摄）

歇山式花厅，后期隔为三间，所有门、窗、壁板等皆用楠木制成，窗牖都是双层漏花，冬夹窗纸，夏蒙窗纱；壁板、门扇上部堵板都有油漆绘画，有戏剧故事和花鸟树木。厅前小花园假山池沼，并有两座古亭，植有一株100多年的荔枝树。由东侧小门连结门开塔巷的前后两座，均为五柱三间排厅堂的庭院。各进之间围墙相隔，过道露天处用覆龟亭遮雨，是福州市保存较好的一座五进大院。

（七）小黄楼

位于鼓楼区黄巷36号。晋永嘉之乱，衣冠南渡，中原黄氏入闽聚居于此，因而得名。唐儒者黄璞、清巡抚梁章钜曾居此。正座尚存一进厅堂与门头房。西侧花厅四面围墙，自成院落。建双层小楼，穿斗式木构架，双坡顶，白墙灰瓦，翘脊飞檐。梁架上描龙绘凤，楹门窗户都是楠木制成，用材讲究，雕刻精巧。楼上花格栏杆，宽敞走廊；垂花柱挑檐，玲珑剔透。走廊两侧对称出挑露台，连接假山。楼下两侧靠墙为雪洞，洞里云海苍茫，峥嵘突兀。楼下书房，楼上藏书阁。天井前面海侵石假山，小巧鱼池；拱形小石桥，纵跨池上。桥栏上刻有“知鱼乐处”四字。沿小桥进入假山，怪石重叠，曲径盘旋。沿石阶上坪顶，东侧一座凉亭，宝珠结顶，六角飞檐，青瓦红柱，雕梁画栋，人物故事、花鸟虫鱼，各尽其致。庭内修竹数竿，花木扶疏，环境清幽，风韵高雅。

小黄楼（林振寿摄）

（八）宫巷林氏民居

位于鼓楼区宫巷24号。建于明代，清顺治元年（1645），南明唐王朱聿键在福州称帝，以此为大理寺衙门。道光年间，此屋为林则徐次子聪彝所居。坐北朝

林聪彝故居（林振寿摄）

南，四面风火墙，占地面积2950平方米，门头房在主座东侧。主座第一进南面院墙上，画有一只獬，是大理寺衙门的标志。厅堂面阔三间，进深七柱，穿斗式减柱造木构架，双坡顶。第二、第三两进大略相同；第四进为三间排。各进之间都隔以高墙；过道用覆龟亭连接。每进东边都有小门通向东侧花厅。花厅一进为住房；二进为假山、鱼池、大榕树、花坛、亭台楼阁等；三进亦为住房。原有布局基本保留完整。

（九）沈葆桢故居

位于鼓楼区宫巷26号。沈葆桢（1820—1879），字翰宇、幼丹，原名振宗，侯官人。林则徐的次女婿，清道光二十七年（1847）进士，官至福建船政大臣、两江总督兼南洋通商大臣，一生以主办船政、筹建海防、开发台湾等见著。该建筑为明代民居，坐北向南，前后四进，

沈葆桢故居（林振寿摄）

建筑中轴线自南向北，依次为门头房、厅堂、正座、藏书楼。每进均有高墙分隔，占地面积2000平方米，布局严谨，规模宏伟。门前两侧有高耸马头墙，门头房面阔五间，进深三柱，穿斗式木构架，双坡顶，设插屏门。二进大厅堂为穿斗式减柱造，双坡顶，厅堂高敞，为待客和婚丧喜庆场所。堂前为大天井，三面环廊，古时排放仪仗执事牌。堂上正中黑底金字对联曰："文章华国；诗礼传家。"三进面阔五间，进深七柱，穿斗式木构架，双坡顶。前厅堂上正中有对联为："子孙贤，族乃大；兄弟睦，家之肥。"左右次间亦分前后房。次间向明间各开四扇门，格心用藤条编织；次间前后设六扇支摘窗，格心榫接成各种花饰。四进格局与三进相同，覆龟亭过天井与阁楼相接。阁楼双层木结构，五开间，楼下为卧室，楼上为藏书楼。两侧木扶梯上楼，楼前一长列花格窗。西侧隔墙外花厅，分置三座客厅；后改为书斋、厨房。靠东侧各进均有小门通连林聪彝故居。

（十）黄巷郭氏民居

位于鼓楼区黄巷6、7号。始建明末，原系衙署；清同治年间，郭柏荫购置重修。其父郭阶三，生五子，皆登科第，宅前悬挂"五子登科"匾。合院式民居，坐北朝南，

占地面积 2130 平方米，两侧有马头墙，整体建筑规模宏大。主座建筑前后三进，穿斗式木构架，双坡顶。临街门头房面阔五间，两侧为门房、轿房。一进院落设天井、回廊及主厝，主厝面阔五间，进深七柱，前廊宽敞，青石柱础，古朴雄伟。二进主厝面阔五间，进深五柱。三进为五间排双层书房。东墙外系花厅，三间排厅堂一座，坐北向南，庭院内有假山、鱼池、花亭、大树等。

郭柏荫故居（林振寿摄）

（十一）南后街叶氏民居

位于鼓楼区南后街 176、177 号。始建于明代，清至民国屡有修葺。由东面主座与西侧花厅组成，坐北朝南，建筑面积 2321 平方米。主座前后三进，大门朝东，临南后街。一进天井，三面环廊，主厝为面阔五间厅堂，进深七柱，穿斗减柱造木构架，双坡顶，鞍式山墙；二进主厝带前轩廊、厅堂、厢房；三进是两层闺房。隔座单进，主厝面阔五间，进深五柱，穿斗式木构架，双坡顶。左侧小门通花厅。花厅为三开间双层走马，楠木构件十分精美。花厅前为园林，内有一口半月池，保存完好。

叶氏民居（林振寿摄）

（十二）安民巷鄢家花厅

位于鼓楼区安民巷 47、48 号。原系永泰鄢氏太澄公宗祠，清乾隆年间（1736—1795）建，光绪及民国间重修。东西两座毗邻，占地面积 1425 平方米，坐南向北，周以围墙。东座原有门头房和天井，于 1983 年改建。现存正座大门、天井、主厝。主厝面阔三间，进深七柱，穿斗式木构架，双坡顶，鞍式山墙。木柱及廊石用材硕大，厅前走廊可通西墙外花厅。花厅共二进，自成院落，临街开小门。一进大花厅，占地 200

鄢家花厅（林振寿摄）

光禄坊刘氏民居（林振寿摄）

平方米，襻间一斗三升，雕刻精美，如意形替木配梅花形斗拱，两相对称。次间全用楠木精雕落地门，尤显富丽堂皇；厅前轩廊卷棚饰顶，悬钟、雀替刻有花果，造型独特。东墙角一座木构半边亭，小巧玲珑。亭内开小门通向二进。二进前有天井，左右回廊。主厝面阔三间，进深七柱，厅两侧为厢房，原供女眷居住。明间用十扇屏门隔成前后厅。

（十三）光禄坊刘氏民居

位于鼓楼区光禄坊28、30、32号。建于清代。自东而西并列四座毗邻，其范围东至道南祠，西至早题巷，南临光禄坊街，北至大光里，占地面积4000多平方米，为福州市区最大的单姓住宅。东侧两座原是清初著名画家许友故居——米友堂；西侧两座是清康熙五十一年（1712）进士、内阁中书林佶故居，后数易其主。清道光年间为“一胎同榜两进士”刘齐衢、刘齐衔兄弟改建。四座大院一字排开，皆坐北朝南，四面风火墙，硬山屋顶。临街六扇门，入石框门，三面环廊，廊下有庭院，上庭院为面阔五间、进深七柱厅堂，明间为厅，次间、梢间为房，从后厅堂、后天井而至二进、三进。四座大院隔墙相邻，小门相通。共有12间大厅、48间厢房、6座花厅（客厅）、3口鱼池、3座假山、6处亭台楼阁。此外，还有藏书阁、观音阁、佛堂等。大院建筑材料均特殊加工，围墙高达6米，墙砖长0.43米，宽0.23米，灰白色，坚实耐火；铺地石板平坦光滑，长 3 米、宽 0.6 米以上，达 300 多条。抱围大柱，长 3.3 米左右的 100 多根。40 余间大小厢房的门扇、窗扇、壁扇、格心全用楠木构成。院内家具如横案桌、公座椅、大小八仙桌等皆用红木精制。民国 29 年（1935）爱国诗人郁达夫曾在此居住。四大院的古建筑艺术精华集中在西端第一座。

（十四）塔巷王氏民居

位于鼓楼区塔巷 28、30 号，为王麒故居。王麒（？—1952），字恺士，福州人。早年毕业于福建水师学堂，以优异成绩被保送到日本士官学校学习。回国后，先后任福建武备神武堂教习、民国初新编陆军第十一混成旅旅长。始建于清初，乾隆、嘉庆至民国间均有修缮。两座毗邻，前门在塔巷，后门在郎官巷。占地面积 2225 平方米，四面围墙，坐北朝南。主座建筑，双坡顶，穿斗式木构架。门头房面阔三间，明间开六扇大门。一进院落三面环廊，两廊各宽 3 米，廊下是大石条铺砌大天井，天井排列各种花卉、盆景、鱼缸等。主厝面阔三间，进深七柱。轩廊宽敞，两厢隔扇、门扇、窗牖，全用楠木。一进有覆龟亭连接二进。二进厅堂同样面阔三间，进深七柱。后进尚有三间排厅堂一座，当年严复曾在此居住过。通道两旁有披榭。进与进之间皆隔以高墙，墙头上灰塑人物花鸟图案，保存完好。东侧花厅，隔扇、门扇、窗槛也用楠木，屋架、椽、桁等雕刻特别考究。

塔巷王氏民居（林振寿摄）

（十五）宫巷刘氏民居

位于鼓楼区宫巷 11 号，为刘冠雄故居。刘冠雄（1861—1927），字敦诚，号资颖，闽县人。光绪八年（1882）毕业于福建船政学堂后学堂驾驶班，历任海军总长、闽粤海疆防御使等职。清乾隆年间（1736—1795）始建；光绪及民国间大修。四面围墙，占地面积 1875 平方米，坐南朝北，两座相邻。入门头房为平整大石条铺成天井，三面环廊。主座一进七柱“四扇三”，前廊后堂，穿斗式木构架，双坡顶。大厅廊石硕大，两侧房间门扇、窗牖、花格皆楠木雕刻，厅堂中间有屏门隔成前后厅，斗拱、雀替、挂落等雕刻精美。二进结构与首进基本相同，两进都有小门通向东侧花厅。花厅为双层小楼，坐北向南。楼前有园林假山，至今尚存一株樟树和桂花、蜡梅等。假山前立有一块海礁石，上刻“萝径”两字。沿洞内走上16个台阶，可达拜月亭，亭木构，已圮，只留下平顶；保留最好的是假山雪洞，前后五道弯，冬暖夏凉。

宫巷刘氏民居（林振寿摄）

（十六）朱紫坊萨氏民居

位于鼓楼区朱紫坊22号。系萨氏祖居，始建于明代，清初及道光、光绪年间均有修建。坐南朝北，面临河沿，前后五进，通宽21.5米，纵深97米，占地面积2080平方米。门前两侧有高耸马头墙，门头房为木结构，明间开六扇门。第一进前有天井，由大石条铺成，三面环廊。主厝面阔五间，进深七柱，穿斗式木构架，双坡顶；左右次间皆用楠木门扇，隔扇、窗扇精雕细刻，斗拱、驼峰各种图案，保存完好。东侧走廊有小门通花厅。花厅前有假山、鱼池、亭台楼阁；花厅后有10扇楠木精制屏风，刻有108种图案。二进、三进均为七柱三间排，双坡顶，天井两旁有披榭。四进、五进转为坐西朝东。四进为三间排双层藏书楼；五进面阔三间，进深七柱，有书房、书斋。

萨氏民居（林振寿摄）

（十七）芙蓉园

位于鼓楼区花园弄19—23号，园后濒临朱紫坊河沿。始建于宋代，原为陈韡芙蓉别馆。后为明叶向高别墅、清龚易图花园，民国初为钟讷（讱吾）住宅。毗连三座建筑，占地面积2000平方米，坐北向南，均为穿斗式木构架，硬山屋顶。园林设计巧妙，布局优美。天然景物不多，而亭榭结构殊为别致；范围不甚广，而池塘花木尽皆幽雅。

假山奇石之多、饰置之精，全市罕见，或垒为岩洞，或架为桥梁，或砌成楼台，或形似飞禽走兽。园内有两座假山、三口鱼池，还有花亭、雪洞、楼台水榭、曲桥回廊等。后座假山布置尤为出色，池上一峰直立，镌有“芙蓉临空”“鹭臂吟风”“霞洞”“桂枝”“玉笋”“松下”等石刻。另有“达摩面壁”、龟、蛇等造型。20 世纪 70 年代园中假山奇石多已拆运到西湖公园等处，现仅存部分假山、两口鱼池和亭台楼阁等。

芙蓉园（林振寿摄）

二、福州文庙

位于鼓楼区圣庙路 24 号。唐大历七年（772）始建学宫，五代王审知置四门学，宋太平兴国间改为孔子庙。有经史、御书、稽古三阁，养源、仪道、驾说三堂，以及 12 斋舍等，规模百余亩。后于宋熙宁、明洪武、清咸丰间三度大火，范围渐次缩小。现存庙宇是咸丰元年（1851）至四年建。占地面积 7552 平方米，坐北朝南。原制自南而北，前有跨街宫墙、棂星门石牌坊，门口东西两侧屏墙，门内庭院，两庑自成院落（名宦祠、乡贤祠）。仪门面阔五间，内庭立两碑亭，两廊庑各 11 间，单坡顶。大成殿重檐歇山顶，高踞在月台上，台高 1.4 米。殿面阔七间，进深四间，高 19.6 米，建筑面积 1000 多平方米。殿后重檐间悬有大匾，墨书“仰之弥高”四字，殿内石柱用材硕大。

福州文庙（林振寿摄）

旧时，孔庙列为“圣地”，跨街设有经年关闭的宫门，左右屏墙题“金声玉振”“江汉秋阳”。东西宫门均立下马碑，上书“文武官员到此下马”。2006 年公布为全国重点文物保护单位。

三、严复故居和墓

位于仓山区盖山镇阳岐村。包括严复故居和严复墓，2006 年公布为全国重点文物保护单位。

（一）严复故居

位于仓山区盖山镇阳岐上岐村，濒临阳岐浦。旧名大夫第，因祀阳岐严氏始祖唐代朝请大夫严怀英故名。严复在此出生，早年居住于此。现为清初建筑，坐南向北，土木结构，二进，由前后厅堂、左右厢房、前后天井、左右披榭、门廊等组成，占地面积 745 平方米。两进均为面阔三间，进深七柱，穿斗式木构架，双坡屋顶，周以封火墙。保存较完整。

严复故居（林振寿摄）

严复墓（林振寿摄）

（二）严复墓

位于仓山区盖山镇阳岐村北鳌头山东麓。墓坐西南向东北，花岗石结构，呈风字形，三层墓埕，占地面积 200 多平方米。封土为三合土质，封土前竖一青石墓碑，楷书阴刻“清侯官严几道先生之寿域”。墓柱为金瓜顶，飞龙盘柱。两侧立卷书石围屏，上刻有梅、雀、松、鹤等图案，形态逼真。墓周以花岗岩石砌护坡。墓系清宣统二年（1910），严复为归葬亡妻王氏，令长子严伯玉监造，严复自书墓碑及“惟适之安”横屏。1921 年严复病逝后葬于此。陈宝琛为其撰墓志铭。1984 年至 1988 年，由福建省文物行政部门拨款和旅美严复长孙女严倚云汇款，重新修复，在墓的两侧及后侧建一堵高 2.3 米的砖墙，在墓前砌建长 40 米、高 2 米多的石墙，扩展二层墓埕。墓园面宽 40 米，纵深 42 米，并种植白玉兰树。

四、圣寿宝塔

位于长乐区吴航街道三峰社区塔山公园内，又称“三峰寺塔”。建于宋政和七年（1117）。1981 年大修，加固，并配石护栏。塔石构，仿木楼阁式，八角七层，高 27.4 米。须弥座，葫芦刹，内有石阶通至七层。塔层层收分，层层出檐，檐面刻瓦垅、勾头、滴水，檐角上翘，上施角脊，角脊前端还有四枚脊峰。第一层，转角各立 1 尊石雕护法天王，或执剑或按剑，戴盔披甲，足踏宝莲，顶护宝盖。塔壁上浮雕有佛像、飞天、动物、花卉图案，取材于佛教故事。二至七层塔檐下施仿木构，转角用瓜棱柱，柱下端有石础，柱头有斗拱铺作。各层塔壁设佛龛，龛内浮雕佛像，端坐宝莲之上。第一层南向门额上刻“雁塔”二字；第六、七层塔壁刻有造塔记 6 条，其中第七层南面门右旁刻：“圣寿宝塔，时政和丁酉十月二十三日圆满，同掌会陈致乾、戴顺、郑康、周寿、林伯材。”第七层为穹隆顶，用月梁一根，梁底铭文：“当今天子延圣寿。”2006 年公布为全国重点文物保护单位。

圣寿宝塔（林振寿摄）

天妃灵应之记碑

位于长乐区吴航街道郑和史迹陈列馆内，俗称郑和碑，为圣寿宝塔附属文物。明宣德六年（1431）十一月重修天妃宫时，由正使太监郑和、王景弘和副使太监李兴、朱良等所立。碑为黑色页岩石，高 1.62 米、宽 0.78 米、厚 0.16 米。刻文 1177 字。碑额篆书“天妃灵应之记”，正中涌出一日，两侧刻海水波浪纹，碑框篆刻缠枝番莲纹。碑文楷书直下计 31

天妃灵应之记碑

行，首行 68 字，全文 1177 字，除 9 字磨损外，字字清晰。此碑详细记述明永乐三年至宣德六年间（1405—1431），三保太监郑和奉使统率远洋船队下西洋各次航行的时间、船只、人员及所历诸国及在长乐的活动等情况，是研究郑和下西洋仅存的珍贵实物资料。

五、显应宫泥塑

位于长乐区漳港街道仙岐村。显应宫，又名天妃宫、大王宫。始建于宋绍兴八年（1182），明弘治三年（1490）知县潘府将其后座改为“凤岐书院”，清道光二十一年（1841）重修。原址坐北朝南，前后两座，均面阔三间；前后天井，两侧开门。宫内有明、清泥塑像若干组。光绪年间，因遭风灾，被泥沙掩埋。1992 年夏，当地农民建房时发现显应宫遗址。随之，经考古人员挖掘，出土泥彩塑妈祖娘娘、巡海大神、大王等神像 5 组，共 50 多尊。泥塑像均保留在原处，神态逼真，色彩艳丽，均已修复。同时，还出土各种陶瓷器皿、大钱币等 20 多件，以及清嘉庆年间皇帝颁发“愿愈应”匾额，现原址保存，在其周围地面架高重建显应宫。2006 年公布为全国重点文物保护单位。

显应宫泥塑（林振寿摄）

六、灵济宫碑

位于闽侯县青口镇幸福村皇家路 1 号。含御制灵济宫碑和亭。据《徐仙真录》载：“永乐十五年（1417）正月二十八日钦奉旨着都指挥童俊、按察司副使许升重新起盖。……本年四月二十六日兴工，次年五月初六日完成，继于南京凿石碑并龟趺，航海而来，仍集军夫万人建立其奉。”碑通高 6.5 米，宽 2.1 米，厚 0.2 米；龟趺高 1.9 米，长 4 米，宽 2.6 米。石灰岩质地。碑额为弧形，两边浮雕龙云图案，中为篆书阴刻“御制洪恩灵济宫之碑”，字径 0.12 米。碑文详细记述重建灵济宫及敕封二徐真君缘由。传为解缙所书，楷书直行，字径约 0.03 米。碑四周浮雕螭图案。碑下部因人为触摸，字迹已模糊不清。碑亭历经清康熙和民国两次重修，仍保持明代建筑风格。亭木构，方形，座高 0.3 米，边长 8.89 米，重檐四坡顶。覆莲石柱础，16 根亭柱，梁架间施斗拱，亭顶

灵济宫碑（林振寿摄）

栖云洞造像（林振寿摄）

面铺望板、板瓦、灰筒瓦、滴水，角脊置吻兽，通高9.8米。2006年公布为全国重点文物保护单位。

七、栖云洞造像

位于罗源县凤山镇圣水寺栖云洞内。造像为青石雕造，高0.75—0.84米，宽0.35—0.40米。坐像共18尊，刻工粗放、朴实，形象各异，衣褶线条流畅。其中16尊为宋淳熙八年（1248）雕造，匠师陈曾；2尊为明代仿雕。罗汉坐姿、法器各不相同。像背面刻有纪年与工匠姓名。还有一尊观世音菩萨坐像，高0.6米、宽0.3米。雕像放置洞内三座石坛（须弥座）上，观音佛居中，罗汉分列左右。造像于1961年由福州市文物管理委员会普查发现。2006年公布为全国重点文物保护单位。

八、名山室

位于永泰县大洋镇棋杆村院里高盖山上。相传为汉徐登、赵炳学道飞升处。唐文德元年（888）始建，原称高盖名山院，五代后唐天成中赐额，民国15年（1926）重修。坐南向北，依岩洞架木结构，由大殿、东室（灵龟洞）、西室（血盆洞、观

名山室（林振寿摄）

音洞）等组成，占地面积约300平方米。大殿面宽三间，进深11米，穿斗式木构架，单面坡，后半岩洞顶覆护。尚存唐代石柱、台阶。东石室内保存福建省仅见的石窟造像，雕刻内容有佛传故事，如舍身饲虎、佛涅槃等。其中一幅“七比丘图”，疑为宋代民间信奉的白莲菜之莲社七祖图。室旁金水洞，内有宋代小型佛殿一座，面阔5.6米，进深7米，石门槛，圆形分瓣瓜棱石柱，柱头用重拱，上出华拱，抬梁式木构架，歇山顶。斗拱形制，类属福州华林寺大殿结构系列。殿内尚存宋崇宁二年（1103）僧晓明为自身和父亲延寿和超荐亡母而施舍的石佛座，以及元大德年间的香炉。2006年公布为全国重点文物保护单位。

第六节　第七批全国重点文物保护单位

一、林则徐宅与祠

位于鼓楼区澳门路、文藻北路、中山路左营司等地。包括林文忠公祠、林则徐故居、林则徐出生地，2013年公布为全国重点文物保护单位。

（一）林文忠公祠

位于鼓楼区澳门路。清光绪三十一年（1905），由林氏后裔及门人集资兴建。祠坐西向东，前施屏墙一道；左右设拱券小门，门额为“中兴宗衮 ”“左海伟人”。墙后为庭院、牌楼式前门墙，门额楷书刻石“林文忠公祠”。大门内为仪门厅，面阔三间，进深三柱，双坡顶。厅前左右回廊陈列执事牌。厅后有铺石甬道，直通御碑亭。亭方形，穿斗式木构架，重檐歇山顶。亭内石刻三通御碑：圣旨、御赐碑文、御赐祭文，按品字摆列。亭北“树德堂”，即祠厅，坐北向南，独成院落。堂面阔三间，进深七柱，穿斗式木构架，双坡顶。堂正中设神龛，中祀林则徐坐像。“文化大革命”中被毁，1982年由纪念馆重塑。

林文忠公祠（林振寿摄）

龛前石横案一座，精工巧思组合。堂西侧院为南、北客厅，客厅均为三开间，用三柱。北厅向阳敞亮，户扇雕刻精致；庭院中有小池一口，中有假山，小巧玲珑；南厅前设花台，户扇朴实无华，另有情趣。客厅西墙外又有院落，院北为双层楼房，坐东向西，平面呈曲尺形，穿斗式木构架，悬山顶。原为林氏子弟课读之所，今为展厅、服务部。楼前院庭中设鱼池、假山，栽花植树，美化环境。民国时期，祠曾被用作驻军，20世纪50年代被用作机关宿舍；“文化大革命”中居民迁入。1982年由市政府拨款征迁居民，进行修复，并辟为林则徐纪念馆。现为全国最大的林则徐纪念地。

（二）林则徐故居

位于鼓楼区文藻北路。系林则徐手置，其父母均百年于此。占地面积2500平方米。坐北朝南，前临小河，沿河原有照墙一道，墙侧设金鼓亭一座，亭与宅第之间有石板铺小街横穿。宅第毗连三座，主座居中，前后三进，均为“五间排”，进深七柱，穿斗式木构架，双坡顶，周围风火高墙。临街门厅，面阔五间，正中六扇门，上有竖匾“尚书第”，两旁十二扇木格子户扇，设门头房。门后有插屏门，朱漆描金，上悬“父子翰林”横匾。第一进正中为扛梁厅堂，两侧为会客花厅；厅前两廊，安放仪仗与执事牌。厅后有雨盖（覆龟亭）连第二进。第二进同样五间排厅堂，为林则徐父母居处。第三进庭院、披舍、五间排双层楼阁；底层东西两厢分别是林则徐夫妇和长子汝舟夫妇卧室；楼上藏书处，名“七十二峰楼”。底层正中为厅，东边两房相通。道光二十九年（1849），林则徐回籍养病时居此。楼上不分间，用红木博古书橱间隔。主座东西两侧隔墙外，各有一座三间排院落：西边为林则徐胞弟沛霖住处；东边为林则徐第三子拱枢住宅和揖斗楼。民国37年（1948）福州大洪水，房屋大部分倒塌，仅存主座二进木构架及东侧揖斗楼。

林则徐故居（林振寿摄）

（三）林则徐出生地

林则徐出生地——林家支祠：位于鼓楼区中山路左营司9号。清代建筑，坐北朝南，大门墙上镶“林家支祠”石匾，占地面积476平方米，四面围墙，前后二进。大门内长方形天井，三面环廊。一进厅堂面阔三间，进深七柱，穿斗式木构架，双坡顶。二进为三开间双层楼房，面阔三间，进深五柱，左右披榭。

林家支祠（林振寿摄）

林则徐幼年读书处——罗氏试馆：位于鼓楼区中山路左营司8号。清代建筑，坐北朝南，建于明末，清乾隆、同治间重修。馆占地面积420平方米，大门镶青石“罗氏试馆”额。厅堂面阔三间，进深五柱，双层楼房，穿斗式木构架，双坡顶，鞍式山墙，前后天井。

二、乌石山、于山摩崖题刻及造像

位于鼓楼区乌石山、于山之上。包括乌石山摩崖题刻及造像和于山摩崖题刻，2013年公布为全国重点文物保护单位。

（一）乌石山摩崖题刻及造像

位于鼓楼区乌石山上。原有唐至清代摩崖石刻299段以及3处摩崖造像，现存169段，分布全山，以邻霄台、冲天台、道山亭等处尤为密集，有篆、隶、行、草、楷书各体。最早的是唐大历七年（772）李阳冰的篆书《般若台记》和唐代摩崖造像，以及宋代程师孟、陈襄、李纲、朱熹、梁克家等人题刻。

（二）于山摩崖题刻

乌石山摩崖题刻（林振寿摄）

位于鼓楼区于山上。原有宋至近代摩崖石刻167段，现存110段。大部分分布在鳌峰顶、戚公祠等处。鳌峰顶上北宋淳化元年（990）吕文仲题名石刻，是福州最早的宋代崖刻。山南的《南教场演武厅铭》是福州面积最大的崖刻。此外，还有宋代陈旸“廓然台”榜书、明正德督舶太监尚春题刻、万历张炜“平远台”榜书和清代官府镇压农民起义领袖蔡牵、朱渍的纪事刻石等。

于山摩崖题刻（林振寿摄）

三、罗星塔

位于马尾区罗星公园内。相传为宋代柳七娘始建。明万历间倾毁，天启四年（1624）徐𤊹等倡修重建。石构，楼阁式，空心，八角七层，通高31米，须弥座径8.6米。须弥座，一层朝西设门，中有石阶，可登至二层外廊，并层层通联至顶。塔壁设门及佛龛。保存较好。1965年灌浆加固，增设护栏与铁球顶刹。2013年公布为全国重点文物保护单位。

罗星塔（林振寿摄）

四、亭江炮台

位于马尾区亭江镇南般村，又名北岸炮台。建于清顺治十四年（1657）；道光二十年（1850）林则徐建议重修。中法马江海战中被法军破坏，光绪年间重修。坐北向南，控扼闽江。三合土结构，由山巅主炮台、山腰前沿炮台、江边岸炮台、隧道和山后弹药库等组成，型制完备，占地面积3000多平方米，除隧道因修公路截断外，都保存完整。2013年公布为全国重点文物保护单位。

亭江炮台（林振寿摄）

五、福建戍守台湾将士墓群

位于马尾区亭江镇闽安村虎头山，为清军墓冢。坐西北向东南，三合土夯筑结构，面宽13米，纵深11.5米。一面依山，三边濒临溪涧山谷，冢中营造135座小型墓圹，每圹一位，排列井然，横13行，直11行，各圹距离相等，均用三合土封顶。封土前各立一石碑，碑高36厘米，宽21—25厘米、厚7—8厘米，碑面镌刻死者的籍贯及姓名，如“同安王邦生墓”“闽邑王敬仕墓”“闽邑姜承铨墓”“福清陈春元墓”“长乐陈学莲墓”“连江黄潮清墓”等。整座义冢前竖立一块高0.85米、宽0.42米、厚0.12米的石碑，碑面阴刻“义冢”，旁款“同治岁次甲戌冬十月吉旦立”，楷书。据载：清代闽安镇设协台衙署，辖内驻有左、右两营清军。同治甲戌年（1874），日本国染指台湾。清廷闻警，派福建船政大臣沈葆桢为钦差大臣渡海办理台防事务，驻守在闽安镇一带的部分清兵随沈葆桢赴援台湾。后有阵亡或死于瘴疫者，归葬于闽安镇虎头山“义冢”。2013年公布为全国重点文物保护单位。

福建戍守台湾将士墓群（林振寿摄）

六、九头马民居

位于长乐区鹤上镇岐阳村。依山坡而建，因宅内有九块岩石，形如马，故俗称“九头马”，为陈利焕家族宅院。陈利焕，商贾出身、家财丰裕，

九头马民居（林振寿摄）

父子历时七十多年陆续建成此建筑群。始建于清嘉庆年间（1796—1820），终竣于同治十一年（1872）。建筑群占地面积15000平方米，坐东北朝西南。五座一字摆开，每座前后均五进。每一院落正座又都是面阔五间，进深七柱，两侧回廊、披榭，正中石铺天井。五座统一门面，各开大门，门墙上方、檐下都有彩色泥塑装饰，两侧均用鞍式山墙。座与座之间有共用甬道，也于后墙开门。整体建筑用材考究，艺术精湛，斗拱、雀替、藻井、壁画、书法、浮雕和青石柱础，均雕刻精美，门窗、户扇木作均精巧别致。2013年公布为全国重点文物保护单位。

七、龙江桥

龙江桥（林振寿摄）

位于福清市海口镇海口村，横跨龙江下游。建于宋政和三年（1113），竣于宋宣和六年（1124），历时十载。由太平寺僧惠国、守思等募缘兴建。初名“螺江桥”，后改“永平桥”，宋绍兴三十年（1160）改“龙江桥”，俗称“海口桥”。明万历三十二年（1604）、清顺治十二年（1655）、康熙三年（1664）、乾隆四十三年（1778）、民国8年（1919）重修。中华人民共和国成立后多次修整。桥东西走向，平梁式石板桥，全长476米、宽4.6米，现存40孔39墩，墩船形，间距约11米，每墩长9.2米、高6米、宽3.6米。桥梁用长9.5米、宽0.67—0.75米的条石互相扣合。桥头立一对实心石塔，高5.05米，七层八角，仿楼阁式，须弥座，塔壁每面浮雕佛像一尊，顶为葫芦塔刹。此桥与龙海江东桥、泉州洛阳桥、晋江安平桥合称为福建省四大古桥。2013年公布为全国重点文物保护单位。

第七节　第八批全国重点文物保护单位

永泰庄寨建筑群

永泰庄寨建筑群由分布在永泰县同安镇、大洋镇、霞拔镇、东洋乡、长庆镇的5座庄寨组成，包括仁和庄，昇平庄，积善堂，绍安庄，中埔寨，均为清代修筑。永泰庄寨建筑群均为土石和土木结构，主体多为二层，外墙用块石干砌垒筑，极其厚重、坚实；内设跑马道，墙角设碉楼，多重道寨门。内庄包括前楼、天井、礼仪厅、厢房、正堂、后轩、护厝、扶楼、大通沟、后花台及小花园等，面积多为3000—10000平方米，是福建地区土楼、庄寨、土堡三大防御性民居类型之一。永泰庄寨建筑群选址与自然环境和地形相结合，同时满足防御与生产、日常生活功能，在空间处理、建筑结构、营造技术与材料、装饰等方面具有鲜明的地域特色，反映了民间营造的智慧、技术与水平，具有较高的历史、艺术和科学价值。2019年公布为全国重点文物保护单位。

（一）仁和庄

位于永泰县同安镇三捷村，又名青石寨，明末始建，清道光年间（1821—1850）重修。坐西北向东南，平面呈横向长方形，通面阔78.15米，进深58.75米，占地面积约6095平方米，规模较大，形制保存完整。寨墙用青石砌建，四个转角均有碉楼。门楼屋檐出檐较深，遮盖寨墙。正中设双开大门，左右设边门。入门为前院廊屋，正座面阔七开间，进深九柱。后座另成院落，正中面阔七间，进深五柱，双层楼房，下层减中柱，穿斗式构架，悬山顶。两廊为三开间双层楼房。主座与左右边座均有墙相隔，前廊有门相通。左右边座屋顶面向主座，主从有序。寨墙上有绕寨一周的跑马道以及

仁和庄（林振寿摄）

设计精巧的排水系统，使其具有很好的防火、防盗、防匪及防水功能。

（二）昇平庄

位于大洋镇大展村卞湖 20 号，又名“洋尾新寨”。建成于清嘉庆（约 1805 至 1815 年之间）年间，建寨者系麟阳鄢氏十五世祖鄢光椿。光椿为旧寨主人鄢宗尹之孙。昇平庄盖好后，其祖父搬进新寨与子孙同住，因此，后人就把早盖的荣寿庄称为旧寨，后盖的昇平庄则称为新寨。昇平庄占地面积 4460 平方米，有大小 365 个房间 。庄寨为土木结构，外墙石砌基础，石墙之上，优质粘土垒打成厚约 1 米的土墙，土墙内遍布枪眼，墙内跑马道环绕一周。庄内有乾隆赐“恩荣予养”题匾。1949 年，闽中游击队司令部及闽中游击第四中队等共 200 多人，驻扎于此直至永泰解放。

昇平庄（池建辉摄）

（三）积善堂

位于永泰县霞拔乡锦安村长万自然村 12 号，俗称长万新厝。由黄学猷始建于清嘉庆十年（1805），占地面积 1610 平方米。寨堡成八角形。寨墙基础取巨石垒砌，上筑土墙，墙上有枪眼。积善堂的木雕精美，极具考究。大厅前廊卷棚圆形压条，用浮雕工艺雕刻着抽象的松梅吉祥图案，线条精细。大厅梁架的雀替镂雕云纹或牡丹花卉，拱上的斗雕成莲花状，门柱后挑着两个挂桐，挂桐下雕嵌成灯笼状。

积善堂 （永泰县村保办供图）

（四）绍安庄

位于永泰县东洋乡周坑村周坑 20 号，俗称周坑寨，由黄学书建于清同治年间。该庄坐东南朝西北，占地面积1846平方米，有106个房间，平面呈矩形布局，长47米，宽44米，四周夯土墙体上设置斗式条窗，南北有两座三层高碉楼对角布置，前后扼守出入要道。该庄前后三进，八扇大厝带左右护厝，前有寨门，左右设侧门，四周寨墙，依山就势建造，层层升高，前后落差达16.5米。庄内“文革”的标语清晰可见，正厅厅堂悬挂一贺寿牌匾，上刻“极婺联辉”四个鎏金大字，为光绪乙巳年兵部左侍郎福建学政秦绶章所书。

绍安庄（陈成才摄）

（五）中埔寨

位于永泰县长庆镇中埔村中埔16号，又名八卦寨。始建于清嘉庆己巳年（1809），由林孟美起盖逢源宅后，其子程德围建成八卦寨。占地面积4831平方米，有182个房间。寨堡依照八卦图排布和“卍”字形而建，以中轴线为中心呈对称布局，三进四落，由前埕、院井书院、大厅、后座、左右横厝组成。左右各有花厅和花园，正厅后还有两个花台。全寨构建三个大门、设有三重门道，寨墙周围有64个观察窗和64个枪眼，寨墙内有一米多宽的跑马道环绕整个寨堡一圈。正大厅高悬着“大夫第”“韬略相承”“举案眉齐”三块镏金匾额。

中埔寨（赖泽樟摄）

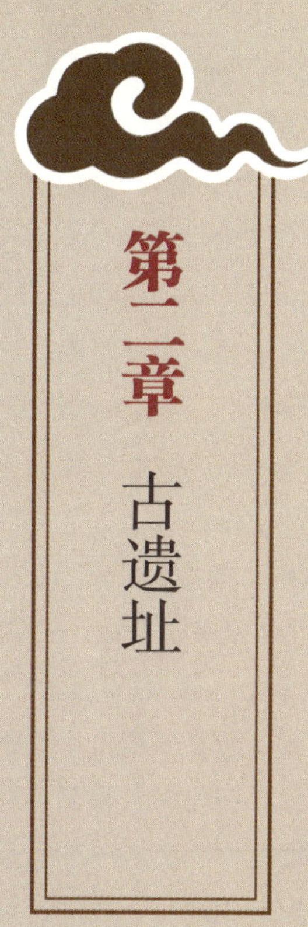

第二章 古遗址

福州地处东南沿海，自古就有人类在此生息繁衍。经第三次全国文物普查，全市现存有各类型古遗址 265 处，属于秦汉以前的文化遗存 101 处，其中新石器时代 14 处，青铜时代 87 处。

福州境内发现的最早文化遗存是以闽侯县昙石山遗址为代表的昙石山文化。该遗址是典型贝丘遗址，具有海洋性文化特征，横跨新石器晚期至青铜时代，包括四期文化：一期遗存年代不晚于距今 5000 年。二期遗存称昙石山文化，距今 5000—4000 年，属新石器晚期。现存还有庄边山遗址下层、白沙溪头遗址下层、洽浦山遗址、白头山遗址、鸿尾桥头遗址及福清东张遗址下层等。三期遗存称黄瓜山文化，距今 4000—3500 年，属新石器晚期至青铜时代过渡阶段，现存还有庄边山上层、东张中层等。四期遗存称黄土仑文化，距今 3500—3000 年，属青铜时代，主要分布于闽江下游及东部沿海地区，现存还有闽侯黄土仑遗址、闽侯古洋遗址、福清东张遗址、新店浮村遗址下层、盘石山遗址等。商周时期，福州境内先民足迹遍及闽江下游及其支流，甚至到达福州东部沿海地区，遗址多数分布于河边相对独立的台地和山岗上。

秦汉以来，古遗址类型涵盖古城址、古窑址、矿冶遗址、驿站古道、军事设施、寺庙遗址、古战场遗址、水利设施遗址、水下遗址、桥梁码头遗址等。其中古城址主要有新店古城遗址、冶城遗址、北大路遗址、七星井遗址等闽越国时期遗存；省二建延远门遗址、鼓角楼遗址、北大路夹道遗址、井楼门遗址等唐五代城址，于山古城墙、公正古城墙以及乌山明城墙遗址残段，海口城址、万安城址、梅花城址、塘湾民城遗址、翁岐城址、闽安城址等明代卫（所）城遗址。军事设施遗址现存沿海众多的水（陆）寨及烽火台（烟墩），主要分布在马尾、福清等地。长乐还保存唯一一处明代抗倭战场遗址——首占抗倭战场遗址。

古窑址生产历史悠久，昙石山遗址、古洋遗址均出土过陶窑。怀安窑址是福州现存年代最早的古窑址，创烧于南朝梁代，延烧至唐五代，属于越窑系的粗制品，是重要的外销瓷生产基地。宋元时期，福州窑址分布范围扩大，数量明显增加，仍以外销为主，闽侯、闽清、福清、连江、罗源等县均发现宋元古窑址。福州还是古代海上丝绸之路的起点之一，水下沉船遗址主要分布连江、长乐、平潭海域。古代福州陆路交通主要靠南、北、西三条驿道，今晋安、连江、闽清、闽侯等地仍有古代驿道遗存，如大北岭古驿道等。古代寺庙遗存主要有福清少林院遗址和长乐漳港显应宫遗址等。

第一节 古文化遗址

一、盘石山遗址

位于晋安区新店镇盘石村。范围达10000多平方米，保存情况较好。1988年1月发现，从暴露表层看，保存的遗物较为丰富。采集到的容器陶片计178件，含夹砂灰陶、泥质灰陶、夹砂红陶、泥质红陶、泥质灰黑陶和印纹硬陶。其中印纹硬陶占多数，部分硬陶的表面还施一层薄釉，质地坚硬，击之有清脆声音，疑为原始瓷。陶片的颜色有灰色、褐色、棕色、红色、浅红色和灰黑色等。制法有手制、模制、轮制，纹饰有绳纹、弦纹、席纹、网纹、篮纹、布纹、云雷纹、方格纹、叶脉纹、菱纹、划纹、米字纹等。经鉴定，这些陶片多为商周时期的遗物，少量为秦汉时期的遗物。1992年公布为市级文物保护单位。

二、浮村遗址

位于晋安区新店镇浮村山。1955年发现，1957年发掘。遗存散见面积约500平方米，堆积层最厚达3.7米。开四个探方，出土新石器时代、青铜时代器物4435件，以及汉代板瓦、筒瓦1万多件。这些出土文物分为石器、陶器、建筑遗存三大类。石器共25件。质料有燧石、寿山石、石英岩、金云母砂岩、玛瑙、矽质石岩、滑石等，以寿山石为多。类别有斧、锛、刀、镞、凿、锥、环、饼等，以锛为最多。陶器有容器和工具两种，容器按陶质可分六类：印纹硬陶、泥质灰陶、夹砂粗灰陶、夹砂粗红陶、细泥红陶、细泥灰黑陶；工具有陶垫1件，陶刀1件，其他工具1件。建筑遗存有板瓦和筒瓦两种。板瓦分灰色和橙黄色两种，橙黄色居多。筒瓦胎质疏松易碎，呈橙黄色，表面印有粗绳纹。可辨器型有杯、釜、罐、豆等。此外，还出土有一块兽骨、二块碎骨和一层蛤蜊壳残迹。

三、昙石山遗址（文见第一章第四节）

四、庄边山遗址

位于闽侯县竹岐乡榕东、春风村的庄边山上。1956年发现，遗址面积近20000平方米。1960年试掘，开探沟3条，发掘面积78平方米；1982年至1983年进行大面积发掘，开探方114个，揭露面积近3000平方米，出土一批石、贝、陶质生产工具和生活用具。文化堆积分为上下两层：下层文物石器以石锛为主，少量为凿、斧、镞等，贝器有耜和刀两类；陶工具为陶拍，纺轮及小网坠，陶制器具有釜、罐、壶、豆、簋、碗、杯等，陶质主要为灰、黄砂陶和黑、灰泥陶，属新石器时代晚期“昙石山文化”。上层出土的生产工具与下层基本相类，陶器却有明显特点，主要为橙黄陶和灰硬陶，器物种类以及纹饰也不尽相同，属青铜器时代黄土仑文化。1961 年公布为省级文物保护单位。

五、黄土仑遗址

位于闽侯县鸿尾乡石佛头村鸿尾中学校园内。1974 年开辟操场时发现，属于青铜时代。1978 年发掘，揭露面积 700 平方米，清理 19 座竖穴土坑墓，出土一批工艺精湛、富有地方色彩和仿铜器作风的几何印纹硬陶器。大部分是供宴饮或祭祀用的器皿，少数是专为死者制作的明器。其品种有豆、壶、杯、缸、钵、勺、于皿、簋、尊、盘、釜、瓶、垒形器，虎子形器、鼓形器等 15 种、共 158 件。此外，还有少量陶网坠、陶纺轮、石镞、石块等生产工具。黄土仑印纹陶遗存是商周时期分布于福建的一处地方文化遗存，称为黄土仑类型的文化。距今 3250 ± 1500 年，推断年代相当于商代晚期。

六、东张遗址

位于福清市东张水库淹没区白豸寺前。1957 年 1 月发现，1958 年 3 月至 6 月抢救发掘，遗址总面积 1500 平方米，出土石器 1251 件，陶器 366 件，陶片 30 万片。下层系新石器时代晚期遗存，年代距今 4500 年左右。中层系新石器时代末期，年代距今 4000 至 3500 年。上层系青铜时代遗址，属黄土仑文化，年代距今 3000 年左右。

七、定海白礁水下沉船遗址

位于筱埕镇东海村。岛礁众多，水流复杂，平均水深在 12 米左右。20 世纪 80 年代以来，定海渔民在海上扒壳作业中，发现有宋、元、明、清时期的沉船遗址 9 处，打捞出宋、元时期青瓷、黑瓷数千件及部分沉船构件。1990 年和 1995 年，中国与澳大利亚两国学者联合组成水下考古队对白礁 1 号沉船遗址进行海底调查和发掘，出土文物近 2000 件。包括大量黑釉盏和青白釉碗、盘和黑釉壶等；尤其发现船体构件和海洋软体动物附着在船上的胶结遗物多块，表明白礁附近海底是一处宋、元时期的沉船遗址。2001 年公布为省级文物保护单位。

第二节　古城垣、寨、堡

一、乌山古城墙

位于鼓楼区安泰街道冠亚广场南面。为明府城城墙中的一段，建于明洪武四年（1371）。府城全部用石头砌筑，东、南、西三面环水，北面隔着山崖。据《福州府志》载，城“高二丈一尺有奇，厚一丈七尺，周三千三百四十九丈”。该城甚为坚固，明嘉靖年间倭寇多次侵犯福州，均无法入城骚扰。可惜民国初，城被拆毁，现仅在乌山、于山、公正新村一带保留一些城墙的残段。乌山古城墙，呈东西走向，分上下两层，高2米多，长近20米。

二、于山古城墙

位于鼓楼区于山南麓。为明府城城墙中的一段，建于明洪武四年（1371）。府城全部用石头砌筑，东、南、西三面环水，北面隔着山崖。于山残存城墙为石砌，残长18.3米、残高4米，墙顶宽1.22米。1992年公布为市级文物保护单位。

三、公正古城墙

位于鼓楼区公正新村西侧。为明府城城墙中的一段，建于明洪武四年（1371）。府城全部用石头砌筑，东、南、西三面环水，北面隔着山崖。公正古城墙残长43米，残高4.6米，墙顶宽2.3米。1992年公布为市级文物保护单位。

四、鼓角楼遗址

位于鼓楼区鼓屏路与鼓西路交叉口。鼓楼，始建于唐元和十年（815），为唐时的福州府治门户，称“州门”。唐乾宁三年（896），改称“威武军门”。五代，闽王王审知置“漏水奁具”于谯楼，用于计时。后唐天成四年（929）重修，称“鼓角楼”。宋熙宁二年（1069），始创“铜壶滴漏”计时，“挝鼓吹角”报时，始称“鼓楼”。宋至清，鼓楼曾有过五次重大火灾，明时又遭风灾，因系省会重楼，历次灾后均予重建。明时，筑楼九间，重檐翘角，称“全闽第一楼”。明嘉靖间，楼悬“海国先声”匾，以彰海滨都会之势。清初，改用挂“十二时辰牌”报时。道光二十四年（1844）重修后，改用西洋自鸣钟报时。抗日战争中，楼遭日机袭击。

明清时期鼓楼为官府重要政令告示处，亦全省（包括台湾）士子科举录取榜文张贴处。1949年8月为迎接福州解放，海军宿将萨镇冰等人在鼓楼张贴《告福州市民书》。1952年鼓楼在扩建道路时被拆。2001年4月至6月间，福建省博物馆、福州市文物考古工作队对鼓角楼遗址进行了抢救性考古发掘，发现了唐、五代时期威武军门门楼部分建筑遗迹，伴随出土有铭文砖，其铭文为“后唐天成四年岁次乙丑九月丁卯朔十三日乙卯重竖鼓角楼”，证明了此次发现的建筑遗迹即是五代福州城标志性建筑鼓角楼。

五、新店古城遗址

位于晋安区新店镇古城村。1985年5月发现，1996年、1997年两度发掘。古城址距福州市区约5公里，南向偏东10度。城址呈梯形，南北长而东西狭窄。东、西、北三面城墙残存，南墙已荡平。城宽294米、长约900多米，可辨认的城墙残段合计275米。城墙为夯土建筑，褐色黏质，质坚硬。20世纪50年代初，部分城墙还有一人多高，后逐渐毁于建房和平整土地。70年代在平整土地时，当地群众还出土一批布纹饰瓦片。当地人把城墙以内称为“古城里”，把西城址外称为“古城外”，把城东南侧一块平地称为“校场”。城址北侧200多米有座高128.9米的山丘，名曰“古城山”。1988年1月，在古城山南麓靠古城一侧的山坡上，出土一件汉代方格纹硬陶罐。2001年公布为省级文物保护单位。

六、降虎寨

位于晋安区宦溪镇降虎村，靠近连江县界，又名云漈关。相传古时有一虎中药箭至岭上的独觉庵前，若有所诉。僧法诠为其去镞，抚摩。虎去，数日痊愈，复来。遂相随，因以名。降虎寨地势险要，处于隘口的上端，为古时福州北面的重要门户。关寨建于明代或明代之前，明王应山《闽都记》载：“降虎岭有寨，置戍。”相传明嘉靖年间，戚继光曾率兵驻此，歼灭倭寇。抗日战争期间，爱国将士曾在此抗击侵犯福州的日军。1949年8月16日，中国人民解放军经此寨，解放福州。降虎寨的寨墙遗址犹存，前后两寨门仍屹立降虎岭。前寨门面向连江，气势雄伟，古朴壮观。寨门系方石砌造，拱形，高2.85米、宽1.92米、厚1.73米。寨门上原有寨楼，现仅存青砖叠筑的大门，高1.85米、宽0.7米、厚0.62米。后寨门为石构，高2.47米、宽2.85米、厚1.17米。前后寨门相距近百米，一条北通连江、南下福州的古石道穿寨而过。此石道系宋嘉祐三年（1058）怀安知县樊纪募资建造的，是福州北驿道（俗称温州路）的重要遗迹。2001年公布为市级文物保护单位。

七、塘湾民城遗址

位于马尾区亭江镇长安村山头顶。长安，古称塘湾。清乾隆《福州府志》记载：“塘湾民城，在闽县合北里，嘉靖间造。”系民间抗倭建筑。城建在山巅上，城墙呈“一”字形，南北走向，两面用花岗岩块石叠砌，内用黄土夯实。今存墙址长81.9米、厚3.1米、高2.5米左右。两端与民居相连，北端有小庙一座。1992年公布为区级文物保护单位。

八、旗人街

位于长乐区航城街道琴江满族村首里街。系清代三江口水师旗营城堡内的一条街，长200米，宽3.2米，石板铺砌，有阴阳水沟。两旁均为水师兵房建筑，每套前后三间，中隔天井，穿斗式木构架，双坡顶。前设三门，官兵有别：官家三门均用双扇；民家中用三扇，左右各用单扇。大门外套有矮门，有利开大门眺望和纳凉。整个街道独具特色，屡经修复，保存完好。1984年公布为县级文物保护单位。

九、瓜山屯兵营址

位于闽侯县南通镇方山村西南2500米处。元末福建行省平章政事陈友定为据守福州而屯兵方山，在该处建有营房多处，并辟有演兵场。其中保存较好的一处营房遗址占地约500平方米，呈方形，内分三列，每列隔为三四间不等，墙用不规则石垒筑。北侧有土井一口。演兵场遗址面积约10000平方米。营房遗址的存在与明代以来福州地方史志记载，可以互相印证，为元、明地方史研究提供重要的实证。2013年公布为省级文物保护单位。

十、福清少林院遗址

位于福清市东张镇少林村。1993年调查发现，1995年、1997年经福州市文物考古工作队两次考古发掘。遗址面积约2万平方米，发掘面积6500平方米。发现殿堂、房屋等遗址，出土大量青瓷碗、盘、执壶和建筑材料、构件等。根据瓷碗底部墨书、大观四年（1110）十二月，“少林当山僧月休为考妣及自身舍石盂一口”的纪年石盂及附近石梁桥板上的“少林”文字，可以确定其为宋代梁克家淳熙《三山志》中所载的“少林院”，即民间所传“南少林”遗址。2005年公布为省级文物保护单位。

十一、万安所城

位于福清市东瀚镇万安村。明洪武二十年（1387）江夏侯周德兴督造。城墙用条石砌成，原长1733米、高5.3米，垛墙827个，警铺13个，敌楼18座，开东、西、南三城门，其上皆建城楼。城依山傍水，三面环海，小而险固，西门城下港口可泊船舰。当时驻操军560名，水军440名。现仅存三段残墙，东段长45.5米、高5.3米、厚4.5米，西边南段长70米、高4.8米、厚4.5米，北段长80米、高6.2米、厚4米。南城门的门址宽5.2米、高3米，炮台一处。城内有祝圣寺、天圣殿和天后宫。1981年公布为县级文物保护单位。

十二、通江门

位于福清市海口镇旧街江边，系明巡按御史吉澄率海口居民于抗御倭寇时构筑的。始于嘉靖三十六年（1557），竣于嘉靖三十九（1560）年夏。全长316.8米，建东“通江”、西“起龙”、南“攫桂”、北“镇安”、西北“嘉猷”五城门。明万历年间曾重修四次。清顺治四年（1647）四月四日清兵攻破海口城时被毁。民国初年，美国传教士建教堂、孤儿院和医院，城大部分被拆。抗日战争开始，当局下令拆毁城墙。现仅存东门门洞，厚2米、高4米、宽8米，呈拱形，花岗岩砌。1988年公布为县级文物保护单位。

十三、定海城堡

位于连江县筱埕镇定海村。此地旧名亭角，元代设亭角澳巡检司。明洪武二十年（1387）江夏侯周德兴建城堡，后改为定海守御千户所。“城周六百丈，高二丈，西南为门三，沿堡凿壕。”嘉靖年间以倭警增筑二百三十丈。清康熙、雍正年间重修。花岗石砌，现存临海城墙长500米、高8米、宽6米，西门瓮城形制尚存，匾额“会城重镇”，楷书，阴刻。后山城墙已倾，仅余城基，残高约1米。1984年公布为县级文物保护单位。

十四、鉴江城址

位于罗源县鉴江村。明嘉靖二十四年（1545），乡耆尤圣养、林献等集银三百余两倡修，翌年完成。堡周长约1200米，中地三百亩。堡墙块石垒砌，堡内街道平面布局呈“十”字形。万历元年（1573）破于倭，旋即修复。现土堡倾倒，尚存三个城门和部分墙基。东门高3米、宽1.8米、进深2.2米，券顶高度1.52米，南门高3米、宽1.7

米、进深 5.68 米，平顶，北门仅余三合土拱券顶洞。均条石砌造。

第三节 古坊巷

一、衣锦坊

位于鼓楼区南后街西侧。西接通湖路馆驿桥，中间有闽山巷，南通文儒坊；西有雅道巷连双抛桥，且与柏林坊、水流湾相通。宋宣和年间，御史中丞陆蕴、陆藻兄弟相继典乡郡，遂名“棣锦坊”。宋淳熙进士、江东提刑王益祥致仕居此，改今名。明都御史林廷玉、清嘉庆间进士郑鹏程均居此。

二、文儒坊

位于鼓楼区南后街西侧。西端至金斗门桥河沿。原名山阴巷，后改儒林坊，宋时“海滨四先生”之一国子祭酒郑穆居此，改称文儒坊。中间有闽山巷，与衣锦坊相通，闽山境曾以灯市社火闻名城乡。另有三官巷与支巷大光里，南经早题巷通光禄坊。明七省经略、抗倭名将张经居此，旧宅尚存。明尚书林瀚居此，设尚书里，且在坊西建林氏家祠。清帝师之父、刑部主事陈承裘府第建筑精美。台湾总兵甘国宝住宅、祖祠在坊西端南侧。著名学者陈衍、何振岱都住在大光里。巷里还有晚清福州诗人聚会处“听雨斋”。清末林白水创办蒙学堂于坊内。民国海军将领陈季良也居于此。近代福州富商尤恒盛，在坊内占有大量房产，故有“尤半街”之称。坊东口北墙上，镶嵌一方清光绪辛巳年（1881）文儒坊乡约碑，是福州古坊巷仅存的公约碑。

三、光禄坊

位于鼓楼区南后街西侧。东端跨街通吉庇路，西通古环城路。坊内有玉尺山。宋光禄卿程师孟常到此闽山法祥院（旧号闽山保福寺，后更名法祥院）游览、吟诗。寺僧请镌刻“光禄吟台”于石上，遂名光禄坊。坊中曾建有纪念宋代理学家杨时的“道南祠”，又有清初画家许友读书处“米友堂”，康熙间内阁中书林佶读书处“朴学斋”。坊内机房里为明代织造遗址。坊西南侧“花仓前”，是福州工艺名产纸花的产地。

四、杨桥巷

位于鼓楼区南后街东侧，旧名右通衢。宋宣和间，更名春风楼，一名丰盈坊，后改登俊坊。又以其西通杨桥，称杨桥巷。民国 16 年（1927）扩建改名为杨桥路，成为城区横贯东西主干线。南后街北口西侧，原有万升桶石店。店后宅第，是黄花岗烈士林觉民父辈七房亲属住宅。后转卖给冰心祖父谢銮恩，冰心幼年曾居此。杨桥巷原来还住有“台湾林”，是严复三子严叔夏的岳家。

五、郎官巷

位于鼓楼区南后街东侧。宋代刘涛居此，子孙皆为郎官，故名。北宋学者“海滨四先生”之一陈烈亦居此。清林星章的二梅书屋在巷西段南侧，数进连叠，可通塔巷。近代启蒙思想家严复晚年住在巷西段北侧，直至逝世。巷内西段南侧，还有一座天后宫。殿堂上八角藻井，由七层如意斗拱叠涩螺旋结顶，优美华贵。另闽西蓝氏祠堂与绥安会馆均在巷内。

六、塔巷

位于鼓楼区南后街东侧。原名修文巷，宋时改称兴文巷，明时改文兴巷；又以闽国时建育王塔于巷北而改今名。宋时“海滨四先生”之一陈襄居巷内。民国时期海军旅长王麒故居在巷西端北侧，与郎官巷的二梅书屋毗邻。福州最早的电灯公司曾设于巷内。

七、黄巷

位于鼓楼区南后街东侧。西与衣锦坊相对，因晋永嘉年间，黄姓避乱入闽居此而得名。唐崇文馆校书郎黄璞居此巷中。相传黄璞早有诗名，黄巢兵过“以璞儒者，戒无毁，灭炬而过”。宋时改名新美坊，又称新美里。清知府林文英、榜眼林枝春、巡抚李馥、经学家陈寿祺、大学者梁章钜、五子登科的郭阶三、琉球册封使赵新，以及葛、萨、毛等著名的姓氏世家均居巷内。清道光年间，梁章钜在黄璞旧居遗址，建有黄楼，现尚存假山池馆。

八、安民巷

位于鼓楼区南后街东侧，旧名锡类坊。宋代因刘藻以孝闻，朝廷诏赐粟帛旌奖，因号“锡类”。后太宰余深居此，改名“元台育德”。元代，福建省都事贾讷居此，其母守贞节，改名“贞节坊”。今巷名由于黄巢义军入城至此，出告示安民，故称。抗日战争时期，新四军驻福州办事处设在巷内。

九、宫巷

位于鼓楼区南后街东侧旧名仙居里，因巷中有紫极宫而名。宋时以巷中崔、李二姓显贵，更名“聚英”；元代改为“英达”。“古仙宫里”巷匾尚在。昔时道观紫极宫，到明代改为三山堂，清代作为关帝庙，后作宫巷小学、 童宫小学、花巷幼儿园。巷内有林则徐女婿刘齐衔、沈葆桢和林则徐次子林聪彝住宅，以及民国时期海军总长刘冠雄故居。东口北侧有连城张氏试馆。

十、吉庇巷

位于鼓楼区南后街东侧。东通津泰路，西接光禄坊，南傍安泰河。宋状元文渊阁学士郑性之居此巷。吉庇原含吉祥如意之义，后因谐音，俗称“急避巷”。民国海军司令蓝建枢居此。1919 年五四运动爆发，福州青年学生迅速响应，5 月 7 日集会游行，后在巷内谢家祠开会，成立“福建学生联合会”。

十一、南后街

位于鼓楼区南大街（八一七北路）之西，原名后街。界于“三坊”与“七巷”之间，是联结“三坊七巷”的中轴，使之形成鱼骨形的格局。街南北走向，北起原杨桥巷西口，接达明路，南越澳门桥，通澳门路。历史上，这里民居稠密，市肆繁荣；附近多是达官贵人聚居的宅院，官眷、缙绅、名士、巨商麇集，形成繁华的古商业文化街区。始于宋代，盛于明清，民国时期依然长盛不衰。20 世纪 30 年代以前与南大街一样热闹，从南北京果、绸缎布匹、糕饼线面到柴米油盐酱醋茶，应有尽有；但最富隆名的是充满文化韵味的店铺和体现民俗文化的街居，曾以“古旧书店一条街”著称。清王国瑞诗：“正阳门外琉璃厂，衣锦坊前南后街。”陈少香诗：“隔巷帘栊横笛夜，后街风月买灯天。”都是当时实景的写照。

十二、朱紫坊

位于鼓楼区津泰路南侧，旧名三桥，后名新河（唐罗城护城河一段）。宋代，坊内住朱敏功兄弟，四人俱有功名，子孙繁盛，满门朱紫，因以朱紫坊名。坊北面临河，东西走向，东接津门桥，西连安泰桥。坊中有安泰桥、福枝桥、广河桥跨河通津泰路。坊南侧有小巷通花园街陈韡的芙蓉别馆。坊内还居住有明首辅叶向高、清湖南布政龚易图，清代水师管带方伯谦和厦门大学校长萨本栋、中山舰舰长萨师俊。海军耆宿萨镇冰晚年也曾居此。沿河明、清式民居栉比，老榕垂枝，古趣盎然。

十三、鳌峰坊

位于鼓楼区九仙山（于山）北侧，东西走向。唐称九仙坊，又名仙迹坊，宋代更名登瀛坊，元代改鳌峰坊。东口南侧为九曲亭，可通九仙山；西口接津门楼。陈诚之、陈谨两位状元曾居于此。明代郑善夫的迟清亭、徐熥和徐𤊹兄弟所居红雨楼、绿玉斋均在坊中。清康熙四十六年（1707），巡抚张伯行创办鳌峰书院于坊中，坐北向南，规模庞大，今仅存书院池馆中的假山。主持书院山长有郑光策、陈寿祺等名人。林则徐曾就读于此。后为福州教育学院第二附属小学校址。福州师范、福州格致中学就设在书院对面，依山而建。民国海军将领李世甲住坊西段南侧，现代科学家高士其故居在坊东口南侧。

第四节　古窑址

一、怀安窑址

位于仓山区建新镇淮安社区天马岭。窑址主要分布于石岊山西南端，占地 80000 多平方米。1953 年修建防洪堤时发现。1982 年 7 月考古发掘，发现南朝和唐代两个文化堆积层，厚度在 1—3 米间。出土遗物总数达 15784 件。其中窑具约 10000 件，器物 5000 多件。器物中属于南朝的 3000 余件，唐代的 2000 余件。南朝的堆积层中，器形类别较多，大部分属日常生活用具。文具有多足砚，明器有鐎斗与三足陶火盆等。此外，还有大量的窑具。许多窑具上有刻字，刻姓氏人名，其中有一件垫柱上刻有纪年和定烧瓷器者的姓名：“大同三年四月廿日，长男刘满新造。”唐代的堆积层发掘出一座比较完整的斜坡式龙窑窑床遗迹，在南朝堆积以南约 5 米处。窑床长 8.5 米、宽 2.4 米、两壁残高 0.1—0.15 米，呈坡状，倾斜度为 11 度，南向偏东 45 度。窑顶倒塌，火膛、火道与烟孔等均破坏无存。窑壁有一层厚 0.05 米的红烧土。窑床底部有五层烧结面，每层均铺垫细砂土，总厚度达0.6米左右。窑床下部为蛤蜊壳堆积层，厚1.2米左右，含有商周时期的各类几何印纹陶片，最底层为原生黄砂土。在唐代堆积层出土的大量器物中，除盘口壶、四系罐、短流注子、圆口槽肩罐、锥斗等器物尚继承南朝遗制外，还出现不少新的器形。如长流注子、瓜棱形注子、多咀塔式谷仓、五谷小罐、盒、陶俑与狮子。碗的形状也与南朝不同，全为敞口或葵口斜壁式，未见深腹实足式，除平底外，也有圈足或玉璧足的。此外，还有大量不同规格的窑具，特别重要的是，在窑床的上后部发现“开元通宝”铜钱1枚；在堆积层中的窑具垫座上发现刻有“贞元”二字，说明这座窑于唐贞元年间（785—805）还在烧造，可能延续到唐代晚期。上述发掘，为研究福建瓷器发展的分期与断代，提供了珍贵的实物资料，在古陶瓷研究上也具有重要意义。中国科学院上海硅酸盐研究所指出：它是“中国古瓷分相釉时代最早的一种，而且其胎质也是上乘的”。1991年公布为省级文物保护单位。

二、宦溪窑址

位于晋安区宦溪镇硋础村、板桥村一带。为宋至明代窑址，1956年发现。窑址主要集中在硋础村的城里坪、山平顶、釉池谷、后门山和板桥村的划里一带，南北长约1.7公里，有厚1—5.8米的文化层堆积，采集有匣钵、垫饼、垫柱、支圈等窑具和各种日用瓷器，有碗、壶、钵、罐、瓶、碟、炉、盒、盖、灯盏、托杯和注子。釉色以青釉为主，还有黄釉、白釉和少量黑釉。1983年被公布为市级文物保护单位。

三、长柄窑址

位于马尾区亭江镇长柄村东北1公里处的硋窑岩。1985年文物普查中发现，采集到青瓷和黑釉瓷两种。青瓷以灰青釉为主，有敞口圈足碗、碟、器盖等，质地细腻；黑釉瓷有双耳执壶、盏等。盏为敞口、斜壁、小圈足，通高5厘米、口径11厘米、足径3.7厘米，釉面光亮，色黑如漆，造型风格与建盏相似。经鉴定，为宋代窑址。1986年公布为区级文物保护单位。

四、南屿碗窑山遗址

位于高新区南屿镇窗厦村西南3.5公里的碗窑山。占地面积1万平方米，1982年文物普查中发现，为宋代窑址，以生产兔毫盏等黑釉瓷器为主。在窑址内发现一条宽约3米、长10余米龙窑窑基和数座残破的砖砌窑炉。采集到凸底匣钵，垫饼等窑具，黑釉兔毫盏、青釉瓷碗等瓷器及残片。其中，尤以黑釉兔毫盏的数量最多。器物大都侈口、尖唇、斜腹、矮圈足，高 5.3 厘米、口径 11.2 厘米、底径 3.5 厘米，色彩莹润，纹理清晰，呈兔毫结晶斑点，远销日本和欧洲。近年，连江定海水下考古出土的兔毫盏，经专家鉴定出自此窑。2013 年公布为省级文物保护单位。

五、东张窑址

位于福清市东张镇石坑村厝后山和邻下村宫后山。20 世纪 80 年代发现。该遗址方圆 2 平方公里，地表散布大量漏斗型匣钵、瓷片、垫饼、支柱、支圈等陶瓷遗物。在邻下村后遗有砖窑基残迹。据考，该窑址为南宋福建四大民窑（同安、泉州、福清、连江）之一，以烧制青瓷和黑釉瓷为主，产品有各式碗、盏、碟、盘等，主要销往海外。1981 年公布为县级文物保护单位。

六、横历窑址

位于闽侯县鸿尾乡桥头村横历自然村西 500 米。为宋代窑址，1982 年文物普查中发现。遗物散布于五座小山上，面积约 30000 平方米。南向一座山腰发现一条龙窑窑基。遗物堆积丰富，采集有黑釉瓷盏、青釉碗、壶、碟、盘等瓷器及匣钵、垫饼等窑具。窑址保存较好，是闽侯县大规模窑址之一。1989 年公布为县级文物保护单位。

七、文山砖瓦窑场

位于闽侯县南通镇文山村 316 国道北侧。现存 19 座窑炉，呈条状分布，大多保存较为完整，均为圆截锥状，砖石构筑，坐南向北，底部外径约 8—10 米，顶部外径约 5—7 米；窑内为鸡笼形，高约 12—14 米，底部直径约 6—8 米；顶部用砖迭涩成穹顶，中央为一圆孔，装窑后封闭；后部有三烟囱。窑炉区北侧有制胚作坊区。文山砖瓦窑场是研究福州清至民国时期窑炉型制、烧窑技法、窑场环境等重要实物载体。

八、浦口窑址

位于连江县浦口镇周围的山丘上。分布面积有 1 平方公里，1954 年发现。浦口窑生产规模很大、品种多，其中青瓷的数量最多，其次是青白瓷，还有少量黑釉瓷。釉色有青绿、青灰、青黄及灰白、青白等，有的釉面粘有细小砂粒。常见的器物装饰主要有：在碗内刻篦纹，卷云纹，碗外刻画莲瓣纹或宽篦，碗心模印莲花图案，瓶身堆贴缠枝莲花等，有的在花卉图案中刻写“上吉”等字样。浦口窑Ⅰ型碗的形制是宋代典型器物，胎体厚重。Ⅲ型碗、Ⅴ型碗、3式盘以及高颈贴花青瓷瓶等，具有明显的南宋至元代的风格，以此推断浦口窑的年代为南宋至元代。1961年公布为县级文物保护单位。

九、魁岐窑址

位于连江县江南镇魁岐村西南。1954年发现，窑址面积约150平方米。烧制青瓷，胎体较薄，呈灰色，质地细腻。坯体表面有轮刮痕，内壁满釉，碗外壁上半部和圈足露胎，釉层厚薄不均，釉色深浅不一，釉色有青黄、青绿。标本均是碗类，在形制、装饰、制作工艺等方面，都与宋代瓷器的特征、风格一致。1961年公布为县级文物保护单位。

十、义窑窑址

位于闽清县东桥镇义由村。窑址范围自义由村至安仁村一带，绵延十几个山头，占地面积53300平方米，是福建省宋、元时期烧制青白瓷的大窑址。1958年发现，1983年、1987年复查，已发现数十处烧制瓷器的龙窑，长度达70米、宽2.5米，呈35度坡，用窑砖和废匣砵砌成。采集到的标本有匣砵、支柱、垫饼等窑具，以及不同形制的印花或划花的青白釉瓷碗、洗碟、盅、盆和盖、罐、炉、壶等器皿。也有少量黑釉瓷器。此外，还有少量捏制的黑釉或青白釉的小狮、小狗、猪头等器物。1991年公布为省级文物保护单位。

十一、硋窑村陶窑遗址

位于罗源县起步镇硋窑（古名琼窑）村。窑址东西长50米，南北宽广约30米，散见陶器残片颇多。岩壁上采集到无釉小口大腹单耳水壶，壶壁厚0.5厘米、高24厘米，腹围最大处为51厘米，颈部最小处为23厘米，壶口直径10厘米，壶底直径8厘米，耳长13厘米。经鉴定，水壶和新采集的陶罐、陶片，均为唐代陶窑及其制品。这是福州地区第三处唐窑，在福建省也占一定地位。

第五节　古冶炼址（古矿）

一、欧冶池

位于鼓楼区鼓东街道中山路。宋《三山志》载："今将军山之北，昔冶山之麓也，亦名东冶，及俗呼欧冶，皆以东越故耳。"认为："此池乃欧冶子铸剑之地，然无所稽考。州虽有剑池寺，唐元和中僧惟干浚之，得铜刀、剑环数枚，犹有冶灶在竹林间。又隔在将军山之南，南去尚百余步，非此池也。或恐铸剑者因此以自号，则有之矣；然池非以铸剑者得名。"宋程师孟在此创欧冶亭，作诗又为《后序》说："予至州之明年，新子城。城之东北隅，灌木荫翳，因为开通，始问此水，或对曰'欧冶池'。予窃喜其迹最古，且爱其平阔清泚。又池之南陇阜盘迂，乔林古木，沧州野色，郁然城堞之下。于是，亭阁其上，而浮以画舫，可燕可游。亭之北，跨濠而梁，以通新道。既而，州人士女朝夕不绝，遂为胜概。"以后，还建褉游堂、喜雨堂、城阴馆等建筑。元代，又建三皇庙、五龙堂。至明弘治间，池已严重淤塞，仅存半亩方塘，且围入贡院。民国 21 年（1932），闽侯县名胜古迹古物保存会重浚之，并修复欧冶亭、凌云台、喜雨堂、剑池院等，还立有"欧冶子铸剑处"石碑，后渐废圮。1982 年，福建省人民政府财政厅拨款重浚，池岸砌石，池内泉涌如潮；并在池北建剑光亭、石舫、池心亭等建筑。1982 年公布为市级文物保护单位。

二、寿山石矿洞遗址

位于晋安区北峰寿山乡寿山村周围的山岭、垅头、水田、溪涧中。主要有高山的牛骨洞、大水洞、大建洞、四股洞和旗岗、都成坑、月尾、坑头等数十个石矿，部分则散布在溪涧两侧水田底下的砂层中。寿山石属冻石矿，学名"叶蜡石"，系水铝硅酸盐矿物，为火山喷发后的产物。按产地划分为田坑石、水坑石、山坑石三类。寿山石品种繁多，石洁如玉，绚烂夺目，柔而易攻，可作上等雕刻石料。其传统工艺品可分为浮雕、镂雕、薄意浅刻和印纽四大类。石矿中开采的残石和石粉，以及山中的质劣的叶蜡石均可作为耐火材料。寿山石历史悠久，驰名中外。1957 年考古工作者在福州北郊浮村文化遗址中出土有寿山石矿制作的石锛、石镞、石凿等器物，后又在福州北郊的南朝元嘉二十二年（445）古墓中出土两只用寿山石雕刻的卧猪。1963 年市文物管理委员会在北郊二凤山清理南朝墓室中出土两方寿山石雕猪（一残），长 3.65 厘米、宽 0.77 厘米、高 0.33 厘米。猪身俯伏，鼻腔向前拱伸，背鬣清晰，线条简洁形象逼真。

这表明人类早在新石器时代或商周时期已使用寿山石，而在1500多年前就已经把寿山石加工成工艺品。2002年公布为区级文物保护单位。

三、长柄铁冶场

位于马尾区亭江镇长柄村长柄里。占地面积约6700平方米，民国《福建通志》载：铁冶场，在龙津溪旁，宋时鼓铸处。铁冶场遗迹尚存，今虽辟为农地，仍可随地拾到铁渣。铁渣沉重而坚硬，为研究当时的冶炼技术提供了实物资料。1986年公布为区级文物保护单位。

四、良地银矿遗址

位于闽侯县廷坪乡良地村银山。银矿开发于宋代，《宋史·食货志·坑冶》记载的福州银矿即指此处，为宋代全国23个重点银矿之一。遗址面积约1平方公里，在岩壁上尚存有数十个矿坑，坑坑可相通。最大的坑径约2.5米、深约5米，山下尚遗有冶炼过的矿渣。据良地村《陈氏族谱》记载，清顺治年间尚在开采，遗址保存尚好。1989年公布为县级文物保护单位。

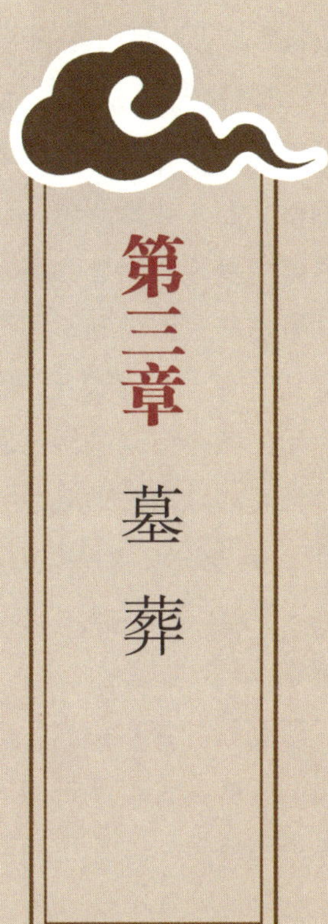

第三章 墓葬

福州是福建政治、经济、文化中心。秦汉以降，随着中原文化的南下，尤其是唐代以后，福州地区的社会经济文化有了长足进步。宋元明清时期更是人杰地灵，经济文化繁荣，人才辈出，在福州各地留下了丰富的历史文化遗产，也留下丰富的古墓葬。古墓葬一般指除新石器时代和青铜时代以外各历史时期的墓葬，时间上溯至春秋时期。从时期划分可分为战国秦汉、三国两晋南北朝、隋唐五代、宋元、明清等几个时期。从类型上可分为帝王陵寝、名人或贵族墓、普通墓葬、其他古墓葬等。它不仅反映某一地区葬制、葬俗，还可以反映古代社会经济文化发展状况，印证历史和弥补文献史料的不足，是最具文物考古研究价值的不可移动文物。经第三次全国文物普查，福州市现存古墓葬 365 处，约占不可移动文物总量的 7.69%。其中有帝王陵寝 1 处，即晋安区新店镇战坂村五代闽王墓；有明张经墓、清陈季同墓、清林则徐墓等名人或贵族墓 149 处；普通墓葬为保存较好或规模较大的明清墓葬，多为家庭合墓或夫妻合葬的多圹墓，计有 199 处；其他古墓葬系指形制特殊的古墓葬，计 16 处，如仓山区仓山镇先农村的清代琉球人墓、马尾区亭江镇闽安虎头山的清军义冢、闽侯县大湖乡雪峰寺的唐义存祖师塔墓等。

不同历史时期的墓葬，形制结构各有特点。由于年代久远等各种原因，明清之前的墓葬地上坟丘多已无法辨识，或因生产建设被偶然发现，或被盗掘而被发现。有一部分唐五代、宋元时期名人或贵族墓系经后世族裔重修、重建，地面构筑物已改变原样而与晚近墓葬相近。福州地区明清墓葬多为同茔异穴的合墓葬，墓穴多以砖石砌建，地面坟丘多以三合土构筑，平面呈“风”字形。名人或贵族墓前常有多级墓埕，神道两侧多置石翁仲、石兽，有的还有墓坊或神道碑，如闽侯县荆溪镇光明村的宋李纲墓。该墓虽经历代重修，其地面坟丘尚保存宋墓常见的甑式形制。

第一节　古墓葬

一、张经墓

位于鼓楼区洪山镇福建工贸学校内（王店山）。张经（1492—1555），字廷彝，号半洲，侯官洪塘人。进士出身，官至南京兵部尚书，明代抗倭名将，嘉靖时，授七省经略，督剿东南沿海倭寇，先后在后塘湾、王江泾大获全胜，史称“军兴以来，战功第一”。墓原有十三层石铺墓埕，墓前有“东南战功第一”石坊，均于民国初被毁。1961 年 12 月福建省人民委员会拨款重修。1984 年省人民政府又拨款重建墓埕，重修坟墓。墓丘呈龟背形，坐北向南，石结构，九层墓埕，面宽 18.5 米、纵深 110 米（望柱至封顶）。封土弧形，石封顶，护以双重石砌挡土墙。封土前立鞍形墓碑，花岗石，素面，高 1.74 米、宽 4.28 米。碑面阴刻“明抗倭将领张经墓”，楷书。两侧立石构围屏，上刻有张经生平事迹及重修经过。墓碑前设石祭台。台裙刻马、鹿、狮、麒麟等浮雕。两边挡土墙前端用石螭首压顶，后镇以石狮。墓埕层层砌有石护坡，埕左右分立翁仲，文官秉笏肃立，高 3.4 米；武士戴盔、披甲、按剑，高 2.1 米；石马，鞍镫缰勒齐备，高 2.1 米；石虎，呲牙雄踞，高 1 米；石羊，温顺正直，高 1.02 米。墓埕前左右分立望柱，左刻“玉音：襟期慷慨”，右刻“玉音：志虑忠勤”，高约 5 米。1961 年公布为省级文物保护单位。

二、郭氏家族墓

位于鼓楼区洪山镇马鞍村金狮山之巅。郭柏苍（1815—1890），字蒹秋、青郎，名弥苞，侯官县人。藏书家、水利学家，著有《乌石山志》《闽产录异》等。墓为“五代四坟”“亲故葬旁”，系郭柏苍生前营造，自清道光二十一年（1841），至光绪六年（1880），历时四十年而成。郭柏苍《侯官北六三十八部马鞍金狮山造坟说》述：“四十年中，非羁滞无十日不登垅，忍饥晨夕，跌行风雨，不可殚述。”墓坐东向西，由四座大坟墓和若干小坟组成，葬郭柏苍祖孙五代人及岳父母，计 50 多人。其中四座大墓面宽 70 米、深 28 米；北侧的三个大墓连为一体，三合土夯筑，五层墓埕，墓前立石人、石虎、石马、石羊。石人背刻：“郭氏墓道，同治五年立。”墓埕前巨岩上有郭柏苍于道光庚戌年（1850）为纪念林则徐、李悭登升山所题的摩崖石刻。三坟中，郭柏苍及其父郭阶三、母林氏合葬于中墓，郭柏荫及其妻沈氏、继室杨氏、侧室王氏等葬在左墓，郭柏心及其妻郑氏、郭柏蔚及其妻胡夫人、郭柏芗及其妻陈氏等葬在右墓。南侧一台大墓与北侧三墓并列，相距3米，三层墓埕，三合土夯筑，墓前立石人、石虎、石马、石羊，石人背刻："郭氏墓道，庚辰年造。"1992年公布为区级文物保护单位。

三、伊斯兰教圣墓

位于鼓楼区洪山镇象山井边亭。为元代阿拉伯伊斯兰传教士伊本·穆尔菲德·艾米尔·阿莱丁的墓冢。为亭式建筑，坐北向南。墓在亭内，封顶三层，呈塔式，花岗石叠砌，高1.15米、长2.5米、宽1.31米。墓亭石结构，正方形，边长7.75米，单檐悬山顶，高6.2米。亭基用花岗石叠砌，墙体青砖砌造，四面辟石拱门，门额均有阿拉伯文题刻。东、西门额的碑文已风化剥蚀；南门楣碑镌有四行阿拉伯诗，诗文："尘世的生命十分短暂，我们都将要回归阴宅；一位王子每日在召唤：死亡吧，在废墟上重建！"南门额还记载伊本·穆尔菲德·艾米尔·阿莱丁卒于伊斯兰历705年。南门门框另有一阿拉伯文碑刻，碑文大意是："真主的判决就要来临，这里并非永居之宅第。"北门额阿拉伯碑文是："至高无上的安拉说：'凡是生灵都要尝死的滋味。'……艾米尔·阿莱丁亡于705年11月3日，愿安拉照耀他的墓穴。'我从大地创造你们，我使你们复返于大地，我再一次使你们从大地复活。'"南门上端还嵌有一块石额，阴刻三行汉文楷书："乾隆二年岁次丁巳季春吉旦，特简福建台澎水陆等处地方挂印总兵官、署都督佥事仍带记录一次、陕西宁夏马骥捐资重修。"亭内北墙拱门上用水泥装饰一块横匾，上阴刻汉字"西域武公舍黑之墓"，亭东侧有座占地面积约30平方米的祭厅，祭厅北墙外壁嵌一块高0.46米、宽1.60米的石匾，上刻汉字："西域武公舍黑之墓，道光丙午年。"1985年，省、市有关部门拨款4万元重修墓亭，修葺坟墓，并在墓区的四周砌砖墙围护。墙内有明、清、民国，教墓数百座，其中有48座清代墓葬保存较为完好。1983年公布为市级文物保护单位。

四、淮安丞相墓

位于仓山区建新镇淮安社区桃源山，即朱敬则墓。朱敬则（635—709），字少连，安徽永城人。唐代政治家、史学家，官至同凤阁鸾台平章事，著有《十代兴亡论》《五等论》等书。墓背依桃源山，面向山垅田。墓坐东南向西北，二层墓埕。面宽8.8米、纵深11.8米。封土堆用红砖砌造，内填黄土，呈长方形，高1.97米、宽3.39米、进深2.50米。封土前设一龛，高0.825米、宽0.70米、进深0.23米；内镶青石墓碑，高0.65米、宽0.38米、厚0.08米，碑文阴刻："唐故丞相敬则朱公之墓。光绪庚子立，裔孙仲冬修。”楷书，字径4厘米。墓前400米水田中有翁仲、石兽。文臣高冠执笏，高2.6米，武将披甲按剑，高2.6米。石兽1对，均作俯伏状，一高0.70米、宽0.41米、长1.06米，一高0.75米、宽0.42米、长0.93米。墓砖、石翁仲、石兽均为唐代遗物。2013年公布为省级文物保护单位。

五、琉球墓群

位于仓山区仓山镇先农村。1985年福州市人民政府拨款建造墓园，园内有8座琉球墓。墓园面宽32米、纵深60米，四周砖砌围墙，占地面积约2000平方米。前墙设二门，两门之间置照壁。园内建二亭，混凝土仿木结构，四角、单檐歇山顶，周置栏杆，前设石阶。墓丘均为三合土结构，平面呈长方形，单室，封土前竖有方首墓碑，碑额均楷书“琉球国”；碑面镌刻死者的姓名、身份、住址、死亡年月、坟墓大小。琉球墓群为中国与琉球国友好往来的见证。1983年公布为市级文物保护单位。

六、林瀚墓

位于仓山区城门镇狮山村九曲山。林瀚（1434—1519），字亨大，号泉山，闽县林浦人。官至南京兵部尚书，著有《经筵讲章》《泉山奏议》《泉山集》《隋唐志传通俗演义》等。墓原在福州城北玉泉山（俗称山头角）东南麓，1988年迁葬濂浦玉屏山麓，1996年再迁九曲山腰。现墓朝向东北，面阔24米，进深约30米。墓顶用三层条石叠砌，并用双重三合土夯筑而成，封门前竖一方高1.53米、宽2.67米、厚0.28米的驼峰形墓碑。墓碑顶部及两端饰有圈形图案；碑中部浮雕一亭，柱子、筒瓦、瓦当、滴水、斗拱，形态逼真。亭中央刻“尚书林泉山公寿域，大明正德七年壬申九月二十日造”。亭下又浮雕一长方形房屋，并镌刻“福”“禄”“寿”三字。碑座用两块长4.3米的大条石叠成。1983年公布为市级文物保护单位。

七、陈若霖墓

位于仓山区盖山镇北园村村南。陈若霖（1758—1832），字望坡，闽县人。历任主事、员外郎、郎中、按察使、布政使、巡抚、总督、刑部尚书等职。墓坐西北向东南，墓丘呈风字形，占地面积约1000平方米。墓为三合土夯筑，三层墓埕。面宽14米，深33米。封土内五室并列，陈若霖居中，两侧为妻、妾、子、媳。封土前墓碑高1.25米、宽1.33米，青石质，楷书：“清大司寇望坡陈公墓。道光十二年岁次壬辰冬十一月廿二日立。”碑座有动物花卉图案；供桌与墓碑之间有狮子戏珠浮雕。供桌前沿雕琢八只蝙蝠和一团“寿”，桌裙正面有青龙浮雕，形态逼真。墓柱联刻：“湛露锡殊恩，永绥福壤；白云昭伟烈，无愧丰碑。”两旁镜屏楷书：“山川淑气钏灵原；松柏高枝引荫开。”墓碑两旁围屏有文渊阁校理教习、庶吉士、鳌峰书院山长陈寿祺撰铭文：“□□□□，□□□□。□□□汤，陈臬开藩。抚巡岭南，高牙大旆。移镇越中，湖山冠盖。总制雄威，荆襄沅澧。国有陶刘，乐只恺悌。远柔邛莋，迩安巴渝。韦皋服驭，严武游娱。秋典惟明，非公不可。内总爽鸠，铲除苛脞。宣力中外，逾四十秋。恪共厥职，纶言渥优。悬车引疾，乘彼白云。赐碑赐赙，褒恤忠勋。北园朊朊，尚书之愤。九原以妥，继嗣其勤。道光壬辰仲冬馆后学寿祺谨赞。”墓室封门在“文化大革命”中被撬开，墓志等随葬品被盗。墓前原有墓亭、短屏、半月池、牌坊、石鼓、翁仲、石兽等，均被毁。1984 年、2000 年市政府陆续拨款重修，将墓室封闭，周以围墙。1983 年公布为市级文物保护单位。

八、赵新墓

位于仓山区建新镇劳光村下店自然村九龙山东北麓。赵新（1802—1876），字又铭，闽县人。同治五年（1866）任册封琉球国正使，为清朝最后一位册封琉球正使。墓坐西北向东南，风字形，三合土夯筑，双重护墙，三层墓埕。面宽 12 米，深 28 米。封土隆起，呈弧形，封土前的青石墓碑，高 0.85 米、宽 1.27 米、厚 0.16 米。碑面镌刻：“江夏，清诰授荣禄大夫二品顶戴、陕西督粮道詹事府左春坊左赞善、翰林院检讨又铭赵公，偕配梁夫人、叶夫人，男候选郎中少铭，媳福恭人寿域。光绪己卯年菊月谷旦造。”楷书，字径 8 厘米。供桌边沿有双狮戏球浮雕，墓碑两侧各立三块围屏。右屏楷书：“□□□□，□□□精。□□□□，□□先生。□□□□，百有余年。□□□始，人无间然。方公之隐，河汾礼乐。及其既仕，揄扬殿阁。”左屏楷书：“燕许文祠，常扬述作。夷夔之才，周孔之学。在宋欧阳，政事文章。异代同轨，后生有光。山高水深，松楸苍苍。亿万斯年，子孙其昌。”围上端雕书卷，下端刻花卉图案。墓柱对联：“千秋宅兆奠；万古刊维资。”墓柱上端盘踞一对狮子，有回纹高浮雕。三合土质。封土后墙正中立一长方形碑石，楷书“文峰拱照”。墓左右挡土坡镌有文臣武将及狮、麒麟、马等动物和花卉等浮雕，墓的右前侧有一条 10 多米长的石阶墓道，墓道前立有墓的界碑。1983 年公布为市级文物保护单位。

九、齐鲲墓

位于仓山区湖边村梅湖山。齐鲲（1773—1817），字鹏霄，又字北瀛，侯官人。清嘉庆六年（1801）进士，授翰林院编修，嘉庆十三年（1808）任册封琉球正使，著有《东瀛百咏》。墓占地面积150平方米，坐北向南，三合土夯筑，三层墓埕，面宽9.75米，深15.5米。封土呈弧形，封土前竖墓碑，高1.92米、宽0.84米、厚0.14米，花岗岩质，碑文楷书："天池。清赐进士出身醴陵尹、诰封中宪大夫、翰林院编修、日讲起居注官、加正一品衔、河南府尹、即选道北瀛公，暨长男妇诰封恭人许氏之寿域。嘉庆乙亥年仲冬谷旦立。"墓柱对联："峰连凤岭开神穴；波绕梅湖种神田。"第一层墓埕前置一对三合土抱鼓，第二层墓埕前设横屏。墓保存较好，墓志被其后人取出，现藏于市博物馆。墓志高1.01米、宽0.575米、厚0.04米，黑色页岩质，志额篆书："皇清。赐进士出身、诰授奉政大夫、翰林院编修、晋授中宪大夫、河南府知府、即选道北瀛齐君墓志铭。"1986年公布为区级文物保护单位。

十、翁正春墓

位于仓山区建新镇淮安村石岜山西北麓。翁正春（1553—1626），字兆震，侯官人。万历二十年（1592）状元及第，授翰林院修撰。历任礼部左侍郎、吏部左侍郎、礼部尚书等。著有《南宫奏疏》《青阳集》。墓坐东向西，前方后圆，占地面积200平方米，土石结构，三层墓埕，面宽约12米、纵深18米。封土弧形，前建碑亭。亭为花岗石砌建，高2.70米、内宽2.26米、进深0.93米，面阔三间，四坡顶。柱方形，下有柱础，上立斗拱，阑额下有雀替相承，额上置匾，上书"思光"。亭内立墓碑，高2.25米、宽0.09米。碑面镌刻："宫保翁文简公佳域。崇祯戊辰岁仲冬吉旦立。"楷书，字径分别为26厘米和10厘米。屏墙、墓埕均用花岗石铺砌，现石块已被撬走。墓前原有一对石虎、一对石狮，今石狮仅存一只，淹没在草莽之中。1986年公布为区级文物保护单位。

十一、林廷选墓

位于仓山区建新镇洪塘村妙峰山西麓。林廷选，生卒年不详，字舜举，号竹田，长乐人。明成化十七年（1481）进士，授苏州府推官，屡决疑狱，民敬服，赋《青天谣》以颂。历任监察御史、广东按察使、江西右布政使、浙江左布政、南京大理寺卿、南京工部尚书等职，卒赠太子少保。墓坐东向西，墓丘前方后弧，封土为三合土夯筑，面宽 4.4 米、纵深 3.1 米、高 1.3 米。封土前立一花岗石墓碑，宽 1.47 米、高 1.08 米、厚 0.19 米。碑文阴刻："沙堤。明赐进士、南京工部尚书、赠太子少保竹田林公，妣陈、王夫人。嘉靖甲午年造，清道光戊子修。"楷书，字径 10 厘米。1992 年公布为区级文物保护单位。

十二、林延皓墓

位于仓山区盘屿村高盖山西麓。林延皓（870—936），字仁寿，河南寿州人。光启初年，林延皓率弟林仁翰等人投靠王审知部队，后随军南下入闽。唐景福元年（892），林延皓奉命为前锋，从泉州攻福州，所向披靡，王审知为闽王，林延皓为拱宸控鹤都使。墓坐北向南，占地面积 1200 平方米。墓丘前方后圆，土石结构，墓埕五层，面宽 30 米，进深 40 米，封土呈弧形。封土前竖一块花岗岩石墓碑，圆首，高 1.55 米、宽 0.46 米、厚 0.15 米。碑文阴刻："唐拱宸控鹤都使仁寿林公墓。"楷书，字径 13.5 厘米。盘屿村《控鹤林氏族谱》载，内葬有林延皓、妻柯氏、子林通、儿媳陈氏，孙林恁、孙媳王氏六人。1992 年公布为区级文物保护单位。

十三、上董何氏墓

位于仓山区城门镇上董村上董山入口 100 米处。建于宋元时期，共 5 座，覆钵形，三合土构筑。总占地面积 130 平方米。各墓约距 0.9 米，中冢封土高 1.8 米、周长 16.04 米，其余各冢封土高 1.8 米、周长 15.5 米，各墓前均立青石碑，碑文分别是"蓝水何氏寿域""仙阆何公寿域""虚舫何公寿域""幼傅何公寿域""于宾何公寿域"。

十四、闽王王审知墓

位于晋安区新店镇战坂村斗顶山。王审知（862—925），字信通，又字详卿，河南固始人。唐末，从其兄王潮随王绪起兵。唐光启元年（885）入闽。五代梁开平四年（910）受封为闽王。审知治闽实行保境安民政策，整肃吏治，轻徭薄赋，省刑惜费，鼓励垦荒，兴修水利，积极发展海外贸易，兴办学校，招纳中原名儒硕士，福建经济、文化出现繁荣景象。原葬于福州城北凤池山，五代唐长兴三年（932）迁葬于此。墓坐北向南，砖石结构，占地面积约 5000 平方米，前方后弧，呈钟形。墓丘分东西两座，大小形制相同，平顶，前方后弧。各面宽 4.9 米、进深 11.1 米、高 2.8 米，二者间隔 2.03 米。下建墓室，均石构券顶，进深 7.26 米、宽 2.52 米、高 2.96 米，条石叠砌封门。东葬王审知，西葬其妻任内明。两墓室前均有斜坡墓道，长 8.8 米、宽 2.52 米，坡度 5 度。墓丘前有三级墓埕，面阔 27 米，进深共 31 米。墓埕前为石铺墓道，长 63 米、宽 3.7 米，两旁置翁仲和石兽。墓丘后有弧形挡土墙。幕后山坡上立明代墓碑一通，高 2.87 米、宽 0.94 米。碑额浮雕双龙戏珠，碑体正中阴刻楷书“唐闽王忠懿王墓”，左款“万历三十年岁次壬寅季春吉日”，右款“福建都运使司副使、前后科给事中、裔孙亮重立”。据载明宣德五年（1430），墓被盗掘，出土有王审知像、玉带、玻璃碗等。万历三十年（1602）裔孙王亮重修。1981 年 4 月全面维修时，清理出破损的侈口白瓷碗、青瓷唾盂、青瓷莲瓣杯、白瓷盒（铁盖）、玻璃碎片，以及王审知墓志一合、任内明墓志一方，均翁承赞撰。1961 年公布为省级文物保护单位。

十五、黄榦墓

位于晋安区寿山乡江南竹村。黄榦（1152—1221），字直卿，号勉斋，闽县人。南宋理学家，受业于朱熹，深受器重，朱熹以次女许配。历官淮浙、江西、荆湖等处，吏治廉明，曾于安庆府修筑坚城，以御金兵入侵。晚年倾心著述，成为朱子学第一传人。卒谥文肃。著有《六经讲义》《论语通释》《礼记集传集注》《勉斋集》等。墓建于南宋，清光绪九年（1883）重修。坐东向西，平面呈风字形，三合土夯筑，四层墓埕，面宽 6 米、深 11 米。原封土呈覆钵形，直径 3 米。墓碑上刻“宋大儒勉斋黄公墓”。墓埕前竖立一石碑，高 1.13 米、宽 0.44 米、厚 0.16 米的石碑，楷书：“清光绪癸未奉宪领款重修。裔孙心年、宸书监工。”1987 年，黄榦后裔黄忠清等人重修黄榦墓，石结构，并把覆钵形封土改为弧形。重修后墓面宽 8.6 米、深 14.5 米。2001 年公布为省级文物保护单位。

十六、神晏国师塔墓

位于晋安区鼓山镇鼓山涌泉寺后。石构、阿育王塔式样，四角、实心、底层周长 7.9 米；腰华板上有“卍”字等图案。塔顶四角作蕉叶状向上展起，顶正中为相轮塔刹。塔身嵌一块边长 0.62 米的方形碑刻，楷书“本山兴圣晏国师之塔”。塔的周围用花岗石铺地，四周置石栏杆，长 9.75 米、宽 7.95 米。清《鼓山志》载，神晏初葬桐口沙溪，闽王（王延曦）为其建塔。后周显德五年（958）移葬鼓山涌泉寺法堂后。明嘉靖年间毁于火。天启丁卯（1627），寺僧翻阅寺旧志，挖土六尺，得石椁；启椁，得顶骨一、齿二，以石建塔封土。现存的晏国师塔为明代建筑，保存完好。

十七、陈修园墓

位于长乐区江田镇溪湄村。陈修园（1753—1823），名念祖，字良友、号修园，长乐人。著名医学家，清代四大名医之一，著有《南雅堂医书全集》。墓坐东南向西北，依山势而筑，四周苍松环绕，面对村庄，背靠大山。清嘉庆八年（1803）建，1981 年县文化、卫生部门重修。墓表为三合土夯筑，深 6 米、宽 4.5 米，依次为墓埕、墓屏、墓桌，最后为封土。墓桌左右各立一根石柱，柱头雕狮子，墓裙浮雕一条龙，墓碑一块。四周石砌挡土墙。1985 年公布为省级文物保护单位。

十八、谢肇淛墓

位于长乐区营前街道下洋村大象山麓。谢肇淛（1567—1624），字在杭，长乐人。明万历二十三年（1595）进士，官广西左布政使，著有《五杂俎》《北河纪略》《文海披沙》《小草斋诗集》等。墓建于明崇祯十年（1637）。坐东向西，背倚大象山，面向闽江，两侧小丘。墓埕地面为三合土和石板铺设，封土三合土夯筑。墓埕宽 8.4 米，深 13.7 米。封土前有祭台，上建碑亭，墓圈及墓桌、墓摆均以花岗石构砌而成，墓桌上立一墓碑，高 1.96 米、宽 0.90 米，碑文：“大方伯谢公佳域，崇祯丁丑岁，季秋吉旦立。”1991 年公布为省级文物保护单位。

十九、陈容墓

位于长乐区吴航街道菊花山。陈容，生卒年不详，字公储，号所斋，又号所翁，长乐人。南宋端平二年（1235）进士，官至朝散大夫。其人多才，工诗文书画，尤善画龙，名作有《九龙图》《霖雨图》《墨龙图》等。墓建于宋代，依山而建，背倚首石山，面向董奉山，左右均为山谷，右有溪涧流水。墓坐西北向东南，占地面积 187.3 平方米。墓埕为三合土夯筑，宽 8.95 米、深 5.15 米，墓丘深 13.8 米、宽 12.5 米，封土砖砌，覆钵形。圆墩高 2.04 米、宽 3.5 米，墓碑“所翁”。墓后，左右挡土墙均为石砌，封土除底部一部分为原有石板构件（封门），其余均为青砖叠砌。1986 年文物部门进行抢救性清理并修复。1987 年公布为县级文物保护单位。

二十、杨梦斗墓

位于长乐区玉田镇东渡村。杨梦斗（？—1276），字子仰，号山甫，长乐东渡人。南宋理宗宝祐四年（1256）进士，景炎末，守扬州抗元军南下，兵败投扬子江而死。

墓坐南朝北，平面前方后弧，呈钟形。墓埕地面石板铺就，墓表为三合土夯筑。埕宽10米、深7米，封土前立碑，墓碑上弧下平，呈鞍屏形，高0.8米、宽4米，无文字。碑前为长方形供桌，宽7米、深0.9米。1978年公布为县级文物保护单位。

二十一、林春泽墓

位于高新区南屿镇溪坂村锦溪山，为林春泽与孙林如楚合葬墓。林春泽（1480—1583），字德敷，号旗峰，侯官南屿人。明正德甲戌（1514）进士，官程蕃知府。夫妻双寿均104岁。百岁时，邀赴琼林宴，被誉为“人瑞翁”。著有《礼记荃蹄》《人瑞翁诗集》《家训》。墓坐北朝南，龟背形，占地面积约1000平方米。坟为石构，五层拜台，中间为神道，两旁置石翁仲、石兽，墓前立人瑞石坊。墓碑尚存，碑高1.6米、宽2.1米，上刻篆体“皇明”二字，从左至右楷书三行直刻：“程番知府，赠工部右侍郎、人瑞旗峰林公，暨孙工部右侍郎、赠尚书、谥恭简麓公墓。”字径13厘米。2006年公布为县级文物保护单位。

二十二、李纲墓

位于闽侯县荆溪镇光明村大嘉山南麓。李纲（1083—1140），字伯纪，邵武人。两宋之际抗金名臣，民族英雄。因力主抗金被排斥，晚年退居福州。南宋绍兴十年（1140）卒，葬于此，谥忠定，著有《梁溪集》《靖康传信录》等。墓坐北朝南，封土为覆钵形，砖砌，中实土，笠形顶，径约2米，高约2.5米。砖壁南向嵌镶宋式凹槽圭形墓碑：“故忠定公后宋开国丞相李公之茔。”封土后有弧形挡土砖墙。五层拜台，面宽约50米，纵深约80米。清嘉庆十五年（1810）重修。立墓碑上刻“宋丞相李忠定公之墓”“清福建巡抚张师诚重修”。墓前立有“古社稷臣”石牌坊。神道长约150米，分列石翁仲、石兽、望柱和旗杆石。1961年公布为省级文物保护单位。

二十三、义存祖师塔墓

位于闽侯县大湖乡雪峰寺内。义存祖师（822—908），赐号真觉大师，泉州南安人。唐咸通六年（865）在侯官雪峰建寺，后赐号崇圣雪峰禅寺，历时五年完成，朝廷赐额为“雪峰应天禅院”，并赐义存“真觉大师”称号。著有《雪峰清规》《雪峰遗戒》。塔墓造于唐天祐四年（907），石构，钟形，塔座八角形，两层（一层，石阶两级；二层，素面须弥座）底边2.9米，通高4.1米。塔身每方石面上均浮雕有凸出圆珠，外观如七层念珠圈绕，顶如圆笠，上有圆珠结顶。塔身上嵌碑文一方，楷书直下“义存祖师塔”。据《雪峰山志》载，塔下地宫内有铭与序，计 225 字，系义存生前自撰、王审知署名的刻石。大师临终前一年，自画塔样，王审知特遣使到江西瑞迹山选取石材，为其建塔。1996 年公布为省级文物保护单位。

二十四、陈第墓

位于连江县浦口镇官岭村北戈沃山上。陈第（1541—1617），字季立，号一斋，连江人。戚继光、俞大猷麾下抗倭名将，官至游击将军。著有《东番记》《五岳游草》《毛诗古音考》等。墓前方约六华里处，有神道碑，碑额刻双龙戏珠图案，碑座正面浮雕一鹿。碑正中阴刻楷书“明一斋陈先生墓道”，下款“岭东友人黄琮题、浙东门人徐亮立”。墓三合土夯筑，“风”字形，墓位正中立一碑，镌刻“明一斋陈先生墓”，上款“向丁坐癸天启癸亥”，下款“友人黄琮，门人徐亮造”。1991 年公布为省级文物保护单位。

二十五、溪东丞相墓

位于连江县蓼沿乡溪东村凤凰山，即宋太师郑昭先墓。郑昭先（1158—1225），字景绍，号日湖，闽县人。宋淳熙十七年（1190）进士。历资政殿学士、参知政事、知枢密院兼太子宾客，卒赠太师，谥“文靖”。墓为宋嘉定十四年（1221）造，清咸丰三年（1853）重修。墓丘为“风”字形，三合土夯筑，前有石供案，立五块青石墓碑。正中墓碑篆刻“宋观文少师知院郑公东平郡夫人黄氏之墓”，两旁四块勒皇上追赠昭先曾祖、祖、父三代夫妇太师、国公、夫人的爵号，彰显“皇恩浩荡”及昭先与其三子的生平。墓台均为花岗石条石堆砌，墓前并立石马、石羊、翁仲、旗杆碣。占地面积 735 平方米，为连江县现存大型的古墓之一。2013 年公布为省级文物保护单位。

二十六、宝溪尚书墓

位于连江县潘渡乡宝溪村下宝溪自然村。吴文华（1521—1598），字子彬，号小江，晚号容所，连江人。明嘉靖三十五年（1556）进士，历河南布政、江西巡抚、右都御史、南京工部尚书、南京兵部尚书。卒赠太子少保，谥“襄惠”。墓面临敖江，江水如带，占地面积 300 平方米，坐西南朝东北，风字形，外周护墙花岗石砌造，墓顶用条石阶式砌叠压盖，面宽 6 米、进深 4 米、高 3 米。前筑三级墓埕，第一级进深 15.7 米、面宽 15 米。设石构供台，上竖青石墓碑，刻“钦赐太子少保谥襄惠吴公文华之墓”。墓位深28.5米、宽5.45米，墓穴五圹并列，三合土筑造。墓埕前方两侧各有神道，宽各约4米，自北到南立有石羊、石马、翁仲及望柱等。神道前有水池，中间为桥堤，两侧各凿一井，上盖池亭。此墓明万历间钦赐祭葬，清雍正元年（1723）奉旨重修，乃饬地方官保护，迄今为连江县内保护最完整的明代墓葬。2013年公布为省级文物保护单位。

二十七、琉球墓

位于连江县定海湾长澳村澳口，距海约50米的鸡姆岩山麓。墓圆顶，前立有青石墓碑，高0.80米、宽0.26米、厚0.10米，长方形单面打光。碑首“琉球国”三字，中间一行直下正书“泉岐村五主粟国筑公芝亲上墓”，上下款“乾隆四十八年癸卯四月十五日卒”。1984年公布为县级文物保护单位。

二十八、郑侨墓

位于永泰县梧桐镇潼关村。郑侨（1132—1203），字惠叔，永福人。宋乾道五年（1169）状元，历建宁知州、福州知州、参知政事，进知枢密院士，以观文殿大学士致仕，赠太师，封郇国公，谥忠惠。著有《书衡》《历官表奏议》《西垣词稿》。墓依山而建，坐西北朝东南，前方后弧，占地面积约300平方米。墓丘为砖构、圆仓形，墓体及围墙均为砖砌，台基石构须弥座，雕饰精美。前为石埕，下有望柱、奠石。墓道两旁尚存部分石翁仲、石马、石羊以及神道碑。碑高1.5米、宽1米。上刻楷书“大宋太师郑公神道”。2001年公布为省级文物保护单位。

第二节　近现代名人墓葬

一、林则徐墓（文见第一章第二节）

二、沈葆桢墓

位于鼓楼区洪山镇梅亭村火烽山南麓。占地面积230平方米，坐北向南。“风”字形，三合土夯筑，四层墓埕，面宽10.9米、纵深20.5米。封土隆起，形如覆釜。封土前竖花岗石墓碑，高0.85米、宽0.60米、厚0.155米，两侧残缺。碑面楷书：“皇清诰封资政大夫沈丹林公偕林夫人、长男按察司衔、九江道幼丹公，长媳林夫人，次男……”

墓碑两旁分立一对三合土堆塑狮子，雄戏球，雌携子。祭台裙板有动物浮雕，墓柱阴刻："人念九原随武子；身□半□□□吾。"1988 年福州市文物管理委员会对坟墓进行全面修缮。1992 年公布为市级文物保护单位。

三、叶祖珪墓

位于鼓楼区洪山镇梅亭村。叶祖珪（1855—1905），字桐侯，闽侯人。任"镇边""靖远"舰管带，参加1894年中日甲午海战，北洋水师覆灭后被革职。1899年撤销革职处分，加提督衔，授北洋水军统领、浙江温州镇总兵、广东水师提督。1904 年奉旨总理南北洋海军兼广东水师提督，首次统一清朝南北海军。墓坐东北向西南，如意形，三合土夯筑，五层墓埕。占地面积 500 平方米，面宽 16.5 米、深 30.8 米。封土前竖立墓碑，高 1.27 米、宽 0.62 米、厚 0.11 米，阴刻："清广东水师提督桐侯叶公乔梓。"楷书，字径 9 厘米。墓碑两侧立 6 幅石围屏，屏上雕有兰、竹、莲、梅等花卉图案。围屏两侧墓柱镌刻："癸庚至不待□□□宜征此穴；丁壮居祭立志馨合使享千秋。"镜屏楷书："癸山占有兆；丁水壮奇观。"两侧护坡饰有形图案及两个直径均为 0.39 米的圆形"寿"字，并刻一副楷书对联："丑纽早生人拔萃；未来豫卜地钟灵。"墓前竖一块高 3.28 米、宽 0.62 米、厚 0.11 米的"钦赐祭文"碑，碑额琢有双龙戏珠浮雕，碑文楷书，字径 7 厘米。第一层墓埕尚存一只石羊、石虎和一对石望柱。柱上分别镌刻："吉穴卜牛眠，气壮山河，贞石镌功垂赫煜；殊恩颁凤诏，光生泉壤，天厨赐馔备哀荣。"右侧护坡还镶有一块边长 0.50 米的正方形青石碑，碑文是："光绪三十二年五月初七日奉上谕遣官致祭。"墓埕与封顶于 20 世纪 70 年代被当地生产队用三合土夯平作晒谷场。1985 年，福州市文物管理委员会拨款修复。1986 年公布为区级文物保护单位。

四、严复墓（文见第一章第五节）

五、萨镇冰墓

位于鼓楼区洪山镇梅亭路火峰山。萨镇冰（1859—1952），字鼎铭，福州人，著名的色目人萨氏家族。中国近代著名的海军将领。历任海军统制（总司令）、民国海军总长、代理国务总理、中国人民政协首届委员、中央人民政府革命军事委员会委员、中央人民政府华侨事务委员会委员等职。萨镇冰卒后附葬于其父萨怀良墓中，墓坐北向南，"风"字形，面宽 5.65 米、深 11.3 米，二层墓埕，三合土夯筑。墓碑为青石，高 0.62 米、宽 0.84 米，碑面镌刻：“雁门，清怀良萨公乔梓寿域，光绪乙酉年孟冬吉旦立。”楷书，字径 9 厘米。墓柱联：“天留福地；世被恩泽。”镜屏镌刻：“春秋多佳日；山水有清音。”萨镇冰的墓道碑立于600米外的山下，碑为花岗岩质，高3.08米、宽 1.25 米、厚 0.18 米。碑正面刻：“中国人民政治协商会议首届全国委员会委员、中央人民政府革命军事委员会委员、中央人民政府华侨事务委员会委员、福建省人民政府委员会委员萨镇冰先生墓道。”碑左沿书“萨镇冰委员附葬怀良先生墓”碑右沿题“公元一九五二年四月”。1992 年公布为市级文物保护单位。

六、黄钟瑛墓

位于鼓楼区洪山镇梅亭路火峰山。黄钟瑛（1869—1912），字赞侯，福州人。近代海军将领，辛亥革命元勋，中华民国第一任海军总长兼总司令。墓建于清光绪二十九年（1907），系黄钟沣、黄钟瑛生前为其父母营造。黄钟瑛兄弟等逝世后也归葬于此。原墓为花岗石和三合土结构，9 个墓室，五层墓埕，三重护墙。封土前立墓碑及供桌，两侧竖碑刻。1984 年因建设需要墓地被征用，1988 年由人民政府拨款于原墓区左后侧约 700 米处重建，1990 年竣工。墓坐南向北，如意形，砖石和水泥结构，五层墓埕，面宽 18 米，纵深 49.6 米，连绿化区占地面积 2000 平方米。封土前立一青石墓碑，碑面镌刻黄钟瑛及其父河澄、母李氏、长兄钟沣、大嫂姚氏、二兄良明、二嫂陈氏、三兄良谋、三嫂唐氏等 10 人的姓名。墓柱镌刻一对联：“芝草还生新筑垄；梅花遥对旧时亭。”镜屏楷书：“俎豆分贤庑；松楸入画屏。”左右短屏阴刻“笏搢”“旗麾”。墓埕前竖一块黄钟瑛墓道碑，高 1.42 米、宽 0.62 米，上刻楷书碑文“中华民国海军总长兼海军总司令赞侯黄公之墓园”。1992 年公布为市级文物保护单位。

七、林斯琛墓

位于仓山区城门镇林浦村狮头山北麓。林斯琛（1870—1925），又名祥庆，字温如，闽县林浦人。先后任闽都督府参事员、政务副院长、福建盐政监督等职。坐东南向西北，单层墓埕，土石结构，面宽 12.2 米，深 13.1 米。封土外表呈长方形，长 12.2 米、宽 7 米。无墓碑，在封土前垒石墙，上红漆楷书“林温如之墓”。整座坟墓十分简朴。1992 年公布为区级文物保护单位。

八、林之夏墓

位于仓山区城门镇玉箫山巅。林之夏（1878—1947），字涼生，号亮生，闽县城门人。先后任江浙革命联军副总参谋长、中央第一师师长、军事编译馆馆长等职，擅诗文，工书法，著有《画眉禅外集》《玉箫山馆诗集》。墓坐西北向东南，单层墓埕，面宽 22 米、深 17.6 米，四周有砖砌围墙，门额楷书：“辛亥革命上将军林之夏先生墓园。”封土为三合土夯筑，呈长方形，长 8.3 米、宽 4.38 米、高 0.35 米。封土前竖有林之夏墓碑。碑为青石质，下半部已毁，残高 1.3 米、宽 0.68 米、厚 0.11 米。正面楷书：“显考凉生府君……”落款：“男林中宇……”背面楷书：“公讳之夏，闽县述庵长子，生于光绪四年戊寅十月初八日寅时，卒于民国三十六年丁亥五月□□日申时，同年七月十七日□□□玉箫山馆，坐子向兼壬丙。”1992 年公布为区级文物保护单位。

九、林纾墓

位于晋安区新店镇红卫村白塔垅，现围入三山陵园。林纾（1852—1924），字琴南，号畏庐，别署冷红生，闽县莲宅人。近代著名文学家、翻译家，被誉为近代中国翻译西方小说第一人。墓建于民国 13 年（1924），墓坐北向南，平面呈风字形，三合土夯筑，三层墓埕，面宽 11 米、进深 18.5 米。原封土覆釜形。封土前立一块花岗岩质墓碑，高 1.48 米、宽 0.36 米。碑文楷书“清，莲塘林畏庐先生之墓”，落款“长乐高鸣岐拜题”。后护坡墙正中饰一团形“福”字，字径 58 厘米。墓柱隶书对联：“著述侻沾东越传；功名早淡北山文。”1985 年，福州市文物管理委员会对坟墓进行全面修缮。1991 年公布为省级文物保护单位。

十、林尔康墓（林尔康与陈芷芳合葬墓）

位于晋安区鼓山镇洋里村牛山。林尔康（1864—1895），字镜飒，台湾“板桥林”后裔，林维让次子、陈宝琛妹夫。其叔林维源在台湾多事之秋，曾为国多次捐银。《马关条约》后，日本占领台湾，举家迁回大陆，林尔康病故于厦门。1937 年与其妻陈芷芳合葬该墓。墓坐东朝西，由望柱、四层墓埕、墓埕、墓围、封土组成。一、二层墓埕前立石短屏，封土前置六角形花岗石藏骨塔。正面塔碑上阴刻楷书：“吉上，林镜飒居士，德配陈夫人之塔。”墓南侧立墓志铭。2009 年公布为省级文物保护单位。

十一、杨树庄墓

位于晋安区鼓山镇鼓山盘山公路 7 公里处。杨树庄（1882—1934），字幼京，侯官人。曾任海军副总司令、海军中将、海军总司令、国民政府委员、军事委员会常务委员、海军特别党部主任委员等职。墓建于民国 23 年（1934），坐西北向东南，前方后弧，三合土夯筑，五层墓埕，面宽 18.8 米、纵深 29.7 米。依山而建，封土高隆，形如覆釜。封土前竖青石墓碑，高 0.43 米、宽 0.28 米，楷书碑文："杨公树庄之墓。"墓桌裙饰高浮雕麒麟，墓柱指书对联："先哲祠邻五贤宛在；高僧塔近千圣不知。"镜屏楷书："云车还驾海；石鼓为喧山。"第一层墓埕正中立一座蒋介石赠送的塔状石香炉，通高 2.35 米。香炉基座呈圆形，炉底置三螭足。炉身圆形，周径 0.33 米，左右两耳各饰一龙头，正面阴刻："幼京上将，懋绩丰功。蒋中正。"炉上又立一座二层八角空心塔，精巧雅致，塔檐雕刻瓦垅、瓦当。墓左侧 20 多米处有座享堂，面宽、进深各三间，单檐歇山顶，占地面积 183 平方米。墓前 30 多米外有座四角碑亭，亭中竖纪念碑，高 2.75 米、宽 0.84 米、厚 0.17 米。楷书："公葬海军上将杨公树庄纪念碑。"亭顶已毁，四根石柱尚存，柱上镌刻五副对联，其中两副："为崱峰高宇宙大名资纪胜；祁连冢壮国家盛典重酬庸。""有功德于民葬之以礼；是英灵所宅终焉久臧。"碑亭东侧有平房，面宽三间，双坡顶，砖木结构，占地面积 98 平方米，原为守墓人的居所。2018 年公布为省级文物保护单位。

十二、福建戍守台湾将士墓群（文见第一章第六节）

十三、陈宝琛墓

位于马尾区罗星街道君竹村登龙岭东侧。陈宝琛（1848—1935），字伯潜，号弢庵，晚年号沧趣老人，闽县人。刑部尚书陈若霖曾孙，清末帝溥仪太傅。墓造于民国 12 年（1923）。坐东北向西南，风字形，四级墓埕，封土顶如覆釜，前立墓碑，碑文："清晋太师太傅陈文忠公之墓。"碑高 1.66 米、宽 0.83 米，左右石屏，屏柱对联："冰渊晚节期无忝；桑海余生会有涯。"上款"癸亥五月"，下款"沧趣老人，时年七十有六"。墓宽 13.35 米、深 27 米，三合土夯筑。墓埕两旁镜屏上镌一联："山光青嶂合；海色紫澜回。"墓前施照墙一道，南面榜书"永式丰珉"，北面"山高水深"。墙用三合土夯筑，高 1.7 米。墓碑、祭台、石柱均为汉白石琢磨。保存较好。2015 年公布为市级文物保护单位。

十四、林述庆墓

位于马尾区亭江镇闽安村溪头顶，背靠棋盘山。林述庆（1881—1913），字颂亭，又作松亭，闽县人。曾任镇江军政府都督、临淮总司令、中华民国总统府顾问等职，著有《江左用兵记》《林松亭遗诗》。墓坐北向南，“风”字形，三合土夯筑，面宽8.9米、纵深22米，四层墓埕。四周用花岗石叠砌护墙。封土前立花岗石墓碑，碑高1.66米、宽0.83米、厚0.16米，碑面阴刻：“东越，陆军上将林都督颂亭公、德配陈夫人、长男定南公、次男宣南公、次媳□夫人寿域。民国乙卯年。”墓碑两旁分立围屏，上刻林纾诗，行书，字径4厘米。封土后侧护墙正中楷书一“福”字，字径59厘米。墓柱镌刻联对：“殿下黄袍加检点；关中赤帜先重瞳。”墓柱两边装饰蝙蝠浮雕和“寿”字图案。封土前两侧的墓镜镌刻“龙吟”“虎啸”四字，隶书，字径25厘米。镜屏刻有“风清月朗、山明水秀”八字楷书。墓埕前横屏由林森撰书林述庆生平简介，行草，字径6.5厘米。文：“林公述庆，中华民国闽侯县闽安镇人也。清光绪间卒业于福建武备学堂。投效江宁陆军第九镇，历充排长、队官、管带各职。辛亥武昌起义，公被推为镇江都督，率所部克复江宁。嗣后被推为临淮总司令，规画北伐事宜。既而，清廷乞降，南北统一，公乃解职归里。民国元年袁总统聘公为顾问。二年袁叛民国，公不赞同，遂殁于北京，年卅有三岁。林森撰书。”墓原在长乐筹岐山。1986年5月因福州火力发电厂建设需要，墓按原状迁葬故里。1992年公布为市级文物保护单位。

十五、林森藏骨塔

位于连江县琯头镇青芝景区鳌湖边。建于1926年。塔方形，青石砌造，高7.43米，塔座面积34.8平方米，立于四级台阶之上。底座镌刻几何图案，腰石刻太极和蝙蝠纹饰，在四角接合处各有一支豹头脚，顶托支撑腰盘。塔身底边四边抹角，浮雕琴棋书画。塔身以四块长方形大青石组成，正面阴刻胡汉民楷书“参议院议长林森藏骨塔”；左右侧面嵌有凌空展翅口衔天书和玉环的飞凤浮雕。四角各竖一根磨光圆柱，柱前立有降龙、伏虎、镇狮、骑象四尊罗汉。其上四方形遮塔身，又装饰狐鼠抱瓜、飞蝉争鸣等浮雕，并嵌有苍鹰与花束，再用四童子承托莲花雕像结顶。顶刹是四方火焰围绕着宝球。陵园内有七颗天然岩石谓“七星岩”，建塔时有意保留。四周砌有短垣，正面设铁栅门。林森藏骨塔与啸馀庐1991年公布为省级文物保护单位。

十六、黄乃裳、黄乃模墓

位于闽清县坂东镇湖头村龟山后。黄乃裳（1848—1924），字绂丞，号慕华，闽清人。爱国侨领、辛亥革命光复福州的领导人之一，曾任福建军政府交通部长兼筹饷局总办等职。黄乃模（1862—1894），闽清人。甲午海战中任“致远”舰副管带，在大东沟战役中与舰上200多名官兵全部壮烈牺牲，清廷追赠其为武威将军，并赐葬银。光绪二十六年（1900）在其故乡建“衣冠冢”。墓占地面积520平方米，三层墓埕，三合土夯筑。花岗石墓碑，楷书碑文：“皇清诰赠奉政大夫、叠赠武义都尉章绥黄公暨德配林淑人。长男敕赠文林郎、诰赠奉政大夫、叠赠武义都尉庆波公，配林淑人，继配朱淑人；次男庆济公，三男庆涵公，四男庆汉公；长孙男钦加五品衔、拣选知县乃裳公，配谢宜人，次孙男敕授登仕郎乃英公，配刘孺人，继配聂孺人，三孙男钦赐恤银祭葬、大东沟殉难、北洋水师中军游击乃模公，配王孺人寿域。光绪庚子冬月，年再侄陈宝琛拜书。”左右围栏楷书：“琪花，瑞草；吟风啸月，吸露餐霞；活泼泼，坦荡荡；光前迪，垂后裔。”第二进短屏，旁立两座三合土狮子，高2.64米、宽0.8米。狮子外侧矗立一对六棱华表，高4米。楷书题字“清钦赐恤银祭葬大东沟殉难世袭罔替臣黄乃模”“光绪庚子年北洋水师游击黄公乃模附葬衣冠处”。第一进屏障外是广庭。庭外两块云板分立左右。云板外侧两对旗杆碣分别楷书题字“光绪甲午科举人黄乃裳”“光绪丁酉科拔贡黄景岱”。1991年公布为省级文物保护单位。

第四章 古建筑

福州传统古建筑包括民居、园林、祠堂、会馆、书院、宫观、廊桥、桥梁、街亭、商铺等，其中官式建筑极为少见，仅有华林寺、孔庙等少量建筑。福州古建筑的历史悠久，基本特点始终是以木构架为结构主体，以单体建筑为构成单元。虽在不同的朝代、不同的地区具有不同的风格和特点，但总体具有浓郁的中国传统文化特色。

福州古建筑根据规模区分，有大厝、小型民房。其中，大厝又分为平原型、山区型、沿海型。平原型建筑群因建筑密集，多以合院形式组成，形成中轴对称、布局严谨、井然有序的建筑格局，典型代表有三坊七巷、朱紫坊等；山区型建筑群，占地宽广，构架尺度较大，建筑有限，实用性极强，多建高墙、聚族而居，典型代表有永泰庄寨建筑群、闽清坂东建筑群等；沿海型大厝主要分布在福清等地，出檐短，多用红砖、石块砌筑，木料一般较少且较小，典型代表有福清前薛、高山等地的民居。小型民房又分为柴栏厝、走马厝等类型。它们多临街，进深浅，没有门房和多院落，多做二层的木楼，以增加使用面积。

祠堂，又称为“宗祠”或“家庙”，多建于家族的聚居地及其附近，是宗族活动的中心。祠堂建筑可以分为家族祠堂、先贤祠、享堂等。

书院有官学、地方书院、私塾、试馆等几种类型。官学一般依附于孔庙，有教学、藏书、教化功能，是当地文化教育中心。康熙早期，福州书院初起，至中期渐兴，属于全省性的书院有四所：鳌峰、凤池、正谊、致用，称为“清代四大书院”。

宫观、寺庙等宗教建筑是福州民间建筑中除民居外最重要的类型。福州传统宗教建筑主要是佛、道及民间宗教建筑。塔有楼阁式塔、密檐式塔、亭阁式塔、覆钵式塔、金刚宝座式塔、宝箧印式塔、五轮塔、多宝塔、无缝式塔等多种形态，同时还有佛塔、文峰塔、墓塔等类型。道教宫观遍布福州各县区，规模不等，形制各异，但总体上分为三类：宫殿式的庙宇、一般的祠庙、在山林中的洞穴或依照山势所建的散落式宫庙。一般的祠庙建筑在福州道教建筑中数量最多。

会馆建筑是由居住在福州的官绅和在福州经商的省内外商贾集资兴建的，作为外乡籍的官商在福州的活动据点，有两种类型：试馆，此类会馆以教育功能为主，又称书丁；祠庙，明清两朝，大量商贾云集福州，集资修缮祠庙，以解乡愁、叙乡情、联络乡谊。主要有古田会馆、安澜会馆、乌塔会馆、三山会馆等。

第一节　寺庙、庵堂、道观

一、华林寺大殿（文见第一章第一节）

二、龙峰泰山庙

位于鼓楼区华大街道龙峰新村里。明崇祯三年（1630）始建，多次重修，现存清代建筑风格。坐西北朝东南，依山而建，占地面积2000平方米，由山门、前殿、戏台、回廊、拜亭、大殿、临水宫等组成。两殿均为穿斗式木构架，悬山顶。大殿内供奉温康两都统及十二元将（即十二生肖）等神祇，两廊有保稷、五谷、瘟疫等十四司神像彩绘和泥塑。前殿东西两边墙上留有清道光年间壁画，水墨素描绘有福建十府二州（福州府、漳州府、延平府、邵武府、福宁府、兴化府、泉州府、建宁府、汀州府、台湾府、龙岩州、永春州）的城隍像，其中西墙下排右起第二的台湾府城隍见证了台湾与福建行政隶属关系的历史。2009年公布为省级文物保护单位。

三、高爷庙

位于鼓楼区安泰街道天皇岭弄25号。建于清道光、同治（1821—1874）年间，原名天皇寺，俗称上殿。坐西向东，占地面积1000余平方米，曾祀高爷（道教中黑、白无常）。主要建筑三进，四面围墙，六扇大门朝东。首进为前殿，中间为戏台、膶楼，20世纪50年代初倒塌，改为街道工厂。二进为后殿，面阔三间，进深七柱，单檐歇山顶，穿斗式木构架，两殿中间戏台，有四根石柱和四块长方形石栏浮雕，戏台顶藻井、天花绚丽，斗拱、驼峰、雀替等木雕均描金；两边膶楼精雕细刻，结构严谨。偏殿亦保持原有风貌与格局。整个建筑具有地方乡境特色，现已修复。2013年公布为省级文物保护单位。

四、道山观

位于鼓楼区安泰街道道山观弄8号。始建于明万历元年（1573），原为明代后叶提学使孙昌裔的石梁书屋，清顺治年间（1644—1661）其子学稼、学圃舍地为观，改今名。建筑面积3800平方米，坐北朝南，雄伟轩昂，观前建玉皇阁，旁为三宝殿。观后岩壁镌有“孙子长读书处”。观中座为三清殿，与玉皇阁隔庭相对。殿为穿斗式木构架、歇山顶，保留有十三层螺旋式藻井、题有“混元一气”金字横匾及挂落等。阁后为五师殿，殿前拜亭上砌有藻井，八角形底座装饰有二十四节气字画；吊顶浮雕双龙抢珠，左右浮雕金凤戏牡丹。观侧为鬼谷子祠和吕祖宫。清道光十八年（1838）漳州人捐资重修。光绪六年（1880）闽浙总督何璟、福建巡抚丁日昌领衔捐资再修。1984 年归鼓楼区管理，1995 年重修。观东侧武圣殿从西门兜移建而来。2013 年公布为省级文物保护单位。

五、西禅寺

位于鼓楼区洪山镇工业路。始建于南朝梁。寺古名“信首”，隋废圮。唐咸通八年（867）及宋天圣间重建；明宣德二年（1427）复建。明嘉靖间，沦为马森家庙。清光绪间重建，占地面积 6 万多平方米。山门朝东，主中轴线由南而北有天王殿、大雄宝殿、法堂、藏经楼。大殿面阔七间，进深九柱，部分柱础为唐、宋旧物，穿斗式木构架，重檐歇山顶。寺内、寺周有唐咸通古井、宋荔枝树、唐延圣大师塔内真身记碑刻、唐惠稜法师墓塔、元抱鼓石等文物。1992 年公布为市级文物保护单位。

六、法海寺

位于鼓楼区安泰街道法海路 1 号。五代后晋开运二年（945）建，初名兴福院，宋祥符年间改今名。清初寺废，乾隆间大修，同治、光绪间重修。1988 年重修，寺坐南向北，占地面积 5900 平方米。一进天王殿；二进大雄宝殿，均面阔五间，深七柱，祀释迦牟尼佛；三进法堂。后是大悲楼，三间排，双层楼。寺内殿堂均为穿斗式木构架。寺后山坡岩石上刻有“罗山”二字，是福州“三山藏”之一。1992 年公布为市级文物保护单位。

七、九仙观

位于鼓楼区于山顶。创建于宋崇宁二年（1103），初名“天宁万寿观”，宋徽宗赵佶下诏由福州知州黄裳监督镂刻道家大藏经，称《政和道藏》。宋政和五年（1115）又经扩建，规模雄伟，楼阁相望，雄镇一方。宋绍兴七年（1137）改名“报恩广孝观”。元至正元年（1341）改今名。明万历和清康熙年间两次重建。相传清靖南王耿精忠蓄意谋反，特将玉皇驾前俯首听命的王灵官像改塑成威严、高傲不恭的形态，从此王天君成为九仙观主神，九仙观亦改称天君殿。殿坐北朝南，两山封火墙，观内主要建筑：前殿祀三清，后改祀王天君，并设香亭、玉皇阁、披霞宫、斗姥宫和东轩，殿前左右侧有钟鼓楼。玉皇阁面阔五间，进深七柱，穿斗式木构架，歇山顶，上有四根龙柱，系移自仓山安澜会馆。东轩是明代黄仲昭修纂《八闽通志》之处。钟楼内尚存一口元代铜钟。1983 年公布为市级文物保护单位。

八、清真寺

位于鼓楼区安泰街道八一七北路西侧 204 号。原为五代闽王的太平宫址，元至正年间（1341—1368），始归伊斯兰教。明初改名贞教寺，后改今名。明嘉靖二十年（1541）毁于火，越八年重建。占地面积 2300 平方米，坐西向东，门前左右有八字墙，单檐五脊顶，门内石铺庭院，左右廊房各三间。殿堂面阔五间，进深七柱。前廊后堂，穿斗式木构架，双坡顶。礼拜堂居中，左右两侧加雨披。殿堂后还有住宅、厨房。堂廊前设石栏杆，庭院有走廊、左右披榭。寺内现藏明嘉靖年间重建清真寺碑记和清代碑刻等 6 通。1983 年公布为市级文物保护单位。

九、保福寺

位于鼓楼区洪山镇保福村保福山南麓。始建于南朝陈天嘉二年（561），明洪武年间（1368—1398）重建，清重修。占地面积 795 平方米，坐东向西。主要建筑有山门、天王殿、大雄宝殿、齐天大圣殿、香积厨等。大雄宝殿面阔三间，进深七柱，穿斗式木构架，双坡顶，两侧设封火墙。后院有二株高 3.7 米的铁树，树龄千年。庙内尚存明代石雕的孙大圣悟空坐像一尊。寺旁有宋代石盂一口。1995 年公布为区级文物保护单位。

十、张真君祖殿

位于台江区星安桥巷 88 号。现为清式建筑。殿坐北向南，占地面积 800 平方米。入门依次为戏台、天井、大殿、后殿。大殿面阔三间，进深七柱，高 8.5 米。穿斗式木构架，单檐歇山顶，周围封火墙。木构件雕饰完整，石柱、石廊保存完好。存留石柱楹联题刻颇多，河墘石护栏犹在。殿前临河浦，左右有三通桥和星安桥，潮涨时，有“两头涨”的奇观。2009 年公布为省级文物保护单位。

十一、万寿尚书庙

位于台江区三通路 2 号。原址在台江区后洲坞尾街 2 号，始建于明永乐年间，是纪念抗元忠烈陈文龙的祠堂。清道光年间“奉旨重修”。民国 10 年（1921）再修。占地面积 1147 平方米。坐北向南，依次为大门、戏台、庭院、正殿和后殿，周围风火围墙。

正门牌楼式门墙，墙檐下有宽幅彩色灰塑花边纹饰。额镌“敕封水部尚书”，左右小门额“履忠”“蹈义”。墙基堵石刻“民国十年东西社捐造石基全座”。殿堂面阔五间，进深七柱，高6.5米，穿斗式木构架，双坡顶，尾翘脊；前廊后堂，廊顶施弯椽，构架雕花饰金。殿堂廊柱有名人楹联多副，以正面石廊柱林则徐手书楹联为最：“节镇守乡邦，纵景炎残局难支，一代忠贞垂史传；英灵昭海澨，与信国隆名并峙，十洲清晏仗神庥。”东西墙尚有嘉庆、道光年间捐资修庙碑刻几通。2015年公布为市级文物保护单位。

十二、鲁班庙

位于台江区义洲街道山边街。始建于清光绪二十三年（1897），祀鲁班塑像。占地面积约300平方米，坐北朝南，周以封火墙。主殿面阔五间，进深七柱，穿斗式木构架，双坡硬山顶。庙内石柱存留楹联题刻多处。是市区唯一的鲁班庙。

十三、龙瑞寺大殿

位于仓山区城门镇梁厝。始建于唐天复元年（901），宋元丰年间修，清光绪年间重修。坐北向南，占地面积1303平方米。中轴线由天王殿、塔院、大雄宝殿、观音阁等组成，两厢为僧寮，周以院墙。大殿平面呈方形，面阔五间，进深七柱，穿斗式木构架，单檐歇山顶。大殿基座为清代原物，石砌须弥座，束腰嵌12面青石浮雕，雕有胡人进宝像、龙宫献宝、龟寿鹤龄、双狮戏球及鸟兽、花卉等；殿堂有瓜楞形石柱、覆莲础石，均为唐代旧物。院西侧有宋绍兴年间水井一口，井围圆形。原寺前一对千佛陶塔，现移至晋安区鼓山涌泉寺。2001年公布为省级文物保护单位。

十四、阳岐尚书祖庙

位于仓山区盖山镇上岐村，原名凤鸣寺。民国9年（1920）由里人严复倡资重修，始改今名，内祀抗元将领陈文龙，为福州首座陈文龙尚书庙。庙坐北向南，尚书祖庙、毓麟宫和忠肃祠三座并列，占地3805平方米。尚书祖庙由大门、戏台、祭厅、中天井、大殿等组成。庙大门额严复亲题；庙内有陈宝琛、王仁堪、郑孝胥、叶大庄等人书写的石刻楹联。1976年被毁作翻砂车间，仅存周墙、门额。1993年重建。2009年公布为省级文物保护单位。

十五、林浦泰山宫

位于仓山区城门镇濂江村泰山前 44 号。宋德祐二年（1276）端宗赵昰曾驻跸于此，后人祀奉的泰山即是赵昰。现建筑为清代重建，坐东向西，由门亭、将军殿、大殿、酺楼、戏台等组成。门亭建在高台上，两旁砌台阶，亭顶藻井华丽，饰有丹凤朝阳和双龙戏珠等图案。大殿面阔三间，进深五柱，前有戏台，左右酺楼。庙两侧有辕门，庙前有埕，周以石围栏，栏柱刻有元代纪年。庙左邻总管庙，右邻天后宫，三庙并列，占地面积 1484 平方米。2009 年公布为省级文物保护单位。

十六、螺洲天后宫

位于仓山区螺洲镇店前村。始建于明中叶，清嘉庆二十二年（1817）、同治元年（1862）两次修缮，占地面积 585 平方米。坐北向南，前临乌龙江，由门楼、天井、大殿、后殿等组成，祀妈祖、螺仙、临水夫人等女神。大殿面阔三间，进深五柱，穿斗式木结构，双坡顶，两侧设封火墙，石铺庭院。门楼为牌楼式木构架，门前立有嘉庆年间陈若霖等人重修天后宫捐款碑和陈景亮撰天后宫历史沿革碑各一通。2009 年公布为省级文物保护单位。

十七、洪塘金山塔寺

位于仓山区建新镇洪塘社区乌龙江中。始建年代不详，元代已有王翰《金山塔》诗。江渚突起一阜，有砥柱中流之势。寺在闽江中，原与江岸有桥通行，明万历四十三年（1615）拆除。民国 23 年（1934）重修，1983 年、1997 年两次再修。寺坐西北向东南，主要建筑有妈祖殿、石塔、文昌阁、厢房、回廊。塔为石构，楼阁式，八角、七层、实心。塔身为素面，须弥座，四面设券门，转角为棱角，层层出檐，转角檐下垫以圆石，角檐上翘。塔身层层收分，顶刹用葫芦，通高 11.5 米。妈祖殿面阔三间，进深三柱，单檐歇山顶，角檐翘角，上饰卷草，下施角鱼。右厢名“借借室”，是明代儒、道、释三教创始人林兆恩借居之处；左厢名“怡怡斋”，为抗倭名将张经早年读书处。1983 年公布为市级文物保护单位。

十八、螺女庙

位于仓山区螺洲镇洲尾村。建于清代，内祀螺仙。濒临闽江，坐北向南，建筑面积 34 平方米。单间，用三柱，穿斗式木构架，两侧设封火墙，门前及两侧用条石铺地。

庙前一株胸围 7.6 米古榕树绿荫覆盖。

十九、凤洋将军庙

位于晋安区鼓山镇远东村江边。相传始建于明嘉靖年间（1522—1566）。光绪元年（1875）重建，1990 年重修。庙为砖木石结构，面向东南临闽江，由门楼、戏台、瞯楼、钟鼓楼、祖殿组成，占地面积 665 平方米。围墙下部用条石砌成，墙体用砖块垒筑。门墙为朝天式，设门亭，亭为歇山顶，檐下斗拱出跳三层。戏台为木构，高 1.74 米、宽 11.05 米、深 6 米。台沿镌刻花鸟浮雕，沿角置垂柱，柱头为兽头形；戏台顶设藻井，斗拱叠涩，呈螺旋状，雕工精巧。瞯楼在戏台两侧，上下三层，每层面阔 16.7 米、进深 3.6 米，檐下吊柱饰垂莲，栏板绘有 38 幅《三国演义》故事。戏台前为拜亭，上置藻井，装饰华丽，有双龙戏珠图案。瞯楼与大殿之间建钟鼓楼，为二层歇山顶，檐下如意斗拱。大殿面阔五间，进深七柱，穿斗式木构架，双坡顶，两边设封火墙，祀玉封灵显靖远金将军。殿内悬挂一块高 0.40 米、宽 0.91 米、厚 0.03 米的楠木板，上刻《玉封灵显靖远金将军爷签谱》“时乾隆己酉年腊月吉旦立，本境东社弟子程明善敬刊”。左墙镶有清道光十一年（1831）镌刻的铺路碑，右墙嵌有清光绪元年（1875）重建将军庙的捐资碑。庙前门埕用条石铺地，两侧各植 3 株古榕，树荫覆盖。2005 年公布为省级文物保护单位。

二十、鼓山涌泉寺

位于晋安区鼓山镇鼓山上。唐建中四年（783）开山祖师灵峤创建华严台。梁开平二年（908）建寺，王审知延请神晏主持，号国师馆。五代乾化五年（915）改为鼓山白云峰涌泉院。宋咸平二年（999）赐禅院额。明永乐五年（1407）始改今名，宣德七年（1432）重建，嘉靖二十一年（1542）毁，天启七年（1627）重建。清顺治年间重修，康熙三十八年（1699）赐额涌泉寺。寺坐北向南，依山而建，占地面积 11423 平方米。前为无尽山门，沿曲径逶迤入寺。埕东放生池，池南有迴龙阁、岁寒寮等建筑。主建筑由天王殿、庭院（中有池沼，拱桥飞跨，为五代时期原构，庭院两侧为钟鼓楼、伽蓝殿、闽王祠）、大雄宝殿、法堂组成主轴线；东侧有地藏殿、藏经殿、明远楼、白云堂、香积厨、库房、聚香楼等；西侧为僧寮、经版库、禅堂、方丈室等。组成庞大而主从有序、巍峨壮观的建筑群体。大雄宝殿重建于清光绪间，面阔七间，进深九柱，穿斗式木构架，彩绘天花板，重檐歇山顶。殿中祀三世佛，两侧为十八罗汉，殿后祀观世音三大士。藏经殿为清初建筑，面阔五间，进深七柱，前廊后堂，是寺中最古老的殿堂，藏经 3 万册，经版 1375 块。现存有清御藏、菩提叶经、血经；寺中印刷经、书以供应东南亚寺院。1972 年从仓山区梁厝村龙瑞寺移来两座宋代千佛陶塔，分置于天王殿前两侧。1992 年公布为市级文物保护单位。

二十一、林阳寺

位于晋安区寿山乡瑞峰，又名瑞峰林洋寺、瑞峰院。现存的林阳寺系 1912 年鼓山涌泉寺住持古月和尚募资重建。整座建筑仿效涌泉寺，以天王殿、大雄宝殿、法堂为主体建筑。左右峙立钟鼓楼等二十多个殿堂，占地面积 11100 多平方米，建筑面积 7700 多平方米，规模雄伟。寺西有南朝陈永定四年（560）建造的一座石构单层圆形藏骨塔。刻有南朝“永定辛巳四月”的隐山藏骨塔和海会塔为附属文物。1992 年被公布为市级文物保护单位。

二十二、崇福寺

位于晋安区新店镇象峰。始建于宋太平兴国二年（977），明万历四年（1619）重建，崇祯五年（1632）、清康熙三十三年（1694）两次扩建。占地面积 3816 平方米，坐北向南。主要建筑有天王殿、大雄宝殿、法堂、斋堂、禅堂、地藏殿、伽蓝殿、祖师殿、客堂等 17 座。大殿面阔五间，进深七柱，穿斗式木构架，重檐歇山顶。1992 年公布为市级文物保护单位。

二十三、地藏寺

位于晋安区岳峰镇东门琯尾街。初名法林尼院，始建梁大通元年（527），唐乾宁元年（894）重修，为福建地区最早的尼院。五代改为报恩寺。历经宋、元、明、清各代扩修，规模宏大，后毁于火。清同治甲子年（1864）由魏杰重建，匾为“古迹地藏寺”。一度沦为寄棺所。民国 19 年（1930）比丘尼德钦为振兴地藏寺，移棺 96 具，重修庙宇。“文化大革命”中寺毁佛废。1983 年重建，占地面积 5920 平方米。主要建筑有地藏大殿、大士殿、达摩祖师殿、弥勒殿、伽蓝殿、念佛堂、文昌阁等。大殿面阔五间，进深七柱，穿斗式减柱造木构架，重檐歇山顶。1992 年公布为市级文物保护单位。

二十四、东岳庙殿堂

位于晋安区岳峰村。始建于后唐长兴年间（930—933），原为闽王东华宫的泰山庙，宋大中祥符年间（1008—1016）扩建，明崇祯年间重建，清中叶重修。原占地面积3700平方米，殿宇巍峨，至清末民国初仍享誉城乡。后改作中学校舍，庙宇多已拆毁，仅存娘娘宫、血池殿两座殿宇，建筑面积370平方米。娘娘宫，面阔三间，进深七柱，穿斗式木构架，双坡屋顶，两边设封火墙，宫前有石栏杆。1992年公布为市级文物保护单位。

二十五、升山寺

位于晋安区新店镇赤星村西北。相传越王勾践时，山自会稽飞来。寺始建于南朝陈天嘉三年（562），清光绪三十三年（1907）重建。占地面积586平方米，坐北向南，主要建筑有天王殿、大雄宝殿、观音阁等。大殿面阔五间，进深七柱，穿斗式木构架，单檐悬山顶。寺内有宋宣和六年（1124）凿造的石斛。寺周摩崖有宋代张去惑、刘蒙伯，清代林则徐等名人纪游题刻。民国后期，中共闽浙赣省委城工部联络站设此。1986年公布为区级文物保护单位。

二十六、康山庙

位于晋安区东门康山。创建于南宋时期，宋理学家朱熹曾隐居于此。他在岩石上题刻“康”字，因有“康山”之名。据传元泰定年间（1324—1327），赵时畴在这里一株大树下坐化登仙，郡人在树旁为他建立庙宇，称康山灵树庙。庙坐北朝南，背靠进香台，面对五虎山，周围有7株榕树，风景优美。现有庙宇为清道光年间工部尚书廖鸿荃重建，占地面积2000多平方米，三座殿堂并排，每座三进，计九进，木构架至今完好。正座一进大殿，面阔七间，进深七柱；二进中殿，面阔七间，进深九柱；三进后殿，面阔三间，进深五柱。殿内100根石柱，石柱上刻有清太子太傅左宗棠、民国海军总长萨镇冰、海军部部长陈绍宽等题刻的楹联，还有一块青龙陛石。1998年公布为区级文物保护单位。

二十七、怡山院

位于马尾区亭江镇亭江中学内。相传始建明嘉靖年间（1522—1566），清乾隆十一年（1746）重修，同治五年（1866）扩建。坐北向南，面临闽江。西为天后祠、观音阁，东为怡怡斋，两座并排，周以封火墙，占地面积906平方米，土木结构。天后祠，进石框大门有戏台，两边腘楼，楼前木栏板上书写宋苏轼《潮州韩文公庙碑》全文；戏台顶藻井，雕工精细；过天井，登台阶为妈祖殿，面阔三间，进深五柱，穿斗式木构架，两面坡顶；过后天井为观音阁。阁建于高一米多的台地上，左墙上嵌一块石碑，碑文："新建天后三氏祠，册封琉球副使、内阁中书、长芦于宫篆光甲捐俸三百两。时大清同治五年岁次丙寅仲夏勒石。"明清两代赴琉球国册封使船出闽江口都经此祭祀后出航。1983年公布为市级文物保护单位。

二十八、龙泉寺

位于长乐区鹤上镇上李村五峰山。始建于南朝梁承圣三年（554），原名西山，唐百丈禅师落发于此；道成，建法堂，立石柱，唐懿宗赐名"龙泉"。五代后晋天福、明万历、清乾隆年间均有重修，1983年大修。寺依山势而建，占地面积36000平方米，坐西北向东南。现有建筑为前殿、大殿和左右偏房。前殿面阔三间，进深三柱。大殿重檐歇山顶，面阔五间，进深七柱。其中八根大石柱、覆莲花柱础，均系唐代建筑构件。前殿庭院中立有《龙泉寺重兴记碑》，殿后山崖上有摩崖造像一处，俗称"流米佛"。寺周还保存有历代名人题刻。1984年公布为县级文物保护单位。

二十九、云门寺

位于长乐区航城街道洋屿村。始建于宋乾道元年（1165），嘉定间扩建，绍兴初宗杲禅师居此；明永乐间，郑和下西洋驻泊长乐，到此重修。原寺占地面积1372平方米，坐东北向西南，三组庭院并列，周以围墙。现存有大殿、钟鼓楼等建筑，均为木构。大殿面阔五间，进深三柱，穿斗式木构架，双坡顶，封火山墙；钟鼓楼为攒尖顶。寺内有宋石雕莲花座一只，清光绪年间铁钟一口，同治、光绪年间刻制的木碑三块。1984年公布为县级文物保护单位。

三十、蔡夫人庙

位于长乐区梅花镇梅西村宋厝里。相传，明代琉球国蔡夫人奉召入京，病逝梅花，葬海滩田螺穴，后人立庙纪念。明代始建，清代重建。庙穿斗式木构架，双坡顶，两侧设封火墙，面阔一间，宽5米，前后两进，深22.5米。门额上存有"懿德夫人庙"匾额。1986年公布为县级文物保护单位。

三十一、旗山石松寺

位于高新区南屿镇中溪村坎水192号。始建于宋大中祥符三年（1010），名灵凤寺；绍兴十年（1140）改为今名。寺占地面积约3000平方米，坐北向南。有大雄宝殿、西配殿和东堂、观音阁等。大雄宝殿为明代重建的木构建筑，歇山顶，穿斗构架，面阔五间，进深七柱。寺内保存有绍兴十年（1140）立圆首碑一通及石槽、石盆、抱鼓架等古物。后山还有坐禅宝、摩崖石刻、石构舍利塔等，是研究福建省佛教文化及该寺历史渊源的实物资料。尤其大雄宝殿东侧“法真松”碑最有价值。碑圆首，碑额横式，楷书“法真松”三字，字径10厘米；下直刻五绝一首：“偃盖覆岩石，岁寒傲霜雪。深根蟠茯苓，千古饱风月。”落款“绍兴十五年立”，字径6厘米。再下直刻跋文：“住山老祖天石上植松三本，一与寺门立名实，二与山林为标致，三与一切行人作荫凉。勿剪勿伐，永荫此山。”字径4厘米。20世纪30年代土地革命时期，中共福州中心市委书记陶铸曾在这里开展革命活动。20世纪80年代，南屿农业科学研究所设在寺中。2013年公布为省级文物保护单位。

三十二、南屿福垆寺

位于高新区南屿镇南旗村东，又称南旗福垆寺，俗称泰山堂。始建年代不详，其前身为天后宫，祀妈祖娘娘，清康熙六年（1667）扩建，主祀泰山。嘉庆年间、光绪年间、民国时期及1990年多次重建。现祀东岳驾前部将温、康两都统和天后娘娘。寺坐北向南，占地面积3000平方米，依次有门楼、戏台、天井、瞯楼、钟鼓楼、中殿、后天井、后殿等。门楼、戏台均为重檐歇山顶，共有13个风格迥异的藻井，制作精美。瞯楼木栏板上楷书阴刻24品诗文。中殿面阔五间，进深七柱；后殿面阔三间，进深五柱，封火山墙，双坡顶，穿斗构梁。后天井东侧建有地藏殿、奈何桥，小巧精致。寺外两侧保存清代石碑5通、民国石碑4通。2013年公布为省级文物保护单位。

三十三、石竹禅寺

位于福清市宏路街道石竹山南山腰，又称“天竹寺”。建于唐大中元年（847），初名“灵宝观”，祀林真君。宋宣和三年（1121）改为“灵宝道观”。乾道九年（1173）丞相史诰重修。明宣德三年（1428）重建。万历四十四年（1616）叶向高返乡，与举人石映斗募建观音阁和僧房。万历四十六年（1618）董大理重建九仙楼。民国元年（1912）邱式金再建仙君楼、天宝阁、土地堂、大雄宝殿等。现存寺院为民国初所建。坐北朝南，由大雄宝殿、伽蓝殿、仙君楼、玉皇阁、土地堂等组成，占地面积 750 平方米。大雄宝殿穿斗式木构架，面阔三间，进深七柱。该寺是佛道合一，主祀何氏九仙，即“九仙君”，以祈梦为其独特的拜神形式，有“春祈石竹梦，冬求九鲤签”之说。寺左有清代建八角七层实心石塔，高 2.9 米，塔座边长 0.24 米。1981 年公布为县级文物保护单位。

三十四、灵石禅寺

位于福清市东张镇灵石林场。建于唐大中元年（847），大中十四年（860）唐懿宗敕赐“灵石俱胝院”。宋天圣初复广寺宇，中有十胜。明初寺渐衰。万历三十二年（1604），僧性麟重修。清康熙四年（1665），僧道霈重建天王殿、大雄宝殿。该寺以山门、大雄宝殿为中轴，左右两侧有回廊，两廊旁有法堂、钟鼓楼、禅房、斋堂、客房等，占地面积 24000 平方米。大雄宝殿坐西南向东北，柱础遗存为唐代石雕莲花础，径 1.08 米。大殿面阔五间，进深七柱，穿斗式木构架，藻井绘龙凤、飞天、莲花、牡丹，重檐歇山顶。民国 21 年（1932）遭土匪抢劫，僧散寺废。民国 30 年（1941），福州地藏寺尼姑性慈、德钦率众尼整修寺院，开荒种地，遂为女尼丛林。1981 年公布为县级文物保护单位。

三十五、瑞岩寺

位于福清市海口镇牛宅村瑞岩山前岩，又名“报恩寺”。宋宣和四年（1122）建，明泰昌元年（1620）内阁首辅叶向高募缘重建。寺面对龙江出口，背倚奇峭山崖，依山势而筑，由山门、大雄宝殿、左右钟楼、仙君楼、厢房等组成。殿阁布局小巧玲珑。1981 年公布为县级文物保护单位。

三十六、显济庙

位于福清市一都镇一都村赤鲤河东岸。原名“安宫”，后称“协济庙”。祀张大郎、秀大敷二神，始建未详。宋淳熙元年（1174），状元黄定为庙撰记。黄定儿时曾游戏于庙，中状元后予以重修。现存建筑为清代所修。庙占地 726 平方米，坐东向西，前为戏台，中为香亭、雨亭，后为大殿。殿面阔三间，进深七柱，穿斗式木构架，双坡顶；两侧为回廊，戏台藻井为圆形，以小斗拱旋迭而成，顶为太极图案；香亭藻井为八角形，顶为木雕牡丹花。1981 年公布为县级文物保护单位。

三十七、武当别院

位于福清市新厝镇蒜岭村。建于明天启五年（1625），后多次修缮。占地面积7000平方米，坐北向南。由大雄宝殿、玄天上帝殿、关帝殿等组成，重檐歇山顶建筑结构。大门门墙上为明代进士周如磐题写“武当别院”四个遒劲大字。寺内，戏台殿宇前后连接，古朴别致。戏台由4根磨光石柱支撑，台外石栏围护，造型精美。玄天上帝殿为面阔三间，进深五柱，庑殿式建筑，殿脊顶两端为腾龙，脊正中宝塔坐镇。大雄宝殿则重梁叠栋，饰以各种彩绘和木雕的鸟兽、人物图案。1987年公布为县级文物保护单位。

三十八、灵溪宫

位于福清市新厝镇凤迹村。建于清乾隆二十七年（1762），清嘉庆五年（1800）重修。占地面积500平方米，坐北朝南。大殿面阔三间，进深五柱，穿斗减柱式木构架，歇山顶。正脊装饰飞龙，四角翘起装饰蟠螭。前后殿上梁、斗拱、构架均为镂空龙凤牡丹木刻装饰；宫门前两厢石壁上浮雕“空城计”“文王求贤”等故事。前后殿两对盘龙石柱，雕刻精致，巨龙盘柱环旋。香炉上镌“乾隆二十七年壬午吉旦凤迹境灵溪宫”。1981年公布为县级文物保护单位。

三十九、枯木庵树腹题刻

位于闽侯县大湖乡雪峰村雪峰寺。庵始建于唐天祐二年（905），为王审知建造。坐南朝北，为双层楼阁式木结构建筑，中为殿堂，左为客堂，右为膳堂。庵前有石砌长方形拜台，台左右有石阶供上下。庵内有一枯木，高3.32米、围7.13米，无枝梢，树腹中空，中开一门孔，可容纳十余人。相传为义存大师初入山时栖止的地方。唐天祐二年（905），王审知为其建庵，并在庵前凿一口“万工池”。寺僧在树之腹壁刻三行文字记事：“维唐天祐乙丑岁，造庵子及作水池，约五千余功，于时廉主王天王。”楷书，直行26字，字径约0.13米。笔迹挺拔遒健，现较完整剩下19字。“造庵子”“功于时”于清光绪年间为火所烧，至今犹有炭焦痕迹。在末行大字下面，另刻有“枕子一枚、雀觜一枚、一条匕生庵子”十四个小字，较模糊。自宋至明，枯木内外续刻有二十余段文字，还有数段依稀可辨，人称“树腹碑”，是“金玉以外的稀世奇珍”。1978年、1991年由省文物管理部门拨款重修。1986年公布为省级文物保护单位。

四十、雪峰崇圣禅寺

位于闽侯县大湖乡雪峰山南麓，简称雪峰寺。山原名象骨峰，因先冬而雪，盛夏而寒，故名雪峰。唐咸通十一年（870），僧义存大师来此传法，里人谢仿等为其斩茅结庵于柽洋映凉台北。乾符二年（875）赐名：应天雪峰禅院。乾宁元年（894）移寺陈洋（今所），闽王捐资，里人兰文卿舍田赞助，殿宇遍布山间，僧众最多时达1500余人。宋太平兴国三年（978），改今名。明永乐年间重建，现有庙宇多为清光绪间再建。建筑分三部分：一为明建清修建筑，俗称旧寺，仅存大雄宝殿和门亭。大雄宝殿坐西北朝东南，面阔七间，进深五柱，穿斗式木构架，歇山顶；门亭为罩门，进深三柱，施斗拱，双坡顶。二为清光绪年间达本祖师所建，坐北朝南，现存山门、天王殿、左右钟鼓楼和回廊、大雄宝殿、法堂；东侧为斋堂、客堂等；西侧祖师堂和僧舍等。大雄宝殿面阔七间，进深七柱，重檐歇山顶，穿斗式减柱造木构架。殿内有明代雕塑的达摩造像和木雕观音佛像等。天王殿、钟鼓楼于民国31年（1942）被大风刮倒。1979—1990年，在海内外僧俗的资助下，重建天王殿、钟鼓楼，重修大雄宝殿、回廊、法堂、祖师堂、客堂、僧舍等。三为20世纪90年代以来新建建筑。1989年公布为县级文物保护单位。

四十一、芹岩寺

位于闽侯县洋里乡田垱村，又名大雄寺。寺坐北朝南，傍溪依山而建。沿溪边拾级而上，占地面积1600平方米，依次为大雄宝殿、大士殿、马仙殿。据《田当张氏族谱》记载："大元至顺元年（1330）创建马仙殿。"明代以来，多次重修。马仙殿面阔三间，进深五柱，柱与梁架全部用花岗石加工构成，为元代建筑。殿正门石梁上楷书阴刻"阆苑奇观"，字径约0.18米。殿后正中石梁上嵌有一青石匾，阴刻"马氏真仙"，上款"乾隆丙午年麦烁吉旦重修"，下款"闽邑弟子陈大拱喜舍"，楷书阴刻，大字径0.18米、小字径0.09米。大雄宝殿又称福庆堂，据谱载："明天顺己卯建福庆堂，重修马仙殿。"清道光三年（1823）重修。殿为穿斗式木架构，面阔三间，进深五柱。梁上墨书："清道光岁次癸未。"两边木板壁上墨绘四大天王，落款为清同治丁卯（1867）。大士殿又称观音阁，建于清康熙壬寅年（1662），面阔三间，进深五柱，穿斗式木结构。殿内遗存造于道光庚戌年（1850）铁磬和铁制云版等，铁磬铸有铭文"芹岩大雄寺"，上款"道光庚戌年"，下款"弟子同敬立"。1989年公布为县级文物保护单位。

四十二、蛇王宫

位于闽侯县洋里乡后坑村，俗称古佛亭，又称龙颜寺。始建于明崇祯四年（1631），清乾隆元年（1736）、道光十六年（1836）重修。宫坐北朝南，大殿前左右配殿，建筑面积约300平方米。大殿面阔三间，进深五柱，单檐歇山顶，穿斗式木构架，殿梁上有墨书："时崇祯四年旧缘首林子祯罗子忠同募捐鼎建立""乾隆元年岁次丙辰冬吉……重修""道光拾陆年六月吉……重□建"。

四十三、宝林寺法堂

位于连江县丹阳镇东平村宝林自然村。始建于唐大和五年（831），原名宝林院；唐大中六年（852）乡宦礼部尚书张莹，请封为"宝林禅寺"。鼎盛时期占地面积30余亩，寺中轴线为山门、天王殿、大雄宝殿、法堂、观音阁。清康熙三十八年（1699），赐御碑书"敕赐大中宝林禅寺"，字径0.16米，碑背镌楷书"祝圣万年山"，字径宽0.22米、长0.27米。现存建筑为清宣统三年（1911）重建的法堂及两厢房。法堂今作大雄宝殿，木构，面阔五间，进深五柱，歇山顶，殿内残存唐代青石刻制佛像3尊。原大雄宝殿虽毁，格局仍存，高4米、围2.25米的梭形石柱仍屹立原址；殿基座上石雕的鸟兽花卉雕刻完整；殿前的放生池及池上的拱桥、石柱、石槽等唐宋时期石刻遗物尚存。朱熹于宋淳熙十五年（1188），遭伪学之禁避宿宝林寺，留诗一首："踏破千林黄叶堆，林间台殿郁崔嵬。谷泉喷薄秋逾响，岩翠空缘昼不开。一壑只今存胜概，三生畴昔记曾来。解衣正作连宵计，未许仙灵便却回。"并题刻于寺旁忘归石上，楷书竖写两行"雷移石""降虎峰"，字径宽0.75米、长0.97米。2009年公布为省级文物保护单位。

四十四、云居寺

位于连江县东岱镇山堂村云居山。始建于唐，宋、元屡修，清康熙七年（1668）重建，近代重修。寺占地面积633平方米，坐东南向西北，依次由月爿池、天王殿、天井、边廊、厢房、大雄宝殿、观音堂组成。大雄宝殿面阔三间，进深七柱，穿斗式木构架，重檐歇山顶。寺前有摩崖石刻"天上云居，人间仙境"。字径宽0.80米、高0.85米。1961年公布为县级文物保护单位。

四十五、青芝寺

位于连江县琯头镇青芝山上，因山上产青色灵芝而得名。始建于唐，原在八仙岩北；

明万历四十年（1612），工部右侍郎董应举移建于五峰之中峰山麓。主体建筑大士殿为清光绪十三年（1887）僧兴福募建，大雄宝殿是民国 23 年（1934）林森、林焕章筹款重建，两座殿宇依地势高低建筑。大士殿双坡顶，单层木构，面宽三间，进深五柱；殿前两侧建钟鼓楼，悬山顶，木结构双层，雕刻精致。大雄宝殿砖石木混合结构，砖砌围墙，面宽三间，进深五柱，双坡顶，殿柱嵌林森题联。1980 年公布为县级文物保护单位。

四十六、含光寺

位于连江县江南镇斗门山，又名斗门寺。明万历年间建，清乾隆六年（1741）重修，光绪年间重建，民国 4 年（1915）重修。坐东向西，门开于南墙；殿建于 1 米高的台基上，中为正殿，面阔三间，进深五柱，穿斗式木构架，硬山顶，两边为厢房，占地面积 522 平方米。1980 年公布为县级文物保护单位。

四十七、温麻庙

位于连江县凤城镇凤尾村北。传晋太康三年（282）建，明宣德三年（1428）陈彦器重修，清康熙十四年（1675）圮于风，后乡人重建。坐北向南，分东西院。东院正殿祀晋吴、李二太尉，面宽三间，进深五柱；后设白马将军殿，面宽三间，进深三柱。主殿前有游廊。西院为临水宫，三进，轴心线由南至北是：门厅、放生池、大殿，门厅面宽三开间，进深三柱；中为放生池，池上有桥亭，两边为回廊；后为大殿，面宽三间，进深三柱，穿斗式木构架，双坡顶，中祀临水夫人，两旁有壁画。1984 年公布为县级文物保护单位。

四十八、白云寺

位于闽清县白樟镇白云村。始建于宋景祐三年（1036），明代改为丛林，后二度遭火，清雍正及嘉庆年间重建，现仅余大殿，占地面积 420 平方米。大殿面阔七间，进深七柱，穿斗式减柱木构架，悬山顶，左右加披檐。殿前左右侧为二层土楼，四面坡屋顶。寺内尚存石龟趺一座、石槽一个。1985 年公布为县级文物保护单位。

四十九、白岩寺

位于闽清县三溪乡山墩村白岩山。唐代始建，明清重建。占地面积 400 平方米，坐西北向东南。由大殿、厢房、边房和殿左右侧双层楼房组成。大殿面阔三间，进深五柱。1985 年公布为县级文物保护单位。

五十、岳飞庙

位于闽清县上莲乡莲埔村，原为武功庙。《八闽通志》载：宋绍圣间，朝请大夫萧磐尝在梧州遇风险，见江浒有庙，默祷有应，谒庙果有三位神：感应、灵应、威应三将军，归家立祠祀之。重建于明代，由前部戏台、两侧厢楼、后部正殿组成，周以围墙，占地面积 432 平方米，坐北向南。正殿面阔三间，进深五柱，穿斗减柱式木构架，歇山顶。正脊彩塑双龙、宝塔，四角塑卷草，下施角鱼；柱础为莲花座式和覆盆式。1992 年公布为县级文物保护单位。

五十一、芝田宫

位于闽清县坂东镇墘上村，俗称“车墘宫”。始建年代不详，供奉昭显侯，神姓陈，事王审知有功于闽，民为立庙。清咸丰六年（1856）扩建。1989 年重修。宫坐北向南，占地面积 800 平方米。正面为牌楼式门墙。正边门间墙面，分别塑青龙、白虎壁画，独具风格。中轴线上依次为戏台、两侧廊庑、钟鼓楼、正殿。正殿面阔五间。正脊彩塑双龙戏珠，屋面四角上塑缠枝卷草，下施角鱼；栋梁雕饰精美，藻井结构别致。1985 年公布为县级文物保护单位。

五十二、陈太尉宫（文见第一章第四节）

五十三、圣水寺

位于罗源县凤山镇南郊莲花山腰。宋绍圣三年（1096）谏二头陀始建。传山上泉水可饮愈疾患者，誉为“圣水”，寺因得名。元重建，后毁。明正德元年（1506）再建。现建筑坐东南朝西北，从山门入，依次为回廊、泻露池、钟鼓楼、大雄宝殿，左右布局匀称。土木结构，依山而建，占地面积 1544 平方米。山门至大雄殿高差 7.25 米，面宽 14.24 米，进深 58.3 米，山门面宽三间，进深五柱，硬山式屋顶，祀四天王，中为弥勒坐像，背后祀韦驮立像。庭院呈凹字形，凹口处为“泻露池”，水从龙虎岩来，经岩壁石雕龙口喷出。第三进庭院左右对峙钟鼓楼，中为大雄宝殿，单檐悬山顶，面宽五间，进深七柱，花岗石廊柱，对联及题字：“圣水仙源一片慈云施恩泽；笔峰砚石三更明月写真经。光绪六年岁在上章执徐阳月，玉邑信官陈连登敬献。”祀三宝如来；左厢祀邑僧，俗呼“老佛伯”；右厢为僧舍。殿右隔小鱼池另建僧客堂、香积厨。殿左通莲花山，墙外为栖云洞，系一片瓦岩洞，中祀观音佛及十八罗汉，均为宋代雕像。另有岩石称金钟礴、笔砚峰等；崎月岩、眠鹤石、龙虎岩有宋、元、明清历代摩崖题刻。1980 年公布为县级文物保护单位。

五十四、匹岩寺

位于罗源县碧里乡碧里村双髻山中，曾名碧岩庵。初建于宋景德年间（1004 —1007），明崇祯年间（1627—1644），僧如滨重建，后毁于火。清乾隆四十三年（1778）众募建，今寺为清同治二年（1863）仿明制再建。寺坐南向北，面朝匹岩石室而含其中，硬山顶，面宽五间，进深七柱。中祀观音大士，左华光大帝、右达摩祖师；左右两厢房为僧舍、客室。山门于 1976 年由寺僧世通改向。匹岩山体高大，海拔 500 米左右。上山石磴 910 级处，突有巨石挡道，需从岩下绕过，道旁竖回文诗碑一方，称乾隆御制，诗曰：“江南滴沥云烟起，滴沥云烟起半山。烟起半山流水响，半山流水响潺潺。潺潺一柱梅花发，一柱梅花发匹岩。花发匹岩春汛到，匹岩春汛到江南。”匹岩洞室高约 30 米，内窄外宽，最宽处为 37.33 米，最深处为 25.37 米，总面积约 650 平方米。洞壁木龛祀释迦牟尼佛像。洞顶缝隙倒生一藤，藤尾距地面约 5 米。雨天，洞内时有烟迷雾漫，因大书“戛云喷雪”。清泉滴沥，迎风散为微珠，称为“匹岩飞雪”。古为罗源八景之一。洞额有“回仙”二字。洞外有虬松迎宾，洞左有沐牛出涧，岩顶有金鸡展翅、蝙蝠倒挂、白象吸水等十八景。1980 年公布为县级文物保护单位。

五十五、罗源天后宫

位于罗源县凤山镇东门外港尾下，俗称妈祖庙。原建在南陈桥头，清乾隆五年（1740），邑苏商移建新址；乾隆三十五年（1770）复于殿后建“梳妆楼”。依次为宫门、戏台、两庑、大殿、后殿及梳妆楼，周以封火墙。大殿面宽三间，进深七柱，殿堂梁架上拱斗结构保存明代形制，梳妆楼阔三间，双层双坡顶。现戏台拆除，宫门改建。1986 年公布为县级文物保护单位。

五十六、名山室（文见第一章第五节）

五十七、凤凰寺大殿

位于永泰县同安镇洋头村。明万历二十五年（1597）建，万历四十七年（1619）重建，崇祯十四年（1641）重修，坐东北朝西南，占地面积1125平方米。由大殿和两侧观音阁、仙君阁、僧房组成。大殿面阔五间，进深七柱，穿斗式木构架，歇山顶，梁上墨书："万历岁次己未腊月吉旦僧惟融重新鼎建。"殿中祀三世佛，佛座由万历二十九年（1601）鲍孔荣等三人舍建。是福建省现存明代较完整的庙宇建筑，1986年重修。2001年公布为省级文物保护单位。

五十八、方广岩寺

位于永泰县葛岭镇葛岭村。山半有岩洞，称方广。宋庆历间（1041—1048）邑人黄非熊创建，张世南著《方广岩记》，王十朋有《十奇律诗》。明谢肇淛游记称："烟霞不改古今迹，山水无闲朝暮声。"明、清重建。1978年重修，保存较好。由天王殿、大雄宝殿和观音楼、脱凡楼、天泉阁、斋堂等组成，占地面积1962平方米。木结构，建于石洞内，以岩石为瓦，俗称"一片瓦"。大殿面阔三间，进深三柱，庑殿顶，穿斗式木构架。门扇雕刻精美，寺内保存有宋代题刻和石佛龛一座。2009年公布为省级文物保护单位。

五十九、閤亭寺

位于永泰县盖洋乡赤岭村。原是观音亭，清康熙二年（1663）卢公祖师圆寂于此，因建亭寺。坐西南向东北，由放生池、照壁、大殿、观音堂组成。光绪十八年（1892）建钟鼓楼，民国18年（1929）重修。寺依山势而建，坐北向南，占地面积1000平方米，大小房间近百间。寺前立照壁，墨书"峰回路转"。大殿面阔五间，进深七柱，穿斗式木构架，重檐歇山顶，屋顶灰塑龙脊，角檐装饰卷草等。2018年公布为省级文物保护单位。

六十、重光寺

位于永泰县樟城镇池峰路。始建于唐大中二年（848）。明万历年间（1573—1620）重建，清代再建。20世纪50年代辟作粮食加工厂，1986年重修。坐西北向东南，面积1125平方米，由大殿、观音殿等组成，周以围墙。大殿面阔五间，进深七柱，穿斗式木构架，歇山顶。1987年公布为县级文物保护单位。

六十一、能仁寺

位于永泰县长庆镇下漈村。唐天祐二年（905）建，初名寄林，后唐清泰二年（935）改名瑞峰，宋政和中改今名，明万历年间（1573—1620）重建，清代几次修葺。寺占地面积近2000平方米，坐西北向东南。大殿面阔五间，12.6米，进深七柱，14.5米，穿斗式木构架，双坡顶。殿前一对青石鼓，高0.75米、宽0.63米、厚0.20米，一面刻云龙、火珠、海浪、祥云，一面刻狮子戏绣珠；尚有清光绪年间（1875—1908）铸的大铁钟2口。1987年公布为县级文物保护单位。

六十二、姬岩寺

位于永泰县白云乡寨里村。相传是闽王王审知葬姬处；又传仙人炼丹于此，丹成令五鸡守之，遂得名姬岩或鸡岩。始建于宋政和年间，明万历八年（1580）重建，1981年重修。寺坐西北向东南，占地面积260平方米，砖木结构，由大雄宝殿、禅房、香积堂、仙君楼、梦亭组成。大殿面阔三间，进深五柱，双坡顶，穿斗式木构架。1987年公布为县级文物保护单位。

第二节　书 院

一、福州文庙（文见第一章第五节）

二、正谊书院

位于鼓楼区东街街道省少儿图书馆内。清同治五年（1866），左宗棠在黄巷创立正谊书局，后镇闽将军英桂接受杨庆琛、沈葆桢等的建议，改书局为书院，迁凤池里，购买骆舍铺民房扩建，于同治九年（1870）建成，定名正谊书院，为省城四大书院之一。首任山长林鸿年。光绪二十八年（1902），与凤池书院合并，改为全闽大学堂。原书院占地面积814平方米，坐北向南，前后三进，四面围墙；约三分之二划归全闽大学堂（今福一中三牧坊校舍），约三分之一留下，于民国时期改为福建省立图书馆。中华人民共和国成立后，又改为福建省图书馆。坐北朝南，周围封火墙，前墙中间开大门，门上留存“正谊书院”青石横匾，是当年山长郑世恭所书。厅堂穿斗式木构架，面阔三间，进深七柱，前后天井。2013年公布为省级文物保护单位。

三、螺洲孔庙

位于仓山区螺洲镇吴厝村。始建于明初，成化十年(1474)重建，正德、隆庆年间重修，清道光元年（1821）陈若霖等重修。由棂星门、泮池、门楼、大殿等组成，占地1048平方米。棂星门石构，面阔三间，门额浮雕有双龙戏珠、丹凤朝阳，圆柱上刻有飞龙盘绕、鲤鱼跃龙门；泮池上跨石桥；大殿面阔五间，进深七柱，穿斗式木构架，单檐歇山顶，鹊尾脊，殿内原祀孔子及颜子、曾子、子思、孟子。1992年公布为市级文物保护单位。

四、濂江书院

位于仓山区城门镇濂江村泰山前45号，又称文昌宫。始建年代不详，相传朱熹曾在此讲学，并题有“文明气象”四字。现主体结构为清代建筑。书院占地面积764平方米，坐南向北，木结构，面阔三间，进深五柱，双层楼房，穿斗式木构架，楼上设楼廊，单檐歇山顶；角檐翘脊，下施角鱼。楼前有小庭院，院前短屏题刻：前为“文光射斗”，后为“濂水龙腾”。书院四周围墙，门墙呈品字形。2001年公布为市级文物保护单位。

五、高峰书院遗址

位于晋安区寿山乡石碑村。庵与书院之间一条2米宽的石阶路尚存。高峰书院，系宋大儒黄榦讲学处。遗址左右及后侧均有山峰围护。石牌庵，距石牌村约一公里，原为小寺，朱熹为题“华峰”匾，故名华峰寺；后因靠近黄榦墓道石碑，改名石碑庵。明万历初重修，清顺治年间重建；后毁，今仅存遗址和一方“文昌□”残碑。2003年，省博物院考古队进行考古发掘，发现该遗址保存较完整，占地面积1181平方米。2005年公布为省级文物保护单位。

六、奎光阁

位于长乐区吴航街道十洋街2号，俗称“八角楼”。系明崇祯年间知县夏允彝所建，修于清康熙十一年（1672），1985年重修。木结构，阁身八角、三层，攒尖顶，高18米；阁内设木梯通至顶层。阁旁有半月池（泮池），池上跨小桥。1984年公布为县级文物保护单位。

七、龟山阁

位于闽侯县青口镇杨厝村西侧，又称朱子阁，为纪念杨时、朱熹而建。建于明崇祯年间，清代重修。阁为木构二层楼阁，建筑面积约600平方米。坐北向南，建于水池中，基础用方形条石垒叠成“井”字形墩式基，上铺方形磉磐石，鼓形石柱珠。面阔三间，进深五柱，穿斗式木构架，重檐歇山顶，青灰瓦作，鹊尾正脊。上下两层，四周均置环廊、木花格倚栏和靠背椅（鹅项椅、美人靠）。1993年海内外同胞集资，按原貌落架重修。1989年公布为县级文物保护单位。

八、闽清文庙

位于闽清县梅城镇城南北大街。始建于宋景德四年（1007），清咸丰年间（1851—1861）重建，中华人民共和国成立后重新修缮。文庙由戟门、天井、左右廊庑、大成殿、明伦堂及周边空地组成，总占地面积约2340平方米。戟门落于块状青石垒砌的台基上，占地195平方米，明间前部设六级垂带石阶，花岗石做阶条石。戟门面阔五间，进深三柱，穿斗式木构架，前后对称，戟门屋面为双坡悬山顶，正脊前部为后期彩绘，后部灰塑小篆石鼓文。左右廊庑与戟门相连，落于鹅卵石垒砌的台基上，地面铺设红色斗地砖，各占地125平方米。廊庑与戟门围合天井，天井占地230平方米，前低后高，向前部排水暗沟排水。大成殿位于天井后部的块石砌台基上，前部为月台，占地43平方米，设三块龙凤丹陛，中间为升龙，两侧为凤凰衔书的浮雕。月台两侧各设7级石阶上大成殿台明。大成殿重檐歇山，面阔五间，进深五柱减中柱。明伦堂位于大成殿后方，占地面积约112平方米。建筑为单檐歇山顶，四扇三、五柱出游廊，穿斗式木构架，明间减中柱。闽清文庙中轴线两侧为空地，地面铺装青砖、水泥、卵石等材质，种植榕树茶花、棕榈等多型树种，为后期所做。四面不规则围墙，左侧大部分为卵石基础，其余部分为后期条石基础，上部为后期砖墙及墙帽。正立面右侧开拱券边门，边门右侧嵌文武官员至此下马石碑。2013年公布为省级文物保护单位。

九、文泉书院

位于闽清县坂东镇新壶村。清光绪十五年（1889）在崇文书院旧址上兴建。坐南朝北，总面阔42.27米，进深41.74米，占地面积1463.87平方米，平面呈T字形。书院正门为11级台阶，正门上方手书“崇文学堂”四字。门内为书院前天井，天井右侧为走廊，走廊一侧靠山墙，单坡穿斗式双步梁结构。天井两侧前屋为后作建筑，红砖墙体，三角桁架，左侧双坡屋面，右侧单坡屋面。文昌厅面阔三间，进深五柱，为穿斗式木构架，双坡悬山顶，左右设山墙。后天井两侧为梯间沿山势而上，梯间两侧为夯土墙，双步梁承檩，单坡硬山顶。梯间与左右宿舍间设单坡穿斗式走廊相连，左右宿舍均为双坡硬山穿斗式双层结构，夯土墙隔间并承檩，前檐设走廊，二层前檐夯土墙出枋承檩挑檐，一二层均有木梯与魁星楼相连。魁星楼为双层歇山顶穿斗式结构，面阔五间，进深四柱，一二层均设走廊与宿舍相连，一层檩下设木柱挑檐，二层挑檐檩下作柱承檩，与堂柱间设单步梁，堂柱位置设木槛墙，开木门向走廊，柱间行扁作，烛仔圆作，烛仔坐二行上承檩，檩下设单出挑斗拱替木，魁星楼后立面为夯土墙。1992 年公布为县级文物保护单位。

十、文昌阁

位于闽清县上莲乡上峰村。建于清乾隆年间(1736—1795)。建筑为楼阁式六角三层，层层内收。通高 12 米，六角基座高 0.3 米，每边长 7 米，进深 10.34 米、宽 12.34 米。内设木梯可至顶层，一层设门朝南，面阔三间，进深五柱；二、三层整体作单间，设方形、圆形门窗；每层出檐翘脊，脊背饰卷草，下施角鱼，葫芦顶刹。文昌阁作为古代祈祝地方文运昌隆的建筑，它对了解闽清古代教育有一定的价值。1992 年公布为县级文物保护单位。

十一、永泰文庙

位于永泰县樟城镇西门街县府路。建于宋崇宁元年（1102），由本邑士绅政商首倡，后几经毁建，宋末复毁。明嘉靖五年（1526）曾迁至东皋山麓，万历二年（1574）又迁回原址，此后又屡有毁建。从元至明，经有识之邑人及县丞多方斡旋，终得复建。永泰文庙由大成殿、启圣祠院落两组建筑组成。大成殿面阔五间，进深六间，重檐歇山顶屋面，四面副阶周匝。前部副阶做叠斗构架卷棚廊、垂花柱挑檐，前檐柱设 4 根石雕龙珠、2 根石柱；左右及后部副阶做三步穿斗结构、丁头拱接挑檐枋挑檐。殿身前后金柱位置做三升担隔架，殿身九间均设如意斗栱藻井，当心间为双层藻井，下层为三层如意斗栱四方藻井，上层为五层如意斗栱圆形藻井。藻井之上为穿斗草架。上层檐均做四层如意斗栱。屋面板瓦做底瓦，筒瓦做盖瓦，上下檐戗脊端部做卷草灰塑，上檐垂脊端部亦做卷草灰塑。山墙做瑞兽蝙蝠吊磬及万字拐灰塑，博脊灰塑山水壶边。正脊做双龙抢珠剪瓷灰塑。大成殿后设小天井，两侧设门洞。小天井后为启圣祠院落。启圣祠设前廊、天井、祠厅。门厅面阔三间，进深二柱，穿斗式木构架，设抱鼓石、门簪。祠厅面阔三间，进深六柱（五柱结构后厅加根后小充的做法），穿斗式木构架。

前廊做三步卷棚廊，明间为叠斗式梁架、垂花柱挑檐，次间为明间减中柱、后大充。双坡屋面，正脊做雀尾脊，脊堵中做五段镂空花砖装饰，硬山顶，风字形山墙，做灰塑山水头。1981 年公布为县级文物保护单位。

第三节 祠 堂

一、林文忠公祠（文见第一章第六节）

二、闽王祠

位于鼓楼区鼓东街道庆城路 22 号，又称闽王庙。祠系王审知王府旧址，后晋开运三年（946）改庙；宋开宝七年（974），吴越刺史钱昱奉钱俶命重修府第为忠懿闽王庙，祀王审知。元代庙毁，明万历二十九年（1601）奉旨重建，改称闽王祠。清末及民国初重修，1981 年修复后对外开放。祠占地面积 1621 平方米。祠前东西侧原有牌楼式跨街宫墙（俗称东西辕门）。祠坐北朝南，红墙青瓦，辟三门，中门前一对石狮，旁有抱鼓石，大门上嵌竖碑“奉旨祀典”，碑下横额“忠懿闽王祠”，左右仪门，额“崇德”“报功”。进门庭院，中有碑亭，树《恩赐琅琊郡王德政碑》。大殿木构，面阔三间，进深五柱，前面为长廊，后面为殿堂，额“功垂闽峤”，中供闽王塑像。祠内保存唐碑一通、宋碑一通、明碑二通。祠西尚存董太后享堂一处，面阔三间，进深五柱。1961 年公布为市级文物保护单位。

三、戚公祠

位于鼓楼区安泰街道于山白塔寺东侧。戚继光（1528—1588），字元敬，号南塘，晚号孟诸，卒谥武毅，山东蓬莱人。明朝抗倭名将，杰出的军事家、书法家、诗人、民族英雄。明嘉靖四十一年（1562）戚继光自浙江率兵入闽抗倭，班师回浙时，福州官员、乡绅、士民在于山平远台设宴饯别，勒碑纪功。民国二十二年（1933）十九路军将领蒋光鼐、蔡廷锴等人在此建祠。祠占地面积 120 平方米，坐北向南，面阔三间，进深五柱，穿斗式木构架，双坡顶，鞍式山墙。祠厅中祀戚公戎装塑像，两壁有四幅戚继光抗倭业绩挂图，陈列战袍甲片，行军干粮“光饼”“征东饼”、1956 年出土的纪功碑残石等。《纪功碑》记述戚继光第一次率兵入闽，在宁德横屿、福清牛田、莆田林墩大败倭寇，福州官兵父老挽留纪功经过。祠厅东侧有戚公醉卧处“醉石”刻石，以及平远台、醉石亭、蓬莱阁、补山精舍、吸翠亭、五老冈、榕寿岩等胜迹。岩壁上刻有沈觐寿书、郁达夫于民国二十五年（1936）谒祠所作《满江红》词。1961 年公布为市级文物保护单位。

四、曾氏祠堂

位于台江区下杭路 198 号。宋代著名文学家曾巩后裔家祠，建于民国 20 年（1931）。祠坐北向南，占地面积 579 平方米，门内依次为天井、正厅、居室。正厅面阔三间，进深七柱，穿斗式木构架，周围用封火墙。大木架横梁跨度大，石柱题刻楹联多处。门墙上有“南丰衍派”“出悌”“入孝”等横额石匾。1988 年公布为区级文物保护单位。

五、蔡忠惠公祠

位于仓山区下藤路 223 号。明洪武年间，蔡襄第八代孙蔡伯起迁居福州下渡后集资兴建。蔡襄（1062—1067），字君谟，仙游人。宋书法家，累官至端明殿大学士、三司使，两度知福州。祠坐东朝西，占地面积 585 平方米，依次为门墙、正殿、拜亭、祭厅、议事厅，周以封火墙。正殿面阔三间，进深七柱，穿斗式木构架，单檐双坡顶。大门正面竖匾楷书“蔡忠惠公祠”；横匾刻“蔡氏宗祠”，前回廊两侧墙上嵌蔡襄碑帖石刻 20 通。书法结构严密，笔力遒劲。祭厅立蔡襄塑像。2009 年公布为省级文物保护单位。

六、永盛梁氏宗祠

位于仓山区城门镇梁厝村，前身是“贻燕堂”（梅涧书院）。宋隆兴元年（1163）朱熹与挚友梁汝嘉到燕山游览，见这里山川秀美，开设书斋，并题匾“贻燕堂”。元至治二年（1322），翰林学士梁恩观返乡祭祖，将“贻燕堂”改建为梁氏宗祠，并续修族谱。之后，梁氏宗祠又经多次修葺。祠坐北朝南，占地面积 693 平方米。由祠埕、门厅、戏台、天井、瞯楼、祭厅等组成。祭厅面阔五间，进深七柱，穿斗式木构架。祠前原有一对旗杆，现还遗留旗杆碣。正门墙上塑有一对陶瓷象，寓气象万千、和平吉祥。正中横石匾镌刻“永盛梁氏宗祠”楷书、鎏金。祠内诸多石柱楹联，雕刻精美，饰以花纹和人物浮雕，书写着“追五世迁居隆兴纪岁；历四朝构宇永盛宗祠”“溯族分支固始七；开宗发肇天禧三”“史馆词曹光州千古；茶洋石壁永里一祠”，彰显永盛梁氏的厚重历史。2009 年公布为省级文物保护单位。

七、螺洲陈氏宗祠

位于仓山区螺洲镇店前村。建于明代，原为家庙。清康熙十六年（1677）改建宗祠，雍正五年（1727）重修，嘉庆二十四年（1819）陈若霖捐资重建。祠坐东向西，木结构，二进，占地面积 500 多平方米。祠前为照壁、祠埕。一进由门楼、披榭、天井、大厅等组成。门楼为牌楼式建筑，悬山屋顶，穿斗式木构架，面阔三间，进深三柱。二进由百代羹墙、披榭、天井、大厅等组成。大厅面阔三间，进深七柱，穿斗式减柱木结构，扛梁和木柱粗大，外涂黑漆，地上用正方形的块石铺就，两边设封火墙。螺洲陈氏五楼及宗祠于 2009 年公布为省级文物保护单位。

八、林尚书家庙

位于仓山区城门镇狮山村太保街 37 号，又名宫保祠。为明正德十三年（1518）时南京吏部尚书林瀚所建，民国 29 年（1940）重修，1987 年再次重修。家庙为木结构，坐东向西，由门楼、戏台、瞯楼、回廊、大厅、天井等组成，占地面积 669 平方米。厅柱、堵板均用黑漆。门楼为牌楼式，檐下用如意斗拱出跳。额匾书：“世宫保尚书林公家庙。”门墙上嵌一碑石，上刻：“宫保祠，民国廿九年重修。”门楼内侧设戏台，上覆以木构四角亭。大厅面阔五间，进深七柱，穿斗式木构架，两边设封火墙。门楼右墙嵌立一块高 1.4 米、宽 1.2 米的《林尚书家庙记》石碑，碑文记载：“南京兵部尚书、赠太子太保林文安公归且十稔，积有余禄，遂建祠堂于祖居之东。维正德十三年十二月二十七日，是为立春，乃迁主而告之。”庙前有石砌水池，“形如乌纱帽”。1992 年公布为市级文物保护单位。

九、林见泉家庙

位于仓山区城门镇林浦村，即林庭榆家庙。明万历六年（1578）仲夏由林庭榆之子林熔建造，1990 年重修。祠坐东向西，由门楼、天井、披榭、大厅等组成，占地面积 285 平方米。门楼为牌楼式木结构，单檐歇山顶，额匾楷书：“见泉林公家庙。”大厅面阔三间，进深七柱，穿斗式减柱造木构架，双坡顶，两边设封火墙。厅内设供奉祖先的神龛，神龛横楣上刻有双凤朝阳图案，厅柱、堵板均用黑色。1992 年公布为区级文物保护单位。

十、张经祠堂

位于仓山区建新镇洪光村。始建于明万历二十八年（1600），清嘉庆元年（1796）重修。占地面积592平方米，由大厅、回廊、庭院、文昌阁等组成。大厅面阔五间，进深七柱，穿斗式木构架，双坡顶。1992年公布为市级文物保护单位。

十一、高湖郑氏祠堂

位于仓山区盖山镇高湖村。始建于明正德年间，清道光十七年（1837）重修。祠坐北向南，由门楼、前厅、后堂、厢房、天井等组成，占地面积854平方米。门楼为牌楼式木结构，檐下如意斗拱出跳。原有林则徐撰书《南湖郑氏祭田记》碑，现立于福州于山碑廊。1992年公布为市级文物保护单位。

十二、阳岐严氏祠堂

位于仓山区盖山镇阳岐村。始建于清康熙三十年（1691），乾隆二十九年（1764）重建，1988年重修。占地面积572平方米，坐东向西，二进，依山而建，前后递升，两边设封火墙，祠依次为门楼、前天井、前厅、后天井、后堂、边房等。前厅面阔三间，进深七柱，前廊后堂，穿斗式木结构，双坡顶。后天井铺石，后堂建于高台上，面阔三间，进深五柱，双坡顶。祠内原有《重建严氏宗祠碑记》碑，1980年移置于山碑廊。2007年公布为区级文物保护单位。

十三、长柄朱子祠

位于马尾区亭江镇长柄村，宋朱熹避伪学禁时在此讲学。朱熹（1130—1200），字元晦，又字仲晦，号晦庵，晚称晦翁，谥文，世称朱文公。宋代著名理学家、思想家、教育家、诗人，儒学集大成者。明万历年间，塘头董应举和英屿郭心山父子，为祀朱熹，建紫阳先生祠，后改为龙津书院。清嘉庆十五年（1810）、同治六年（1867）重修。占地面积506平方米，坐北向南，依山而建，前后递升，周围封火墙。由门楼、大殿、文昌阁三部分组成。土木结构，周设封火墙。大殿为穿斗式木构架，面阔三间，进深七柱。廊墙上嵌立《龙津书院祀典记》等五方碑刻，记载该祠的历史沿革。古时春秋二祭，合北一带士子均聚会于此。祠内现存朱熹题刻“跃龙津”。1986年公布为区级文物保护单位。

十四、高应松祠堂

位于长乐区古槐镇屿中村。包括高应松祠堂及附属文物枢密第，2001 年公布为省级文物保护单位。高应松（1212—1276），字篔亩，长乐人。宋开庆元年（1259）进士，历官工部侍郎、端明殿学士、签书枢密院事。元兵逼至临安，挟宋降，他坚持不草降书；后被捕，随从宋恭帝至燕都，绝食七日而卒。明洪武年间（1368—1398）在其故居附近建高应松祠堂，清及民国时期均有修葺，保留明代建筑规制。祠全称“锦屿高氏忠烈祠”，占地面积约 800 平方米，坐北朝南，前后两进，依次为门墙、戏台、天井（有回廊）、正厅。厅堂面阔五间，进深七柱，穿斗式木构架，双坡顶，四周封火墙。祠内尚有牌匾十余面。

枢密第

即高应松故居，敕赐“庆安堂”。前有照墙，门楼正中石匾，镌刻“枢密第”；背书“文章节义”。石刻门联：“渤海名宗派；丹山哲辅家。”主体建筑三进，一进已圮，存二、三进，均面阔五间，进深七柱，前有游廊，穿斗式木构架，双坡顶，保留明代建筑风格。

十五、南阳陈氏祠堂

位于长乐区江田镇友爱村。始建于明永乐十六年（1418），万历九年（1581）重修。坐北朝南，前后三进，一进为门厅；二进为正厅；三进为祭祖厅（绎恩堂）。祭祖厅面阔五间，进深七柱，穿斗式木构架，悬山顶。祠内牌匾、楹联众多，其中有御赐“家传孝友，世笃忠贞”匾，以及明大学士叶向高、刑部侍郎郑世威和近代徐世昌、萨镇冰等题匾和书联。2001 年公布为省级文物保护单位。

十六、李骐祠

位于长乐区鹤上镇上李村。李骐（1378—1425），字德良，长乐人。明永乐十六年（1418）状元，为人耿介，终任翰林撰修。祠单进，占地面积 628 平方米，坐西北向东南，面阔五间，进深七柱，穿斗式木构架，双坡顶。前有庭院、回廊，周以围墙，大门石匾额上刻“李氏特祠”。1984 年公布为县级文物保护单位。

十七、叶氏宗祠

位于福清市港头镇后叶村。建于明万历年间，1985 年整修、恢复原貌。系明内阁首辅叶向高的祖祠，坐北朝南，由戏台、天井、殿堂等组成，占地面积 1290 平方米。殿堂面阔三间，进深七柱，穿斗式木构架，歇山顶。栋梁、斗拱、门窗雕刻精美。外墙为砖石结构，共有四重门。祠堂内存有明万历皇帝御赐“天恩存问”竖匾及各种匾额、楹联。1987 年公布为县级文物保护单位。

十八、江山陈氏支祠

位于闽侯县南通镇陈厝村。始建于宋景德年间，历代均有重修，民国 20 年（1931）重修扩建。占地面积 2300 平方米，坐东朝西，三进，中轴线上依次为门楼、戏台、过雨亭、大厅、后厅，花园等建筑。大厅、后厅均面阔五间，进深分别为七柱、五柱，穿斗式木构架，双坡顶。祠堂用材考究，全部屋柱、柱础及戏台均由青石加工构成。柱础、戏台精雕花草鸟兽图案。大门祠匾“江山陈氏支祠”系国民党元老于右任手书。戏台上方悬挂“揭古徽今”木匾，为金漆黑字，浮雕黑字，字体清秀，刚劲有力；底为漆金，四周匡以花鸟图案雕刻，中为浮雕双龙戏珠。青石柱精磨光滑如镜，柱柱有楹联，阴刻篆、隶、行、楷诸体并描金，均出自名人手笔，其中有民国时期要人林森、陈绍宽、杜锡珪、陈季良、萨镇冰、林之夏、刘建绪、何刚德等，清朝遗老陈宝琛、郑孝胥，著名书法家陈衍、沈觐冕、洪亮等。祠前为百余平方米石板铺设的祠埕，围以望柱石栏。埕前面是石砌半月池，面积一亩有余，通流闽江，随潮涨落。1992 年公布为县级文物保护单位。

十九、闽越王祠

位于闽侯县上街镇建平后山村，祀汉闽越王无诸。始建年代不详，占地面积 1200 平方米。坐西朝东，前后三进，依次为门楼、戏台、瞷楼、拜亭、大王殿、大悲阁等木构建筑，周围封火墙。大王殿为穿斗式减柱造木构架，面阔五间，进深七柱。大悲阁为双层穿斗式木构架，悬山顶。拜亭为无柱扛梁亭，两条大梁直插左右走楼梁柱中。门楼、戏台联为一体，与拜亭同为歇山顶。

二十、汉闽越王庙

位于闽清县坂东镇文定村。始建于清道光十七年（1837），坐南朝北，由戏台、廊庑、香亭、正殿组成，占地面积 300 平方米。正殿面阔三间，进深五柱，穿斗式减柱木构架，歇山顶。

二十一、岐阳郑氏宗祠

位于罗源县凤山镇岐阳村116号。建于明万历年间（1573—1620），清代重修，坐北朝南，平面呈长方形。进大门依次为天井、仪门厅、祠厅、祖厅等组成。祠土木结构，悬山顶、穿斗式木构架，马鞍墙。面宽19.73米，进深51.07米，建筑面积1007.6平方米。大门仿汉阙结构，重檐歇山顶，单柱直上，檐角飞翘；面阔五间，进深五柱，斗拱、瓜柱、雀替雕刻精美。大堂面阔三间，进深五柱，供奉历代宗亲神主，称“追思堂”。祖殿面阔五间，进深七柱，单檐悬山顶。插屏门额上有三幅人物花鸟描金浮雕；三面匾额，分别书“圣义”“智仁”“中和”。岐阳郑氏始祖郑德山，于元泰定三年（1326）定居岐阳。宗祠现为罗源县郑氏荥阳宗亲联谊会会址。2013年公布为省级文物保护单位。

二十二、（洑口）金山堂

位于永泰县洑口乡洑口村。始建于唐会昌六年（846），清嘉庆二十五年（1820）重修，1998年再修。坐西南朝东北，占地面积1650平方米。廊院式建筑，由门楼、院埕、门厅、廊庑、天井、主座等组成。门楼位于左侧，面阔一间，进深三柱，穿斗式梁架，悬山顶。进门楼为院埕，门厅面阔七间，进深二柱，穿斗式梁架、双坡顶。天井鹅卵石铺设，左右廊庑挡水墙泥塑人物花鸟。主座面阔七间，进深七柱，穿斗式木构架，悬山顶，双层燕尾翘脊，绘有精美图案。大厅正中为神主龛，左右为厢房。2009年公布为省级文物保护单位。

第四节　会 馆

一、福州建宁会馆

位于鼓楼区郎官巷17号。始建于清代。建宁会馆有天后宫和绥安会馆两部分。天后宫，依次为前殿、正殿、后殿。门墙上灰塑装饰神话宫阙，依稀可辨。现尚存后殿，面阔三间，进深二间（五柱），穿斗式构架，双坡顶，两侧鞍式山墙。绥城会馆，依次为大门、庭院（天井）、祠厅等，周以风火高墙。祠厅面阔三间，进深七柱，穿斗式构架，鞍式山墙。正中庭院铺石地面，左右廊屋。绥安会馆朝西外墙上嵌有一块碑“城内绥安会馆公业墙界”，大门石门框下垫两块雕有法器的方石。2009年公布为省级文物保护单位。

二、乌塔会馆

位于鼓楼区下殿里乌塔东南侧。始建不详，曾祀五帝。清道光、同治（1821—1874）年间重修，光绪年间京果行商会捐资重修。馆占地面积500平方米，坐南向北，四面围墙。大门开西侧，正中门青石匾额为“石塔会馆”，门前有一对青石石狮。现存主要建筑为戏台、[illegible]楼、大殿。戏台面对乌塔，面积约60平方米，台中四根方形石柱，刻有对联“集今古大观，时事各异；得管弦乐趣，情文相同”等。台顶藻井，斗拱层层重叠，顶刻画有山水楼台、花卉树木，造型优美；台后为化妆室。戏台两侧为[illegible]楼，楼前栏板精雕细刻。戏台正面大殿，面阔三间，进深七柱，穿斗式木构架，双坡顶，鞍式山墙；墙北端墀头上方灰塑狮子，墙顶鹊尾脊高高翘起。1992年公布为市级文物保护单位。

三、八旗会馆

位于鼓楼区道山路78号。原是明代宦官花园“中使园”遗址，清初改建为八旗旅闽京官要员住宿之所，清中叶改建为满人旅闽之居所，俗称八旗会馆。建筑有主座厅堂、戏台、厨房、库房、花园、花厅等。清末及民国间逐渐破损，厅堂平面呈长方形，面积360平方米，双坡屋顶，穿斗式木构架，鞍式山墙。木柱特大，屋顶藻井保存较好。厅堂南面戏台的隔扇、门扇精雕各种花鸟图案。1992年公布为市级文物保护单位。

四、湖南会馆

位于鼓楼区保定巷福州十八中学校内。建于清代，坐北朝南，四面砖砌封火墙，墙堵均为大石板，高2米左右。正门石门框高大，宽1米余、高2米多。入门为天井，正座一进殿堂，面阔三间，进深七柱，前廊后堂，中用减柱法，木柱大可双手合抱，青石柱础，斗拱华美；横梁长约8米，木雕精湛。1996年公布为区级文物保护单位。

五、连城张氏试馆

位于鼓楼区宫巷东口北侧。清光绪年间，连城张氏在福州经商，为鼓励族人读书，特购旧房一幢重修，专供连城张氏族人来福州参加省试或赴京考试免费住读之用。馆坐北朝南，前后二进，双坡屋顶。第一进面阔三间，进深五柱，穿斗式木构架，有前后厅、前后天井。第二进结构与首进相同，厅堂中间有魁星龛一座，高3米、宽2.2米，基座上石刻麒麟，龛门上有《封神演义》等神话故事的金漆彩绘。

六、琉球馆

位于台江区琯后街 21 号，原名柔远驿。始建于明成化十年（1474），重建于清康熙七年（1668）。为接待琉球国朝贡宾客和与琉球贸易的场所。当年设有进贡厂，馆舍规模宽敞，民间称之为“琉球馆”。馆为木结构，原有大门 1 间，前厅 3 间，两边卧房 6 间，后厅 5 间，两边水梢卧房 27 间；二门 3 间，两边水梢卧房 6 间，守卫千户 10 间，军士房 6 间；天后宫 1 所。今馆于 1992 年由福州市人民政府拨款修复，在原址大门西侧，占地近 600 平方米，坐北向南，门厅设屏门，后为天井、两侧披榭。正座主建筑为面阔五间，进深五柱，次间双层楼房，周围以封火墙。今辟为福州对外友好关系史馆，陈列福州与琉球往来友好史实。1996 年公布为省级文物保护单位。

七、古田会馆

位于台江区同德路 2 号。民国 4 年（1915）古田县商帮集资建造，后经重修。占地面积 460 平方米，坐北朝南。临街红砖清水砌牌楼式门墙，石框大门，门额上嵌有“天后宫”石匾。门内依次为戏台、天井、拜亭、正厅，西侧为二层厢房。正厅面阔三间，进深七柱，重檐歇山顶，穿斗式减柱造木构架，正厅和拜亭皆有藻井，雕饰精美。馆内墙基嵌有集资建馆碑记一方，高宽各 1.91 米。1996 年公布为省级文物保护单位。

八、福州商务总会旧址

位于台江区上杭路 100 号。清光绪三十一年（1905）由福州富商张秋舫等首倡，组织“福州商务总商会”。清宣统三年（1911），在此兴建砖木结构八角亭（魁星楼）等建筑群，是福州地区各商帮、商行从事贸易活动的中心地点。建筑坐北朝南、依山而建，平面呈 T 字形，中轴线上前后四进，均为三开间，穿斗式构架。后院落东侧为八角亭院落。前设假山，中为二层歇山八角亭及后天井与两侧阁楼。八角亭后部为主座。主座面阔三间，进深三柱，共两层。二层南侧次间设挑廊。主座次间北侧分别连接后天井两侧建筑。后天井东侧为二层木楼，一层为红砖墙，上有灰塑题字、绘画。二层设挑廊，分别安装木制栏杆、美人靠；后天井西侧为倒朝房，面阔三间，进深四柱，两侧封火墙，硬山顶，为减柱造扛樑厅。后天井北侧有假山雪洞，上有台阶可通二层东侧小楼。八角亭院落东侧另有花园，设一二层民国小楼。2009 年公布为省级文物保护单位。

九、三山会馆

位于台江区学军路 92 号。清道光十八年（1838），由江、浙两省在福州布帮商会造。馆坐东向西，原有神殿、戏台、膶楼、厢房、仓库，周围封火墙。今尚存春晖堂，占地面积 308 平方米，面阔三间，进深五柱，穿斗式木构架，重檐歇山顶，堂内石础、石柱、藻井等保存完好，存留楹联题刻多处。东面围墙嵌有“三山会馆”石匾额；堂正门两侧有石狮二尊，系汀州会馆移来。1992 年公布为市级文物保护单位。

十、闽清会馆

位于台江区帮州街道后田新闽街 71 号，又名梅城会馆。清同治六年（1867），由闽清籍华侨募捐、侨领黄乃裳主持修建。馆坐东向西，占地面积 1250 平方米。大门内有戏台、膶楼和三座品字形的楼房，周围以青砖清水砌高墙。厅堂面阔三间，进深七柱，穿斗式木构架，双坡顶。前廊有一对长 3.75 米、直径 0.67 米青石透雕龙柱，上有“虎丘黄公建”“同治丁卯年”款识。1988 年公布为区级文物保护单位。

十一、福州安澜会馆

位于仓山区仓前路 5 号，又名浙江会馆、上北馆。建于清嘉庆二十三年（1818），坐南朝北，占地面积 1800 平方米。正殿面阔三间，进深七柱，重檐歇山顶。正殿前为戏台，两侧为双层廊房。正殿前檐原有浮雕龙凤石柱（已移往于山玉皇阁），会馆为典型浙江建筑风格。该馆原为浙人在闽经商及官员、名人聚集之处。江苏无锡人孙尔准在闽为官二十年，升任闽浙总督。浙人感其恩德，设孙文靖禄位于馆，每年诞辰大张庆贺。清同治七年（1868）又于会馆右侧建祠祀奉。内立《孙文靖碑记》，碑高 3.03 米、宽 1.10 米、厚 0.27 米，碑文记载孙尔准修成福州小西湖及兴化木兰陂，建义仓、拓贡院、复书院等功绩。2009 年公布为省级文物保护单位。

第五节　名人故居、古民居

一、光禄坊刘氏民居（文见第一章第五节）

二、文儒坊陈氏民居（文见第一章第五节）

三、黄巷郭氏民居（文见第一章第五节）

四、沈葆桢故居（文见第一章第五节）

五、宫巷林氏民居（文见第一章第五节）

六、南后街叶氏民居（文见第一章第五节）

七、安民巷鄢家花厅（文见第一章第五节）

八、 衣锦坊欧阳氏民居（文见第一章第五节）

九、小黄楼（文见第一章第五节）

十、衣锦坊水榭戏台（文见第一章第五节）

十一、二梅书屋（文见第一章第五节）

十二、严复故居（文见第一章第五节）

十三、郎官巷严复故居（文见第一章第五节）

十四、林觉民故居（文见第一章第五节）

十五、塔巷王氏民居（文见第一章第五节）

十六、宫巷刘氏民居（文见第一章第五节）

十七、朱紫坊萨氏民居（文见第一章第五节）

十八、芙蓉园（文见第一章第五节）

十九、林则徐故居（文见第一章第六节）

二十、邓拓故居

位于鼓楼区安泰街道天雪岭第一山 4 号。邓拓（1912—1966），原名子健，笔名马南邨、向阳生等，福州竹屿人。曾任《人民日报》社社长兼总编辑、中华全国新闻工作者协会主席、中国科学院哲学社会科学部委员、中共北京市委书记处书记等职，著有《中国救荒史》《邓拓文集》《燕山夜话》等。故居占地面积 1015 平方米，三面围墙，南倚“第一山”。大门朝北，院内有清林材“第一山房”榜书和七律诗，及邓拓律诗的摩崖题刻。主楼为清代建筑，1994 年重修，双层木结构，面积 380 平方米，坐北朝南，面向山坡，背临小巷，面阔三间，进深三柱。楼高 9 米，上下两层结构基本相同，中为厅堂，左右厢房。楼前小天井，条石铺砌，摆设石桌，旁置墨池一方。1996 年公布为省级文物保护单位。

二十一、朱紫坊方氏民居

位于鼓楼区安泰街道朱紫坊 48 号，系方伯谦故居。方伯谦（1853—1894），字益堂，侯官人。历任北洋水师威远、济远舰管带、副将。建于清初，嘉庆、光绪年间重修。坐南朝北，四面围墙。主建筑三进，大门前面有照墙立于河沿，大门口是“明三暗五”门头房，两侧马头墙高耸。入石框大门，三面环廊，廊下有天井，第一进厅堂面阔五间，进深七柱，穿斗式减柱木构架，双坡顶。正面厅堂，两侧厢房，门扇、窗牖，花格皆楠木制成，雕刻精美。二进前厅正面挂有双龙贴金“诰封盒”；厅前后都有天井，天井两侧是披榭。三进为双层楼房，上为藏书阁，下为课读的地方。东侧有花厅，原有鱼池，花圃已改建为住房。进与进之间有围墙相隔，过道以覆龟亭连接。2005 年公布为省级文物保护单位。

二十二、陈衍故居

位于鼓楼区文儒坊大光里 8 号。陈衍（1856—1937），字叔尹，号石遗、匹园，晚年自署石遗老人，侯官人。同光体诗歌闽派的代表之一，著作有《石遗室诗文集》《石遗室诗话》《通鉴纪事本末》《近代诗钞》《福建通志》《闽侯县志》等。故居建于清代，木构建筑，占地面积 625 平方米，坐北朝南，四面封火墙。内分四区，入门为第一区，系清初所建的五间排木构建筑。第二区名“匹园”，园西北角为一座三楹双层楼阁，楼上藏书，名“花光阁”，阁上有联曰：“移花分竹刚三径；听雨看山又一楼。”楼下为卧室。园东北角小屋两间。园中种梧桐、玉梨、海棠等，还有绿竹数竿。第三区，额题“闻雨楼”，是会客的地方。楼南方为花园，种有梧桐、白梅、蔷薇等。第四区名“直园”，平面呈长方形，南建一座楼房，楼北盛种花果，有径通文儒坊，楼后厨房、小客厅。2009 年公布为省级文物保护单位。

二十三、大光里陈氏民居

位于鼓楼区南街街道大光里 23 号，系陈元凯故居。陈元凯生卒年不详，福州螺洲人。清光绪十五年（1889）举人，女儿意映为林觉民之妻。故居建于清乾隆年间，光绪年间重修。坐南朝北，占地面积 1500 平方米，四面围墙。主要建筑二进：一进厅堂面阔三间，进深五柱，穿斗式木构架，双坡顶；二进为倒朝三间排。东侧花厅，建有假山、鱼池。庭院内花木扶疏，陈元凯有诗云：“我家城南坊，花树颇荫蔼。”林觉民就义后，其《与妻书》经乡人从门缝塞入。2013 年公布为省级文物保护单位。

二十四、宫巷刘家大院

位于鼓楼区宫巷 14、16、18、20 号，系刘齐衔故居。刘齐衔（1815—1877），字本锐，号冰怀，又号冰如，闽县人。清道光二十一年（1841）与胞兄刘齐衢为同榜进士，授户部主事。林则徐女婿，历任陕西督粮道、陕西布政使兼按察使、浙江按察使、布政使、河南布政使等。清代建筑，四座毗邻，占地面积 4141 平方米。坐北朝南，主座三进，正门偏东，石门框上施单坡顶门罩。进石框大门，为三面环廊天井。前进正厅面阔三间，进深七柱，穿斗式木构架，双坡顶。厅上斗拱、梁托雕刻精美，门扇、窗棂皆用楠木制成。进与进之间施覆龟亭。二进厅堂面阔三间，进深七柱，二层楼房，前后走马。正面走廊顶部施卷棚，做工精细。三进厅堂面阔三间，进深五柱，东侧有门通花厅。花厅共两进，前有天井，三面环廊，厅堂面阔五间，进深七柱，襻间铺作为卷书连接夔龙形一斗三升；二进两侧竖排三椽二层木屋，为藏书楼。2013 年公布为省级文物保护单位。

二十五、泉山仁寿堂

位于鼓楼区鼓东街道中山路治山，系民国海军耆宿萨镇冰晚年燕居之所。民国 27

年（1938）2 月，为庆祝萨镇冰 80 寿辰，福州人士及其旧时袍泽陈兆锵、丁超五、陈培锟等 50 余人捐资兴建。堂占地面积 240 平方米，依岩而建，坐西朝东，双层楼房，周环以廊，设花窗，南北有石台阶上下。堂前侧另建一小方亭，为老人吟诗写字处。堂东北小屋三椽，为传达室、厨房。抗日战争胜利后，萨镇冰于民国 36 年起住进此堂。民国 37 年，萨公 90 寿诞，原建堂人士又相聚，议立《海军上将萨公仁寿堂碑》于堂前右侧。碑高 1.03 米、宽 0.54 米，列名者凡 51 人，陈兆锵撰，丁超五书。2013 年公布为省级文物保护单位。

二十六、林纾故居

位于鼓楼区水部莲宅社区。清咸丰二年（1852）建，坐西向东，由门廊、天井、披榭、厅堂、厢房组成，占地面积 348 平方米。厅堂双层，面阔三间，进深七柱，穿斗式木构架，两侧鞍形山墙。据林纾亲族相传，是林纾出生地。1995 年完成修复，辟为林纾纪念馆，2015 年公布为市级文物保护单位。

二十七、高士其故居

位于鼓楼区安泰街区鳌峰坊 3 号。高士其（1905—1988），原名高仕錤，闽县人。著名科学家、科普作家和社会活动家，是中国科普事业的先驱和奠基人。故居背靠于山，为明代郑善夫迟清亭旧址。始建于明代，坐南向北，四面封火墙，前后五进，面积 2500 多平方米。门头六扇大门，入门两房一厅。入石框大门为首进，穿斗式木构架，硬山屋顶。三面环廊，大厅面阔三间，进深七柱，中为厅，次间设前后厢房，左厢房为其父高赞鼎、母何吟阁住房。二、三进同样是面阔三开间，进深七柱，有插屏门隔成前后厅，次间设前后厢房；前后厅都有天井，前天井两侧有披榭。四进也是三间，双层楼房，楼上为佛堂。每进都有小门通向东侧围墙外花厅。花厅原有四进，除第一进为三开间住房外，二、三、四进为假山、鱼池、花树阁楼。民国初期，高赞鼎在二进鱼池东侧建一幢双层小楼，高士其青少年时期住在这里。2018 年公布为省级文物保护单位。

二十八、王仁堪故居

位于鼓楼区灯笼巷 7—8 号。王仁堪（1849—1893），字可庄，又字忍庵，号公定，闽县人。光绪三年（1877）状元，历任提督山西学政，贵州、江南、广东乡试副考官，苏州知府等职。建于清乾隆间，道光、同治年间重修。占地面积 2000 平方米，前门坐北朝南；后门位于孝义巷，坐西朝东，成曲尺形。一进厅堂面阔三间，进深七柱，穿斗式木构架，双坡顶，鞍式山墙；东侧有花厅、客房、厨房等。二进面阔三间，深五柱。从二进后天井向东入石框门为三进，面阔三间，进深七柱，有插屏门隔为前后厅。前厅右厢房为西席（指旧时教师住房），左厢房为书房，大厅是课读的地方。祖居东邻为王氏家祠。坐北向南，占地面积 600 平方米，祠厅面阔三间，进深七柱，穿斗式木构架，悬山顶，周以封火墙。祠东玉兰树高大成荫。1991 年福州市人民政府挂牌保护。

二十九、胡也频故居

位于鼓楼区乌山路道山观弄 1—4 号。胡也频（1903—1931），现代作家，“左联五烈士”之一。故居建于清嘉庆年间（1796—1820），清末至民国多次维修。故居占地面积 274 平方米，坐东向西，单进，周以围墙。厅堂面阔三间，进深七柱，穿斗式木构架，双坡顶。正厅隔为前后厅，左右厢房又隔为前后房，右后门有小径可登乌石山。1991 年市政府挂牌保护。

三十、侯德榜故居

位于台江区德榜路 1 号。侯德榜（1890—1974），字致本，侯官人。中国现代著名化学家，独创联合制碱法（后命名为“侯氏制碱法”），震动世界化工界。著有《纯碱制造》、《制碱工艺学》等。清光绪十六年（1890）建，坐北向南，木结构，平面呈凹字形，由前后厅、前后厢房、左右披榭组成，占地面积 483 平方米。大厅面阔五间，进深七柱，穿斗式木构架，悬山顶。地面铺木板，厅前后设走廊，披榭于厅廊前左右两侧。左披榭面阔二间，进深三柱。2009 年公布为省级文物保护单位。

三十一、螺洲陈氏五楼

位于仓山区螺洲镇店前村，系陈宝琛故居。占地面积 4113 平方米。始建于清光绪年间，系陈宝琛遭贬回乡期间兴建，先后依次建赐书楼、还读楼、沧趣楼、北望楼、晞楼五座。规模宏大，构造典雅，有鱼池假山、庭院花园，环境清幽，具有园林之胜。店前村江边原有一座赐书轩，为陈宝琛曾祖父陈若霖珍藏皇帝御书之所，由书法家翁方纲题匾；陈宝琛在后门埕建造新楼，将赐书轩藏书及匾移此，名曰赐书楼。楼为木构，双层，面阔五间，进深三柱，单檐硬山顶，楼上三面走廊，廊沿设美人靠，造型古朴，气势高敞。楼前一栋面阔三间平屋，两旁设封火墙。沧趣楼，在赐书楼东北侧，系陈宝琛珍藏金石书画之所。陈自述："余年未四十作沧趣、听水二斋以娱亲。"楼为土木结构，二层，面阔五间，进深五柱，单檐硬山顶。两旁立墙，前面走廊，廊前木栏杆。楼上贮存大量金石书画、古玩文物。陈氏以楼名作为他晚年自号，把所藏珍品以沧趣楼名影印行世，故该楼驰名远近。楼前有鱼池、凉亭，池畔还有铁石假山。还读楼，在赐书楼后侧，取陶潜"时还读我书"句之意，为陈宝琛藏书之处。所藏图书更为丰富，多是民间收集的珍稀版本。楼为木构，双层，面阔三间，进深七柱，单檐硬山顶。中为厅，两侧原为藏书室。楼西过道通晞楼。晞楼位于还读楼西侧，坐西向东，以迎朝晖。楼为木构，双层，面阔五间，进深三柱，单檐硬山顶，楼上三面环廊，沿廊有木栏杆。晞楼与还读楼间有阳台，为陈宝琛乘凉赏月之所。北望楼，在沧趣楼西南侧，于清廷帝制结束后建成，取名"北望"，以示"思君恋阙"，内原悬挂溥仪像，并陈列祭器等物。北望分主楼和望楼前后二楼，中间隔一天井，均双层，单檐硬山顶。南为主楼，面阔三间，进深三柱，建筑精巧，门窗都用漏花编排；北为望楼，面阔五间，进深三柱，俗称"小姐楼"。主楼与望楼之间连接以台，铺斗底砖，用铁栏杆。螺洲陈氏五楼及宗祠于 2009 年公布为省级文物保护单位。

三十二、林森公馆

位于仓山区仓前街道公园社区程埔路。民国 10 年（1921），由闽侯县尚干乡民集资兴建。由主楼、副楼及院墙组成，占地面积 265 平方米。主楼呈"T"字形，占地面积 380 平方米，坐北朝南，中西式三层白砖楼房，由弯形楼梯通行上下，各层均为中间大厅、左右厢房。副楼三层，面阔单间。2009 年公布为省级文物保护单位。

三十三、陈绍宽故居

位于仓山区城门镇胪雷村。陈绍宽（1889—1969），字厚甫，福州城门胪雷村人。民国海军部部长、海军总司令，国民革命军陆军、海军一级上将。新中国成立后，曾任福建省人民政府副主席、副省长、民革中央副主席等职。民国 10 年（1921），陈绍宽父伊犁主持兴建。1960 年省人民政府拨款重修。坐北向南，砖石土木结构，穿斗式木构架，面阔五间，进深七柱，双坡屋顶，周设封火墙。内有门头房、披榭、前后天井、大厅、游廊、厢房、后院，占地面积 754 平方米。屋内由条石铺地，墙上雕镌花卉图案；门窗上缀有"周公六行，管子四维""世守共和，家传孝友"等字。厅堂中间悬挂陈绍宽遗像，两旁有联曰“有容乃大；无欲则刚”“养天地正气；法古今完人”，及“海阔天高气象；风光月霁襟怀”“复礼归仁端克己；移风易俗为型方”。正座西侧，有占地面积4143平方米的花园，园中有鱼池、亭阁，花木掩映。整座故居古朴典雅，清幽静谧。民国后期，陈绍宽退出海军界后曾居此。2018年公布为省级文物保护单位。

三十四、龙院郑氏民居

位于仓山区盖山镇高湖村。始建于明代，坐西朝东，偏北，东西两落并列。西落一进，为民国建筑，东落二进，为明代中早期建筑。西落面阔三间，进深五柱，穿斗式木构架，前后天井。东落前部设石板埕，一二进主厅均面阔五间，进深七柱，双坡悬山顶。一进主厅设前通廊，明间厅堂为抬梁做法的井字梁架，前轩廊为叠斗结构，厅内四椽栿上设驼墩叠斗，架平梁；前大小金柱间以丁头栱接一斗三升承托屋架的做法极为独特，其余缝架均为穿斗做法，为福州地区典型的明代木结构形式。二进主厅前轩廊为叠斗结构，屋身均为穿斗式做法。2018年公布为省级文物保护单位。

三十五、玉屏山庄

位于仓山区盖山镇下岐村，为清代叶大庄的故居。环玉屏山而建，占地面积一万多平方米，规模宏大。原有20多座房屋，并有鱼池、假山，具有园林之胜。现保存最完整的是山南的游氏宅。该屋为砖木结构，坐北向南，由门廊、披榭、天井、大厅、厢房、后庭等组成，占地面积1120平方米。正座面阔五间，进深七柱，穿斗减柱木构架，双坡屋顶，周围封火墙。中为大厅，两侧厢房为二层阁楼，厅前廊檐、柱均为楠木。清水青砖门墙，上设女墙。后庭花园，园中假山峥嵘，怪石嶙峋，花木相映。整座房屋布局匀称，精巧典雅。1983年公布为市级文物保护单位。

三十六、翁正春故居

位于仓山区建新镇洪塘街。明代建筑，坐东向西，建筑面积127平方米，面阔五间，进深七柱，穿斗式木构架，单檐悬山顶。1986公布为区级文物保护单位。

三十七、魏杰故居

原位于鼓楼区东门，现移建于晋安区金鸡山。魏杰（1796—1875），字从岩，号拙夫、鹤山樵者，闽县人。中年从事盐商，经营有方，遂成东门巨富，有“塔头魏半街”之称。

曾捐资兴修金鸡山地藏寺、鼓山涌泉寺、北峰九峰寺等，并开拓鼓山白云洞、桃源洞等十八洞景，著有《九峰志》《逸园诗钞》《鼓山吟草》等。故居建于清代，清咸丰、同治（1851—1847）年间，魏杰向塔头街“林半街”买了十座房舍分给他的七个弟弟和三个儿子，并亲自选址在塔仔弄，创建“鹤山草庐”，占地面积1000多平方米，坐北朝南，四面围墙。主座建筑祠厅，辟左、中、右三门，大门六扇。入门三面环廊，廊下天井。厅堂面阔三间，进深五柱，穿斗式木构架，双坡屋顶，斗拱、挂洛、檐、楣雕画精美，是奉祀魏杰生父富友之祠厅。旁建静修书屋、寿泉厅、泉石居（花亭）等，分别作为祭祀、课读、书画及住宿之所；泉石居是魏杰长住的宅院园林。2016年公布为市级文物保护单位。

三十八、周宝庭故居

位于晋安区鼓山镇鼓二村75号。周宝庭（1906—1989），小名依季，又号异臂，福州人。我国著名的寿山石雕工艺美术大师。故居建于清末民国初，占地面积1000多平方米。由倒朝、廊庑、天井、正座、后花园组成，四周围以马鞍形山墙。正座面阔五间，进深七柱，穿斗式木构架，硬山顶。庭院幽深，整洁，木雕精美。屋内尚保留周氏生前布置，并展示其生平事迹。

三十九、九头马民居（文见第一章第六节）

四十、观察第

位于长乐区吴航街道兴贤巷，系明万历年间广东按察副使陈见庵府第。陈见庵生卒年不详，名复升，长乐鹤上人。明嘉靖三十五年（1556）进士，曾任广东按察副使。前后三进，占地面积约1000平方米。正座为悬山顶，抬梁穿斗混合式木构架，面阔五间，进深五柱。各进均有庭院相隔，回廊相连。1986年公布为县级文物保护单位。

四十一、水西林建筑群

位于高新区南屿镇南旗村水西林32、33、35、37、38、196号，为明代林春泽及其子孙故居。林春泽家族系明代闽中名门望族，父、子、孙世进士，世代为官，府第连成一片，长百余米。建筑群由明代进士林春泽宅、其长子明进士林应亮宅、次子林应宪宅、长孙林如楚宅及其后裔宅、旗峰林公祠等6处建筑组成，坐西向东，临街排开，占地面积约 10000 平方米。林春泽宅前后二进，面阔五间，有歇山顶八字墙门楼和左右倒座、正座、后座、后花园等；林应宪宅单进，面阔三间；林应亮宅前后三进，面阔五间；林如楚宅单进，面阔三间；林如楚后裔宅单进，面阔五间；旗峰林公祠前后三进，面阔三间。水西林为明清福州地区官宦府第建筑群的典型实例。2013 年公布为省级文物保护单位。

四十二、东关寨

位于福清市一都镇东山村新寨 2 号。清乾隆元年（1736），何氏家族兴建。系寨堡式民居，坐东北向西南，依山势高下而建，土木结构，平面呈长方形，宽 55 米、深 76 米，占地面积 4180 平方米。寨墙基座和墙体下半部均用岩石砌建，高约 10 米；石墙之上再筑土墙，墙上开窗和小孔。寨前为广阔石埕，埕中设台阶进入寨门。正中由门楼厅、前厅、后厅、后楼院几组建筑组成。前后三进都用封火墙，进与进之间也隔高墙。中轴线左右侧是对称的别院，分两部分：一是附建在主轴线封火墙外的披舍，一是沿寨墙内侧修建双层楼房，沿寨墙一周设跑马场。门楼厅为双层楼房，穿斗式木构架，用通柱，双坡顶，鹊尾脊；楼上下均为五柱五开间。二进是寨的中枢，厅堂面阔五间，进深七柱，前廊后堂，堂前为左右披舍、回廊。后楼院也是双层楼房，结构与前大门楼相同。全寨厅堂、楼房共计 99 间。寨门除正面西门外，两侧还设南、北寨门。寨门上方均设有注水孔，用以注水护门防备火攻。寨内有一口大泉井，终年不涸。寨左凿池塘，右辟花园。2001 年公布为省级文物保护单位。

四十三、永奋永襄厝

位于闽侯县白沙镇新坡村西北侧。群体建筑总面积 10000 多平方米，保存较好。据族谱记载推断为清乾隆年间江万里后裔江永奋、江永襄兄弟所建。民居坐北朝南，依山而建。纵向排列三座建筑群体，前后共七进，均为穿斗式木结构，双坡顶，封火墙。每座都由正房、厢房、回廊、围墙组成。前两座为江永襄所建，正房三进均面阔五间，进深七柱。左侧紧贴正房高墙建有双层楼阁式书斋，横向面阔三间。右侧前后建成两座附属建筑。中座前后两进，一进为面阔三间的佣人住房；二进为双层楼阁。前后两进，环廊相连。阁前有花园，左右建亭台，中间建假山、植有果树，造有鱼池。后座为江永奋所建。一进正房面阔七间，进深七柱，左侧建有叠拱门亭。二进正房面阔五间，进深七柱，明间特别宽大，间距 9.11 米、深 20.1 米、高约 10 米余。梁柱粗大，柱径约0.4—0.5米。1992年公布为县级文物保护单位。

四十四、溪源寨土楼

位于闽侯县鸿尾乡桥头村。建于清道光年间，为方形土楼建筑。共有房屋232间，占地面积5000余平方米。中轴为三进木结构正房。面阔五间，进深九柱，悬山顶，穿斗式木构架，左右配建厢房。正房两侧建双层木构楼房，四周紧贴围墙建双层木构环楼。围墙高大宽厚，分为两层：下层为双向用整块方石砌筑，中间填土，厚如城墙，四向相通，可行人，利防御；上层土筑，外用灰色泥灰粉刷。前左后右两掎角建有方形瞭望楼，设有瞭望眼、枪眼。廊与天井全部用平面石板铺设，三合土地面。内凿有水井。1992年公布为县级文物保护单位。

四十五、啸馀庐

位于连江县琯头镇秦川村青芝山半腰，又称林森公馆。林森（1867—1943），原名天波，字长仁，号子超，自署青芝老人，闽侯县人。早年参加中国同盟会，辛亥革命后，任南京临时参议院议长、国会非常会议副议长、福建省省长，民国二十一年（1932）任国民政府主席。啸馀庐乃林森在连江县青芝山别墅，1923年建，自1923至1928年，林森隐居于此。单体建筑，方位南偏东20度，占地面积260平方米，砖木水泥混合结构，二层，硬山顶，面宽三间，进深二间，正面有花圃，前有石块垒砌半圈墙，大门朝西，朝向“折腰石”来路，门外有匾书“常关”二字，内匾“啸馀庐”三字，均为林森手书。进门一岩为屏，上刻画家黄宾虹篆书“啸馀庐”。过岩屏小径，即见庐舍正面铁栅大门，门廊底小园遍植花草，当年林森手植之两株金桂香气四溢。楼下正厅镌有林森自书“心”字，右壁林森画像旁有于石任题联“名昭海岳千秋永；情协讴歌万姓同”。二层右钢筋混凝土架连“一片瓦”岩顶，建为小房，供作储藏间、小厨房、小餐厅和浴室，卫生间。正间作客厅，挂孙中山先生遗像。内有暗道通楼下。林森藏骨塔及啸馀庐1991年公布为省级文物保护单位。

四十六、厦王里孙氏民居

位于连江县凤城镇八一六西路北，建于明早期，为明湖广道、浙江道监察御史孙钦及其兄孙钧所建。坐北朝南，原为四进合院式民居，现存二、三进院落，占地面积1264平方米，一进门厅和四进花园已毁。二进院落由前廊、两侧披榭及正房大厅构成，大厅悬山顶，面阔五间，进深九柱，抬梁穿斗混合式木构架，后坡做假倒水屋面。三进为二层阁楼，面阔五间，进深九柱，穿斗式木构架。该民居为典型明代民居，构造完整、精美，为研究福州古民居提供了珍贵的实物遗存。2018 年公布为省级文物保护单位。

四十七、宏琳厝

位于闽清县坂东镇新壶村北，又名新壶里。清乾隆六十年（1795）至道光三年（1823）黄作宾建，以其长子宏琳命名。占地面积 17832.28 平方米，坐东向西。布局分三组，共有大小厅堂 35 间，天井 30 个，花圃 25 座，封火墙 36 扇，水井 4 口，大门 13 个，房间 666 间。正座面阔七间，进深七柱，穿斗式减柱造木构架，双坡顶，燕尾脊。墙檐下有灰塑花堵、彩绘装饰，墙顶翘脊。厅前有天井、左右披榭。左右两组为前后三进宅院；两侧厢房对称。东北与西南角各建一方形双层角楼。2005 年公布为省级文物保护单位。

四十八、中房林氏祖厅旗杆林

位于罗源县中房镇林家村林氏祖厅前。明清两代所立，完整保存 18 对，大小不一。其中有明嘉靖三十一年（1552）湖州乌程县少尹林灯、明万历河南道参军林日荣、清顺治十八年（1661）辛丑进士奉政大夫广东廉州同知林长存、清道光十二年（1832）壬辰举人湖北通城县知县奉政大夫署湖北荆门棣州知州林芝华，以及清乾隆元年（1736）丙辰武解元林元继、清乾隆四十五年（1780）庚子解元林世集、清嘉庆二十一年（1816）丙子解元林芝相等旗杆碣。宏伟壮观，为罗源县保存最好的旗杆碣林。2013 年公布为省级文物保护单位。

四十九、永泰庄寨建筑群

位于永泰县，由同安镇同安村同安寨、九斗庄，同安镇洋尾村爱荆庄，嵩口镇月洲村宁远庄，丹云乡翠云村和城寨，白云乡寨里村竹头寨，大洋镇大展村荣寿庄，梧桐镇椿阳村庆丰庄等 8 座庄寨组成。庄寨空间结构以楼层为主，各居住区域用高大的防火墙隔断；厚重的外墙厚达 3 米左右，深挖的墙基，乱石堆砌的基脊，大块石头的错缝倒挂贴面，坚固厚实的三重铁面厚板大门，合围成固若金汤的院落。多设碉式角楼，二、三层墙上设置贯通式的跑马廊和大小等同的斗式条窗，不同方向的竹制枪孔，一层设置台炮射击孔。正堂梁架多使用“四梁扛井”、穿斗减柱式木构架。轩廊、厢房、正堂梁架均有精美装饰。2018 年被公布为省级文物保护单位。

五十、樟坂乡贤第

位于永泰县同安镇樟坂村，系余潜士故居。余潜士（1784—1851），字时缵，号耕村，永泰人。清咸丰元年特赐进士，曾入祀福州孔庙，教育家和理学家，著有《畊村全集》《教学编》等 15 卷，影响深广。始建于明末清初，清末重修。坐西向东，土木结构，占地面积 2737.82 平方米，由屋前池塘、上下厅及左右护厝、后部拱屋等组成；现仅存一进，带前廊，面阔七间，进深七柱，穿斗式木构架，硬山顶。厅柱有魏学台书联：“芳声传剑井；瑞气绕龙岗。”厅前出游廊，两侧有回廊、书院。附属文物余潜士墓、张太君墓。2009 年公布为省级文物保护单位。

第六节　塔

一、崇妙保圣坚牢塔（乌塔，文见第一章第四节）

二、报恩定光多宝塔（白塔）

位于鼓楼区南门于山白塔寺。唐天祐元年（904），闽王王审知为超度亡母而建。传说在辟基时，发现一颗光芒四射的宝珠，取名“报恩定光多宝塔”。原塔七层八面，内砖砌轴心，外施木构，通高 240 市尺（80 米）。明嘉靖十三年（1534）塔被雷火焚毁；二十七年（1548）由乡宦张经、龚用卿等集资重建，砖轴心改为塔身，七层八角葫芦状塔刹，高 45.35 米。塔外表素面，涂上白灰，俗称“白塔”。塔壁砌佛龛，屋檐上周廊施护栏；塔身内设挂柱悬梯，盘旋登顶，榕城景色尽收眼底。1958 年重修，更换木柱悬梯；1963 年整理塔周环境，发现唐塔须弥座束腰石雕刻，内容为海国神话、狮子、牡丹等，原地保护。1991 年公布为省级文物保护单位。

三、林浦石塔

位于仓山区城门镇林浦绍岐村。建于南宋绍熙四年（1193），石构，仿楼阁式，八角七层，实心，塔壁均浮雕佛龛、佛像、圆珠塔刹，高 7 米，下有须弥座，塔身上有铭文：“绍熙四年仲□重修。”1986 年公布为区级文物保护单位。

四、千佛陶塔（文见第四章第一节）

五、罗星塔（文见第一章第六节）

六、圣寿宝塔（文见第一章第五节）

七、龙山祝圣宝塔

位于福清市音西街道水南村，又名水南塔。建于宋宣和元年（1119）。建炎三年（1129）遇台风毁坏，绍兴十一年（1141）修复；明代曾重修。该塔下四层为北宋建筑，上三层为南宋建筑，风格迥异。塔高 20 米，仿木构楼阁式用花岗岩砌建，七层八角，下有须弥座，座径 5.4 米、周长 14.8 米，转角用倚柱，柱头用斗拱出棉。第一层塔门口置两尊浮雕武士；一至四层塔腹系八角直筒空心室，室壁悬挑石级呈螺旋状，无雕饰；五至七层，塔内作八角空心室，圆拱形门顶。塔壁各面设佛龛，龛内各坐浮雕像一尊。该塔龙首棉、塔檐、塔刹等均严重损坏。1981 年公布为县级文物保护单位。

八、瑞云塔

位于福清市龙山街道瑞云社区利桥街南侧，俗称“利桥塔”。始建于明万历三十四年（1606）冬，万历四十三年（1615）秋竣工，由司宝司丞叶成学（叶向高之子）与知县凌汉翀募缘，名匠李邦达设计施工，1984 年修缮。塔用花岗岩石砌建。塔高 34.6 米，七层八角，仿木构楼阁式。须弥座高 1.75 米、边宽 3 米，各面上枭浮雕仰莲绽放，下枭浮雕云浪翻腾，束腰石浮雕麒麟、玉兔、芝鹿、天马行空、狮子戏珠、梅雀迎春等图饰。第一层开一门朝正北，一对石雕武士把守左右。塔门额竖匾阴刻“凌霄玉柱”。第二、四、六层均东西对称开门；第三、五、七层均南北对称开门，第七层朝南留有扁圆形天窗。各层塔门左右均立有两尊精雕细凿的武士，现仅存 12 尊。塔内为八角空心室，设石阶，层层通连至顶。各层外向转角倚柱成海棠状，柱头施斗拱。叠涩出层檐，檐面浮雕瓦垅，顶为葫芦塔刹。二至七层六面塔壁均设佛龛，佛龛高 1 米；佛龛左右浮雕力士、比丘、罗汉等，形态逼真，龛额上枋浮雕“五方佛”“三世佛”。檐前刻勾头、滴水，角檐头高高翘起，上各坐一尊神态各异的“镇塔将军”，计 48 尊。

层檐之上施平坐、护栏，供登临远眺。全塔共有各种大小浮雕和镂雕的菩萨、力士和佛像388尊，最大的高1.5米，最小的只有0.2米，千姿百态。1961年公布为省级文物保护单位。

九、仙塔

位于连江县凤城镇西北街，古称护国天皇寺塔，俗称瑞光塔，又称无尾塔。唐大中二年（849）建，花岗石砌造，仿木楼阁式结构，八角，中有石阶上下。仅存二层，无顶。通高9.2米，须弥座高1.2米，八角用力士，束腰版分别浮雕神兽、天马、狮子或牡丹等纹饰。塔身每边宽约3米。一层高4.15米，设一门七龛；二层高4米，设二门六龛 。佛龛高0.85—1米不等、宽0.7—1.43米、深0.35—0.65米。两层塔门旁各嵌两尊近2米高的石雕门神。角柱头上施栌斗、斗拱、榻等仿木构件，叠涩出檐，檐面石刻勾头滴水，瓦垅分明，檐角翘起。塔二层门槛横额阴刻篆字“悉达多密坦罗”，门楹阴刻楷书“大方广佛华严经”“大乘妙法莲花经”。2009年公布为省级文物保护单位。

十、尚干庵塔

位于闽侯县尚干镇塔林山，建于宋代，因旁有庵而得名，俗称“安塔”，又称“雁塔”。塔为仿木楼阁式石构，花岗岩质地，八角七层，实心石塔。高8米余，座径3.2米，双层须弥座，转角雕有承托力士，基座八边浮雕飞天等。塔身每层各面中间均雕刻有佛龛，转角为圆形瓜楞柱，第一层每龛浮雕像三尊，余皆为一尊，姿形各异、神态逼真。每层尚雕刻各种鸟兽花卉图案，其中龙、凤形象尤为古朴，飞天更是仅见。塔檐刻瓦垱、瓦垅等。塔刹为宝盖和五级相轮。1984年由省文物部门拨款维修，并在塔座周围方砌合基加固。2013年公布为省级文物保护单位。

十一、侯官镇国宝塔

位于闽侯县上街镇侯官村西，闽江边上，俗称“浮镇塔”，亦称“护镇塔”。建造年代不详，从地宫出土文物推测建于五代闽国。系石构楼阁式实心塔，花岗岩质地，四角七层，通高6.8米。单层须弥座，四角雕刻力士。塔身每层各面均有浮雕像和团窠花卉。塔檐刻瓦垱和瓦垅。一层东面楷书铭刻“镇国宝塔”四字，字径10厘米。塔因年代久远，出现倾斜。1984年由县文物部门落架重新砌基扶正，并在四周置石栏杆保护。维修过程中，塔基地宫出土有五代青釉罐、开元大铁钱、铜镜、舍利子、玛瑙珠等文物。2013 年公布为省级文物保护单位。

十二、青圃青石塔

位于闽侯县青口镇青圃团结村塔寺下。建于宋代，系石构仿木楼阁式八角九层实心塔，高 8 米。由塔基、须弥座、塔身、塔顶及塔刹等组成。塔檐、塔基以花岗石为材，主体部分用青石雕刻叠砌。塔座由圭脚和双层须弥座组成，其中有双层八角形底座，上浮雕缠枝图案。下须弥座束腰浮雕狮、虎、龙、蛇等神兽，角柱雕作执剑的力士；上须弥座束腰浮雕牡丹等花卉，转角处雕刻金刚柱。每层塔身下有平座，转角刻出倚柱，每面均浮雕佛像。塔檐用两块花岗石拼接叠涩出檐，并刻出勾头、滴水。塔顶上置五层相轮塔刹。全塔造型优美，比例和谐，建造精巧。2013 年公布为省级文物保护单位。

十三、五莲峰石塔

位于闽侯县青口镇连峰村。建于宋代，系仿木楼阁式石构实心塔。花岗岩质地，八角七层，通高 15 米，座径约 3 米。塔为双层须弥座，下层为力士柱，上层是金刚柱，座基八面浮雕花卉。塔身每层各面均雕有佛龛和佛像，转角为瓜楞柱。塔檐刻瓦垱和瓦垅，相轮塔刹。2013 年公布为省级文物保护单位。

十四、普光塔

位于连江县东岱镇山堂村云居山。元至正十年（1350）建，仿木构楼阁式石塔，八角，角柱用斗拱、榀等仿木构件，两层，高 12 米，四门，正门朝西，中有轴心，台阶沿轴心柱盘旋而上。一层四面有武士浮刻；二层四向设佛龛。二层门上有匾额，阳刻楷书“普光塔”三字，门槛嵌青石竖碑，碑刻上款“大元至正十年庚寅□佛□星缘，比丘云□福□立”，下款“永贵里东岱信女传云、清河里陈妙共财造”。登塔观日，为敖江十二景之一。1988 年 9 月雷击一角崩落，1990 年修。1996 年公布为省级文物保护单位。

十五、含光塔

位于连江县江南乡文新村。明万历十六年（1588）造，1988 年重修。红砖砌，八角楼阁式，七层。中为塔轴心，绕轴心石阶盘旋各层，通连至顶。总高 23.87 米，座边宽 2 米，各层设 1 门 7 龛，门向西，各面有不规则架孔 14 厘米 ×17.5 厘米，七层塔檐下嵌青石竖碑，碑刻“含光塔”，上款“大明万历十六年”，下款“孟春吉旦募缘造”。1988 年重修时新增葫芦塔刹。2001 年公布为省级文物保护单位。

十六、台山塔

位于闽清县梅城镇台山之巅。始建于唐代，明嘉靖二十五年（1546）重建，1987 年重新维修。塔为石构，空心，八角七层；须弥座，素面“工”字型。内沿塔壁设置台阶，可攀登至顶层。通高 8.9 米，塔身用方块整石砌建。层层出檐，层层收分，第三层有铭文；塔刹为葫芦形。1981 年公布为县级文物保护单位。

十七、巽峰塔

位于罗源县莲花山右旁岗顶。明万历三十三年（1605），县令吴文英等募缘建造。清康熙八年（1669），邑人游侣开捐资移建于今址。塔门左侧柱上刻有：“康熙己酉八年岁一阳彀旦鼎建。”通体花岗石砌建，仿楼阁式，八角，七层，实心，高 19.34 米。塔基须弥座，高 1.1 米，围大 20 米，束腰石分别浮雕牡丹、狮子等纹饰图案。底层高 1.9 米，每层三石叠涩飞出短檐。全塔仅设一门朝西北开，旁立青石雕天王像（塔神）两尊，高 1.3 米、宽 0.5 米。各面正中佛龛，高 0.5 米、宽 0.27 米，中置青石雕刻罗汉诸佛坐像，原有 55 尊，今仅存 27 尊，神态各异，衣饰褶皱鲜明。每层平面交角处镶以圆柱，柱上刻文为风雨剥蚀，多不可辨。六层以上，曾遭雷电摧毁，塔倾斜 17 度。1986 年省人民政府拨款，落架大修，并添补第七层及塔刹。1980 年公布为县级文物保护单位。

十八、万寿塔

位于罗源县县城草桥（崇德桥）西南 60 米处。始建于唐，明洪武九年（1376）重建，弘治十年（1497）以亭翼之。明清两代，亭、塔多次毁建。乾隆五十一年（1786），知县保兆倡捐重建塔、亭，取名“万寿”。民国 35 年（1946），邑僧证亮移亭于莲花山麓，塔仍在原处。青石构，楼阁式，八角，十三层，由塔刹、塔身、塔座、塔基组成。雕琢精致，通高 13 米，塔基高 0.33 米，底层高 0.77 米，围大 5.6 米，塔身各层高度和平面直径，自下而上逐层均匀递减；层层出挑，角脊高翘，檐面浮雕瓦楞纹饰。底层西北向开门，高 0.6 米、宽 0.3 米，顶券式。额篆“万寿塔”三字，边立青石天王像（塔神）二尊，像高 1.3 米。第三层开东南、西北二门，四层开西南一门，二层和五层以上无门；

十层以下各壁面刻佛像。塔刹，青石雕，顶尖细长。1980 年公布为县级文物保护单位。

十九、联奎塔

位于永泰县城南浮尾大樟溪南岸山上（今塔山公园）。清道光十一年（1831）为纪念宋乾道二年至八年（1166—1172）间，七年三科蝉联三位永泰籍状元（萧国梁、郑侨、黄定）而建。1986 年重修，石构仿楼阁式，八角、七层、空心，通高 21 米，石阶式台座，每边长 20.05 米，周以栏杆。内有石阶通达塔顶。每层均有门与石阶相连，塔身外壁均设有佛龛，各供一尊石雕佛像。各层皆有平坐栏杆。底层塔门外有石雕塔神（文官服饰）镇守，塔身层层收分，葫芦形塔刹。2005 年公布为省级文物保护单位。

第七节　桥

一、琼河七桥

位于三坊七巷历史文化街区区域内。包括澳门桥、金斗桥、二桥亭桥、板桥、馆驿桥、观音桥、安泰桥等七座古桥，1992 年公布为市级文物保护单位 。

（一）澳门桥

位于鼓楼区光禄坊东口澳门路与南后街之间，原名清远门桥，俗名鸭门桥。南北走向，为单孔石构拱桥，长 10 米、宽 6 米，是罗城西南清远门外大濠桥。桥原构仍保存在新扩建桥下，拱券、桥石俱完好。1978 年重修。

（二）金斗桥

位于鼓楼区文儒坊西口，原为罗城金斗门桥。是连接仓前街、通湖路的通道，清嘉庆二十三年（1818）修。石平梁桥，东西走向，桥长 10.2 米、宽 3.7 米，跨度为 4.7 米。桥东端有台阶 7 级，西端有台阶 8 级；望柱 6 根，栏板 4 块。桥面由四条长 5.4 米、宽 0.75 米、厚 0.20 米的石板条铺成。1986 年重修。

（三）二桥亭桥

位于鼓楼区仓前街与通湖路之间、金斗桥南。为清式梁廊房桥，始建年代不详。东西走向，桥长 9.8 米、宽 3.2 米，跨度 4.1 米。木结构，桥梁由 12 根木柱架成，桥面铺木板，桥上建有亭，穿斗式木构架，三开间，用柱八根，卷棚顶。1986 年重修一次。该桥是福州市区保存至今唯一木构有雨盖的古桥。

（四）板 桥

位于鼓楼区光禄坊南侧，俗名“老佛亭桥”。跨于五代罗城大濠上，连接玉山涧。始建五代，明万历三十年（1602）重建。桥南北走向，原系木桥，建有亭，后圮，易以石。现为石梁桥，长5.35米、宽3米，桥面由四条长5.35米、厚0.37米石条架成。有石望柱、栏板。东侧桥梁刻题识：“万历壬寅年仲春日立。”

（五）馆驿桥

位于鼓楼区衣锦坊西口，原五代罗城大濠上，旧名“车弩桥”。先为木桥，明成化十四年（1478）改为石桥。因桥通三山驿，故名馆驿桥，俗名驿前桥。清道光十八年（1838）春，七十叟里人雨村重建为单孔石拱桥。东西走向，长7米、宽5.05米，桥面由6块石板连成。北侧桥栏板刻“馆驿桥”，南侧刻“道光戊戌年建”，共有仰莲望柱4对。1985年修建道路时，桥面覆盖混凝土。

（六）观音桥

位于鼓楼区南街街道驿里社区，旧名虹桥，《榕城考古略》载，因桥旁祀有观音大士，故名观音桥。北通文藻北路，南接驿里。建于明成化十三年（1477），清道光十八年（1838）夏和光绪三十三年（1907）冬两次重修，1986年又整修加固。观音桥为原罗城大壕上护城桥之一，现存为重修过桥面，但仍可作为研究罗城遗址的物证。桥为单孔石拱桥，长8.5米、宽5.1米、跨度5米。桥面横铺石板15块，南端石阶4级，北端石阶2级。桥面两侧有石护栏板六块（长度为2.4米和1.41米两种）。在西侧中间一块栏板上，刻有“观音桥”三字，字径达0.39米；东侧栏板刻“明成化丁酉（1477）建造”。桥上望柱4对，柱头刻仰莲，高0.85米。

（七）安泰桥

位于鼓楼区八一七北路。唐天复元年（901），王审知筑罗城，南扩至利涉门，在门外护城壕建利涉门桥，后名安泰桥。桥为石拱桥，单孔，跨11米、宽6米。桥岸均用规整条石砌建。《榕城景物考》载：“唐天复初，利涉门为罗城南关，人烟锈错，舟楫云排，两岸酒市歌楼，箫管从柳荫榕叶中出。”宋宣和年间（1119—1125），陆藻任福州太守时，在桥上建一亭，不久圮。今桥面拓宽，用水泥覆盖，石桥原构仍在其下。安泰桥作为研究罗城遗址的物证，具有一定的历史意义。

二、水部高升桥

位于鼓楼区水部街道高桥巷。清康熙己丑年（1709）由刘凤卿建造，嘉庆丁丑年

（1817）谷善信重修。东西走向，东连柳宅，西接高桥巷。为石构平梁桥，三孔，船形墩。桥长 24.4 米、宽 3.5 米，总跨度为 15.2 米，最大跨度 6.2 米。桥梁由 12 条长 8.2 米、宽 4.45 米石板条构成，桥面由 54 条石板横铺而成。东端石阶 9 级，西端石阶 10 级，桥面有望柱 8 对，西端望柱顶雕有石狮，其余为正六边形球体。桥石栏板四块，长 2.3—2.6 米，板宽 0.485 米。南侧中间刻“刘公桥”，北侧中间刻“高陞桥”。中华人民共和国成立后多次整修加固，至今保存完好。桥东头建高陞亭。1992 年公布为市级文物保护单位。

三、武安桥

位于鼓楼区安泰河东段秀冶里河沿。横跨罗城大濠，南北走向，北通大根路、高节里。建于清雍正六年（1728），1983 年整修。长 10 米、宽 3.25 米，为石构平梁桥。桥梁由七条长 5.6 米的石条构成，桥面有高 0.75 米的望柱 4 对，两侧施护栏。两端各有石阶 3 级。桥西侧有水闸，北侧有一挑水道，石级自岸而下，供人挑水、洗衣之用。

四、福枝桥

位于鼓楼区朱紫坊东段北侧。横跨五代罗城大濠上，南接安泰河畔朱紫坊，北通津泰路。建于清乾隆年间。南北走向，长 6.8 米、宽 1.63 米，跨度 4.25 米，石结构，以两条长 6.4 米、宽 0.4 米、厚 0.4 米石条为桥梁，桥面铺 16 块石板，砖砌桥栏板，高 0.75 米。桥仍完好。

五、太平桥

位于鼓楼区水部火巷里南段琼河上。清乾隆四年（1739）建，嘉庆八年（1803）、二十一年（1816）两次重修。石梁板桥，南北走向，桥长 10.8 米，宽 2.6 米，桥梁由 3 条长 7.2 米的石条架成。桥面铺石板，有望柱 4 对，栏板 6 副，南北端石阶各 5 级。现河面已填，桥成旱桥。

六、高峰桥

位于鼓楼区陆庄河上，北通柴巷，南连高峰里。建于清乾隆庚申年（1740）。桥长 13.9 米，宽 3.64 米，跨度 7.5 米。石构平梁桥，南北走向，桥两端有石台阶，南端 4 级，北端 8 级；桥面直铺 7 条石板，4 对望柱，6 块 1.8 米长桥栏板，上浮雕仙鹤、鲤鱼、麒麟、花草图案。桥屡经整修，1986 年又重新加固添砌石栏板。

七、双抛桥

位于鼓楼区杨桥路雅道巷北口。因东南二潮合流于此，得名“合潮桥”。又因福州民间传说：古时有王氏之子与陶氏之女两相情爱，誓结夫妇，但被奸人破坏，不得如愿，终于月夜双双投河，故名“双抛桥”。桥上旧有石刻“合潮流水河步”六字。清光绪丙子年（1876）重建，为单孔石拱桥，长 9 米、宽 2.9 米、跨度 4.8 米，桥拱由十九条方体石柱砌成。桥栏石柱上刻“古今合潮桥”“光绪丙子年建”，桥上建有雨亭。

八、洪山桥

位于鼓楼区洪山镇。桥东起高安，西接洪山，横跨闽江。据《八闽通志》载：“洪山桥距城五七里许。”旧有石桥，桥门狭小。明成化十一年（1475），镇守太监卢胜广其旧址而重建之，规模宏远，十倍于前，佥事章懋为记。成化二十一年废圮；廿二年镇守太监陈道重修。明万历、清顺治、康熙、乾隆、道光年间屡毁屡修。民国年间，桥面改铺木板，1953 年重修。东西走向，石木结构，平梁式，26 墩，27 孔，不等跨，墩船形，全长 401.5 米，面宽 6.5 米至 7.3 米。1987 年因北侧另建新桥，现存 15 座桥墩。

九、河口万寿桥

位于台江区新港街道万寿路 11 号旁，又称尚公桥。清康熙七年（1668），鼓山涌泉寺成源禅师募建。东西走向，石构平梁桥，二墩三孔，墩船形，桥东西两端各有石阶 10 级，桥上有望柱、栏板，桥两端各有石狮子两只。全长 34.9 米，宽 3 米。旁竖鼓山涌泉寺方丈道霈撰书《河口万寿桥记》碑刻一方。明清琉球国进贡船均在此停泊上岸，为进贡厂遗址的标志，是中琉关系重要史迹之一。桥西约 20 米有万寿庵，清代建筑，穿斗式木结构，双坡顶，占地面积 280 平方米，周以封火墙。2018 年公布为省级文物保护单位。

十、路通桥

位于台江区路通街。明王应山《闽都记》载：“路通桥在河口尾，宋建。”石构拱桥，弧形如玉带，两端各有石阶十三级。桥面施栏板，立望柱、寻杖，形制均如宋《营造法式》中桥梁图式。桥东北西南走向，二墩、三孔，长 30.7 米、宽 3.6 米。桥东北端有路通庵，门额镶嵌石刻“路通古迹”石匾，为穿斗式木构架，双坡顶，周有封火墙，占地面积900多平方米。庵内厅堂、戏台木构完好，石柱楹联刻记附近十三乡群众崇祀史实。桥北有清道光乙丑（1829）修桥碑记一方。高2.76米、宽0.83米、厚0.17米。碑额横书“路通古迹”，碑文曰：“盖闻路通桥道，建自唐太宗贞观年间，经程国公建造。”2018年公布为省级文物保护单位。

十一、台江万寿桥、江南桥

位于台江区中亭街至中洲及中洲与南台岛之间，包括万寿桥和江南桥。1971年，福州市对万寿桥、江南桥加以改建并连为一桥，同时为纪念福州解放改名为解放大桥。万寿桥、江南桥现仅存两侧桥墩，1992年公布为市级文物保护单位。

万寿桥

位于台江区中亭街（楞严洲）至中洲，俗称“大桥”（大桥也是万寿桥、江南桥的总称）。宋元祐间，郡守王祖道造浮桥通行。崇宁二年（1103），王祖道第二次知福州，置田四十一顷七十二亩，以备修桥。元大德七年（1303），万寿寺头陀王法助主持建造。历时19年，于至治二年（1322）竣工，是历史上横跨闽江的第一座大石桥。元翰林学士马祖常撰记。明天顺年间（1457—1464）、成化十七年（1481）重修。桥南北走向，石构平梁桥，船形墩，计28墩、29孔，不等跨，“长一百七十丈有奇”。桥上两翼有石栏，望柱各刻1只石狮。桥南北端各建亭1座。民国19年（1930），省建设厅交日商承建，扩宽桥面，改为混凝土桥。抗日战争胜利后1945年大修，1971年改名为解放大桥，同年再一次增高桥面，1997年改建为现代拉索桥。

江南桥

位于中洲与南台岛之间，也称“仓前桥”。元至元初，沿江船民集资建木桥。明万历三十七年（1609）被洪水冲垮，附近乡民及各船户又集资重修，石桥五孔、木桥四孔。清乾隆辛未（1751），福清何际逑、何际选兄弟捐银11500两修建石桥。民国20年（1931）省建设厅交日商承建，拓宽并改水泥桥面，桥长310米，桥面宽9米。1971年再次改造，与万寿桥连成一体，全长580米、宽11米。1993年洪水冲击桥基，重新修建，保留原状。

十二、星安桥

位于台江区双杭街道星河巷19号边，跨三捷河上。建于清乾隆五十一年（1786），嘉庆十年（1805）、光绪十六年（1890）、宣统二年（1910）和民国 14 年（1925）多次重修。南北走向，石构，二墩、三孔，不等跨，墩船形，跨长 18 米、宽 2.1 米。桥梁两侧石栏板上有“乾隆丙午新建”“嘉庆乙丑年重修”等题刻。1992 年公布为市级文物保护单位。

十三、三通桥

位于台江区后洲三通街。建于清嘉庆十一年（1806）。石构拱桥，南北走向，二墩三孔，不等跨，墩船形，长 36.7 米、宽 3.1 米，跨长 30 米。 桥梁石板有“嘉庆丙寅年仲秋吉旦造”题刻。1992 年公布为市级文物保护单位。

十四、白马桥

位于台江区帮洲尾道。建于清末，为福州木帮商会集资建造，多次重修。东西走向，石构平梁桥，三墩、四孔，不等跨，墩船形，桥长 74 米、宽 3 米，望柱 23 对，栏板 22 副。民国 33 年（1944），福州第二次沦陷，日军在此残酷屠杀中华百姓，污辱妇女，成为日本侵略福州的历史见证之一。 1992 年公布为市级文物保护单位。

十五、午桥

位于仓山区盖山镇上岐村。建于宋元祐四年（1089）。南北走向，石构平梁桥，四墩、五孔，不等跨，长 34 米、宽 3.52 米。墩船形，墩上部叠涩出挑五层，石梁铺架其上。望柱上有铭文“黄卅八娘”，栏板有“古迹午桥”等题刻。桥身有些倾斜，已淤塞二孔。1983 年公布为市级文物保护单位。

十六、濂浦断桥

位于仓山区城门镇福濂村。建于宋绍兴三年（1133），俗称三门桥；后断一门，故称断桥。石构平梁桥，南北走向，两墩，三孔，不等跨，已圮一孔。残桥全长 22 米，面宽 2.8 米。桥面刻有“巨宋绍兴三年岁次癸丑八月辛酉二十六日戊申作，都管干林康、林元钧泊诸劝首等”，楷书，字径 0.15 米。小石梁上刻：“邵康、曾光勇各舍小梁三条，林应见承舍大梁一条。” 1983 年公布为市级文物保护单位。

十七、宦溪桥

位于晋安区宦溪镇宦溪村。建于宋元祐六年(1091)。石构，平梁桥，南北走向，一墩，二孔、不等跨。全长11.7米，面宽2.3米。墩船形，石梁上有“时元祐六年岁五月初六日”题刻。桥面及部分桥梁已翻修。1992年公布为市级文物保护单位。

十八、迴龙桥

位于马尾区亭江镇闽安邢港上，又名飞盖桥、沈公桥。始建于唐代，宋郑性之修，清康熙、嘉庆、道光年间重修，民国11年（1922）再修。石构、平梁桥，南北走向，四墩，五孔，不等跨。全长66米、宽4.64米。桥墩呈船形，两墩之间铺宽1米、厚0.8米的石梁5根。桥面两侧护以石栏，栏柱36根。栏柱柱头有宝奁、莲花、海兽等，均系唐代原构件，另有狮子戏球等为明代构件。柱上有“丙寅暮春立，陈炉捐拜石一块、供石二条”等题字。桥北端有跨街头亭，亭间有碑3通，并连圣王庙、观音阁；桥南端有玄帝亭，内立宋碑1通、清碑1通。宋碑榜书“飞盖桥”，款识：“观文殿学士、通议大夫、长乐郡开国公，食邑三千九百户、食实封六百户郑性之书。文林郎、特差监福州闽安镇兼烟火公事□□□□。”清碑榜书“沈公桥”，旁款：“康熙岁次丁巳仲夏吉旦，江右闽安镇沐恩合北里、琅琦、壶江各墩士民同立。”楷书。又一清碑，额横书“沈公桥”，碑文：“闽安之迴龙桥，造唐季，宋丞相郑公捐俸重修，以飞盖桥名。我朝康熙丁巳年，协镇沈公以桥久倾圮，慨然捐修，军民感德，遂更名沈公桥，立碑以志遗爱。嘉庆年间，里人郑殷富复倡修建。道光己未年，桥复圮，镇之绅聚议重修。”1991年公布为省级文物保护单位。

十九、济美桥

位于马尾区罗星街道君竹村。宋景祐五年（1038）建，清雍正、嘉庆、同治年间三次重修。东北西南走向，石构，三孔，平梁式，全长9.3米、宽2.5米。望柱方形，条石栏杆。两端铺设4级台阶，栏板上有“济美桥”和历代重修题刻。宋刻在桥面上“时景祐五年戊寅岁九月二十日”，清代纪年刻在柱上：“嘉庆壬戌年，时孟夏吉旦”“里人任克广 子孙重建”“同治六年季秋立”“任克广子孙重修”。1992年公布为市级文物保护单位。

二十、长乐太平桥

位于长乐区吴航街道东关村汾阳溪。始建于宋代，旧因永泰舟人多集此，又名“永泰桥”。明隆庆四年（1570）重建。南北走向，石构平梁桥，单孔，全长13米、宽5.4

米。桥头东侧立有桥碑。正面榜书“太平桥”，款识“皇明隆庆四年庚午春月吉日，赐进士知县苏州蒋以忠建”。1986 年公布为县级文物保护单位。

二十一、龙首桥

位于长乐区玉田镇玉田村。建于宋建中靖国元年（1101）。石构平梁桥，东西走向，二墩三孔，等跨，墩高 3 米，船形。全长 16 米、宽 2.4 米。桥面每孔间并排三块石板，每块长 5.3 米、宽 0.6 米、厚 0.26 米。 桥面的石板上刻：“劝首黄泽□、黄秉都、劝首黄责、黄宁等立。时建中靖国元年岁次辛巳九月日建。”桥碑一块，上刻“龙首桥”三字。

二十二、龙江桥（文见第一章第六节）

二十三、闽侯木拱廊桥

位于闽侯县廷坪乡、白沙镇等村。包括流源龙津桥、石洋坑坪桥、联坑远济桥，2013 年公布为省级文物保护单位。

（一）流源龙津桥

位于闽侯县廷坪乡流源村东南。始建于宋代，明崇祯四年（1631）改建为木拱廊屋桥，清乾隆二十年（1755）、道光二十三年（1843）及 1998 年重修。单孔木拱廊桥，东西走向，全长 33 米、宽 4.3 米。以峭壁巨岩为桥堍，上覆由圆形杉木穿插而成的木拱架，再顺铺圆木为梁，木板桥面，上建廊屋。廊屋歇山顶，穿斗式木架构，面阔十一间，进深四柱。桥两旁置长凳和直棂栏杆。明间北部设神龛，供玄天上帝，并保存明代木雕神像。桥东立有清道光二十一年（1841）修桥碑，山岩上并有宋绍定元年（1228）古田县长官陈□舍财结东畔道头摩崖题刻。

（二）石洋坑坪桥

位于闽侯县廷坪乡石洋村坑坪自然村。建于清乾隆十三年（1748），单孔木拱廊桥，东北西南走向，全长 26.1 米、宽 6.38 米，廊屋高 3.6 米。两岸桥堍用条石叠砌而成。廊屋歇山顶，穿斗式木构架，面阔九间，进深四柱。两侧设木板凳及直棂栏杆，外护以遮雨板。屋内西侧设神龛，祀玄天上帝；东侧枋上悬村民捐资芳名木匾。2011 年闽侯县政府拨款维修。

（三）联坑远济桥

位于闽侯县白沙镇联坑村东，又名石佰桥。建于清光绪十八年（1892），单孔木拱廊桥，南北走向，全长32.4米、宽5米，桥堍以天然岩石为基，用块石叠砌而成，上架木廊屋。廊屋歇山顶，穿斗式木构架，面阔十一间，进深四柱；两侧设木栏杆，外护以遮雨板。桥东头悬清光绪十八年（1892）侯官县进士陈景韶撰书“远济桥”木雕匾。正文隶书，跋文行书。全文曰：“是溪旧无桥，徒涉者数濒于危。壬辰之夏，爰诸君子集议建桥，季秋属役，越癸巳季冬告成，颜之曰‘远济’。远济云者，谓之千里之远，百代之远，无弗济益者，二义也。况远方观感更创所未兴者以转相济，远代同志且仍所已成者以永相济，二义外实又兼二义也。呜呼！士以济天下为己任，苟利于物，得为则为之，而岂独一桥哉！一桥其济天下之见端也。任天下事者，苟皆以建桥之心为心，则天下何远而不济哉！然而远济又岂独为建桥言哉！光绪壬辰，里人陈景韶谨跋。”这是研究桥梁建筑史和交通史的重要实物资料。2008年闽侯县政府拨款修缮。

二十四、苏州桥

位于闽侯县南通镇苏坂村北面。民国18年（1929），萨镇冰募资所建。南北走向，钢筋水泥混合弧形桥。桥长88.6米，桥面宽约5米，中间为车道，两旁为高出10厘米的行人道。三墩、船形，骊水四道，等跨。两旁置桥栏，栏北向立萨镇冰书“苏州桥”桥碑，大字径16厘米，小字径3.5厘米；南向一碑镌刻萨镇冰《喜南港苏州桥落成》诗：“回忆当年病涉时，寒天没胫剧堪悲。桥成今日诸无苦，来往行人险化夷。”楷书阴刻，字径约6厘米。桥栏上尚有多块碑刻。1989年公布为县级文物保护单位。

二十五、宏屿桥

位于闽侯县青口镇宏屿村东，福厦公路东侧。宋天圣五年（1027）建，宋、清代重修。东西走向。桥由引桥和正桥两部分组成，全长30.5米。东、西两向是伸入河内的引桥，外面用块石垒砌，中间填土，桥面条石横铺。正桥系石构平梁桥，单孔，净跨3.5米，桥面宽2.8米，用三块长4米、宽0.7米、厚0.36米的石板条平铺。右石梁上阴刻两行：“前上元丁卯岁，僧维宿□立石　福合迴作地梁，良因永固”，楷书直下，字径约15厘米。左石梁上阴刻“维天圣五季岁次丁卯八月己酉建，戊辰捐二七日甲午立”，楷书直下，字径约14厘米。另一直行楷书“清道光二十二年，重修大路桥连铺□立”，字径约13

厘米。桥保存较好。1992 年公布为县级文物保护单位。

二十六、十四门桥

位于闽侯县上街镇榕桥村，横跨可溪，又称榕桥。宋元丰二年至八年（1079—1085），历时七载建成。桥东西走向，系石构平梁桥。全长约 100 米，桥面宽 1.74 米。十三个桥墩，酾水十四道，故称十四门桥。每个孔道跨度不等，净跨 4—6 米。墩为船形。桥面各用两块厚约 0.5 米的石板条平铺。第一孔石梁北向铭刻有："元丰二年□十一月庚申造，至八年十一月廿三日壬辰毕□□石匠张保。"清代被山洪冲垮一墩，1988 年进行重修加固。1989 年公布为县级文物保护单位。

二十七、榕荫桥

位于闽侯县南通镇苏坂村内西侧。建于宋代，清光绪年间，里人邮传部尚书陈璧重修。南北走向，石构平梁桥。全长 27 米，桥面宽 3.5 米，两墩、三孔，墩船形，不等跨，净跨 4—5 米。桥面各用五块大石板条平铺，两侧置望柱、石栏。在中部石栏板上镌刻有陈璧楷书"榕荫桥"铭文，落款："光绪廿四年陈璧题。"保存较好。1989 年公布为县级文物保护单位。

二十八、合龙桥

位于闽清县省璜镇合龙社区。始建宋乾道年间（1165—1737），毁于元延祐年间，清康熙三十八年（1699）由里人郑克承倡募捐建；民国 17 年（1928）及近年重修。跨梅溪支流上，二台、一墩、双拱。桥梁以 18—25 厘米口径的圆木和方木组成数节拱骨，交错搭置，纵横相架而互相承托，分别为三五节苗及三四节苗结构，其中三四节苗结构为宋画《清明上河图》中虹桥结构的孑遗，上建廊屋。全长 39.7 米、宽 4.50 米，东西走向。东西两端分别为火焰山墙。东端设石阶 8 级，墙上墨书"合龙桥"三字；西侧设 33 级石阶，北侧设 27 级台阶。桥屋为 11 开间，用柱 46 根，桥廊设栏椅，供人休憩。廊屋外侧设木栏，上置木板遮檐，屋顶有 5 个亭翼，呈双坡倒水，燕尾正脊。桥墩以青条石干砌，呈舟状，尖端逆流，以减轻水流对桥墩的冲击力。2013 年公布为省级文物保护单位。

第八节　水利设施、井

一、七星井

位于鼓楼区井大路。建于唐末，宋、元、明、清各代皆有重修。井圆形，径 4.1 米，深 8.4 米。井面盖四块大石条，在石条夹缝凿七个井口，故名七穿井，又讹名“七星井”。现保存完好，井水还可汲用。井边尚存二块唐末五代雕刻的石塔刹，并盖有庙亭，双层，面积约 300 平方米。1992 年公布为市级文物保护单位。

二、西水关水闸

位于鼓楼区白马北路北段，元至元三十年（1294）建。闸高 4.45 米、宽 0.6 米，闸槽旁刻：“时大元至元三十一岁次甲午十一月丁丑吉日，福建行省官高兴等亲造。”1983 年公布为市级文物保护单位。

三、苔泉古井

位于鼓楼区华大街道福飞南路龙腰村，又名蔡公井、龙舌泉、龙腰井。唐代元和年间（806—820）建石泉院。相传宋福州知州蔡襄每日派人从此井取水煮茶，并书“苔泉”两字刻于石上。今碑刻尚存，宽 0.45 米、高 0.65 米。井石构，圆形，内径为 1.10 米，深数米；井栏于 1986 年重建，正方形，边长 1 米，高 54 厘米，砖构，内外施水泥。井台用条石和三合土铺设。水源从井南面岩壁中涌出，至今尚可汲用。2001 年公布为市级文物保护单位。

四、仙塔公井

位于鼓楼区仙塔街。建于唐末，历代有修葺，清代重修为公井。井方形，边宽 4.2 × 4.3 米，深 7.8 米。井面覆盖四块大石条，按东西南北方向凿四个井口。外径 0.45 米、内径 0.32 米。现井水尚可洗菜。井三向皆墙，门开西向，门额上镌有“仙塔公井”四字。

五、通明古井

位于仓山区下藤路。五代建，为仓山下渡“十境祠”七星井之一。井栏背面刻楷书“兴义上境”四字；正面刻楷书“古迹大井”四字。井口为方形，井栏高 0.64 米、长 1 米、宽 0.5 米，台面原为石磨形，井壁圆形，直径 1.65 米，水面至井口高 5.78 米，水深为 2.7

米。清末因修路用石砌方形井台。井历久未涸。1988 年公布为区级文物保护单位。

六、林浦宋井

位于仓山区城门镇林浦村。凿造于宋天圣二年（1024），明正德五年（1510）兵部尚书林瀚重竣。井石构，井栏用整块花岗石凿成瓜棱形，高 0.68 米、内径 0.84 米。外部环刻“时天圣贰年中元甲子岁□□冬乙月，黄生六、黄庭中造题”和“大明正德五年庚午重阳日，本境致仕尚书林瀚同十八会首重竣修完”。

七、横屿宋井群

位于晋安区鼓山镇横屿村。建于宋代，古横屿六个自然村中有 10 口宋代水井，其中 7 口水井的井栏或石盂均有纪年题刻。如“拥上井”两口，造于崇宁元年（1102）和绍兴十年（1140）；“直街井”，造于绍兴丙寅（1146）；“船尾井”“西边井”，造于绍兴辛巳（1161）；“东头井”，造于庆元己未（1199）；“东村井”，造于开禧三年（1207）。这些宋井均为石构，井栏用整块石条凿成圈状。1992 年公布为区级文物保护单位。

八、天宝陂

位于福清市龙江街道观音埔村。建于唐天宝年间（742—756），故名，宋大中祥符年间（1008—1016）重修，改称“祥符陂”。元符五年（1098）再修，熔铜汁固其基，用青石砌坝体，又改称“元符陂”。为福州地区现存大型的古代水利工程。布局合理，设计完善，施工精细，效益显著。水圳长 2300 米，可灌溉音西霞楼至海口梧屿间“十洋田亩”，经过历代整修。水坝呈阶式结构，南北走向。坝体用条石和壳灰黄土浆砌成，高 3.5 米；现存坝长 289 米、渠长 520 米，接纳东张水库蓄水，灌溉面积达 1172 公顷。2001 年公布为省级文物保护单位。

九、宋井（瑞亭古井）

位于福清市龙山街道瑞亭社区。建于宋大中祥符元年（1008），宋政和七年（1117）重修。井栏石板交角处用榫卯接搭。六边，每边长 1.1 米、高 0.7 米、厚 0.15 米，井壁用石板迭砌，呈六角形，又称“六角井”。井径约 1.3 米，深 10 多米，日出水量约 5—8 吨。栏板铭文：“政和丁酉林陈、陈斌募银□□□□祥符元年陈珠□□陈京□选同缘沙□□□弟子下林□□地。”1988 年公布为县级文物保护单位。

十、云林院八角井

位于闽侯县荆溪镇上洪坑村。建于宋熙宁七年（1074），占地面积约 30 平方米。青砖丁顺叠砌成圆形井壁，深约 7 米，直径 2.5 米，上覆盖圆形井台（直径 5.42 米），井台由扇形石板铺就。井口上用厚 0.20 米的花岗岩石材凿成八片铲形构件，组成八角形井栏，每边长 1.2 米、高 0.76 米，内径对边距 2.52 米、对角距 2.7 米，外径 3.13 米。其中七面阴刻楷书铭文，共七段：第一段“当院瑞同瑞颜募 / 众缘开井一口，并 / 造石栏，具舍钱施 / 主芳名于后”；第二段“住持沙门永安 / 僧永瞻 / 、僧守宣 / 、僧瑞璋、僧瑞荣 / 、僧瑞评、瑞珠、绍恩”；第三段“住资福沙门守瑛 / 、弟子郑琮、郑□ / 、郑题、郑谏、郑谓 / 、郑咨、郑应、郑初”；第四段“郑晶、吴郁、陈逸 / 、萧启、林盛、谢恋 / 、萧崇、林转 / 、陈卅二娘、陈廿娘”；第五段“黄卌八娘、林十四娘 / 、江十八娘、林十八娘 / 。已上各舍铜 / 钱□佰文足”；第六段“当山丘永缘 / 舍铜钱壹贯文， / 僧瑞同为考妣舍 / 铜钱壹贯文”；第七段“云林院守凌 / 舍四百文 / 。熙宁七年甲寅岁 / 十月二十一日记”。字径均为 0.11 米。2013 年公布为省级文物保护单位。

十一、宏屿古井

位于闽侯县青口镇宏屿村西侧。凿造于宋元符二年（1099）。井为圆形，井围径 1.41 米、高 0.76 米、深约 8 米。井盖由两块半圆石板拼成，中间有两个圆孔用以提水。环井圈阴刻：“住龙山沙门义富舍五百，劝首刘野、陈霸、詹念、詹奕，都劝首詹允，元符二年岁次己卯七月二十三日颢西安景众□舍钱造井，具名于后。弟子詹生、无亡翁二十八郎舍此井地，女弟子诸二十七娘、吴十九娘、章三十一娘、吴十六娘、林四十娘、陈二十八娘各舍一贯文，詹言、詹士、刘野、陈霸各舍钱五百文。”直行楷书，字径约 0.11 米。井旁尚立有经幢石碑一块，高 0.93 米，宽 0.38 米，阴刻“南无大方广佛华严经”，字径约 0.15 米。1992 年公布为县级文物保护单位。

十二、庐峰井

位于连江县透堡镇庐峰山巅。北宋庆历年间修造，南宋嘉熙元年（1237）重修。庐峰古为七十二福地之一，井称“圣井”。花岗石造，正方形，边 1.5 米、深 6 米，井栏高 0.8 米，上有嘉熙丁酉（1237）修造年号的题刻。1980 年公布为县级文物保护单位。

十三、戚军井

位于连江县丹阳镇公路旁。明嘉靖年间，戚继光屯兵丹阳镇时所凿。井方形、无栏，边宽 1.5 米、深 3 米；井低于地面 2.5 米，周砌短垣护坡，东向铺设石条台阶上下通行，水长年常溢。原有井亭，已圮。1980 年公布为县级文物保护单位。

十四、合和圳

位于闽清县金沙镇沃头村、白樟乡园头村至白中乡可梅村。建于明代。全长 3.94 公里，灌溉面积 1355.54 亩。圳坝石砌，梯形，高 2 米、长 77 米、宽 2.5 米。沃头、园头、可梅三村共用一圳水，清代三村订约立碑。碑青石，高 2 米、宽 0.80 米、厚 0.20 米，上方阴刻楷书“合和圳”三字，下为立约内容，楷书直下。

十五、贤沙古圳

位于闽清县白樟镇横坑村至前庄自然村。建于宋乾道二年（1166）。全长 5.86 公里，宽 1 米。圳坝石构，梯形，长 19 米、宽 2.5 米、高 1 米。圳旁立宋代碑刻，自然石料，高 0.55 米、宽 0.50 米，碑文楷书阴刻“贤沙古圳”及“宋乾道二年”等题识。

十六、太平井

位于永泰县梧桐镇埔埕村。因建井以来每朝代都有汲水者堕入井里，但都平安获救，故名“太平井”。宋元祐二年（1087）开凿，宣和二年（1120）重修。条石围砌六角形井栏，圆井壁用鹅卵石砌成。井深 11 米，井口径长 1.5 米。井栏板上刻有丙午岁造字样。

十七、虹井

位于永泰县樟城镇虹井街黄厝边。始建于宋，修于明初。相传宋黄龟年出生时，发现天上彩虹坠落，入此地而开井，故名。水源兴旺。条石围砌方形井台，井栏用块石垒砌，圆井壁。井栏高 0.5 米、宽 1 米，井深 10 米。

第九节 牌 坊

一、林浦木牌坊

位于仓山区城门镇林浦村。始建于明正德元年（1506），明、清多次重修，1985年再次修缮。木构，高约8米，面阔9米。上为单檐庑殿顶，檐下如意斗拱重叠，层层出跳，下用四根木柱、三开间，柱施以夹柱石。坊额书写林瀚家族三代五尚书诰封。

二、竹屿木牌坊

位于晋安区鼓山镇竹屿村。明嘉靖七年（1528）为旌表邓迁、邓原岳父子及邓应斗、邓应升兄弟而建。清同治三年（1864）、民国12年（1923）两次重修。木构，四柱，三层，三间，高约9米、面宽8.5米。上为单檐庑殿顶，两侧为悬山顶，檐下斗拱层层出跳。横额楷书“父子贤良”“兄弟孝友”。坊主人邓迁，嘉靖七年举人，官嘉兴通判，工诗文。子邓原岳，万历二十年进士，官湖广按察副使。1992年公布为区级文物保护单位。

三、“黄阁重纶”石坊

位于福清市龙山街道瑞云社区瑞云塔前。明崇祯元年（1628），叶长青为纪念其祖叶向高两度入阁任首辅的殊荣而兴建。坊用白花岗石砌建，仿木楼阁式，12柱，面宽三间（11米），进深二间（3米），通高10.07米。重檐四坡顶，门洞跨街，明间门额为巨大月梁。梁双面均潜浮雕鳌头、牡丹、双凤等图案。梁下有透雕神鳌形雀替承托。梁上置青石雕隔扇，双面镂空透雕人物故事三组。隔扇上方为诰封牌，列叶向高、父朝荣、祖广彬、曾祖仕俨四代诰封官衔。全文21行，行6字，另加款识8字，计134字。至此为第一层，牌上用柱头枋，双面有浅浮雕：一面双龙戏珠，一面龙凤呈祥。枋上置匾，楷书“黄阁重纶”，字径二尺许，是牌坊主题。牌坊顶楼面阔一间，进深二间。山面用中柱，四根浮雕蟠龙方形角柱，立于次间屋顶，上承四坡顶。楼阁中立竖匾“恩荣”，匾周镂刻飞龙，匾左右一组斗拱，承托横梁正檩。山面中柱，上出华拱一跳、下昂一道，承托出檐。前后檐各有一对垂莲柱，垂莲柱、角柱用弓梁连结。柱头用坐斗，柱间仿木结构用额枋、地栿、穿枋等构件。三面出檐，高与明间诰封牌齐。上层阁楼，阔仅为次间半，深一间，略有收分。用六柱，立于下层楼顶。柱头用坐斗、叠斗、承额枋，出头刻作三卷云头。枋下施弓梁，山面中柱用插斗拱两跳，出挑耍头，承雨盖。三面出檐，全高与坊匾齐。屋脊一端插入中柱，一端刻卷云向上翘。牌坊雕琢精致，仿木结构惟妙惟肖，是明代石牌坊中的精品。1985 年公布为省级文物保护单位。

四、“昇平人瑞”坊

位于闽侯县青口镇青圃村坊兜。建于清咸丰十年（1860）。坊为石构二层牌楼式，四方柱，三门，歇山式楼顶，坊柱、枋、斗拱、脊吻用卯榫拼合，均衡严谨。青石构件，浮雕或透雕各种人物鸟兽花卉等。通高 5.8 米、宽 5.2 米。坊正中额题“昇平人瑞”，旁刻“咸丰十年礼部题请奉旨建坊为”“闽县寿民林聿淇年百有三岁立”。四根坊柱两面镌刻四副楹联：“圣化沦肤食德身跻无量寿；家人绕膝承欢笑指曰期年”“天子重引年时承赐膳；老人躬捧诏快睹旌闾”和“生际郅隆仗履常游仁寿寓；年臻大耋晨昏闲话太平时”“椿帙经四期童颜不改；榆年冠七濑古貌堪钦”。2003 年公布为县级文物保护单位。

五、烈女坊

位于罗源县中房镇厚富村杨溪水尾。清乾隆十九年（1754），儒士朱元久未婚妻李氏淑玉，闻朱殁讣欲奔丧，家人阻止，遂绝粒不食，缢于卧榻。福建提督学政、福州知府、罗源县教谕等七人联名详请会题礼部，奉敕建坊。坊坐西南向东北，花岗石造，重檐四柱三间，总高 5.6 米、宽 5.4 米，额匾青石“义烈可嘉”。正间檐宽 3.6 米、次间宽 1.9 米。檐下方柱高 4.9 米、宽 0.3 米，正门宽 2.1 米，边门宽 0.9 米。中柱联句“玉骨犹香黄壤土；芳魂常在碧瑶中”，边柱联“义胆刚肠正气壮乾坤景色；纶褒史志今名同云汉昭回”。构件上浮雕鹿草、骏马、松鹤等图案。1986 年公布为县级文物保护单位。

六、未婚节孝坊

位于罗源飞竹镇守善村。清道光十六年（1836）建。叶雪娥（1787—1842），阮承欢未婚妻，年二十未婚而夫丧，上门守节。叶氏 50 岁时，闽浙总督题请旌表，奉诏建坊。坊石构，面阔 5.9 米、高 5.8 米，四柱三门三楼楼阁式，四坡顶，正脊顶立葫芦。正门两柱刻楷书柱联“夫殁姑存，二十未婚完节孝；朝褒坊表，五旬捧诏耀门闾”。夹柱石前后各一，柱额夹下角浮雕雀替；额枋中为双狮戏球，左右为菊梅等图案。石匾高 0.7 米，刻“圣旨”“未婚节孝”，浮雕图案有莲、茶、桃、竹、刘海、戏蟾、立鹤、蝙蝠、云龙、鹦鹉、宝鼎等。1986 年公布为县级文物保护单位。

第十节　古园林

一、芙蓉园（文见第一章第五节）

二、小黄楼（文见第一章第五节）

三、光禄吟台

位于鼓楼区光禄坊8号。原为宋代法祥院旧址，宋熙宁三年（1070）程师孟以光禄大夫知福州，常到寺中游览、吟诗。寺僧镌“光禄吟台”于岩壁上，篆书，高0.9米，宽1.2米，保存完好。光禄坊内的名胜以光禄吟台最为有名，它集池、台、亭、石、花、木之胜，保留有清代曲池、石桥、小亭等景观，并有宋至民国十余段摩崖题刻，为游客观览之地，文人雅士集聚之所。1992年公布为市级文物保护单位。

四、西湖

位于鼓楼区西北部。是福州最古老园林。晋太康三年（282），郡守严高凿湖；五代王延钧于西湖辟地建水晶宫。南宋淳熙四年（1177），赵汝愚浚湖并建澄澜阁、梅堤、柳堤等，西湖开始作为州人泛舟游乐之地。清道光间，林则徐主持浚湖，沿湖砌石岸以固湖界，兴建李纲祠、桂斋，重修宛在堂等古迹。民国3年（1914），辟为公园，成为法定的公众游览区。抗日战争中福州沦陷，西湖遭到破坏。1950年重修，西湖再次获得新生。“文化大革命”中又受破坏，改做“五七农场”。1985年，福州市人民政府的重浚、扩展、治污，水面扩展到29万平方米，水深达1.2—1.5米，绿化面积达1.24万平方米。湖中各屿，以柳堤和玉带、飞虹、步云三桥与湖滨通联。开化寺，创建于元代以前，明嘉靖年间（1522—1566）、清康熙四十四年（1705）重修。寺在红花绿柳间，今为花卉盆景展览馆。宛在堂，明正德年间诗人傅汝舟营建，后屡圮重修，系闽中诗人纪念堂，中华人民共和国成立后，修葺一新，成为吟诗作画之所，春秋多有雅集。堂建在台上，面阔三间，三面环廊，护有木栏杆。桂斋，清道光年间，林则徐就皇华亭故址建李纲祠堂，并在祠旁架屋三楹，植桂树两株，取李纲晚年住所“桂斋”命名。林则徐卒后，州人奉林遗像祀此。民国时期，斋旁又建屋一间和禁烟亭一座，篆刻“林则徐读书处”。1985年重建桂斋，重镌林则徐撰写的《新建宋李忠定公祠堂记》。

五、于山

位于鼓楼区东南隅。相传汉代何氏九兄弟炼丹于此，因而得名九仙山，又以闽越王无诸九日宴饮于山，取名九日山。全山面积 11.9 公顷，形若巨鳌，鳌顶峰海拔 58.6 米。山中原有自然景观二十四景，今尚存九日台旧址、平远台、炼丹井、廓然台等景点。山上原有宋至近代摩崖石刻 160 段，现存 103 段，主要分布于鳌峰顶、戚公祠等处，其中，鳌峰顶上北宋淳化元年（990）吕文仲题名刻石，是福州最早的宋代崖刻，山南的《南较场演武厅铭》是福州面积最大的崖刻。此外，还有宋代陈旸“廓然台”榜书、明正德督舶太监尚春题刻、万历张炜“平远台”榜书等。山上殿阁宏伟，山顶有闽国王氏宝皇宫旧址，宋为万寿观，又称九仙观。观之东轩是明代黄仲昭修纂《八闽通志》之地。又因观中供奉福州民间信奉的神祇王天君，俗称天君殿。前殿原祀三清，后改祀王天君；隔拜亭为双层楼阁，祀玉皇大帝。山西南有建于清乾隆年间的大士殿，是辛亥革命福州革命军前敌指挥部旧址，曾辟为福州市博物馆，现为福州辛亥革命纪念馆。西面还有白云寺、廓然台、戚公祠（祠内补山精舍是“闽变”会议旧址）、平远台、万象亭、醉石等景点。山西坡有报恩定光多宝塔（俗称白塔），是福州古城重要标志性建筑。塔南有塔寺，西有塔殿尚存。山北有金粟台，其余脉为罗山，是“三山藏”之一，建有法海寺。于山自汉以来，一直是福州古城传统的名胜游览地，现为历史文化风貌区。

六、乌山

位于福州古城西南隅。与于山互为犄角，拱卫着福州古城南门。唐天宝中，敕称为“闽山”。宋福州太守程师孟谓此山登览之胜，可比道家蓬莱三山，因改名“道山”。山为花岗岩，表皮经风雨侵蚀发黑，“黑”福州话称“乌”，故称乌石山，俗称乌山。海拔 85 米，面积 25 公顷，山石挺拔多姿，千岩竞秀，自然景观原有三十六奇，如东峰的放鹤亭（又称冲天台）、坐禅台、天台桥，西峰的般若台等等。全山遍布摩崖题刻，自唐至清多达 200 多段。最著名的有号称“天下四绝”之一的唐代李阳冰的《般若台记》。山的东南面尚存三尊唐代摩崖造像，丰满庄严。另有程师孟篆书“道山亭”刻石；宋代名文学家曾巩撰写《道山亭记》，则是描述福建山川形胜的名篇。山上祠宇众多，尚存有“乌石山教案”发生地弥陀寺，以及道山观、吕祖宫等。唐贞元十五年（799），观察使柳冕为庆贺德宗寿诞，在乌石山东麓建“贞元无垢净光塔”，乾符间塔毁于战乱，塔铭龟趺尚存，是福州最古老的碑刻之一。五代闽国的王延曦，在净光塔的旧址建崇妙保圣坚牢塔（俗称乌塔），为全国重点文物保护单位，与于山定光塔遥遥相对，是福州古城重要标志性建筑。乌山是福州古城传统名胜游览区，现为历史文化风貌区。

七、半野轩

位于鼓楼区北大路17号。原为福州最早的寺庙晋代绍因寺，明废。清乾隆年间建半野轩。轩中山石玲珑，有池塘、月洞，原园主吴继箴，抗日战争胜利后为福建省主席刘建绪公馆，50年代起改为军区机关宿舍和招待所。半野轩现仅留一口数亩大的水池，旁有“钓鲈桥”，为石板桥；另有一座石柱五角亭，建筑存有一栋，靠水池，为石构建筑，硬山顶。半野轩为吴清源故居，《福州市园林绿化志》、何振岱《西湖志》中均有记载，是福州现存有名的古园林之一。

八、黄氏民居

位于鼓楼区宦贵巷9号。建于清乾隆年间，为姚姓富商所创，后转售给茶商黄梅丞，称“黄厝”。占地面积1108.7平方米。主建筑前后二进，坐南向北，四面围墙，双坡顶。一进石框大门，三面环廊，两旁披榭，中为整齐石条天井。厅堂面阔三间，进深五柱，穿斗式木构架，斗、拱、托等，都精雕细刻。二进前有天井，后有披榭。中间为面阔三间、进深五柱的厅堂。花厅占地面积200平方米，由花园、客厅、假山鱼池等构成。进入花厅，北面有直径2米的圆月门，门外两侧有一座六角半亭、一座四角半亭。园周三面长廊，上有雨盖，旁有美人靠。园南为三开间客厅，中为厅，旁为房。厢房两壁有十二扇壁扇和八扇门扇，所有门扇、壁扇、门、窗、漏花全是楠木制作，壁扇上各有一幅名画并配诗词。客厅后庭有假山、洞府、鱼池，面积虽不足20平方米，但布置井然，方寸中见天地，具有福州庭园特色。全院有7口水井，位为北斗星座，称“七星伴月”。1992年公布为市级文物保护单位。

九、南公园

位于台江区新港街道国货路东段。建于清初，为靖南王耿继茂别墅花园的一部分，坐南向北，总面积为2.3万平方米。原有桑柘馆、荔枝亭、藤花轩、望海楼、梳妆楼等楼台亭阁池桥。清同治五年（1866）闽浙总督左宗棠在园内设桑棉局，左宗棠卒后，园内建有左公祠、民国4年（1915）辟为公园，称南公园，经林森提议建造忠烈祠。1919年五四运动时期，建国货纪念馆等，清末民初被毁。原有“请用国货”碑一方，“文化大革命”中由福建省博物馆收藏。1988 年公布为区级文物保护单位。

十、豆区园

位于福清市玉屏街道官驿巷内。建于明代，为叶向高府第花园。面积近 200 平方米，取名“豆区”。园内有书院、亭阁、假山、鱼池、拱桥等，种有佳树名花，景物错落有致。有假山、池沼景物：如鱼蛇相会、百猴柱、观音送子、鲤鱼出龙门等，多为各种奇异的石头构成。其中百猴白石柱高达 3 米多，立于池畔，是钟乳石天然造型的珍品。假山上有一凉亭，亭下有假山洞，名“眠云”，亭旁一古榕，已有 300 余年的历史。1981 年公布为县级文物保护单位。

第十一节　其　他

一、福州古驿道

古代福州的对外交通，除闽江水路外，还有陆路交通。陆路，主要靠三条驿道：1. 南驿道。从南门出城，经万寿桥到达峡北，渡江到方岭，转大田驿，接福清常思铺；明万历四十年（1612）为避峡江之险改设官路，从万寿桥西折入阳岐，渡江至大田驿，接福清，经莆田、仙游、闽南，入广东省。南驿道的遗迹现仅存万寿桥（元代）、阳岐午桥（建于宋嘉祐三年）。2. 北驿道。从城东北出井楼门，陟大北岭，经降虎寨、宦溪、坂桥至连江，接罗源，经闽东进入浙江省。北驿道在晋安区尚存不少遗迹，其中有一条从崇福寺后山至连江县的古石路，石路宽约 2 米。该石路系宋嘉祐三年（1058）由怀安知县樊纪募建。驿道上的宦溪石桥建于宋元祐六年（1091）、降虎石桥建于宋绍兴四年（1134）、杜溪桥建于宋绍熙二年（1191），均保存完好。3. 西驿道。由西门出发，经侯官芋原驿、古田水口驿到南平，或从城内出北门，穿越小北岭，经闽侯县的柯岭、江洋、大湖及古田县水口驿抵南平；经闽北进入浙江省。这条驿路主要是水路，系进京之路。西驿道在晋安区小北岭尚存遗迹，从新店镇正心堂右侧，经岭头、青石溪、下寮、上寮至摄头的石路面宽 1.3—2 米左右，多用条石铺就。其中最完整的是赤桥至岭头（3 公里）和上寮到摄头（5 公里）的古驿道，该石路系宋崇宁初建造，驿路上的上寮百丈岩下的石拱桥保存完好，为福州少见的大型古石拱桥。闽侯县汤院驿道也保存诸多遗迹。

二、怀安衙署旧址及接官道

位于仓山区建新镇淮安社区江边，宋咸平二年（999）至明洪武十二年（1379）为怀安县衙署。清代改建为悬山顶，穿斗架二进民居。建筑占地面积1092平方米，坐北朝南。前后庭院均用工整的条石铺地。衙署两边的围墙已毁，墙基尚存，高0.9米、厚0.75米、周长150米。该衙署是目前仓山区现存唯一的衙署遗址。接官道位于仓山区建新镇淮安村北侧。距怀安窑址约150米，码头遗迹占地面积为380.81平方米，坐东朝西，长57.03米、宽7.76米、南北高差2.16米。码头地处水上交通要道，闽江在这里分流，东去为白龙江，西下为乌龙江。明朝王应山在《闽都记》中记载："在石岊江头。南行以舆，北以舟。皇华使节，往来络绎。"描绘的就是当年这里的繁华景象。2015年公布为市级文物保护单位。

三、牛山石阶路

位于晋安区鼓山镇牛山村后山岩石上。凿有一条长94米、宽1.1米的石阶，计79级。每级石阶高6—15厘米，进深35厘米。凿工精致，保存完好。山顶路旁有一段摩崖石刻记载：北宋政和五年（1115），邑人萧邻为"使船海道并父母乞保平安，各延景福"而开此路。1992年公布为区级文物保护单位。

四、闽安协台衙门

位于马尾区亭江镇闽安村。宋代始建，为监镇卫；元代为巡检司；清顺治十五年（1658）重建，为协台衙门，负责闽江、闽海和台湾、澎湖的防务，管理水师，又是海关，作为闽省南北盐馆的总卡。从康熙二十七年（1688）起，所辖左右两营官兵远戍台湾，长达200余年。现存清初建筑，占地面积1768平方米，由照壁、门前埕、门楼、仪门厅、正堂、后堂和三个天井组成。正堂面阔五间，进深七柱，穿斗式木构架，双坡顶，鞍式山墙。后堂结构基本相同，规模略小。右侧为演兵场。院内保存宋元祐六年（1091）石盂一个、清道光二十二年（1842）《英军犯顺厦门报警碑》和光绪二十一年（1895）《重修闽安镇协署碑记》，具有文物价值。2009年公布为省级文物保护单位。

五、登文道码头

位于长乐市潭头镇文石村。码头由条石铺成，是古代长乐商客出远洋的始发地，也是本地读书人进京赶考的出发港，是重要的商贸码头。其附近有明代摩崖题刻二方，清代碑刻三通。2015 年公布为县级文物保护单位。

六、池坑溪岭亭

位于闽侯县廷坪乡池坑村上房自然村三岔路口，又名喝岭亭。始建于明代，清代重修，占地面积 50 平方米，坐东向西。歇山顶，抬梁式木构架。通面阔 5.25 米，通进深 7.25 米、高 4.78 米。四步梁前后搭牵用六柱，共用 24 柱，步柱高于金柱。金柱高 3.15 米，柱头施柱头科，额枋上各施二朵平身科，以两跳十字斗拱承托下金桁。明间后部设神龛，主祀玄天上帝。供桌上有清同治十一年（1872）和光绪二十七年（1901）的青石香炉各一件。2013 年公布为省级文物保护单位。

七、拔仕官路及摩崖题刻

位于闽侯县荆溪镇关西村拔仕自然村东。这条宋代出省官路起自怀安县城芋原驿，沿溪一路向北延伸，经拔仕岭、新蓝、鸡菜岭。今尚存龙台山、关源里等路段，其中关西拔仕官路段长约 1500 米，路面用块石铺设，宽处有 2 米多。在官路旁山岩上尚存三段有关官路的题刻：一为北宋嘉祐三年（1058）的《福州怀安县修沙溪路记》，记述县令樊纪主持修此官路的业绩；二为北宋宣和元年（1119）的募修官路碑刻；三为南宋宝庆乙酉年（1225）“拔仕”榜书。2013 年公布为省级文物保护单位。

八、汤院驿道

位于闽侯县白沙镇汤院村西南。汤院古时系雪峰崇圣禅寺廨院，为闽中晋京官路驿铺。始建于唐代。现存北宋温泉汤池 2 口，花岗岩块石砌筑，平面呈圆形，径约 3 米，深约 1.2 米，水温高达 80℃。附近有关温泉摩崖题刻多处：1. 程师孟：“大光禄昭文直馆程公自闽守移帅广东，熙宁庚戌（1070）季冬庚午，刘偁、曾伉、陈昜、黄彦、黄嘉会、吴周卿、郑景、回湛庸、林璋、刘俨、吴杲卿、李适、萧□□、翁芑、黄群、陈彝、林甲、刘康夫、吴开，饯送过温泉僧舍，刻石以记。”隶书题刻，字径 0.12 米；2. 吕惠卿：“温陵吕惠卿吉甫，熙宁四年辛亥（1071）十二月初八日过此。弟和卿、谅卿偕行，僧元欲令留名，乃书于石。”楷书，字径 0.11 米；3. 汤院住持：“世人尘垢清，田家禾稻秀。何惭千载间，名落骊山后。百川寒有余，一水暖无极。洗尽来客尘，温汤保常德。灵源一何燠，不与众流同。纵蕴天人学，安知造化功。住持沙门□□立。”楷书，字径 0.18 米。是研究福州一带地热资源开发史的重要资料。2013 年公布为省级文物保护单位。

九、大湖分县衙

位于闽侯县大湖乡衙前村。建于清雍正十二年（1734），雍正十三年（1735）由侯官县划十二个都设大湖分县，置县丞厅。据民国《闽侯县志》载：“丞厅旧在县治内东，雍正十二年移驻大湖。”县衙坐西朝东，前后三进。前两进圮于1958年，现仅存后衙，占地面积280平方米，面阔五间，进深七柱，穿斗式木构架，单檐双坡顶，外围封火墙。梁柱粗大，柱径45—50厘米。灯笼式青石柱础，雕刻精美图案。1989年公布为县级文物保护单位。

十、透堡烽火台

位于连江县透堡镇家口山。明嘉靖四十二年（1563），戚继光率军入闽至连江平定倭乱，沿途建有多个烽火台，家口山烽火台为前沿通道制高点，是军事重点设施。烽火台方形，四周用花岗石砌造，高4.6米，空心，中间用以装木柴燃烧报警，建筑面积36平方米，结构完整，列诸烽火台之冠，是研究古代通讯与设防布局的实证。1980年公布为县级文物保护单位。

十一、万松岭驿道

位于闽清县梅溪镇樟洋村。宋代驿道，为闽清县城南部通往县城的主要驿道。驿道旁有南宋郑性之题刻楷书“万松岭”，字高0.82米、宽0.60米，旁款“清溪郑性之书”，字径0.20米，字体结构严谨端庄，笔力遒劲苍老。在该石刻右侧有民国石刻“听涛”，落款“徐尧昭书”。2013年公布为省级文物保护单位。

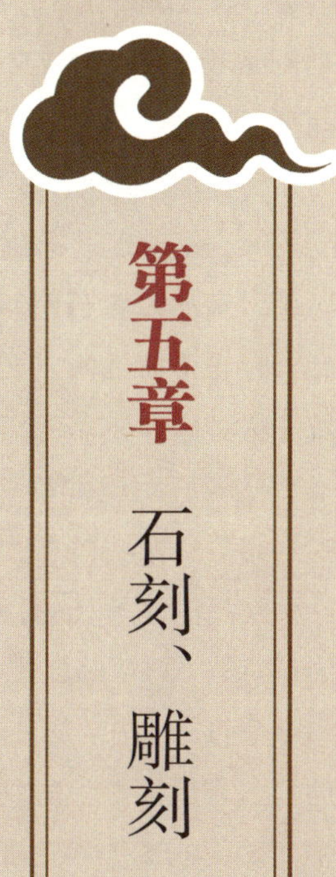
第五章
石刻、雕刻

福州多山石，据统计，摩崖刻石与造像碑刻共有287处，其中全国重点文物保护单位2处，省级文物保护单位5处，市级文物保护单位10处，区级文物保护单位18处，县级文物保护单位54处。字体有篆、隶、草、楷、行书，形式有榜书、题名刻、纪游刻、记事刻、诗刻、祁福刻等等。

福州最早的摩崖石刻，是乌石山唐大历七年（772）李阳冰篆书《般若台记》。唐贞元十五年（799）的《贞元无垢净光塔铭》碑，是福建省保存最早的碑刻。唐元和八年（813）《球场山亭记》碑，是珍贵的福州中唐文献孑遗。永泰名山室及其四周保留了自唐文德元年（888）以来的摩崖石刻。立于闽王祠内的《恩赐琅琊郡王德政碑》，文笔严谨，书法遒劲，是王审知治闽主要文献。闽王王审知墓出土的《王审知墓志》《梁魏国尚贤夫人墓志》，以及刘华墓出土的《唐故燕国明惠夫人彭城刘氏墓志》，均是五代闽国史的珍贵史料。闽侯大湖乡雪峰寺枯木庵的五代《枯木庵树腹碑》，则被誉为"金石以外的奇珍"。福州的各大名山上，保存着大批的自宋至近现代的摩崖石刻。其中鼓山现存摩崖石刻达576段，有蔡襄、朱熹、梁克家等人题刻。于山原有宋至近代摩崖石刻167段，现存110段，其中包括福州现存最早的宋代淳化五年（994）吕文仲等人的摩崖石刻。

唐代摩崖造像有乌石山原神光寺后岩石上的观音洞石雕、西方三圣佛像，长乐龙泉寺后岩石上的流米佛像，福州城门的瑞迹寺白佛、龙瑞寺大殿基座束腰石浮雕，于山报恩定光多宝塔（白塔）塔座束腰石浮雕等。这些石雕雕工精美，更反映了当时情况。永泰县名山室灵龟洞宋代浮雕造像内容有达摩、僧人、帝王和舍身饲虎等，是我省少见的石窟造像，有一组疑似民间信奉白莲菜教的七祖造像。元代造像首推福清弥勒造像，造型准确，神态逼真，线条流畅。于山大士殿的《大士出山像碑》刻于清乾隆年间，描绘了男相大士到女相观音的变幻。是研究佛教石刻艺术的重要资料。

第一节　摩崖题刻

一、乌石山摩崖题刻（文见第一章第六节）

二、于山摩崖题刻（文见第一章第六节）

三、冶山摩崖石刻

位于鼓楼区鼓东街道中山路冶山（泉山）上。有陈衍书“越鋆桥”“望京山”，黎元洪书“洛社遗风”，杨树庄书“剑胆琴心”“唐裴刺史毬场故址”“冶山古迹”“山阴亭”“唐刺史裴次元建，毗陵刘溥修，侯官张国洺书，闽侯欧阳英重建”“一曲”至“九曲”等57段题刻。2018年公布为省级文物保护单位。

四、狮山摩崖石刻

位于仓山区城门镇林浦村，狮山东北麓。北有摩崖题刻15段：宋刻3段，明刻2段，疑刻10段。其中，宋刻一段，题于石路边，文曰：“宣和壬寅年十月造。”明刻一段为明正德十三年（1518）林瀚率诸子扫祖茔归，憩息于此并题刻。1996年建高速公路，移位于狮山腰。1986年公布为区级文物保护单位。

五、鼓山摩崖题刻（文见第一章第四节）

六、鳝溪摩崖石刻

位于晋安区鼓山镇山西麓鳝溪。鳝溪溪边和溪涧岩石上有6段摩崖石刻，其中有宋刻1段、明刻1段、清刻1段、疑刻3段。宋福州知州刘谨于元丰六年（1083）镌刻的“祈雨记”：“守刘谨、倅张知古、令叶宗古、法掾雷尧，元丰六年癸亥季春十六日祈雨至此灵渊”。1961年公布为市级文物保护单位。

七、凤丘鹤林摩崖石刻

位于晋安区鼓山镇鹤林村牛港山。在两块相邻的岩石上有4段摩崖石刻：一是“凤丘”题刻，西向，楷书，直下2行，正文字高1.05米、宽1.08米，“凤丘”，落款“晦翁”；二是“鹤林”题刻2段，文均楷书。“鹤林”两字，字径分别为1.10米和0.9米；三是“朱界”题刻，楷书，文“朱界”，字径17—38厘米。1961年公布为市级文物保护单位。

八、升山摩崖石刻

位于晋安区新店镇升山，摩崖石刻二处共五段：一是宋皇祐二年（1050）张去惑等人题名。二是宋熙宁三年（1070）程师孟等人题名。三是元至正十一年（1351）也先不花大年等人题名。四是清“道光庚戌夏，邑人林则徐、郭柏苍同蜀李惺游升山寺”题刻。五是宋嘉熙三年（1239）一段残刻。1992年公布为市级文物保护单位。

九、东岐山摩崖石刻

位于马尾区亭江镇东岐山。宋、明、清代石刻，分布在东岐山巅、山麓、码头边共有三处：一是山顶摩崖凿造一座高2.13米，宽0.84米的宝塔，塔身又阴刻一尊观音，像两旁镌刻宋庆元三年（1197）结基铺路；二是山麓两块大岩石，上刻“福”“寿”两字，相传为朱熹所书；三是码头边一岩石上刻有“瀛洲大道”“魁龙”“感应”等四段题刻，并有明嘉靖、隆庆和清乾隆、道光年款。1992年公布为市级文物保护单位。

十、仙字岩题刻

位于长乐区江田镇溪北村燕岭，又称钓鳌台题刻。宋代题刻三段：一是“钓鳌”二字，楷书，每字径约0.8米。二是宋庆历七年（1047）苏才翁观海题刻：“庆历丁亥秋，飓风起，予涉足山巅，观海波也。才翁题。”篆书，幅宽2.5米、高1.6米，每字径0.4米，分4行直书，每行5字，计20字，另款识一行。三是宋熙宁六年（1073），蒋之奇、张徽游参村山诗刻，篆书，幅宽2.9米、高1.75米，每字径0.04米，诗文及款识分9行直书，计102字。张徽诗：“未穷双佛刹，先到一渔家。山雨已残叶，溪风犹落花。汲泉沙脉动，敲火石痕斜。应是任君子，竹间曾煮茶。”蒋之奇诗：“二寺一峰顶，巉岩石作门。飓风掀涨海，漂卤灌低原。斑驳窥虫篆，钩辀听鸟言。人家溪两岸，遥望是桃源。”1984年公布为县级文物保护单位。

十一、荔支岗题刻

位于长乐区吴航街道西关村天王寺北。唐代、宋代题刻计四段：一是“寒岩”二字，楷书，字径1.2米，据记载系唐大中七年（853）福建观察使杨发所书。二是宋李纲书“荔支岗”三字，楷书，字幅高0.45米、宽0.35米。其余二段均无年代。1984年公布为县级文物保护单位。

十二、灵凤山摩崖题刻

位于高新区南屿镇中溪村西石松寺后山。计有三段:一是榜书“灵凤山”,幅高1.5米、宽0.6米，字径约30厘米，楷书直下，苍劲有力。二是诗刻：“炉重香熏长生供，瓶具花敷无尽春。珍重尸迦已陈迹，不知谁识解空人。”幅高1.2米、宽0.58米。1989年公布为县级文物保护单位。

十三、欧阳修题刻

位于福清市一都镇东山村狮头架山的岩壁上。共12字，分刻两处：一处向西岩壁刻“遗照台”，篆书，每字宽0.3米、长0.5米，落款“欧阳永叔”，小楷字；另一处向北岩壁刻“三生石”，字径与前一样，篆书，落款“永叔”为小楷字。篆体苍劲有力，具有书法艺术价值。1988年公布为县级文物保护单位。

十四、瑞岩山摩崖题刻群

位于福清市海口镇牛宅村。名人题刻共有170多段，以山右下侧题刻最多，著名的有宋代伍子宁，元代福建行中书省奉训大夫理问官王伯显，明叶向高、陈经邦、陈省、抗倭名将戚继光，以及林汝翥、徐霞客等历史名人题刻。其中叶向高还乡诗作，草书，字幅长2米、宽2米，字径0.2米。2016年公布为县级文物保护单位。

十五、溪源宫摩崖题刻

位于闽侯县上街镇罗汉洋村东北。刻于潭壁上，计有四段。一是“溪源第一峰”，上款：“闽吴时钦、孙恩舜作，蔡梦龙书。”下款：“嘉靖丙午岁仲冬吉旦同并识，住山莆田邑人卓如鉴刻石。”行楷直下，大字径0.4米，小字径0.13米。二是“别有天地”，上款：“乾隆乙亥年蒲月吉旦。”下款：“沙堤信士赵芝伯敬书。”行书，大字双行直下，字径约0.45米；小字直下，字径约0.12米。三是“威镇溪源”，双行直下，楷书，字径0.56米。上款：“时乾隆戊戌年孟冬吉旦。”下款：“十三都缘首杨昌范敬题。”行楷直下，字径0.17米。四是“光绪庚辰，邑人郭柏苍重游旗山，宿溪源宫，长乐梁意年书石。”隶书直下，幅高1.6米，字径0.13米。1992年公布为县级文物保护单位。

文物保护单位。

十六、云居山摩崖题刻

位于连江县东岱云居山云居寺前。明代题刻二段：一是浙江金华赵崇杙题在寺前大岩石上，楷书直下二行：“天上云居，人间仙境。”字幅宽 0.80 米、高 0.85 米，保存完好。二是山巅飞来峰，清代题刻“海上飞来”，行书直下，字幅宽 0.50 米、高 0.67 米，落款模糊。1961 年公布为县级文物保护单位。

十七、青芝山摩崖题刻

位于连江县琯头镇青芝山。有摩崖石刻多处：一是叶向高题刻。明万历丙辰秋，叶向高重游青芝时，劝其学友董应举出山，吟诗刻于猿公洞中，草书直下 12 行，216 字。二是董应举题刻。明万历年间，董应举在开拓青芝山时，有题刻多段，均五绝诗。三是左宗棠题刻。清左宗棠在督办福建军务期间，于青芝山万松岭题刻，楷书直下一行：“半岭天风有啸声。”字幅宽 0.12 米、高 0.17 米，落款“左宗棠”。四是陈宝琛题刻。清末陈宝琛游青芝时，在悬石洞题刻，楷体横书一行“悬石洞”，字幅宽 0.18 米、高 0.22 米，落款直下署名。五是林森题刻。民国林森在山中筑庐隐居，并在山麓木鱼岩上镌刻“晚归”，楷字横书，字幅宽 0.60 米，长 0.80 米。六是李兆珍题刻。民国李兆珍 81 岁高龄时游青芝，录明曹宗伯（学佺）游百洞诗，楷书直下 6 行，40 字。七是萨嘉曦题刻。萨嘉曦为林焕章募修青芝山，在寺左刻石立志，题“青芝立马”，楷书直下一行。并有隶书刻志，直下 8 行 101 字，字径 0.10 米。

十八、际上石刻群

位于闽清县际上村钟湖山石崖上。包括起傅岩、龙首岗榜书。2013 年公布为省级文物保护单位。

起傅岩。榜书“起傅岩”，楷书，阴刻，纵 1 行，字径 100 厘米。旁有“早入中书”“高折仙桂”两段题刻。相传宋爱国诗人张孝祥，与陈旸侄曾孙陈问同年进士，敬仰陈祥道、陈旸兄弟，特来造访，瞻仰“二陈”读书处，因题“起傅岩”三大字，典出商王武丁起用傅说。其左侧圆首碑状题刻七律一首：“欲识东君去信催，古人止渴意思梅。根荃虽向春前发，枝叶曾经雪里开。万木丛中推作首，千花圃内独为魁。高才应是和羹手，何必须教傅说来？张咏。”

龙首岗。榜书“龙首岗”，楷书，阴刻，纵 1 行，字径 50 厘米，高 70 厘米。《闽清县志》：“龙首岗”为宋代太常博士陈祥道书。

十九、留云石刻

位于闽清县下祝乡后峰村。宋朱熹题“留云”二字，魏碑阴刻。字径0.30米×0.40米，落款“晦翁”。1992年公布为县级文物保护单位。

二十、才翁所赏树石

位于罗源县白塔村走马岭下南侧，巨石北向。横刻楷书“才翁所赏树石”。系宋苏舜元任福建路提点刑狱时所书。南宋宁德县主簿陆游途经此地，见其字，称“奇石可爱”，请县令设栏护之。清乾隆二十三年（1761）福州知府李拔，于石刻旁碑刻一首五律：“千古才翁石，大书刻道旁。赏心会独远，寓意味偏长。价自品题重，名因表见彰。摩挲应有托，言象已相忘。”1980年公布为县级文物保护单位。

二十一、名山室摩崖题刻（文见第一章第五节）

二十二、方壶岩摩崖题刻

位于永泰县盘谷乡水尾村。现存宋至清摩崖题刻12方。其中有榜书：“方壶，（王）用文书。”题名刻：“薛子颙、王用文、郑宗晦、胡尊道来游。至正壬午秋。”诗刻：“巍峨峭壁立山巅，随步云生别有天。豹脊奇文依古洞，龙潜幽德涌清泉。钟声远应千峰响，雾色长空万壑连。登眺陶然忘薄暮，依僧留宿细谈禅。宋张仕裕题。”还有曹学佺、王大壮、张大韶、沈野等人的题刻，为研究地方社会、历史及民俗信仰提供重要实证。2009年公布为省级文物保护单位。

二十三、姬岩摩崖石刻

位于永泰县白云乡姬岩寺周围。包括神仙第一家、来天台、古鸡岩、鬟翠楼等宋、明、清历代名人题刻。2013年公布为省级文物保护单位。

神仙第一家题刻 宋陈旸题，行书，竖刻，幅高2.3米、宽0.6米。

来天台题刻 明曹学佺书，僧本清刻石。竖刻，幅高1.48米、宽0.63米。旁又有一记游题刻：“万历丙辰八月九日，三山谢肇淛同陈鸣鹤、王昆仲、徐熥，登鸡岩寻龙洞而归。”幅长1.25米，宽0.75米。

古鸡岩题刻 明万历年间（1573—1620）谢肇淛题，幅长1.52米、宽1.65米。

鬟翠楼题刻 清康熙年间（1662—1722）黄任书。横刻，幅长0.75米、宽1.65米。

二十四、方广岩摩崖题刻

位于永泰县葛岭镇葛岭村方广山。一是方广炮洞附近路边元代游人题刻。幅高2.65米、宽3米，四明李宁刻石。二是明万历年间，游人在辰秋等名人同游，书刻于侧门内“方广洞天”四字，字径0.5平方米。三是天然石门清同治甲戌（1874）秋，欧阳骏行书：“寺凭松作径，天设石为门。”字幅高1米、宽0.6米。四是方广岩侧门。清光绪己卯（1879）重阳，螺江七十叟陈景亮楷书“闽山福地”，字幅长2米、宽0.9米。五是方广岩三亭。清光绪五年（1879）十月戊午闽县龚易图、叶大庄记游题刻，字幅长8.2米、宽3.3米。另有清嘉庆年间福清郑龙光等人同游方广岩题刻。

第二节　碑　刻

一、恩赐琅琊郡王德政碑

位于鼓楼区庆城路22号。唐天祐三年（906）哀帝李柷敕建，碑高5米、宽1.87米、厚0.29米，黑色页岩，圭形，碑额篆书《恩赐琅琊郡王德政碑》，碑文楷书，叙述王审知家世及其治闽政治、军事、经济、文化等政绩。于兢撰文，王倜书丹。白花岗岩刻椭圆形覆莲碑座，高0.91米、宽2.14米、长2.71米。1961年公布为省级文物保护单位。

二、福州碑廊

位于鼓楼区于山天君殿东西檐廊上。1979年10月，市文物部门将散见重要碑刻收集于此。有宋至清代石碑18方。其中有宋蔡襄书《刘蒙伯墓碣》、南宋绍兴“石敢当”、明张经撰《福州府四学新立学日记》、清林则徐撰《刘家镇墓志铭》，及宣统二年（1910）《真神堂碑记》等碑。1988年福州碑廊及九仙观附属文物公布为市级文物保护单位。

三、重修忠懿王庙碑铭

位于鼓楼区庆城路闽王祠北墙。宋开宝七年（974），吴越福州刺史钱昱立。碑黑色页岩质，方首抹角，高3.58米、宽1.8米，下承龟趺。碑文载王审知世系、一生功绩，以及吴越改府第为庙祀的经过。碑于民国间断裂，今镶嵌于墙上，少部分文字失落。

四、贞元无垢净光塔铭

位于鼓楼区乌石山崇妙保圣坚牢塔西南侧。坐西向东，白花岗石岩质，通高 4 米、宽 1.3 米。碑首左右侧刻六螭，额篆“贞元无垢净光塔铭”，三行竖刻；碑文楷书，22 行，行 44 字，字径 0.04 米，内容记述唐贞元十五年（799），福建观察使柳冕为祝贺德宗皇帝寿诞祈福兴建净光塔。龟趺碑座。塔毁于唐末黄巢入闽战乱，仅存此碑铭，是福州市现存最古老的碑刻之一。

五、文儒坊乡约碑

位于鼓楼区文儒坊口北墙。系清光绪七年（1881）文儒坊乡约碑。碑高 2.2 米、宽 0.8 米，嵌于坊墙中，碑文：“坊墙之内，不得私行开门，并奉祀神佛，搭盖遮蔽，寄顿物件，以防疏虞。三社官街，禁排列木料等物。光绪辛巳年（1881）文儒坊公约。”共 48 字，每字约 0.12 米见方。

六、福州志社碑刻

位于台江区双杭街道福州志社内。碑刻三方嵌于大庙山（今福州第四中学校园）诗楼西侧墙基中。三篇碑记，记载清末民国初南台诗人，以诗会友创作诗歌和吟唱活动状况，及倡组志社历史背景和社人捐资建诗楼等史实。一是《志社新建诗楼记》，林苍撰、萧梦馥书，高 1.29 米、宽 0.64 米，民国 13 年（1924）九月立。二是《志社诗楼碑记》，唐瀚波撰、陈谦拟书，高 1.27 米、宽 0.65 米，民国 13 年（1924）九月立。三是《志社诗楼记》，陈衍撰、洪亮书，高 1.33 米、宽 0.64 米，民国 19 年（1930）九月立。1988 年福州志社公布为区级文物保护单位。

七、灵济宫碑（文见第一章第五节）

八、天妃灵应之记碑（郑和碑）（文见第一章第五节）

九、闲云石题刻

位于福清市玉屏街道官驿巷豆区园内。系明万历年间叶向高建园时植入。石上阴刻的文字为叶向高自铭。石高 4.9 米、宽 2.35 米、厚 0.35 米。石色青灰间白，宽扁如鲤鱼，正面凿刻篆文“闲云”二字；背面右下方刻五行楷书曰：“此石来自海上，酷似一片云。

或谓似鲤，鲤能化龙。云从龙耶，爰为之铭：为云为龙，变化何穷，起沧海，升层穹，壁立乎此中。”1981年公布为县级文物保护单位。

十、白云山碑刻

位于闽清县白樟镇白云村。南宋柯丞相、萧知府和葛知县三人同在白云寺为僧，宋理宗为之书。龟座青石碑，碑高4.4米、宽1.35米、厚0.3米，碑的上方篆书“皇帝御书”。两边饰龙纹，中为楷书“白云山”。下方铭文详记此碑由来。1981年公布为县级文物保护单位。

第三节　雕刻艺术（造像）

一、乌石山摩崖造像

位于鼓楼区乌石山上。包括山巅、南坡、东南坡三处摩崖造像，乌石山摩崖造像为乌石山摩崖石刻的组成部分。2013年，乌石山、于山摩崖题刻及造像公布为全国重点文物保护单位。

山巅摩崖造像

位于福建电视发射台西南的“道山真境”摩崖石刻左下侧，西向，俗称石壁观音。观音造像高145厘米、宽55厘米、厚10厘米，立于莲台之上，神态端庄，雕工精致。观音造像原古朴典雅，部分浮雕已剥落。岩下尚保存一块观音浮雕的下半身残片，高60厘米、宽64厘米、厚8—13厘米，呈三角形。现存的观音造像系20世纪80年代末群众捐资在原浮雕的基础上重新雕造。

南坡摩崖造像

位于今中共福州市委宣传部办公楼后侧岩壁，西向。摩崖高120厘米、宽200厘米，内镌三尊佛像。正中一尊高94厘米、宽43厘米，头缠螺髻，面容丰腴，两耳垂肩，身披袈裟，袒胸露右下臂双手合掌于下腹，掌心向上，结跏趺坐，仪态端庄。左侧佛像高71厘米、宽33厘米，头戴宝冠，面部丰满，双掌合十于胸前，结跏趺坐。右侧佛像高、宽与左侧佛像相同，头戴宝冠，面型较瘦削，双掌合十于胸前。三尊佛像背后镌刻光圈火焰，以示佛光普照，使众生脱离苦海。三尊佛像均为高浮雕。佛名有争议，一说中间那尊为阿弥陀佛，左侧为观世音，右侧为大势至，即所谓“西方三圣”。

东南坡摩崖造像

位于道山观弄石磴路东北侧的岩壁。四尊造像有说分别为释迦牟尼佛像、阿难（阿难陀）像、大势至菩萨像、天王像。释迦牟尼佛像，东向，高80厘米、宽48厘米，头缠螺髻，面容慈祥，两掌合十于腹前，结跏趺坐于莲花座台上，头后饰光焰，以示佛光普照。阿难陀像，南向，摩崖高95厘米、宽55厘米，造像高90厘米、宽27厘米，侧身，站立露足。大势至菩萨，南向，在龛内，龛高102厘米、宽64厘米，造像微侧身，高90厘米、宽22厘米，头戴佛帽脚踩莲花座，背面饰佛光。天王造像，东南向，摩崖高102厘米、宽64厘米，造像高90厘米、宽22厘米，造像站立，身披盔甲，手捧宝剑。四尊造像均为浅浮雕。

二、福州开元寺铁佛

位于鼓楼区鼓东路开元寺内。开元寺始建于南朝梁太清三年（549），初名灵山寺。唐开元二十六年（738），以玄宗年号更名开元。五代闽国时，开元寺为福建最大的寺院，东至板桥头，西至尚宾路，南至三牧坊，北至龙山巷。寺院有经院、戒坛、宝塔（今尚存两塔）等。清顺治四年（1647）寺毁，十六年重建铁佛殿。光绪年间，大雄宝殿烧毁，残余殿堂被改作监狱。民国28年（1939），寺遭日机轰炸，1946年重建铁佛殿。殿坐北朝南，面阔三间，进深七柱，穿斗式木构架，双坡顶，两侧封火墙。铁佛为阿弥陀佛，外表披泥贴金，螺髻、敞胸，披袈裟，盘坐在石莲座上，高5.3米、宽4米，重约十万斤。佛含口隆额，眉目慈祥，两耳垂肩，法相庄严。明里人曾异撰书联："古佛由来皆铁汉；凡夫但说是金身。"据清《榕城纪闻》载，清初从佛座上出土宋元丰年间（1078—1085）银制须弥座。1991年公布为省级文物保护单位。

三、瑞迹寺白佛

位于仓山区城门镇林浦村狮头山，又名雷劈观音。为岩石上浮雕，观音造像高1.36米、宽0.60米。佛像前建长方形石亭，面宽2.93米，进深1.5米，高2.3米。门框上阴刻"雷劈观音古迹。天启丙寅年季春"。宋梁克家《三山志》记载，白佛凿造于唐大中六年（852）。1992年公布为区级文物保护单位。

四、城门山摩崖造像

位于仓山区城门镇城门山巅一风动石上。宋代造像，凿造有地藏王、泗洲文佛等四尊佛像，两边镌刻“绍兴壬午（1162）梁全造”等文字。台基上还刻有“元丰五年（1082）夏月初十日石”。1992年公布为区级文物保护单位。

五、鼓山摩崖造像

位于晋安区鼓山镇鼓山上。包括鼓山佛字摩崖造像和鼓山竺道生摩崖造像。

鼓山佛字摩崖造像

位于鼓山更衣亭东侧，古石磴路北侧巨岩上。造像南向，阴刻，高71厘米、宽42厘米。造像利用“佛”字笔画，衍化成一结跏趺坐、俯首诵经的佛像。旁刻“南无佛陀清”五字行书，字径7厘米。佛，简称佛陀，也译作浮屠、浮图、佛驮等，意译“觉者”。觉有三义：自觉、觉他、觉行圆满，是佛教修行的最高果位。小乘佛教徒即此作为对其教主释迦牟尼的尊称。大乘佛教除指释迦牟尼外，还泛指一切觉行圆满者，认为其数甚众。

鼓山竺道生摩崖造像

位于鼓山灵源洞南侧溪涧西壁。造像东向，阴刻，高245厘米、宽190厘米；竺道生结跏趺坐于蒲团，头戴僧帽，身穿僧袍，双手捧读经书。左侧有近代著名人物画家李霞“顽石点头”等四行草书。“顽石点头”为佛家传说。清翟灏《通俗篇·地理·顽石点头》载：“《莲社高贤传》：竺道生入虎丘山，聚石为徒，讲《涅槃经》，群石皆为点头。”

六、水云亭朱熹石刻像

位于晋安区鼓山镇鼓山水云亭内后墙镶嵌的青石碑上。石碑高1.03米、宽0.36米，碑面由清代盐商魏杰阴刻朱熹对镜自画造像。像高0.84米、宽0.36米，头戴方帽，双手藏于袖中且横置胸前。碑额篆书“宋徽国文公朱晦庵先生遗像”。两边楷书，各直下2行，共96字。1998年公布为区级文物保护单位。

七、魏杰刻像

位于晋安区金鸡山魏杰故居内。原位于鼓楼区塔头街鹤山草庐，清同治五年（1866）魏杰建造鹤山草庐时，以端石刻立像和坐像各一尊，分别镶嵌于草庐与“泉石居”厅中。立像为端石线雕，高0.88米、宽0.5米；坐像高0.55米、宽0.3米。大小基本相同。右边刻“同治五年岁次丙寅清和月良日”，左边刻“鹤山樵者魏杰题，时年七十有一”，现移至金鸡山魏杰故居内。

八、显应宫泥塑（文见第一章第五节）

九、瑞岩弥勒造像（文见第一章第三节）

十、福庐石仙造像

位于福清市城南约 15 公里的福庐山福庐寺旁。造像是利用一块酷似人形的巨岩雕琢而成。高 315 厘米、宽 406 厘米、厚 280 厘米。造像屈膝盘坐，袒腹含笑，右手抚耳。相传叶向高在指挥开山辟石时，突然有旨召其进京，石匠认为吉凶未卜，遂凿石以志吉，并雕其手摸耳，以“耳听消息”。造像雕成后，叶向高果官复宰相之职。张德濬见造像有感，撰《石仙》诗以抒怀。1999 年公布为县级文物保护单位。

十一、白岩亭石佛造像

位于闽侯县大湖乡上堡村东南。俗称三宝佛像，据其形制推断为元代雕刻。花岗岩质地，共三尊，由坐像和莲花座组成。一尊高 2 米，另两尊高 1.7 米。每尊佛像均头戴僧帽，身着袈裟，坐于莲花之上。一尊两手合十，一尊两手交叉在大腿上，一尊一手举至胸前，似在念经。造像形态逼真。莲花座阴雕单瓣径 0.1 米的莲花。两尊佛像较完整，一尊佛像头部已断失，20 世纪 80 年代重雕头部。1992 年公布为县级文物保护单位。

十二、七佛坑佛造像

位于连江县马鼻镇拱头村西北 6 公里鲤溪源头，西北向。凿刻于 3 米多高的岩壁上，造像七尊，正中一尊结跏趺坐于莲花座上，两眼平视，左手前垂，平放在左膝上，右手向前上举，托一宝珠于右肩下，神态肃穆。两侧各立三尊侍从，两前侧各立一尊持剑金刚，后两侧各立两尊合掌佛像。《连江文物志》载：七佛为宋代雕造，中间坐像为释迦牟尼佛，佛像所在地为七佛庙遗址，地下出土有宋代莲花佛像砖 2 块、葵花形瓦当 1 件、陶罐 1 件。

十三、栖云洞造像（文见第一章第五节）

十四、名山室灵龟洞石窟摩崖造像（文见第一章第五节）

十五、观音洞石雕

位于永泰县大洋镇棋杆村高盖山上。唐文德元年（888）凿，洞高5米、深4.4米、宽4.5米。洞内有石雕砌造佛龛和石观音佛像，现存完好。

第六章 近现代重要史迹及代表性建筑

鸦片战争后，福州作为五口通商口岸之一，大量洋人进入福州，各种教堂、领事馆等近代西式建筑相继建设，在19世纪下半叶至20世纪上半叶，外来的建筑形制在营造过程中受到本土传统建筑的影响，同时在外来建筑文化的冲击下，本土的建筑也接受了西式的一些元素，福州近代建筑迅猛发展。现存有教堂、领事馆、学校、洋行、医院、近代西化民居、近代厂房等。

教堂进入福州，始于明天启五年（1625）。崇祯年间，福州宫巷建有三山堂。鸦片战争后，福州地区教堂逐渐增加，从1847年到1949年，天主教建有教堂25座、基督教各教派建有教堂47座。现存有泛船浦天主教堂、基督教花巷尚友堂、苍霞基督教堂、基督教铺前堂等。在平面布局上，福州教堂平面鲜见属纯正的拉丁“十”字形，多根据地段地形条件进行局部调整，比如花巷尚友堂的“L”型平面，石厝教堂的凹型平面等。大多数教堂带有高大的钟楼，一般为单塔楼，如马尾天主堂。

19世纪下半叶，大量西方建筑进入福州，有领事馆、洋行、银行、学校、医院、厂房等洋房。其形制主要是外廊式和折中主义。外廊样式也称为殖民地式，其特征是建筑的外围设有西方的形式特点的外廊，如拱券、立柱等。早期的领事馆建筑和纯粹由洋人使用的建筑均采用此建筑形式，主要有英国领事馆、美国领事馆、乐群楼、汇丰银行福州分行等。折中主义成为近代福州商业干道风貌的基质，在20世纪后成为福州近代西式建筑的主流，建筑有苍霞基督教堂、福建协和大学建筑群等。

西式建筑单体体量巨大，平面基本为矩形，多做四坡或双坡，其屋脊均为笔直的线条。近代福州西式建筑屋面也大量采用中国传统的悬山、硬山、歇山等形式，其屋脊线条仍显生硬，正脊及戗脊的起翘高度较低，无挑檐斗栱、无挑檐檩交圈，山面较小，多似西式建筑开窗。福建协和大学建筑群是福州最大的学校建筑，教学楼采用砖混结构，屋面采用中式屋顶建筑形式的“墨菲式屋顶”。塔亭医院附属护士学校屋面开设老虎窗作为阁楼的采光、通风，戗脊处的脊兽为鸽子造型，故称为白鸽楼。

一、十九路军筹划“福建事变”会议旧址——于山补山精舍

位于鼓楼区于山戚公祠前右侧。旧址系“补山精舍”，宋代始建，清道光年间（1821—1850）重建。址建于高台之上，面阔三间，进深五柱，环廊有栏杆，穿斗式木构架，歇山顶，泥灰塑龙首脊，四周依地势建围墙，自成院落。院墙东侧有宋代“平远台”摩崖石刻多段。1933 年 10 月，十九路军将领陈铭枢、蒋光鼐、蔡廷锴等在此召开秘密会议，商讨发动“福建事变”。1991 年公布为省级文物保护单位。

二、辛亥革命福州前敌总指挥部旧址——于山大士殿

位于鼓楼区于山上。原为清式宗教建筑群，以大士殿为主、居中，左为护国寺，右为真龙庵，三座并列，坐北向南，依山势层层递建前后殿，占地面积 3000 平方米。大士殿又名观音阁，共三进。一进前殿，穿斗式减柱造木构架，双坡顶，鞍式山墙。二进大殿，面阔五间，进深七柱，有 22 根大石柱和 2 根木柱，斗拱、雀替、梁柱雕刻精美。三进观音阁，重檐歇山顶，后殿保存有清帝乾隆御题的《大士出山图》碑刻。从后山九日台可俯瞰州城，是当年扼控清军聚集地“旗下街”的制高点。清宣统三年（1911）11 月 9 日，辛亥革命起义军占领于山，设前敌指挥部于大士殿，向清军福州将军府开炮轰击，控制战局。1965 年，作为“福建省阶级斗争展览馆”。1986 年、1990 年两次大修，辟为福州市博物馆馆址，现为福州辛亥革命纪念馆。1992 年公布为省级文物保护单位。

三、福州中山堂

位于鼓楼区中山路 23 号。其前身为明、清福州贡院，清道光七年（1827）重建，称“至公堂”，坐北朝南。光绪三十年（1904）废科举，改为福建省咨议局。1912 年 4 月 20 日，孙中山莅榕，福建省各界在这里举行欢迎大会，孙中山发表重要演说。为纪念孙中山此行，1932 年，福州贡院埕大街改名为中山路，“至公堂”改名为中山堂。现为西式砖木结构，仿传统建筑歇山屋顶，檐下施斗拱装饰，线条简洁。2009 年公布为省级文物保护单位。

四、采峰别墅

位于台江区上杭路 122 号。民国 9 年（1920）年马来西亚爱国华侨杨鸿斌（1884—1974）所建。坐北朝南，占地面积 2000 平方米。由大门、坊门、照壁、庭院、主体建

筑和园林组成。主体建筑平面布局倒凹型，南面两侧平房为八角形；第二层北、东、西三面设开敞式挑廊相连。附属建筑二层，西侧半圆形观景阳台，屋面大部分为坡屋顶，小部分为平天台。整座建筑外部立面装饰简洁，室内设有古典式壁橱角柱，门窗上部采用中国古典花格式样，下部为普通玻璃窗，外安装百叶窗。主要建材地砖、木材等均从海外运来，砌墙用砖系专门烧制，上有“采峰”字样。别墅建筑为中西合璧，集西式做法和中国古典建筑装饰于一体，引进钢筋混凝土等组合材料，解决了建筑物的大跨度、大出挑等技术问题，是福州近代别墅建筑的优秀代表。2009 年公布为省级文物保护单位。

五、上下杭商号建筑群

位于台江区上下杭。包括咸康参号、黄恒盛布行、罗氏绸布庄、生顺茶栈等旧址，2013 年公布为省级文物保护单位。

（一）咸康参号

位于台江区下杭路 219 号。清末，由螺洲张桂荣、桂丹兄弟开设，是福州四大药店之一。坐南朝北，占地面积 2800 平方米，三层砖木结构，中西合璧建筑。前设营业大厅，后为药材仓库。券顶石门框，两侧均为石制墙裙、青石墙体。大门左右设有橱窗，店面装修考究，外观富丽堂皇。招牌“咸康参号”，系郑孝胥手书。一层为敞厅，左右各有楼梯上二、三层；二、三层中间留空，顶部为“玻璃天”，三面通廊，房门开向廊道。

（二）黄恒盛布行

位于台江区上杭路 217 号。清朝后叶，由林裕源创办“林恒盛”染布行，光绪十六年（1890）后由黄瞻鳌、黄瞻鸿兄弟接办，更名为“黄恒盛”布行，成为福州市布行的大户。坐南朝北，占地面积 277 平方米，二层五扇三间砖木结构，中西合璧。周以青砖墙，北墙体为欧洲哥特式花岗石垒砌，中开圆券顶石门框。一层内为敞厅，楼梯设南侧；二层中间留空，顶部为“玻璃天”，四周通廊，房门开向廊道。1919 年五四运动期间曾发生过“黄案事件”。

（三）罗氏绸布庄

位于台江区下杭路 181 号。清末建筑，坐北朝南，共三进，占地面积 1181 平方米。青砖外墙，券顶石门框。一进面阔五间，进深五柱，穿斗式木构架，硬山顶；二进基本相同；三进改为面阔三间。

（四）生顺茶栈

位于台江区下杭路238号。坐北朝南，三层砖木结构，建筑面积2000平方米，前后三进。一进面阔三间，进深五柱，部分二层；二进为两层楼，面阔三间，进深五柱；三进为两层楼仓库，左侧开门通制茶厂。欧阳家族于19世纪初开设恒元堂茅茶帮，被称为“茶帮之王”，是福州最大的茶行、茶叶加工厂和茶农交易站。传至欧阳康、欧阳天定（共产党员）父子，开设茶行兼客栈。1938年8月，中华民族解放先锋队福州总队成立于此，并成为队部址。后来又是中共福建省委地下党交通联络站。

六、福州志社

位于台江区大庙山西麓（福州第四中学内）。民国13年（1924）南台诗人翁心组、蒋逢年、张鹤廉等组建福州志社。同年九月，社人捐资在大庙山原去毒社戒烟局旁建起志社诗楼。楼占地面积283平方米，坐北向南，双层砖木结构，作为社人吟诗唱和的场所。诗楼墙基嵌有民国13年、19年碑记三通，记载组织志社、建造诗楼和志社活动等情况。1988年公布为区级文物保护单位。

七、泛船浦天主堂

位于仓山区泛船浦临江前街1号。占地面积8400平方米，建筑面积1100平方米。坐南朝北，砖石结构。主堂高33米，建有钟楼、地下室，顶上有3米高的十字架，尚有办公楼、宿舍、仓库等。清同治二年（1863）清政府以泛船浦民田抵换在宫巷三山堂建此天主堂。同治七年（1868），由意大利籍主教李宏治初建天主堂、修院和神父楼。光绪九年（1883）到民国22年（1933），又在堂北侧购地30亩，建洋楼4座，内设育幼、育婴两院，有诊所、隔离病房以及纺织、刺绣、洗染工场等。1933年，拆旧堂，扩建新堂，总面积12537平方米。1985年修缮。1996年公布为省级文物保护单位。

八、华南女子文理学院旧址

位于仓山区对湖街道上三路8号。清光绪三十三年（1907）由美国基督教会女布道会创办，民国14年（1925）美国女布道会出资兴建教学楼。旧址占地面积2800平方米，坐南向北，钢筋混凝土结构，共三座。主座三层，一、二层外伸门廊，底层设5个花岗石联拱门；三层为阳台，水磨地板。两侧各为一座砖木结构三层楼房。三座楼的二、三层相通，底层均半地下室。外墙下部砌石，上部砌清水红砖，墙角用方整石与红砖交砌，屋面为歇山顶，飞檐翘角尖各饰一狮子，琉璃筒瓦，主脊两侧饰琉璃花格。窗上部石拱券，双重窗扇，分别镶嵌玻璃和木页。2013 年公布为省级文物保护单位。

九、烟台山近代建筑群

位于仓山区仓前街道。包括乐群楼、美国领事馆、俄国领事馆、汇丰银行福州分行、英华中学美志楼、英华中学力礼堂、私立协和大学、兰记脱胎漆器店等旧址，2013 年公布为省级文物保护单位。

（一）乐群楼

位于乐群路 8 号。亦称弹子房、美国船员俱乐部，占地面积约 619.69 平方米二层。宽 19.83 米，长 31.25 米，高 18 米。始建于 1854 年，建成于 1859 年，曾是中国最早的西式娱乐建筑，最早的洋人俱乐部，由烟台山附近各洋人领事馆集资兴建，以英国为主。抗战期间，为日本人霸占。保存状况一般。

（二）美国领事馆旧址

位于麦园路 84 号。建于清代晚期，为一幢西式三层楼建筑（下有地下室），砖石结构，北偏东 25 度，表面刷粉淡黄色墙，占地约 150 平方米。至今保存完好。

（三）俄国领事馆

位于公园路 39 号。建于清代晚期，是俄国驻榕办事机构。建筑为二层砖木结构，东欧建筑式样，占地约 289 平方米，北偏东 10 度。1996 年进行修复，墙内加建钢筋混凝土柱，双层环梁加固，恢复门楼。现改为福州外国语学校校史展馆。

（四）英华中学美志楼

位于乐群路 18 号。原称芝美楼，现为福州市高级中学图书馆。占地面积 535 平方米，三层，地下室一层。长 27.54 米、宽 19.426 米，高 17.285 米（四层）。

（五）英华中学力礼堂

位于乐群路 18 号。建于民国初期，是美以美会主办的教会学校——福州鹤龄英华书院的小礼堂。占地面积 604.5 平方米，长方形三层洋楼，红砖外墙。钟楼高耸，约高 21.65 米。现为福州市高级中学体操馆。是中西文化交流的历史见证。

（六）私立协和大学

位于观井路 29 号。始建时间不晚于清同治七年（1868）。因曾由福建美丰银行使用，故也称“福建美丰银行”。坐南朝北，占地面积 759 平方米，建筑面积 1518 平方米。建筑现状为两层砖木结构，平面呈正方形，边长 27.55 米，立面宽七间，平面为典型的券廊式外廊建筑，典型的券廊立面，二层屋顶有出檐并起翘角。1916年基督教美以美会、美部会和圣公会曾协同在此创办私立协和大学。

（七）兰记脱胎漆器店

位于塔亭路53号。建于1922年，砖木结构，中西合璧式。占地面积450平方米。共三层，内部空间使用非常有特点，有一个玻璃顶棚的内部天井。

（八）汇丰银行福州分行

位于仓前社区汇丰弄。是英国汇丰银行设在海外的一家大商业银行，总部设在香港，福州仓前山的分行是其分支机构，汇丰银行建于清代晚期，占地面积800平方米，坐北朝南，砖木结构，四面环廊，面阔七间，进深八间。地面两层，地下一层，一层四周的外廊发券，而二层四周的外廊不发券。室内布局为一梯四户，木楼梯、木地面的木质均十分坚硬。

十、烟台山约翰堂（石厝教堂）

位于仓山区乐群路22号。清咸丰十年（1860）由英国圣公会创办，原名安日间会。坐北朝南，整座用青石砌成，规整坚牢，占地600平方米，仿哥特式建筑，屋顶原有一钟楼。为当时外国人在仓山聚会场所，有“国际教堂”之称。2018年公布为省级文物保护单位。

十一、独立厅

位于仓山区梅坞路。坐东朝西，为单栋双层洋楼，占地约200平方米。清光绪三十一年（1905），郑祖荫、林斯琛、郑权等人以办理救火、戒烟、施药、殡葬等公益事业为名，向官府立案，建立“桥南公益社”于古榕书院，不久迁此。光绪三十二年（1906）中国同盟会福建支会在此成立。对外称“丙午俱乐部”，实为中国同盟会福建支会总机关，创办《建言报》，鼓吹革命。民国元年（1912）4月21日孙中山来闽在此处发表演说，慰问同盟会会员，留影并亲书“独立厅”三字，现已全面修复。1983年公布为市级文物保护单位。

十二、林浦炮台

位于仓山区城门镇绍岐村。建于清道光年间，1884年中法马江海战时重修。坐南向北，临控闽江，三合土结构。露天，由6个炮台墩组成，每墩高2.3米、底长3米、宽 1.7 米。一墩已倒塌。1986 年公布为区级文物保护单位。

十三、广东会馆

位于仓山区六一南路太平巷。清光绪二年（1876）旅闽粤人创建，为其乡人集会之所。民国间重修，坐北朝南，占地面积 1245 平方米。共二进，含前厅、天井后厅（聚议厅）、廊房。前厅面阔三间，进深七柱，穿斗式木架构，双坡顶。天井占地 270 平方米，中有一棵榕树，直径 2 米、高 7 米，约 150 年历史。聚议厅内，左右两边硬木柱，直径 1.46 米、高 7 米。馆后有一棵百年大木棉树。民国元年（1912）4 月 20 日，孙中山来榕时，曾在会馆聚议厅演说，并题一横匾“戮力同心”。现为仓山第二中心小学校舍。1988 年公布为区级文物保护单位。

十四、鲁贻图书馆

位于仓山区麦园路与立新路交叉口。坐东朝西，原为西式双层砖木结构楼房，外有灰砖围墙。占地面积 369.2 平方米，内设阅览室、客厅、办公室、卧室、地下室。民国 33 年（1944）为纪念黄展云、江秀清等人创设图书馆，以黄展云（字鲁贻）命名；民国 34 年（1945）7 月正式落成开馆。“文化大革命”中被用作“仓山邮电局”。1991 年经过维修，现为仓山烟台画院和仓山区文联办公用地。1988 年公布为区级文物保护单位。

十五、思万楼

位于仓山区公园路福九中（今福州外国语学校）内。民国 14 年（1925）三一学校校友为纪念第一任校长万拔文，发起兴建“思万楼”。楼为哥特式城堡形塔式建筑，红砖砌建，三层。楼坐南朝北，正对学校大门，占地 25 平方米，高 18 米。楼顶层大钟是英国都伯林威尔逊公园基督堂所赠，钟为紫铜铸成，直径 1 米、高 1.3 米，钟上刻有圣经诗章：“要对万国万民宣告主是王。”1988 年公布为区级文物保护单位。

十六、魁岐炮台

位于马尾区马尾镇魁岐村。建于光绪十年（1884）七月中旬。坐北向南，控扼闽江。原有三座，已毁一座。较完好的一座为封闭式，呈圆形。三合土夯筑，内径 6.75 米、高 4.59 米、厚 1.47 米，设一炮位；另一座露天，由若干三合土墩组成，残存一墩。

2013 年公布为省级文物保护单位。

十七、马江海战炮台（文见第一章第三节）

十八、福建船政建筑（文见第一章第四节）

十九、亭江炮台（文见第一章第六节）

二十、福建协和大学建筑群

位于马尾区马尾镇魁岐村。清宣统三年（1911），由世界基督教大会推举的高等教育委员会会长高绰博士来福州，与福建基督教六公会联议创办大学，校名定为福建协和大学。该校设有文学院、理学院、医学院（后改医预科）、教育学院（后并入文学院教育学系）、农学院（农艺、园艺、农经）。1951 年，协和大学由福建省人民政府接办，并入福州仓山"华南女子文理学院"，统称为"福州大学"。1953 年，"福州大学"改名为"福建师范学院"。1958 年，"福建农学院"从魁岐迁往福州西郊梅峰，原私立福建协和大学校舍由铁路部门使用。今存有 16 处文物建筑，包括教学楼 2 栋、宿舍楼 11 栋、办公楼 1 栋、校长楼 1 栋，皆为砖石木结构，坐北朝南，中西合璧，另有水坝一处。2013 年公布为省级文物保护单位。

二十一、梅园监狱旧址

位于马尾区马限山顶，又称罗星塔监狱。清咸丰四年（1854），英国殖民者以追捕海盗为名建起监狱，实是用以关押中国船民、民众。砖木结构，欧式建筑，地上、地下两层，占地面积 450 平方米。地上牢房 9 间，每间宽 2.5 米、深 3.3 米；地下牢房 2 间，面积分别为 28 平方米和 34 平方米。附属文物"V R 1872"石刻，长 0.55 米、宽 0.27 米。1992 年，梅园监狱旧址与英国副领事署、圣教医院院长公寓以马限山梅园名义公布为市级文物保护单位。

二十二、金牌炮台

位于马尾区琅岐镇金牌山。坐南向北，控扼闽江口。始建于清康熙五十七年（1718），道光二十九年（1849），林则徐主持重建。有山巅主炮台、山腰边炮台和岸炮台及营房。

主炮台为三合土结构，露天半地穴式，二个炮位，直径分别为12.4米和7.6米。光绪十年（1884）中法马江海战中，炮台曾开炮击伤法国提督孤拔的坐舰。现存山巅主炮台和营房残垣。1986年公布为区级文物保护单位。

二十三、南岸炮台

位于长乐区猴屿乡象屿村南雁山。地处闽江下游南岸，与北岸亭江炮台对峙，清顺治五年（1648）修筑。光绪十年（1848）甲申中法马江海战中，被法军所毁；光绪三十四年重筑；抗日战争时期又被日寇飞机轰炸。还存炮台二处，一处三个炮位，另一处四个炮位，炮台之间有地道相通；炮台用三合土筑成，炮位建有地下弹药库等设施。附近还保留有原驻防官兵的墓葬两座，立有墓碑，分别造于清光绪三十年（1904）和宣统二年（1910）。1986年公布为县级文物保护单位。

二十四、营前新街

位于长乐区营前街道营前村西北。始建于1929—1933年间，1928年，时任福建省农业厅厅长黄展云为进行乡村建设运动实验，建立“营前模范农村”，自任村长，在村中兴新政，除旧弊，革田赋，办教育，禁烟毒，广生产，设银行等。于是模仿厦门中山路模式，兴建了新街。营前新街建筑规模宏大，为典型的南洋骑楼建筑风格，为双层砖木、混凝土结构。南北向。包括三列建筑，其中西侧一列，东侧两列。南北长约250米。共分隔成60间店面，前店后居，面阔4米，进深20米。2003年公布为县级文物保护单位。

二十五、长门炮台

位于连江县琯头镇长门村电光山上。与射马、划鳅等系列炮位组成北岸防御线，南有金牌、獭石、烟台诸炮台，隔江对峙，素为闽海军事战略要地。明崇祯五年（1632），邑人董应举创筑铳城，清嘉庆六年（1801）设长门汛。清道光年间，设置军事机构，管辖方圆15多公里海区岸线。西起长门岭，南至官岐岭，环山砌石城墙，墙高三米多，厚一米，东西岭要隘处各建有圆顶拱门洞一处，作为通道。城垣外挖有深沟，宽2—3米、深2米许。初建时为土炮台，清光绪八年（1882）改建重修，始具规模。围墙用糯米浆、红糖、石灰、净沙夯筑，厚三米多，十分坚实。历经战火，大部分保持完好。中间用巨大优质枕木顶柱，靠外缘第一层台座安放大炮，往里降一层用作士兵营宿舍、弹药库、活动室等。炮台后面设练兵场、议事厅；光绪七年建礼炮台。1991 年公布为省级文物保护单位。

二十六、连江光复会旧址

位于连江县东湖镇东塘村。清代建筑，砖木结构，坐南向北，面积 808 平方米。进大门依次为门厅、天井、厅堂、后天井、神殿。厅堂面宽三间，进深五柱，穿斗式木构架，双坡顶。辛亥革命前，以吴适为首的连江光复会会员以此为秘密联络点，开展反清革命活动。2001 年公布为省级文物保护单位。

二十七、养拙草堂

位于连江县城西门外玉山村，系县邑苏姓园林。原建有亭、台、楼、阁和鱼池、假山等。辛亥革命后，为英国传教会购买，开办毓贤女子学校，后改为陶英小学。中华人民共和国成立后为驻军营房。1980 年驻军撤走，设连江新大桥指挥部。1990 年改为中学校补习所。1984 年公布为县级文物保护单位。

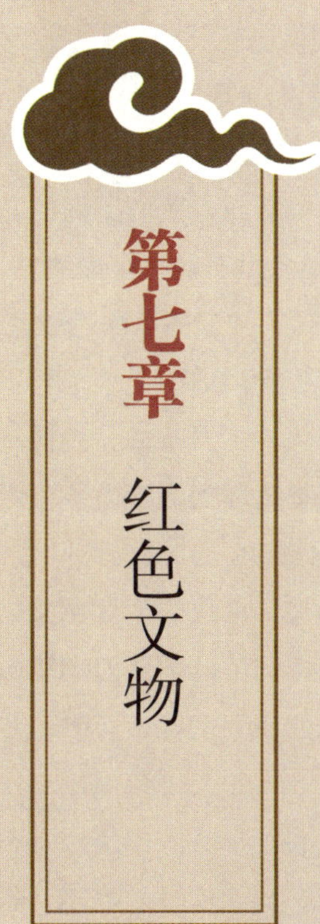

第七章 红色文物

1919 年“五四运动”爆发后，5 月中旬，福州学生联合会成立，领导反帝反封建活动。随后，宣传新文化、新思想的刊物和书籍在福州广泛传播，福州进步青年开始学习、宣传马克思主义，开展工农群众革命活动。在中国共产党的领导下，1925 年 4 月 1 日，福州第一个共青团支部成立。1926 年 4 月，中共福州地委成立。在党组织的领导下，中国共产党发展党员，团结广大革命群众，相继开展工运、农运和反帝斗争等，成绩斐然。面对国民党反动派的白色恐怖，中国共产党带领革命群众，根据城市和农村不同对敌斗争特点，采取不同的方式，不屈不挠，不怕牺牲，前仆后继，顽强奋斗，历经大革命、土地革命、革命战争、抗日战争和解放战争各个时期，直到 1949 年 8 月 17 日福州解放。先辈的革命活动遗迹、遗址是树立在人民心中的丰碑，值得我们永远纪念。本章重点介绍中国共产党领导下的新民主主义革命时期的红色文物。

中国共产党领导下的新民主主义革命，为福州留下了丰富的红色文物遗存。这些红色文物印证了我国革命历史进程的许多重要节点，如五四运动、马江会议（北伐军入闽）、土地革命时期农民暴动、抗日先遣队作战及抗战期间国共合作、解放福州等。同时，抗日文化与将帅文化也是福州红色文物价值的突出特质。从类别上看，福州红色文物包括党的重要机构旧址、重要人物故居和活动地、重要事件和重大战役战斗旧址、革命烈士事迹发生地或墓地等，其中重要事件或重要机构旧址数量较多。总体呈现出周边县市密集，市区红色文物数量相对较少的分布格局。福清市、连江县和永泰县是福州红色文物的主要分布区，也是当时中共地方领导机构和游击队的活动区域。市区红色文物主要是中共早期领导人故居、联络站等；经普查，福州现存红色文物 86 处，其中省级文物保护单位 9 处、市级文物保护单位 2 处、市政府挂牌保护的文物 3 处、县（市）区级文物保护单位 35 处。从红色文物的时间跨度看，五四运动时期的文物 1 处、第一次大革命时期文物 8 处、土地革命时期文物 32 处、抗日战争及解放战争时期文物 43 处、新中国成立后文物 2 处。

第一节 活动场所

一、新四军驻福州办事处旧址

位于鼓楼区安民巷53号。清式民居，木构，仅一进。坐南向北，占地面积450平方米，前为平墙，不施门罩，用双套门，分别为双开隔扇门（俗称宁波门），门后为传统大石框双开版门。门内为回廊，廊前用屏门。门后为前天井，左右为披榭。厅堂为“四排三”结构，构架与墙体之间有通道，称“墙弄”。过厅堂有石铺小天井。民国26年（1937），新四军副军长兼参谋长张云逸奉命与国民党福建省主席陈仪谈判。翌年2月，新四军驻福州办事处在此正式成立，新四军参议王助出任办事处主任，组织开展抗日救亡运动。民国28年5月，日本侵略军侵占闽江口，办事处迁往南平。1991年公布为省级文物保护单位。

二、吉庇巷谢家祠

位于鼓楼区吉庇巷60号，系福建省学联旧址。原为谢氏家祠，始建于明代，清代多次改建。祠占地面积1025平方米，坐北向南，共四进，周以围墙。首进原有庭院，三面环廊。厅堂面阔三间，进深七柱，屏门将明间分前后厅。第二进同样是面阔三间，进深七柱，明间前后厅。天井中有水井，两侧披榭。第三进为一厅两房。第四进花厅，有假山、园林。五四运动时期，福建省学生联合会成立于此。2005年公布为省级文物保护单位。

三、太平山地下党联络站旧址

位于台江区太平山山仔里高宅。民国35年（1946）夏至民国38年（1949），中共福建省委联络站的重要联络点设此，曾镜冰、左丰美、陈贵芳、王一平、苏华、王文波、张翼等都曾在此活动过。高家住宅为民国初民居建筑，坐北向南，二层砖木结构，占地600平方米，保存较完好。

四、“二三”革命会址

位于晋安区宦溪镇桂湖垅头村温汤境，俗称大王庙。民国23年（1934）8月初，粟裕率领的红军七军团北上抗日先遣队，在福州北郊与敌人激战后向连江转移，途经北岭。受先遣队教育启发，同年9月，张萌明、林大妹等组织嘉湖（今桂湖）十三乡贫苦农民在垅头大王庙集会，决定建立苏维埃政权，张萌明、林大妹分别任正、副主席。各乡苏维埃政府成立后，消灭附近民团，攻打连江反动武装，在嘉湖一带开展减租抗债和镇压土豪劣绅等斗争。庙始建于清代，民国 10 年（1921）重修。坐东向西，土木结构，占地面积 800 平方米。前后二进，一进面阔三间，进深五柱，穿斗式木构架，四坡屋顶，二进为大殿，面阔三间，进深七柱，穿斗式木构架，悬山屋顶，内祀无敌尊王。1986 年公布为区级文物保护单位。

五、潮江楼

位于马尾区前街 177 号。1926 年秋冬，中国共产党中央特派员王荷波来马尾造船所组织工人运动时居住于此。王荷波（1882—1927），祖籍山西太原，生于福州。1922 年 6 月加入中国共产党，1927 年参加党的“八七”会议，当选为临时中央政治局委员，9 月任中共中央北方局书记，10 月 18 日在北京被捕后惨遭杀害。1926 年 11 月 30 日国民党、共产党、海军三方代表在潮江楼召开“马江会议”，达成协议，迎接北伐军顺利入闽。潮江楼始建于清末，初时开茶楼，后兼办旅社、菜馆。1930 年毁于火，重建后改为三层砖木结构建筑，面阔 14 米，进深 28 米。1991 年市政府挂牌保护。

六、南阳福建省委旧址

位于长乐区江田镇南阳村。从土地革命战争时期、抗日战争时期至解放战争时期，该村都是福建东南沿海的革命基点村。民国 33 年（1944）8 月至民国 34 年（1945）6 月，中共福建省委机关迁到南阳，闽中特委机关及闽中游击队和省委武装队伍也随着进驻南阳。在此发动沿海各县开展抗日战争，部署抗日游击战争。司令部东距江田约 8.5 公里，双层楼房，木结构三间排，中为厅，两旁为厢房。1986 年公布为县级文物保护单位。

七、东漈寺

位于福清市阳下街道西亭村，系中共福建省委委员、福清中心县委书记陈金来等福清抗日游击队的联络站。东漈寺背靠玉岭，依山而筑，建于清嘉庆二十年（1815）。由大雄宝殿、仙君楼、暗室等组成。大殿面阔三间，进深五柱，系硬山顶木构架土木混合建筑；大殿后有暗道通向暗室。该暗室系民国 30 年（1941）后中共地下党抗日游击队会场和联络站。暗室有窗可以监视山下道路，发现敌情可及时转移。1987 年公布为县级文物保护单位。

八、大湖战役遗址

位于闽侯县大湖乡大湖村。遗址有大湖抗日阵亡将士墓与大湖志雄关二处。民国30年（1941）4月21日，日军侵犯福州。5月，在国民党军政部第13补充兵训练处处长李良荣指挥下，国民革命军郭志雄副团长带领官兵在大湖狙击日军战斗，经过三昼夜激战，歼敌300余人，郭志雄等以身殉国。翌年，为收埋阵亡将士遗骨，福建省政府在大湖村南湖岛山修建“大湖抗日阵亡将士墓”。墓园占地面积300平方米。墓石构塔形，方体尖状三层梯形，顶立一石狮，通高7米、底边长6米。第一层为四向拱门亭，中砌半球形墓丘，下埋葬200多位阵亡将士遗骨。第二层正面雕刻蒋中正题“气作山河”，楷体，字径0.3米；其他三面阴刻大湖抗日战役经过和阵亡将士名单，字径0.03米，福建省政府主席陈仪书丹。第三层正面刻“大湖抗日阵亡将士墓”，楷书，上款“国民革命军第二十五集团军第一纵队”，下款“中华民国三十一年五月二十五日陈仪敬题”；左右两面分别刻顾祝同题“功昭闽海”和陈孔达题“精忠贯日”。志雄关位于大湖村东南约1600米。为纪念以身殉国的郭志雄副团长，民国32年（1943），福建省政府将“寨上关”命名为“志雄关”。关隘长10多米、高1.5米，墙体用块石垒砌。现留存团长庄子卿题“雄镇闽海”和萧北庚题“志雄关”石匾，是全民抗战的重要史迹。2001年公布为省级文物保护单位。

九、中共福建省委旧址

位于闽侯县青口镇东台村南阳顶山。含尾岩洞、下岩洞和上岩洞。尾岩洞宽约10米，深约30米，面积约300平方米。下岩石洞面积约30平方米。民国34年（1945）6月，中共福建省委书记曾镜冰率一支武装从长乐到南阳顶与林汝南领导的闽中游击队会合，召开反“围剿”誓师大会。会后，省委机关人员在南阳顶大山里坚持斗争。民国35年（1947）初，中共福建省委机关正式从古田迁到南阳顶下岩洞。

十、海峡之声黄岐广播站

位于连江县黄岐镇海建村畚箕山东坡。1979年，全国人大常委会发表《告台湾同胞书》。为顺应形势发展的需要，加大对马祖乡亲的宣传力度，特建“海峡之声”广播站。站由坑道和巨型超高音喇叭组成。仪器设备设施架设在坑道内，巨型超高音喇叭置于坑道口，运用空气压缩原理将声音送到马祖。曾为促进台海两岸交流，推动祖国和平统一做过贡献。两岸“三通”后，1997 年，“海峡之声”广播站完成历史使命，现作为当代纪念遗址保留。2013 年公布为省级文物保护单位。

十一、透堡暴动遗址

位于连江县透堡镇北街，原为林氏宗祠。清代建筑，坐北向南，四面封火墙，二进，含门厅、厅堂，穿斗式木构架，双坡顶，高 6.7 米。厅堂面宽五间，深九柱，宽 13.8 米、深 25.9 米。今为北街老人会址。民国 18 年（1929）9 月，中共连江县特别支部成立，杨而菖当选为书记。翌年，在透堡一带开展“二五减租”斗争，组织成立中共透堡乡支部，杨而菖兼任支部书记，同时组织“农扶会”，会址设在祠内。民国 22 年（1931）9 月，透堡农民数百人聚会林氏宗祠，在杨而菖率领下，开展武装暴动，成立透堡乡苏维埃政府。中华人民共和国成立后，林氏宗祠辟为透堡农民暴动纪念馆。2000 年公布为县级文物保护单位。

十二、罗源百丈红军指挥部旧址

位于罗源县白塔乡百丈村。民国 23 年（1934），为突破敌人第五次“围剿”，中共中央和中央军委命令寻淮洲、乐少华、粟裕等领导的红七军团组成北上抗日先遣队向闽、浙、赣、皖等省出动。1934 年 8 月 13 日，先遣队指挥员寻淮洲、乐少华、曾洪易、粟裕等在此与闽东工农红军第二独立团团长任铁锋和闽东工农红军第十三独立团团长魏耿、政委叶如针等领导会见。会见中，寻淮洲首先阐述了先遣队北上抗日的意图及行军路线，并要求闽东地方党政组织和红军配合红军作战等。旧址建于清末年间，为土木结构，有主楼和附属楼各壹座，两座相连，但朝向不同，四周围以火墙。南侧建有炮楼。总面积 2428 平方米。

第二节 烈士陵园、烈士墓

一、文林山革命陵园

位于鼓楼区洪山镇文林山南麓。依山而建，坐北向南，平面为长方形，土石结构，三层墓埕，面宽 26 米，纵深 90 米。第一层墓埕为土质，广植花木。拾级而上，抵达第二层石砌墓埕、第三层石砌墓埕，占地面积200多平方米，中间并列两座坟墓，东侧是空军战斗英雄杜凤瑞烈士墓，西侧是革命烈士墓。两墓封土均呈圆柱形，高1.2米，直径约1米。革命烈士墓的封土前竖立一块巨大的青石墓碑，正面刻楷书："革命烈士之墓。1958年1月，福建省福州市人民委员会立。"背面镌刻88位革命烈士姓名。他们是中国共产党优秀党员、中共闽浙赣区委城市工作部烈士，其中有区党委委员、候补委员，城市工作部部长、地区工委书记、市委书记、县委书记等领导干部。烈士墓的后侧还有一座革命军人墓和建筑面积2400平方米的藏骨楼（永安堂）。整座陵园共占地面积10万平方米。1992年公布为市级文物保护单位。

二、梁甘甘墓

位于仓山区城门镇梁厝村梁厝山南麓。梁甘甘（1893—1923），闽侯县城门梁厝人。1923年2月4日参加京汉铁路工人大罢工，担任工人纠察队队员。同年2月7日在保卫总工会的斗争中壮烈牺牲。墓坐北向南，"风"字形，三层墓埕。封土及墓埕用三合土筑建，周围用石墙围护，面阔9.85米，纵深16.5米。封土为圆柱形，高0.65米、直径0.70米。封土前竖立一块高2.40米、宽0.64米的花岗石墓碑，碑额饰五角星高浮雕，碑面阴刻："'二七'烈士梁甘甘同志之墓。"楷书，字径0.13米。墓碑两边竖两方石屏，石屏旁立一对石柱，柱端各雕饰一圆球。第一层墓埕前砌一道横屏，两旁各立一根望柱，柱高1米。第二层墓埕前侧分立抱鼓石，鼓面有鱼鸟浮雕。第三层墓埕正中设供桌。梁甘甘牺牲后遗体被秘密运回家乡，初安葬于梁厝山下，1965年迁葬于此。1992年公布为区级文物保护单位。

三、后屿烈士陵园

位于晋安区鼓山镇后屿山西麓。陵园内有叶凯、王则炎两烈士合葬墓。叶凯牺牲于1935年，墓营造于1965年。王则炎牺牲于1934年，1988年重修叶凯烈士墓时，乡人把他归葬于叶凯墓内。墓坐东向西，"风"字形，砖石水泥混合结构，五层墓埕，面宽10米，纵深28米。封顶用水泥覆盖，封土前竖花岗石墓碑，碑面楷书："叶凯、王则炎烈士之墓。"墓柱顶端饰有红五星浮雕，墓柱两侧有"山明、水秀"题刻。第二层墓埕竖立一座高约8米的纪念碑，碑为砖石结构，正面楷书："革命烈士永垂不朽"，落款"福州郊区人民政府、福州郊区鼓山乡人民政府"。碑身左右面各嵌一块长、宽各0.80米的青石，分别记载叶凯和王则炎烈士的生平事迹。墓的四周护以砖石围墙，正面设铁门，门额楷书：“烈士陵园”，门柱镌刻对联“英名不朽；浩气长存”。1995 年公布为区级文物保护单位。

四、“八一七”革命烈士墓

位于晋安区寿山乡岭头山，西北距乡政府约 700 米。1948 年 8 月 17 日凌晨，中国人民解放军 821 师 245 团为解放福州进攻岭头猪蹄亭山的战斗中，刘新堂等数十位战士牺牲。墓原处猪蹄亭山下古驿道边，1999 年晋安区人民政府在猪蹄峰南侧建造了“八一七”烈士公园。整个公园占地面积近 70 亩，坐西朝东，由烈士纪念碑、牌坊、烈士墓等组成。烈士纪念碑底座为 8 层，碑高 17 米，象征 8 月 17 日福州解放。牌坊至纪念碑台阶为 50 层，表示福州解放 50 周年。纪念碑底座三面饰猪蹄峰战斗浮雕，一面镌刻战斗简介。2001 年公布为市级文物保护单位。

五、闽海战役松下抗日阵亡军民公墓

位于长乐区松下镇松下村大王山麓。民国 32 年（1943）建。墓面海，坐东北向西南，依山而建。墓表为三合土夯筑，墓埕宽 8.47 米、深 18.4 米。整个公墓由墓葬和纪念碑两部分组成。墓埕前为围屏，封土前嵌有青石墓碑，高 1.95 米、宽 0.98 米，上刻“闽海战役松下抗敌阵亡军民公墓碑记”。由墓后沿台阶而上，至顶峰建有闽海战役松下抗敌阵亡军民纪念碑，石构，碑身为方塔式，高 3.7 米、边宽 1.38 米，碑座四周各镌有诗文。墓与纪念碑之间立有林森所题“捍患成仁”碑，碑高 2.32 米、宽 0.86 米。1986 年公布为县级文物保护单位。

六、福清县革命烈士陵园

位于福清市龙山街道瑞云塔北面。建于 1957 年 12 月，为纪念土地革命、抗日战争、解放战争中牺牲的烈士而建。陵园坐北朝南，面对五马山峰，正中耸立高 10 米纪念碑，碑座四面有党、政、军、团体的题词，碑顶塑一颗红五星。碑后是圆形的烈士墓，墓前立一对石狮，青石的墓碑上刻有 197 名烈士姓名。陵园里有两座方形凉亭，内置有石桌、石椅。园周用铁栅围护，占地 1000 多平方米，种植树木、花卉。1981 年公布为县级文物保护单位。

七、林祥谦陵园

位于闽侯县祥谦镇枕峰村祥宏北路227号。林祥谦（1892—1923），闽侯县尚干人。京汉铁路总工会江岸分会委员长，民国十二年（1923）2月7日京汉铁路工人大罢工领导人之一。在大罢工中遭军阀吴佩孚残酷杀害，遗体秘密运回家乡安葬。1961年2月7日动工兴建，1964年11月竣工落成。陵园背山面水，占地面积约15000平方米，建筑面积5000多平方米。依山拾级而上，中轴线由西到东依次为陵门、墓道、纪念堂、墓地等建筑。墓道长百米，水泥铺筑，中间竖林祥谦石雕像，左右为荷花池。第二墓道有126级石阶。纪念堂为“工”字型双层建筑，面积1850平方米，钢筋混凝土结构。堂匾“二七烈士纪念堂”为郭沫若所书。墓为覆鼎形，墙式墓碑上镌刻着郭沫若手书的“二七烈士林祥谦之墓”。石阶、纪念堂基座、墓均用洁白的花岗岩砌筑。1985年公布为省级文物保护单位。

八、连江县革命烈士陵园

位于连江县城西郊玉泉山麓的虎头山。原建“连江县革命烈士纪念碑”，1963年扩为陵园，占地面积2970平方米，坐西向东，依次为是门坊、凉亭，纪念碑塔、烈士墓塔。主体建筑纪念碑，高10米，砖石结构，方形，碑正面镌刻“连江县革命烈士纪念碑”，楷书阳字，其他三面分别浮刻原中共省委书记叶飞、中共连江县委员会和连江县人民政府的题词。碑顶端四面镶4颗红星，碑四周设瞻仰台，周边设护栏。烈士墓塔建于纪念碑后方，砖砌圆身半圆形顶，安放着土地革命战争中牺牲的部分烈士遗骸。纪念碑正前方建凉亭，木结构，六角形，高4.5米，落地面积16.32平方米，攒尖顶翘角飞檐，最大斜坡为60度，采用挂钉法铺设瓦面，脊及槽用石灰联结，翘角选用弯形相似的杉木，劈作象鼻状，顶托飞檐，平顶天花板，构成井状。藻井平面用木板条拼成六角形图案。顶部底层为莲花座，中托六角形莲花灯，峰顶安装一个红色宝珠。1961年公布为县级文物保护单位。

九、杨而菖烈士墓

位于连江县透堡镇西南面屿山中。杨而菖（1913—1934），乳名杨与顺，连江县透堡乡人。连罗（连江、罗源）工农武装斗争和革命根据地的主要创始人和领导人之一。墓坐北向南，“风”字形，三合土筑建，墓位前立连江县人民政府碑，碑文上款“公元一九五五年九月”，正中为“杨母王水莲之墓”，右边为“杨与福、杨而菖”，下款为“连江县人民政府”。二层墓埕，墓周及墓埕前设陵园，铺砌台阶、建花圃。1980年公布为县级文物保护单位。

第三节　纪念碑

一、福州市革命烈士纪念碑

位于鼓楼区洪山镇文林山革命烈士陵园内。从陵园大门沿321级台阶而上，纪念碑矗立于最高处。碑高27.8米，碑体形如一双巨手伸向天际，表达用双手夺得革命伟大胜利与社会主义建设巨大成就；碑上端中央的圆心象征着中国共产党是革命事业的领导核心。底座呈八角形，即寓八闽大地，又取“8”字陪衬着周围17朵石雕花环，合成福州解放纪念日——“八一七”。碑的正面刻着“革命烈士永垂不朽”8个苍劲有力的大字，系中央领导同志方毅挥笔所书。背面的铭文镌刻着福州人民缅怀先烈的由衷深情：“八闽大地，世多英烈。丹心相照，浩气长存！辛亥革命以还，历经新民主主义革命、社会主义革命与建设时期，无数志士忠心耿耿，为民捐躯。丰功伟绩，昭昭日月。爰择文林山之阳修陵树碑，今人瞻仰，策励来兹。”1992年公布为市级文物保护单位。

二、龙高革命烈士纪念碑

位于福清市高山镇正东500米的小山丘上。为纪念民国20年（1931）龙高人民在中国共产党领导下，举行反对国民党反动统治的武装暴动和1949年解放平潭岛牺牲的革命烈士而建。碑建于1957年7月，占地240平方米，坐北朝南，高7米，碑身正面竖刻“龙高革命烈士纪念碑”，碑顶缀一颗红五星。碑座正面刻75位烈士姓名，背面是中共福清县委题词，左面是福清人民委员会题词，右面是中共高山区委和区公所题词。1981年公布为县级文物保护单位。

三、余长钺烈士纪念碑

位于福清市阳下街道阳下村。余长钺（1918—1937），原名余长秋，化名啸秋、澎秀，福清阳下镇阳下村人。中共福清县委早期领导人。墓占地面积400平方米。碑高6米，正面竖刻“余长钺烈士纪念碑”。背面由福建省人大常务委员会主任程序题写碑文，记述余长钺烈士生平业绩，碑后为余长钺衣冠冢。1987 年公布为县级文物保护单位。

四、透堡土地革命纪念碑

位于连江县透堡镇南门村，现透堡镇政府右侧亭中。1929 年杨而菖秘密加入中国共产党，1930 年组织农民武装暴动，并成立中共透堡支委会和农扶会，翌年十月邓子恢、杨而菖在此秘密商讨带领农民开展减租斗争，并成立游击队，发动全县暴动，解放了沿海一些乡镇，成立了连江第一个红色苏维埃政府。青石碑，弧首高 1.8 米、宽 0.85 米、厚 0.18 米。正面“透堡土地革命纪念碑”，由陈云飞题写，背面为简况。通高 6.3 米，柱间距 3 米，亭坐北朝南。

第八章 可移动文物

悠久的历史，璀璨的人文，为国家历史文化名城福州留下众多珍贵的可移动文物。为保护这些珍贵的可移动文物，1962 年，福州市文物管理委员会成立后，文物工作者即利用有限的经费开始调查、征集文物，为我市可移动文物保护利用工作打下良好的基础。20 世纪 80 年代后，随着市林则徐纪念馆、市博物馆等专业文博单位的相继建立，以及各县（市）区博物馆的建设，福州市可移动文物征集、保护、研究、展示等工作进入新阶段，可移动文物数量、品种等不断增加。尤其是 1991 年 6 月市文物考古工作队成立后，配合基本建设等开展一系列的考古发掘、勘探工作，出土（水）一大批文物。这些考古出土（水）文物的移交，进一步增加我市可移动文物的数量、类别，也提高可移动文物的级别。同时，社会热心人士陆续向我市文物单位捐赠文物，如 2005 年 3 月市外经贸局向市博物馆捐赠文物 15 件 / 套，其中三级文物 7 件。

2013 年 6 月至 2016 年 9 月，按照国家和省文物局的统一部署，福州市开展第一次全国可移动文物普查工作。在各级政府的高度重视、有关部门的全力配合和全社会的关心支持下，市文物局组织一支精干高效的可移动文物普查队伍，对全市 2896 个国有单位文物收藏情况进行摸底、核实、汇总等工作，基本摸清我市国有单位可移动文物总体情况，包括统一规范的文物名称、类别、质地、数量、尺寸、质量、文物级别、藏品来源、完残程度、入藏时间、保存地点、文物图片等信息。并以此为基础，建立国家文物身份证制度，建设可移动文物资源数据库，全面提升我市可移动文物保护管理水平。经普查，我市共有 39 家国有文物收藏单位（不含省级单位）收藏有可移动文物，文物藏品数量 24923 件 / 套，其中一级文物 23 件 / 套，二级文物 101 件 / 套。福州市可移动文物类别涵盖陶瓷器、寿山石雕、字画、青铜器、丝织品、玉器、漆器、古家具、古木雕等，品种齐全、种类丰富，样式精美，体现我市乃至我国劳动人民的勤劳与智慧，其中以寿山石雕、漆器、字画、丝织品和沉船出水文物最具地方特色。如福州市博物馆藏现存有确切纪年、反映中国古代雕漆高超技艺的宋端平二年（1235）八角剔犀漆盒、出自寿山石雕刻大师林寿煁之手的“夜游赤壁”田黄薄意章，以及福州北郊茶园山宋墓出土的 400 多件品种齐全、做工精美的丝织品。

第一节 一级文物

1. 宋蓝料菊瓣形碟 高1.6厘米，口径8厘米，底径5厘米。加工成24瓣，碟口外撇内收如菊花，碟内平地与菊瓣交接凹槽成平底，碟外随菊瓣形起伏，口沿包银，大部分已脱落。现收藏于市博物馆。

宋蓝料菊瓣形碟

2. 南宋黑漆托盏 通高12厘米，托高7.5厘米，外径14.6厘米，内口径6.5厘米，底径9厘米，盏高4.55厘米，口径10.23厘米，底径5.15厘米。托盏由木盏和托座组成，木胎在车架上加二旋出托口如圆盘，唇口外撇丰肩垂直至中足部外敛至托下，足内平底，托座内部盏像半球形，盏口平厚，盏底微上凹，盏内平底。盏托皆黑色，推光漆，漆面有缩漆现象。现收藏于市博物馆。

南宋黑漆托盏

3. 南宋木雕饰鱼带 共21件，由11件金鱼饰片和10块托板组成。最长的托板长18.2厘米，宽3.6厘米，厚0.6厘米。所有托板表面有涂墨黑印的涂料，饰片上有白灰色涂料残余。托板有三种，一种为心形板，一种为上方带弧形拱顶板，一种为长方形板。长方形托板上镂雕双鱼纹饰三片，拱形托板配长方形浮雕饰片，心形托板配心形单鱼饰片。现收藏于市博物馆。

南宋木雕饰鱼带

南宋剔犀如意云纹三层八角形盒

4. 南宋剔犀如意云纹三层八角形盒 通高13.9厘米、直径10.5厘米，盖高2.8厘米，首层外壁高3.7厘米，中层外壁高3.8厘米，底层外壁高3.6厘米。木胎，正八边形三层盖盒，矮足。每层有子口，扣合严实。盒外表髹朱红漆八至九层以上。盖外壁一圈钩形云纹，盖面外圈十个、内圈五个勾云纹，中间为星形藻纹；盒外壁每层每面上下髹边饰，中间饰一圈相对的如意云纹和勾云纹；盖内及层盒内底银褐色漆；子口为黑色漆；盒底、层底内为黑漆。现收藏于市博物馆。

5. 南宋剔犀如意云纹圆形盒 通高5.5厘米，盖高2.5厘米，直径15厘米。木胎，单层圆形盖盒。盖面周围饰有如意纹六个，中间饰一对灵芝纹，盒身饰六组垂芝纹，盒表面内红、橙色漆八层，镂刻成以上各种纹饰；盒内及盒底髹黑色漆。现收藏于市博物馆。

南宋剔犀如意云纹圆形盒

6. 南宋竹篦梳 共2件，通长8厘米，宽5厘米，厚0.3厘米。竹篦中间一对夹片，片头尾外斜，所夹梳子左右两端为倭角梯形小片，中间有127根平行排列的梳齿皆用竹子制成。夹梳齿两旁与梳齿等厚，梳齿排列集齐，加左右梯形夹片后，上边接大夹板宽屏，另加两条细竹丝，用胶加固与大夹片黏在一起成篦梳。现收藏于市博物馆。

南宋竹篦梳

7. 南宋剔犀如意云纹三层六出葵形盒 通高 15.7 厘米，盖高 2.8 厘米，首层外壁高 2.3 厘米，中层外壁高 5.31 厘米，底层外壁高 5.3 厘米、直径 15 厘米。木胎，六边葵形，三层一盖，有子母口，盖底扣合严密，平底，浅足根。盖面外围饰八个如意云纹，中间四个，正中留出一个方形，中间呈“癸”字形图案，有些空隙处“￥”字形图案；盖外壁饰灵芝形图案，与首层外壁对称，每边各二对；中层与底层外壁对称，每边内有如意纹与灵芝纹各二对。器外表髹棕褐色漆，表面光亮。器内髹黑色漆，光亮。现收藏于市博物馆。

南宋剔犀如意云纹三层六出葵形盒

8. 元佚名绢本婴戏图斗方 纵 24.5 厘米、横 25 厘米。图上方有一古柏盘穿于太湖石，一童黄衣红裤左手带紫玉镯，执蓝色纨扇伏于扁鼓上，仰首前望，天真可爱，鼓柄叠置其旁，身后有一四联的拨浪鼓。下方画一小石杂以小树，构图颇费心思。此图设色艳丽。现收藏于市博物馆。

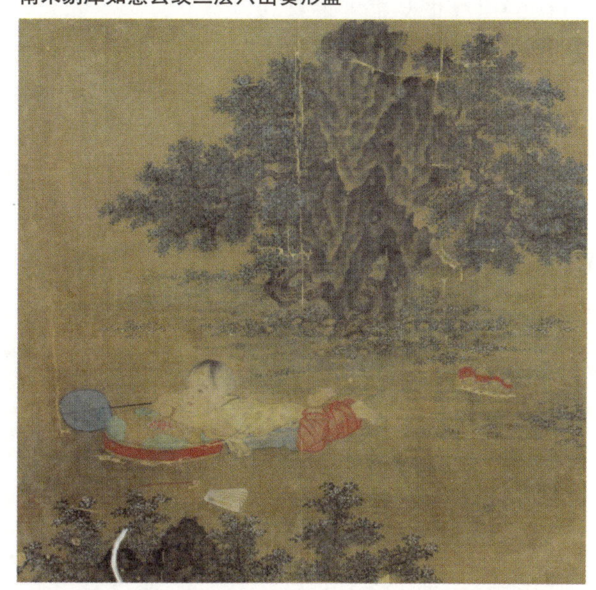
元佚名绢本婴戏图斗方

9. 元佚名设色秋轩待客图纨扇面 纵 16 厘米，横 50 厘米。画面左方古柏荫下一瓦屋，大门敞开，一儒士侧坐几傍，等待友人来访，屋前有竹篱笆，屋旁有修竹数竿，画右上远

元佚名设色秋轩待客图纨扇面

山，数笔稍近为水坡，点缀有水草，秋水空间有雁阵飞过，右下有一板桥，桥头有三人，一人前头带路，二人跟随，左下坡石横队用笔有马夏之风格。现收藏于市博物馆。

10. 明杨文骢水墨山水折扇面 纵16厘米、横50厘米。18档扇面，泥金笺本。中景山石皴法以黄公望为宗，左边五株杂树高低穿插。右边以淡墨作远山，远山下端留白作云雾状，云下边有小坡小树，简略有致。右上落款行书四行，钤白文连珠印“文骢”，右下角朱文“知非室主人鉴定考疏”。画面外有收藏印两方：朱方“林节手玩”；朱文“莆田林氏坚木真赏”。现收藏于市博物馆。

明杨文骢水墨山水折扇面

11. 明张瑞图草书折扇面 纵16.5厘米、横52厘米。十六骨洒金笺扇面。草书，十五行。钤双联朱文“瑞图”印章。现收藏于市博物馆。

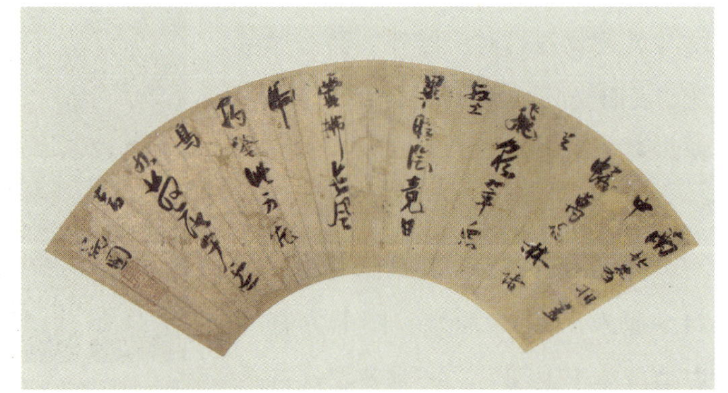
明张瑞图草书折扇面

12. 明王稺登行书送别诗四首折扇面 纵15厘米、横48厘米。泥金笺十六骨折扇。行书，共29行。下钤双联朱文“稺登”印。现收藏于市博物馆。

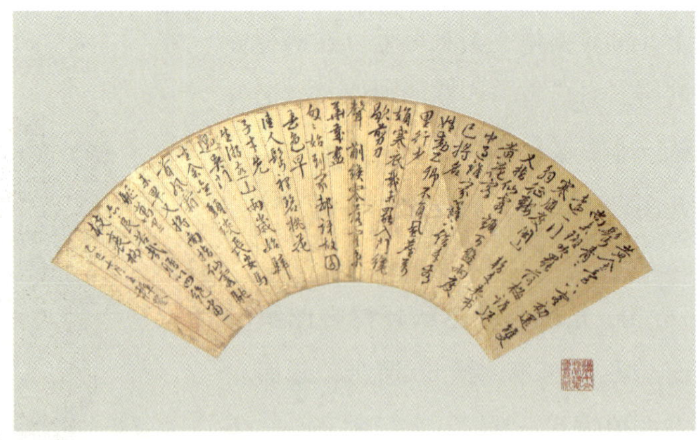
明王稺登行书送别诗四首折扇面

13. 清奚冈水墨溪行清趣折扇面 纵16.4厘米、横50厘米。画面用墨淡雅，右边杂树五六株，山石平台上有屋宇三间，中景山石小树，一小桥与右边连接，一人执杖立桥上，左边远山小坡上有房屋三椽。下边为宽广的水面，上方行书五行。印二方：朱文“奚九”，白文“蒙泉外史”。左下方有收藏章，白文“陈氏守藏先代书画记”。现收藏于市博物馆。

清奚冈水墨溪行清趣折扇面

14. 清奚冈水墨夏涧松风图折扇面 纵16.5厘米、横50厘米。16档折扇。扇面正中主峰高耸，下有云雾，中景松树数株，荫下有房屋及水榭，榭中坐一人乘凉，下临涧水。渐向左移，右方一大山坡，坡后以淡墨作远山。落款行书七行，押首朱文“古水”印，款后有印二：白文“蒙泉外史”和朱文“奚冈”。右下自然形白文“省先”。现收藏于市博物馆。

清奚冈水墨夏涧松风图折扇面

15. 清奚冈草书五言律诗二首折扇面 纵16厘米，横49厘米。十八骨白笺扇面。草书，十七行，每行四至八字不等。朱文，钤印“奚冈”。左下收藏印，白文随形章“省先”。现收藏于市博物馆。

清奚冈草书五言律诗二首折扇面

清恽骏设色没骨菊花草虫折扇面

16. 清恽骏设色没骨菊花草虫折扇面 纵16厘米、横50厘米。扇面左用墨画一小坡，上生紫色小菊两丛，坡右方一株红色大菊花。紫小菊上着一蝈蝈，红菊旁有两双蜜蜂飞舞。画法皆用恽南田的没骨设色出之。题款下钤白文“骏印”。现收藏于市博物馆。

清魏汝奋雕寿山牛角冻罗汉坐像

17. 清魏汝奋雕寿山牛角冻罗汉坐像 长12.5厘米、宽10厘米、高12厘米。石质褐黄色。罗汉面容祥和，体态飘逸，两耳垂肩，盘膝而坐，一手持念珠，袒胸，胸前刻有一盘髻佛像头部。座呈成八角形，座底部刻有“魏汝奋制”。雕刻细腻，衣着及底座均刻画精美的花纹图案。现收藏于市博物馆。

民国徐悲鸿设色伯乐相马图横披

18. 民国徐悲鸿设色伯乐相马图横披 横138厘米、纵69厘米。右方水墨画一骏马，三蹄着地，右后蹄略离地，抬头而立，马的前面立一老者，扎白头巾，穿白长袍着红履，背双手，两目注视骏马。一马夫包白头巾，穿褐短袖衣，白色短裤，赤脚，叉手立老者身后。左边行书六行，下钤白文“徐悲鸿印”，朱文“困而知之”，右下方朱文“生于忧患”。现收藏于市博物馆。

19. 清鸦片战争时期虎门炮台用的陶火药缸 通高36.5厘米，口径28.32厘米，底径33厘米。缸陶质，为直筒式，口部及胫部稍内敛，缸内外壁施褐色釉，口部、底部不施釉，缸身为长方形素面，书“砲台火药缸”，胎质粗松，缺盖。火药缸容量大，防潮，用于贮存火药。在鸦片战争期间抗击英国侵略军中发挥了重要作用。现收藏于市林则徐纪念馆。

清鸦片战争时期虎门炮台用的陶火药缸

20. 清“福建船政同治十年”车床 长365厘米，高132厘米，宽65厘米，导轨平面高94厘米，导轨间距30厘米。车床上刻有“福建船政同治十年”铭文，为同治十年（1871）福建船政制造。20世纪90年代从福建省古田县征集。现收藏于中国船政文化博物馆。

清“福建船政同治十年”车床

21. 清光绪廿年福州船政“通济舰”的舵轮 舵直径109.5厘米。这是福建船政制造的第34号兵船“通济舰”的舵轮，上面刻有“大清光绪廿年（1894）”。“通济舰”为福建船政所造的第34号舰船，排水量1900吨，1895年下水。1937年8月12日作为堵塞船自沉于江阴封锁线。1962年5月进行打捞拆解。现收藏于中国船政文化博物馆。

清光绪二十年福州船政“通济舰”的舵轮

元青釉莲瓣纹瓷碗

元青釉瓷碗

22. 元青釉素面瓷碗 高5.9厘米，口径15.2厘米，底径5.2厘米。敞口、弧腹、圈足，内外施青灰釉，浦口窑系。连江县宋元定海水下沉船出水。现收藏于连江县博物馆。

23. 元青釉莲瓣纹瓷碗 高7.8厘米，口径17.2厘米，底径5.3厘米。敞口、弧腹、圈足，内外施青釉，碗外壁印莲瓣纹，浦口窑系，连江县宋元定海水下沉船出水，外销瓷品种之一。现收藏于连江县博物馆。

第二节 二级文物

1. 商兽面纹双兽耳衔环铜罍 通高41.5厘米，口长14.5厘米，宽12.3厘米，底长16.8厘米，宽14.7厘米，足高6.5厘米。平口、方唇、直颈，弧形肩，直腹下敛，胫呈覆斗状舌形。颈、肩、腹、胫的四角及当中都有条出戟。颈部四壁饰夔凤纹，肩部前后饰螭龙纹，当中出戟改为立体螭首而左右饰夔凤纹。腹部饰饕餮纹，胫四壁饰夔凤纹。所有纹饰的底部都以不间断回纹为地。现收藏于市博物馆。

商兽面纹双兽耳衔环铜罍

2. 汉弦纹双系灰陶匏壶 高21厘米，口径3.5厘米，腹围18厘米，底径12厘米。泥质灰陶壶。微侈口，长颈，广弧肩，鼓腹，最大径近肩部，下腹斜收，平底微内凹。肩部有对称的桥形双耳，肩和上腹部饰有四组弦纹，每组三道。现收藏于市博物馆。

汉弦纹双系灰陶匏壶

3. 汉“长宜子孙”连弧纹铜镜 直径15.4厘米，缘厚1.1—1.8厘米；钮径1.7厘米，高0.7厘米。圆形铜镜。边缘唇口外撇，镜面光坦微凸，所照影像比实物略小。表面布满水银沁，部分有绿色铜锈。镜钮圆形凸起，钮旁柿蒂纹，周围有阳线光芒，向外一圈为环形连弧纹，内外相连成八角星状。现收藏于市博物馆。

汉“长宜子孙”连弧纹铜镜

4. 三国仙人神兽纹铜镜 高1厘米，直径17厘米，缘厚1.3厘米，钮径3.4厘米。外围二道粗细弦纹中有凹槽，槽内饰螭龙夔凤纹。中间巨钮，左右有圆形穿孔，钮面坑坷不平，钮外有四组仙人神兽纹饰，外围有八组长方台形和半圆台形及小乳钉纹，接阳线光芒纹与外围接壤，仙人坐地，背上有飘带。纹饰比较模糊，表面充满绿锈，镜面光滑，部分呈现黑漆古包浆，表面有裂纹。现收藏于市博物馆。

三国仙人神兽纹铜镜

5. 西晋三兽足铜盆 通高 15.4 厘米，口径 39.2 厘米，底径 29.7 厘米，足高 7.5 厘米。盆口折唇微凸，唇下平坦，盆壁稍外撇，外壁有四道弦纹，底部下凹。盆下有三个兽面蹄足，兽面呲目露牙，蹄足粗壮。通体绿锈。现收藏于市博物馆。

西晋三兽足铜盆

6. 西晋长柄铜鐎斗 高 17.5 厘米，连柄高 20.8 厘米，口径 16 厘米，连柄通长 42.8 厘米，底径 11.7 厘米。口沿外折，口沿处有一半圆形流，三蹄形足，足外撇，带把。器身与把为整体铸造而成。现收藏于市博物馆。

西晋长柄铜鐎斗

南朝青釉双复系瓷盘口壶

7. 南朝青釉双复系瓷盘口壶 高 48.5 厘米，口径 18.8 厘米，腹径 34 厘米，底径 14 厘米。盘口，鼓腹。肩部有四系，两个为一组，左右对称。施釉不及底，有开片及剥釉。现收藏于市博物馆。

8. 南朝青釉瓷唾壶 高15.7厘米，口径14.5厘米，腹径22厘米，底径15.9厘米。盘口，短束颈，圆扁腹，圈足。施釉均匀，釉色莹润，青中泛黄。现收藏于市博物馆。

南朝青釉瓷唾壶

9. 唐飞鸟菱花铜镜 直径13.35厘米，缘厚1.3厘米；钮径1.85厘米，高0.7厘米。铜镜正面八瓣菱花形，边沿外撇，镜背一圈弦纹，钮四周以天鹅、喜鹊、大雁、绶带鸟为主要纹饰，两对折枝海棠、一对折枝灵芝纹为饰，外围菱花瓣以折枝灵芝和飞蝶纹为饰。表面光泽称“黑漆古”包浆，镜面微凸光亮，有水银镜面亮光，部分有绿色铜锈。现收藏于市博物馆。

唐飞鸟菱花铜镜

10. 宋酱釉卷叶形高足陶枕 高13.9厘米，长25.5厘米，宽22厘米，足径11.5厘米。枕面呈圆叶形，内弧，前低后高，前侧向下内折卷曲。喇叭形圈足。枕面施酱釉，圈足底部露胎，胎土较致密。现收藏于市博物馆。

宋酱釉卷叶形高足陶枕

11. 宋青釉褐斑带盖多嘴瓷壶 通高48厘米，壶高39厘米，口径7.2厘米，腹径21.2厘米，底径11.8厘米，盖内径4.5厘米，外径14.5厘米，盖高13厘米。谷仓明器。盖呈屋顶状，上有五道脊棱。壶身似塔形，共五层，每层分叉有五个嘴，嘴部施黄釉。现收藏于市博物馆。

宋青釉褐斑带盖多嘴瓷壶

12. 宋酱釉薄胎陶罐 高8.2厘米，口径7.6厘米，腹径12.5厘米，底径6.6厘米。圆唇，短颈，鼓腹，平底，薄胎。肩部饰两道凸弦纹。腹部近底处部分露胎，其余均施釉，釉色因窑变显得丰富多彩。现收藏于市博物馆。

13. 宋酱釉薄胎陶罐 高5.7厘米，口径5.4厘米，腹径6.9厘米，底径3.1厘米。圆唇，短颈，鼓腹，平底，薄胎。肩部饰两道凸弦纹。腹部近底处部分露胎，其余均施釉，釉色因窑变显得丰富多彩。现收藏于市博物馆。

宋酱釉薄胎陶罐

宋酱釉薄胎陶罐

14. 南宋鎏金银“转官”镂空花卉纹帔坠 长7.2厘米，宽5.1厘米，厚1.9厘米。心形。由双面凸起的薄片合镶成一个佩饰，心尖朝上，两面纹饰一样，下部为钱纹和葵花纹，上部长方形牌上有“转官”二字。顶部有一小孔用于穿线。现收藏于市博物馆。

南宋鎏金银“转官”镂空花卉纹帔坠

15. 南宋梳背包金月牙形角梳 高3.4厘米，弧长8.6厘米，厚0.1厘米。牛角制成。半月形，梳背略厚，梳齿密。梳背镶金片，制作工艺精美。现收藏于市博物馆。

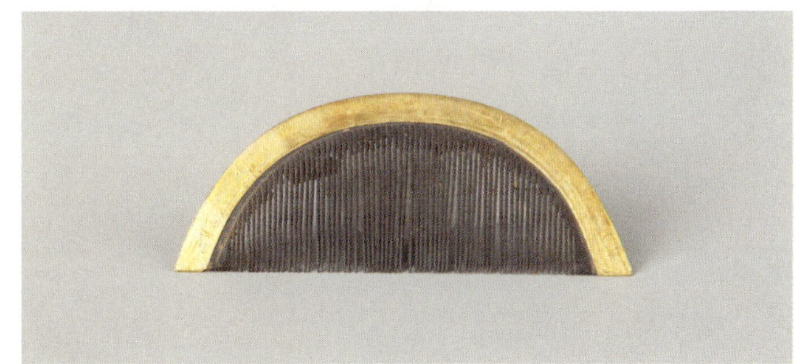

南宋梳背包金月牙形角梳

16. 南宋梳背包金月牙形角梳 高3.4厘米，弧长8.7厘米，厚0.1厘米。牛角制成。半月形，梳背略厚，梳齿密。梳背镶金片，制作工艺精美。现收藏于市博物馆。

南宋梳背包金月牙形角梳

17. 南宋月牙形角梳 高3.1厘米，弧长7.6厘米，厚0.2厘米。牛角制成。半月形，梳背略厚，梳齿密。制作工艺精美。现收藏于市博物馆。

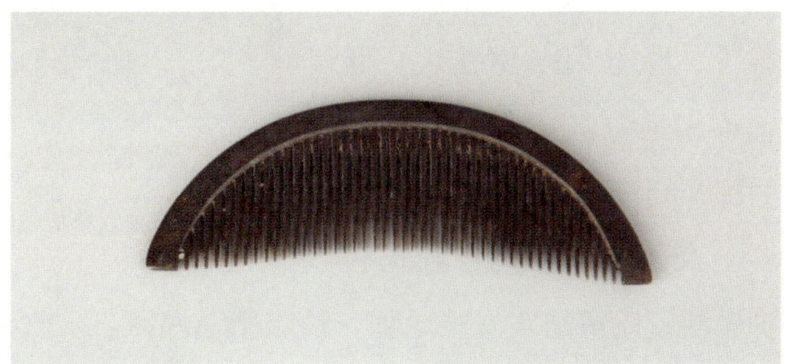

南宋月牙形角梳

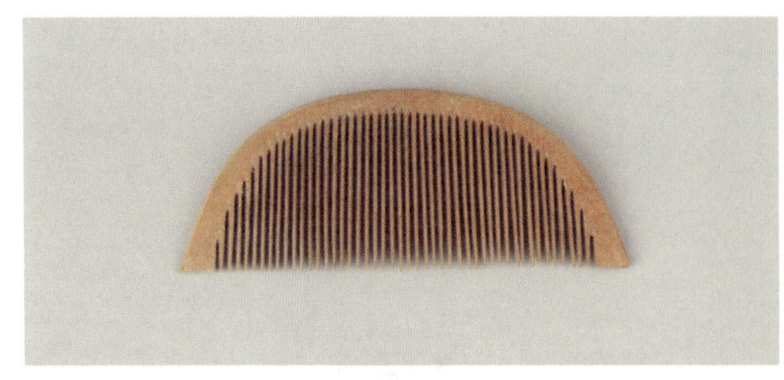
南宋月牙形木梳

18. 南宋月牙形木梳 高 4.7 厘米，弧长 9.6 厘米，厚 0.7 厘米。龙眼木制成。全梳共 28 齿，梳背较厚，梳齿较疏，梳齿及梳背打磨得比较光滑。现收藏于市博物馆。

19. 明德化窑白釉竹节三足瓷炉 通高 6.8 厘米，口径 11.2 厘米，底径 10.51 厘米，足高 1 厘米。圆形，口微凸，直腹，腹有六道履竹凹槽的弦纹，底微下陷，三腿蹄炉足，内外壁施釉到足，釉色象牙白，炉底内外及足底露胎，糯米胎，胎质洁白细腻。现收藏于市博物馆。

明德化窑白釉竹节三足瓷炉

20. 明龙泉窑青釉划花折枝牡丹纹瓷罐 高 23.3 厘米，口径 25 厘米，腹围 31.5 厘米，底径 16.5 厘米。厚唇，圆口，短颈，丰肩，鼓腹，束胫下收为卧足，罐底下凸。唇下、胫上刻一圈弦纹，腹壁饰剔地划花折枝牡丹纹，胫部饰划花菊瓣纹。灰白胎，唇上及足底露胎，施红褐色护胎釉，胎质结实。施绿釉，釉层肥厚润泽。现收藏于市博物馆。

明龙泉窑青釉划花折枝牡丹纹瓷罐

21. 明铜释迦牟尼立像 通高43.5厘米，身宽14.65厘米，座高7.44厘米。铜像头綄双层螺髻，宽额面阔，面貌庄严慈祥，双目垂视，双耳垂肩，披肩长裙，袒右臂佛袍，伸右手结说法印，赤足立于圆形莲座。衣边錾缠枝莲纹，裙摆边錾缠枝灵芝纹，背部錾“万历戊午孟夏佛弟子叶道卿敬造”。右手分铸安装，可活动。失蜡法铸造，形神完美。现收藏于市博物馆。

明释迦牟尼铜立像

22. 明螭钮椭圆形寿山白芙蓉石章 高4.2厘米，长3.2厘米，宽2.1厘米。石质细腻，色白如脂，有几处带微黄色瑕纹。有两白色砂团，刻独角甪，三脚着地，口衔灵芝作钮，穿黄色纽带，底下朱文篆刻“铁如意馆”四字。现收藏于市博物馆。

明螭钮椭圆形寿山白芙蓉石章

23. 明张弼草书轴 纵133厘米，横82.5厘米。纸本。草书，共书六行，落款为“东海”。裱件外有朱文印“福州鼓楼前话兰室苏裱名人字画”。现收藏于市博物馆。

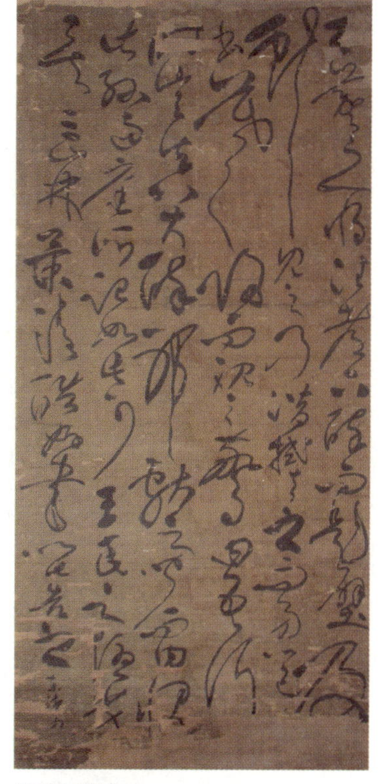
明张弼草书轴

清初青花缠枝莲纹瓷盖罐

24. 清初青花缠枝莲纹瓷盖罐 通高38.7厘米，罐高31.7厘米，盖高2厘米，口径13.7厘米，腹围80厘米，底径15.2厘米。扳口短颈，丰肩，直腹下收，平底。圆笠形盖，子母口，盖顶如草菌。内外施白釉，釉色洁白泛青。胎质洁白坚实，有火石红。缸口外唇一道青花单线弦纹，肩上饰云纹，腹部上下端各一周单线弦纹，腹壁饰青花缠枝莲纹。盖唇上一周双线青花弦纹，盖面上三组青花缠枝莲纹，盖钮顶部施浅黄褐釉，钮顶外有三道青花弦纹。现收藏于市博物馆。

25. 清初门字形翻手石砚 高4.4厘米，长28.2厘米，宽18.3厘米。端砚色紫，石表有青花，如被雨淋在墙之痕斑。砚面沿池边框似门字形，背面青花斑驳，后堂与墨池相反方向呈倾斜，故称翻手砚。砚工规矩，不加纹饰，刻线的边沿交角圆滑，墨池宽大。配红酸枝砚盒，做工规整，盒后有刻铭“庚子小除夕，得端溪雨淋墙砚于市肆，冷蝉室主人并识”。现收藏于市博物馆。

清初门字形翻手石砚

26. 清博古钮寿山芙蓉石章 高4厘米，长2厘米，宽2厘米。石质莹润，长方体印章，顶部为圆形，玉璧形钮。章面为阴刻篆书“眠琴居士”。章体阴刻行书回文诗一首：“暮苍溪花绕岸绿河西，岸绿河西影柳堤。堤柳影西河绿岸，西河绿岸绕花溪。康熙丙辰春日林雀田。”现收藏于市博物馆。

清博古钮寿山芙蓉石章

27. 明佚名设色真德秀像、楷书真德秀考斗方 纵29厘米，横23厘米。画像中西山先生，红袍执笏，着五梁冠。另绢本楷书传记：“真德秀，蒲城人，四岁学文，过目成诵，累官至参知政事，世称西山先生。其学以朱熹为宗，慨然以□□于任所，著有大学□□□□记，文章□□□于世。”现收藏于市博物馆。

明佚名设色真德秀像、楷书真德秀考斗方

28. 清诸昇水墨秋涧疏篁图摺扇面 横51厘米，纵17厘米。图上方有一古柏盘穿于太湖石，一童黄衣红裤左手带紫玉镯，执蓝色纨扇伏于扁鼓上，仰首前望，天真可爱，鼓柄叠置其旁，身后有一四联的拨浪鼓。下方画一小石杂以小树，构图颇费心思。此图设色艳丽，为宋代人物画之佳作。现收藏于市博物馆。

清诸昇水墨秋涧疏篁图摺扇面

清徐夏五铭青花雨淋墙端砚石（附木砚盒）

29. 清嘉庆二十四年（1819）徐夏五铭青花雨淋墙端砚石（附木砚盒） 高2.1厘米，长16.5厘米，宽10.2厘米。素砚无刻纹饰，眉上侧有款识，正面青花白者为鱼脑，有鸜鹆青花小眼于砚面右上角，旁边有采石时留下的小斜面。砚右侧篆书、行书刻款，双联篆书“介”“丰”图章。左侧篆书、行书刻款。外配紫檀木盒，盖面上方镶嵌白玉心形镂雕龙纹玉牌，外围嵌银丝、云蝠纹。盖下半部刻隶书四行。砚石背上有密集的小点，似雨淋墙上。砚铭为何惠群作于嘉庆二十四年（1849）五月。现收藏于市博物馆。

30. 清嘉庆二十四年（1819）蕉白鱼脑冻端砚石（附木砚盒） 高 2.3 厘米，长 16.46 厘米，宽 10.5 厘米。素砚，无纹饰，眉上侧有龚易图款识。砚为紫端水洞所制，有白色斑纹石理，文人称之为“蕉白鱼脑”，双侧行书刻款。外配紫檀木砚盒，盒盖四侧嵌银丝，盖面上方镶白玉，心形龙纹玉牌，外围嵌银丝锦云蝠纹。盖下半部顾畊石隶书四行，行书刻款二行：“嘉庆廿四年（1819）顾元熙铭。”现收藏于市博物馆。

清蕉白鱼脑冻端砚石（附木砚盒）

清青白玉盖碗

31. 清青白玉盖碗 通高 7.4 厘米，碗高 5.4 厘米，口径 10.6 厘米，底径 3.6 厘米，足高 0.5 厘米；盖高 2.9 厘米，盖沿直径 10.2 厘米；盖钮直径 3.1 厘米，高 0.6 厘米。玉质晶莹通透，有絮状纹理。碗撇口，深腹，腹下急收，小圈足。腹壁薄而均匀。盖钮中凹槽上大下小，钮上面平口，钮围是一圈覆竹凹槽，与微凹的盖面相接。盖壁外撇，盖内底微凹，壁厚薄均匀。盖碗素面，不加纹饰。现收藏于市博物馆。

民国林清卿薄意“梅雀争春”田黄石山子

32. 民国林清卿雕薄意“梅雀争春”方形寿山田黄石山子 高 6.6 厘米，长 2.8 厘米，宽 2.8 厘米。田黄章颜色黄中带红，腹部有红筋，顶部形成斜形尖顶。正面薄意雕梅树老干，曲折向上，与几枝小枝相交叉，一只喜鹊在上部梅枝后露出，与右侧的喜鹊呼叫。薄意线条清晰，用刀爽朗，铲底平坦。极富中国画用笔韵味，是一代大师林清卿的杰作。现收藏于市博物馆。

民国林寿煁、陈子奋薄意雕秋山行旅图“壶雅楼珍藏书画之印”方形寿山玛瑙冻石章

33. 民国林寿煁、陈子奋薄意雕秋山行旅图“壶雅楼珍藏书画之印”方形寿山玛瑙冻石章 高 6.8 厘米，长 3.3 厘米，宽 3.3 厘米。石色灰白，杂以红色，有裂纹，林寿煁刻山水“秋山行旅图”，山石竹柏，童子挑担，老者骑驴。石章顶部用云纹将裂纹遮盖，颇费匠心。陈子奋篆刻朱文“壶雅楼珍藏书画之印”九字。现收藏于市博物馆。

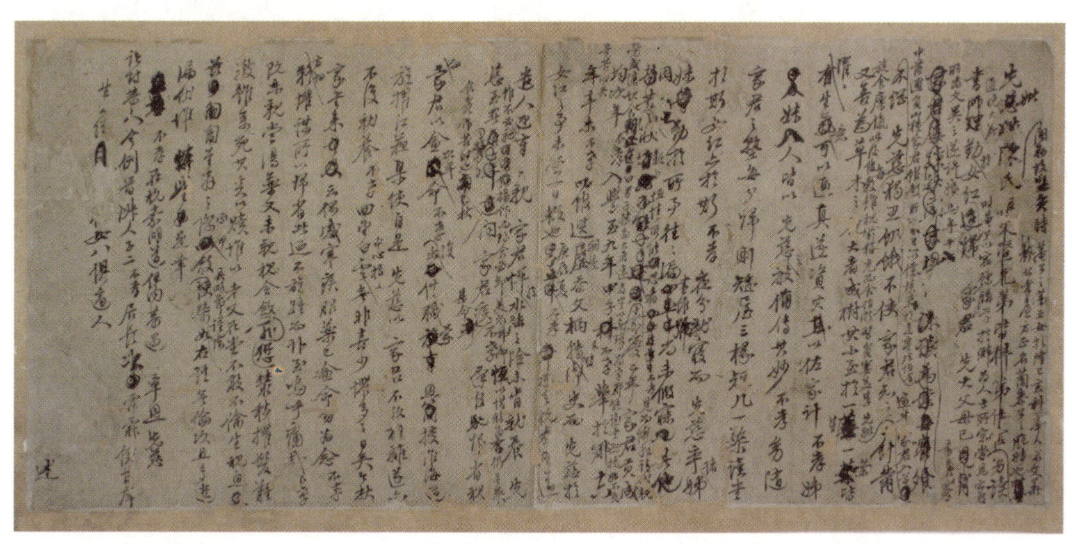

清林则徐《先妣陈氏夫人行状》手稿

34. 清林则徐《先妣陈氏夫人行状》手稿 横 49.8 厘米，纵 23 厘米。手稿全文五百九十五字，纸本，行书，写于道光四年（1824）八月，是了解林则徐家世的重要文献。道光四年闰七月十七日，林则徐的母亲陈帙（1759—1824）在福州去世。八月十九日，林则徐抵乡守制，撰文悼念母亲。此手稿由两张茶色笺纸书写，每行十五六字，字迹大小不等，多处涂改痕迹；后将两纸合裱为一横幅，最后一纸左下角一“述”字，下有朱文印“则徐”双联章。现收藏于市林则徐纪念馆。

35. 清道光十三年（1833）绢本楷书《诰授中宪大夫霁峰先生诰封恭人王恭人七十双庆序言》中堂 横 225.5 厘米，纵 118 厘米。此中堂为林则徐小楷恭书，绢本，珊瑚红色，描金框格，直三十二行，每行五十六字。林则徐、廖鸿荃、苏廷玉、梁章钜、杨庆琛、叶申芗等十六人同贺。因林则徐与曾霁峰乃姨表兄弟，故由林则徐牵头亲自撰文，书于清道光十三年（1833）。现收藏于市林则徐纪念馆。

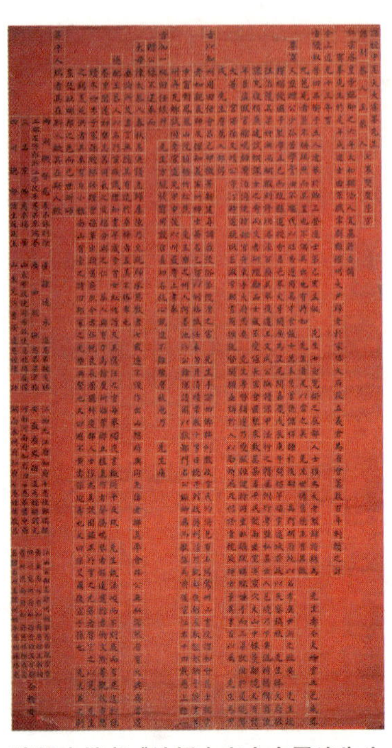

清绢本楷书《诰授中宪大夫霁峰先生诰封恭人王恭人七十双庆序言》中堂

清林则徐楷书《使滇小草》手稿

36. 清林则徐楷书《使滇小草》手稿 横 14 厘米，纵 24.8 厘米。此册为林则徐乙卯（1819）至丁亥（1827）年间诗抄，以“云左山房”稿纸誊写，稿纸红色印刷直行边框，每页九行，行二十字，每页上方有行书眉批，册中常有白文“妙吉祥室”图章盖于页上，此图章为邓廷桢斋名。清嘉庆二十四年（1819）五月初八日，林则徐派充云南乡试正考官，根据沿途见闻写下不少诗，后来自编为《使滇小草》。诗稿内容一部分是官场应酬及题画咏画之作，一部分是途中遭遇及游览山水古迹的叙怀之作。现收藏于市林则徐纪念馆。

37. 清道光内青花外蓝地轧道开光粉彩牛郎织女图瓷碗 高 6.4 厘米，口径 14.5 厘米，底径 5.7 厘米。口外撇，腹下收平底，有圈足。通体施白釉，釉色洁白润泽。碗内四壁青花如意纹，底下双圈，内绘“牛郎织女银河相会”纹，外壁粉彩

清道光景德镇窑斗彩花卉纹瓷碗

浅蓝釉轧花三开光，开光内粉彩“牛郎织女”故事，碗口足上及开光描金，圈足外蓝料连续回文，底内篆书“大清道光年制”六字三行青花款。胎质洁白坚实，胎釉结合好，是道光官窑佳品。现收藏于市林则徐纪念馆。

清道光内青花外蓝地轧道开光粉彩牛郎织女图瓷碗

38. 清道光景德镇窑斗彩花卉纹瓷碗 高6.27厘米，口径7.56厘米，足径5.63厘米。敞口，斜弧腹，圈足。碗内口沿青花双圈弦纹，碗心折枝花。碗外口沿一圈锦地边饰，腹部上下两组斗彩缠枝莲纹。足沿边青花双圈弦纹，足底青花篆书“大清道光年制”款。胎质细白，色彩幽雅。现收藏于市林则徐纪念馆。

南朝青釉瓷唾壶

39. 南朝青釉瓷唾壶 高10厘米，口径8.4厘米，腹径11.1厘米，底径7.6厘米。盘口，缩颈，扁鼓腹，假圈足。施青灰釉，底露胎。现收藏于台江区博物馆。

南朝青釉瓷敛口钵

40. 南朝青釉瓷敛口钵 高7.1厘米，口径10.5厘米，腹径12.3厘米，底径6厘米。敛口，上鼓腹，平底。施青灰釉，近底露胎。现收藏于台江区博物馆。

41. 南宋寿山石雕男侍俑 高 17.2 厘米，腹径 5 厘米。石质为寿山老岭石。人物头戴纱冠，方形脸，菱形眼，嘴略微笑，双手环抱胸前而立。身着长衣，饰纹雕刻简练。现收藏于中国寿山石馆。

南宋寿山石雕男侍俑

南宋寿山石雕持笏文官俑

42. 南宋寿山石雕持笏文官俑 高 21.5 厘米，腹径 5.5 厘米。石质为寿山老岭石。人物头戴官帽，圆形脸，菱形眼，鼻大，嘴雕刻不明显，双手持拥朝笏立。身着朝服，饰纹雕刻讲究。现收藏于中国寿山石馆。

南宋寿山石雕女侍俑

南宋寿山石雕捧盏男侍俑

43. 南宋寿山石雕女侍俑 高 17 厘米，腹径 4.5 厘米。石质为寿山老岭石。人物高髻盘头，圆形脸，鼻大，嘴角略微上扬，垂肩双臂交叉而立。身着长衣，袖带花绣，饰花格纹。现收藏于中国寿山石馆。

44. 南宋寿山石雕捧盏男侍俑 高 17.7 厘米，腹径 5 厘米。石质为寿山老岭石。人物头戴纱帽，方形脸，菱形眼，双耳突出，嘴略微笑，双手捧盏而立。身着长衣，饰纹雕刻简练。现收藏于中国寿山石馆。

南宋寿山石雕男侍俑

45. 南宋寿山石雕男侍俑 高 18.2 厘米，腹径 5.7 厘米。石质为寿山老岭石。人物头戴纱帽，方形脸，菱形眼，嘴略微笑，头微左倾，双手上下交叉而立。身着长衣，系腰带，衣饰纹雕刻简练。现收藏于中国寿山石馆。

46. 清福州闽安马江海战中曾使用的铁岸炮 长 250 厘米，外口径 24.5 厘米，内口径 12 厘米。马江海战中曾使用的岸炮，射程约 3200 米，为阿姆斯特朗（Armstrong）后膛舰炮，其特点为复合炮闩，即炮闩由两部分组合而成，炮尾后部有可以旋拧的炮闩，炮尾上方有可以插入的炮闩，使用时两个炮闩需要同时闭合。现收藏于中国船政文化博物馆。

清福州闽安马江海战中曾使用的铁岸炮

清福建船政使用的木柄铁锉刀

47. 清福建船政使用的木柄铁锉刀 长 23 厘米，宽 4 厘米，厚 2.6 厘米。19 世纪 80 年代中期轮机厂使用的锉刀，锉刀把上标有“船政”字样。现收藏于中国船政文化博物馆。

48. 1866 年英格兰制造的铁质单缸往复式蒸汽机小样机 长 11 厘米、宽 15 厘米、高 29.5 厘米。额定功率 8.5 瓦，标有英文“英格兰制造”等字样，保存完好仍能使用。福建船政 1866 年从英格兰进口的蒸汽机小样机，主要供船政绘事院学生及其他中国技术人员测绘仿制。现收藏于中国船政文化博物馆。

1866 年英格兰制造的铁质单缸往复式蒸汽机小样机

49. 清光绪九年（1883）船政提调颁发给黄季良的学业执照 横 57 厘米，纵 70 厘米。为 1883 年船政提调颁发给船政后学堂第八届毕业生黄季良的毕业证书。黄季良（1861—1884），广东番禺人，1874 年第三批赴美幼童，1881 年回国后在船政后学堂学习，1883 毕业后在“扬武”舰船当练童，1884 年在中法马江海战中殉职。现收藏于中国船政文化博物馆。

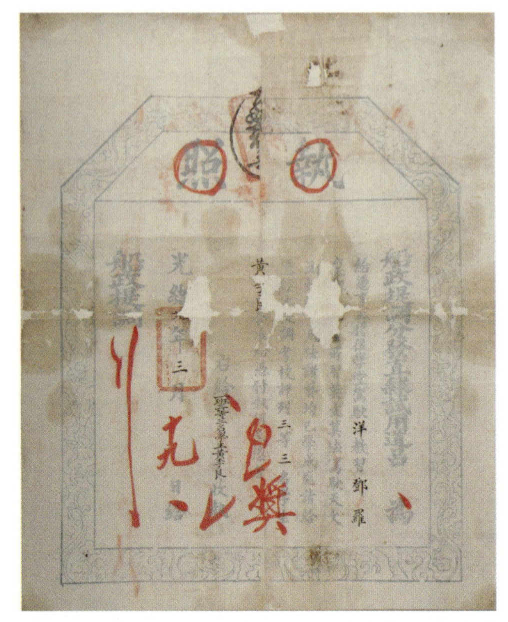

清光绪九年（1883）船政提调颁发给黄季良的学业执照

50. 清道光十五年（1835）十月初十日敕封“福建水师提标中军参将江继芸本身妻室”的圣旨 横 253 厘米，纵 32 厘米。五色提花绫本，有破裂，边缘毛损，字迹模糊。圣旨中有满、汉文。现收藏于中国船政文化博物馆。

清道光十五年（1835）十月初十日敕封赐“福建水师提标中军参将江继芸本身妻室”的圣旨

51. 清道光十五年（1835）十月初十日敕封“福建水师提标中军参将江继芸之祖父母”的圣旨 横 260 厘米，纵 32 厘米。五色提花绫本，边缘毛损，字迹模糊。圣旨中有满、汉文。现收藏于中国船政文化博物馆。

清道光十五年（1835）十月初十日敕封赐“福建水师提标中军参将江继芸之祖父母”的圣旨

52. 清道光十五年（1835）十月初十日敕封“福建水师提标中军参将江继芸之父母”的圣旨 长260厘米，宽32厘米。五色提花绫本，边缘毛损，字迹模糊。圣旨中有满、汉文。现收藏于中国船政文化博物馆。

清道光十五年（1835）十月初十日敕封赐“福建水师提标中军参将江继芸之父母”的圣旨

53. 清道光八年（1828）十一月初九日敕封“福建水师提标前营千总江继芸之父母”的圣旨 长260厘米，纵32厘米。绢本，边缘毛损，字迹模糊。圣旨中有满、汉文。现收藏于中国船政文化博物馆。

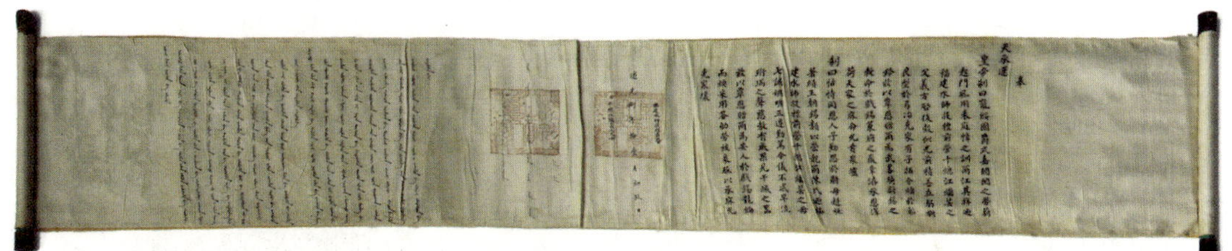

清道光八年（1828）十一月初九日敕封赐“福建水师提标前营千总江继芸之父母”的圣旨

54. 清道光谕祭阵亡总兵江继芸之文 长52厘米，宽43厘米。残破。呈黄色。四周绘有四条龙。现收藏于中国船政文化博物馆。

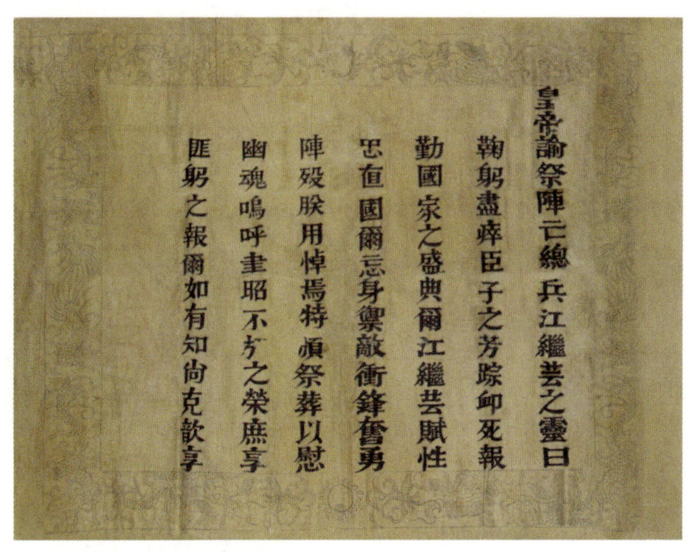

皇帝諭祭陣亡總兵江繼芸之靈曰
鞠躬盡瘁臣子之芳踪卹死報
勤國家之盛典爾江繼芸賦性
忠直國爾忘身禦敵衝鋒奮勇
陣歿朕用悼焉特頒祭葬以慰
幽魂嗚呼垂昭不朽之榮庶享
匪躬之報爾如有知尚克歆享

清道光谕祭阵亡总兵江继芸文

55. 北宋陶多嘴壶（带盖） 通高 54.5 厘米，器高 46 厘米，口径 10 厘米，底径 14.5 厘米。1999 年 4 月，江田镇三溪村葫芦门山宋墓出土，盖簟钮，呈束腰状，腰部堆贴一周波纹，盖沿翘起，堆贴五级，底沿子口，内凹。壶撇口敞颈，长腹微鼓下收，腹有五道弦纹，每道弦纹间分立五嘴，平底。胎灰黄粗松。现收藏于长乐区博物馆。

北宋陶多嘴壶

56. 明嘉靖螭纹三兽足铜炉 通高 67.5 厘米，口径 41 厘米，腹径 150 厘米。双层圆口，折沿平，宽方唇，粗长颈，鼓腹圆底，底部中央穿圆孔。肩颈部至口沿以上安装对称朝冠耳，底部连接三个兽首长腿圆蹄足。颈部铸有阳文楷书铭文，腹部用凸棱长条划分为上下两区，每区划分为七个方格，上区每格内以文为地，模印简体，螭龙纹，下区每格内模印螺旋涡纹。底部阳文楷书“正杭房三世孙陈锭铸”。现收藏于长乐区博物馆。

明嘉靖螭纹三兽足铜炉

57. 商方格纹陶拍 高 3.3 厘米，直径 7.0 厘米。平面呈圆形。分拍面与捉手两部分，拍面大于捉手。拍面上刻画方格纹，纹饰较深。捉手上有两个凹槽，方便双指操作拍印陶器纹饰。灰色陶，质地坚硬。方格纹是黄土仑文化遗址中陶器上常见的纹饰。现收藏于闽侯县博物馆。

商方格纹陶拍

58. 商硬纹印陶双耳圜底罐 通高 11.3 厘米，口径 7.6 厘米，腹围 39.5 厘米。灰硬陶。直口，短颈，斜肩，圆鼓腹，圜底。颈部饰凸弦纹一圈，肩附双竖耳，耳的上下微凸、耳孔较小，腹部拍印变体云雷纹。现收藏于闽侯县博物馆。

商硬纹印陶双耳圜底罐

59. 汉青釉刻画水波纹双耳原始瓷壶 高 34.5 厘米，口径 13.8 厘米，腹围 85 厘米，足径 14.5 厘米。深盘口，长颈，溜肩，椭圆腹，圈足。肩部附两个对称的叶脉系，系上方贴“∽”纹。口沿和颈部刻弦纹与水波纹，腹部上下各饰两组凸弦纹。灰褐色胎，胎质坚硬。施黄绿色釉，釉面厚薄不均。现收藏于闽侯县博物馆。

60. 南朝青釉双耳瓷盘口壶 通高 31.6 厘米，口径 14.8 厘米，腹围 95 厘米，底径 14.6 厘米。盘口，鼓腹，平底微内凹。肩部有两系，左右对称。通体施青黄釉，不及底。现收藏于闽侯县博物馆。

汉青釉刻画水波纹双耳原始瓷壶

南朝青釉双耳瓷盘口壶

61. 南朝青釉四耳瓷盘口壶 通高20.4厘米，口径10.5厘米，腹围71.5厘米，底径12.5厘米。深盘口，微外撇，束颈，溜肩，圆鼓腹，平底微内凹。肩腹四横耳。盘口外壁上下各饰两圈凹弦纹。灰白胎，胎质坚硬。施青釉偏灰，釉面莹润光亮，与胎的结合不太紧密，局部脱釉。现收藏于闽侯县博物馆。

南朝青釉四耳瓷盘口壶

62. 南朝青釉瓷鐎斗 通高16.3厘米，口径11.7厘米，底径8.5厘米。敞口尖唇，宽沿微上卷，直腹，下微鼓，平底。底周附三蹄足。在一足上部贴腹处安有龙首曲柄，龙首为平唇，吻部上翘，鼻眼及龙角刻画生动逼真。灰胎，胎质较坚硬。通体施青釉偏灰，有垂泪痕，足根无釉。现收藏于闽侯县博物馆。

63. 南朝青釉瓷唾盂 通高8.9厘米，口径8.6厘米，腹围44厘米，底径8.6厘米。盘口，尖唇，束颈，广肩，扁腹，饼形足。盘口外上下各饰一圈弦纹。灰胎，胎质较硬。施青釉，偏绿，足底无釉。现收藏于闽侯县博物馆。

南朝青釉瓷鐎斗

南朝青釉瓷唾盂

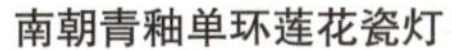
南朝青釉单环莲花瓷灯

南朝青釉瓷博山炉

64. 南朝青釉单环莲花瓷灯 通高15.2厘米，口径14厘米，底径12.7厘米。托盘口微外侈，浅直腹，大平底，盘口正中竖一上细下粗的八角柱。柱顶为含苞待放的莲花，柱上端一侧单环，柱下端与环对应处贴饰双重莲瓣。灰白胎，胎质较硬。施青釉，底露胎，现收藏于闽侯县博物馆。

65. 南朝青釉瓷博山炉 通高17.8厘米，口径16厘米，腹径12.2厘米，底径13厘米。由底盘与炉身两部分组成。炉盘平底，底内挖一圆孔，正中立柱承托炉身。炉身和炉盖为上下两半圆球，有子母口，扣合后形体似一圆球。盖面有孔，并堆贴三层相互错落的角状钮，可使烟气升腾，盖钮圆平顶。灰胎，胎质较硬。施青釉，炉内、盖口沿及盘底露胎。现收藏于闽侯县博物馆。

66. 隋青釉瓷鸡首壶 通高19.3厘米，口径6.2厘米，腹围35.5厘米，底径7厘米。深盘口，口沿外侈，束颈，溜肩，鼓腹，颈部内收接一圆饼状足，足底微内凹。沿与肩腹部间安双条状把手，把手高出口沿，与把手相对一侧贴小鸡首，与壶不相通；另两侧附横耳。灰胎，胎质较硬。施青釉，色偏灰，釉不及底。现收藏于闽侯县博物馆。

隋青釉瓷鸡首壶

67. 唐青釉带盖瓷多角壶 通高37厘米，口径9厘米，腹围42.8厘米，底径12.8厘米。盖面微弧顶、卷沿，尖状圆箍钮，钮周附五个牛角状小钮；盖里为双层子口，外口径大于罐口。罐凸唇，小口，长颈，平底微内凹。腹呈下大上小共五层，形如宝塔；每层均呈鼓腹状，并堆贴五个尖状带孔细长嘴，最下层附加一圈片状波纹。施青黄釉，近底及盖内里无釉。灰黄胎，胎质较粗。现收藏于闽侯县博物馆。

唐青釉带盖瓷多角壶

68. 唐青釉瓷虎子 通高10.5厘米，口径3.3厘米，身长10.5厘米，身宽7.8厘米。虎子卧伏状，圆口，口上部塑抽象的眉、眼、鼻，蚕形腹，前胸宽大，收腰，后臀圆鼓，贴小尾巴。背部有提梁，下腹贴地，四足作卧伏状。腹底露灰胎，胎质坚硬。施青灰釉。现收藏于闽侯县博物馆。

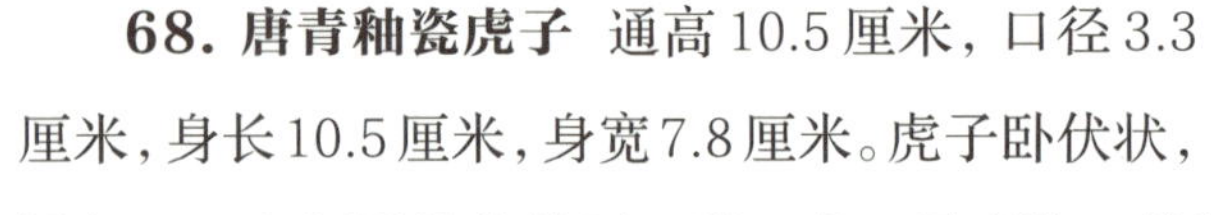

69. 唐真子飞霜纹葵口铜镜 直径16.2厘米，边缘厚0.6厘米。八出葵花，内切圆形。镜面图案取材于唐代流行的真子飞霜的故事。左方一人披衣坐狨，置琴于膝前，身后有四竹三笋，身前有几。右方一只凤鸟振翅翘尾起舞，上有树两棵。钮上为一只飞翔的仙鹤及云山日出，下为池水山石，池中向上伸出一片硕大的荷叶，叶中一龟，正好构成镜背中心的钮与钮座。现收藏于闽侯县博物馆。

唐青釉瓷虎子

唐真子飞霜纹葵口铜镜

70. 唐宝相花纹葵口铜镜 直径14厘米，边缘厚0.3厘米。六出葵花形，窄边圆钮，莲瓣形钮座。主题纹饰为六朵宝相花，花的圆圈中间饰一黑点，外围六黑点表示花蕊，圆圈外一圈连珠纹带。是唐代比较流行的镜类。镜面光洁，色呈黑漆古。现收藏于闽侯县博物馆。

唐宝相花纹葵口铜镜

71. 宋绿釉划花瓷枕 高10厘米，腹围87厘米，长30.5厘米，宽19厘米。枕呈腰形，前低后高，两侧稍起翘，中间稍内凹，直腹，平底，枕后侧有圆孔，用于烧造时排气。装饰采用划花技法，枕面边饰一道弦纹，内以五道弦纹分隔，中间刻画一支盛开的折枝牡丹，边饰四组卷草纹；周壁边饰弦纹三道。胎较粗，灰白色，施化妆土。绿色釉较匀净，周壁施半釉。现收藏于闽侯县博物馆。

宋绿釉划花瓷枕

72. 宋青白釉四鋬耳瓷盖瓶 通高23.7厘米，瓶口径5.5厘米，盖口径7厘米，腹围41厘米，足径7.8厘米。盂形深口，束颈，丰肩，鼓腹，圈足。带盖，盖宽平沿，中凸起双层，正中一小钮。肩腹交界处堆贴一圈刻方格的附加堆纹。口沿与肩腹部的附加堆纹间捏塑四条索状扳耳。白胎，质地较疏松，施青白釉。现收藏于闽侯县博物馆。

宋青白釉四鋬耳瓷盖瓶

73. 宋德化窑青白釉荷叶钮瓷盖罐 通高 6.1 厘米，罐口径 4.3 厘米，盖口径 5.6 厘米，腹围 18.5 厘米，底径 3.2 厘米。直口，短颈，溜肩，鼓腹下收，平底内凹弦纹一圈。带盖，盖宽沿，中下凹，正中饰盛开的荷花及花蕊作钮。胎洁白细腻，质地坚硬。施青白釉，釉面白中泛青。现收藏于闽侯县博物馆。

宋德化窑青白釉荷叶钮瓷盖罐

74. 宋青釉褐彩堆贴人物龙纹瓷盖瓶 通高 34.5 厘米，瓶高 27.3 厘米，瓶口径 6.8 厘米，腹围 45.3 厘米，足径 6.9 厘米。盂形口，长颈，溜肩，椭圆腹，圈足。带盖，盖顶饰一鸟。瓶颈、肩部盘一条龙并堆塑人物、鸟。肩腹部饰一圈附加堆纹。腹部褐彩绘草叶纹。灰白胎，胎质较坚硬。施青釉，釉色青黄泛绿。现收藏于闽侯县博物馆。

宋青釉褐彩堆贴人物龙纹瓷盖瓶

宋青釉褐彩堆贴龙纹瓷盖瓶

75. 宋青釉褐彩堆贴龙纹瓷盖瓶 通高 37.2 厘米，瓶高 28.6 厘米，瓶口径 8.5 厘米，腹围 47.5 厘米，底足 6.7 厘米。盂形口，长颈，溜肩，椭圆腹，圈足。带盖，盖作螺旋式多层斜坡顶，并附五道卷沿凸脊，顶饰一鸟。瓶颈，肩部堆塑人物、虎和火焰纹。肩腹部和近底部各饰一圈附加堆纹。以褐彩一笔点画草叶纹，并在口沿及堆塑的人物、虎、火焰和附加堆纹上用褐彩点缀装饰。釉色青黄。灰白胎，胎质较坚硬。现收藏于闽侯县博物馆。

76. 宋青白釉多角瓷盖瓶 通高 34 厘米，口径 7.3 厘米，腹围 46.5 厘米，足径 9.6 厘米。撇口、长颈、颈与肩转折明显，溜肩，长鼓腹，圈足。盖呈亭顶状，上有 4 道脊棱，宝珠钮，腹部堆贴四组五层扁泥条状嘴。灰白胎，施青白釉。现收藏于闽侯县博物馆。

宋青白釉多角瓷盖瓶

77. 宋圆形石砚 通高 1.9 厘米，砚面直径 11 厘米，砚底直径 10.6 厘米。素砚无纹饰，砚面为圆形，做工规整，刻线的边沿交角圆滑，墨池宽大。现收藏于闽侯县博物馆。

78. 宋飞天玉佩 长 6.4 厘米，宽 3.8 厘米，厚 0.6 厘米。白玉质，呈青白色。扁平片状，双面雕工。用单阴线镂雕一飞天。脸型丰满，头上三瓣花髻高耸，上身裸露，长飘带自两臂与肩颈间穿绕而过。长裙曳于身后，露一脚掌心。右手掌心向上，左手上举持花，身下有两朵卷草样的长脚祥云承托。造型生动，神采飞扬。现收藏于闽侯县博物馆。

宋圆形石砚

宋飞天玉佩

79. 南宋青釉褐彩堆贴人物虎纹瓷盖瓶 通高37.5厘米，瓶口径8.3厘米，腹围48厘米，足径7.2厘米。盂形口，长颈，溜肩，椭圆腹，圈足。带盖，盖作螺旋式斜坡顶，并附六道卷沿凸脊，顶饰一鸟。瓶颈，肩部堆塑人物、虎和火焰纹。肩腹部和近底部各饰一圈附加堆纹。以褐彩一笔点画草叶纹，并在口沿及堆塑的人物、虎、火焰和附加堆纹上用褐彩点缀装饰。灰白胎，胎质较坚硬。釉色青黄。现收藏于闽侯县博物馆。

南宋青釉褐彩堆贴人物虎纹瓷盖瓶

80. 明蝉形玉佩 长7.8厘米，最宽2.2厘米，厚1厘米。白玉质，质地温润。蝉作合翅形，圆头锥尾。上端蝉首张口，唇下有孔，双目刻双圈小圆眼，以二道斜刀刻出颈部，蝉背仍以数道斜刀刻出翅膀，两侧与腹部光素无纹饰，尾部略呈锥状。线条简洁，刻工洗练。现收藏于闽侯县博物馆。

明蝉形玉佩

81. 明雕牡丹纹玉佩 长4.6厘米，宽3.2厘米，厚0.4厘米。白玉质，呈青白色。牡丹形、扁平片状，正面叶片打洼深凹，背面边缘圆弧，中间有双穿孔。雕琢抛光细腻，玉质润泽匀净。现收藏于闽侯县博物馆。

明雕牡丹纹玉佩

明雕菊花形玉饰件

明雕鹿纹花形玉佩

82. 明雕菊花形玉饰件 直径4.5厘米，厚0.5厘米。白玉质，呈青白色。菊瓣形，扁平片状，共16瓣。菊瓣正面色中心为梅花形，花蕊刻斜方格纹。内外沿菊瓣均内凹，打洼明显。背面斜打洼，中圆形，有双牛孔鼻。雕琢细腻，玉质润泽光亮。现收藏于闽侯县博物馆。

83. 明雕鹿纹花形玉佩 直径6.3厘米，厚0.5厘米。白玉质，呈青白色。菱花形，扁平片状。正面以圆圈分隔内外，外沿为八瓣如意云，内主题纹饰为奔鹿梅花。背面斜打洼叶片，中间形有双牛鼻孔。玉质润泽匀净，雕工细腻。现收藏于闽侯县博物馆。

明万历十三年（1585）林春泽墓石买地券

84. 明万历十三年（1585）林春泽墓石买地券 通高71.3厘米，宽37.5厘米，厚2.3厘米。黑色页岩石，楷书撰写“皇明，赐进士及第、中顺大夫、程番知府进阶大中大夫旗峰林公，讳春泽，字德敷”等内容。现收藏于闽侯县博物馆。

85. 明孔雀石嵌玛瑙母子蟾蜍像 通高 2.9 厘米，长 6.1 厘米，宽 4.9 厘米。蟾蜍像为深绿色，利用孔雀石深浅不一的自然纹理整石圆雕而成，母蟾蜍四肢弯曲而卧，口部圆张，子蟾爬在母蟾的右臂上。母子二蟾的双眼均以橘黄色的玛瑙珠镶嵌，鲜艳夺目。雕琢精巧，赋有力度与肌肉感，琢磨精细，神态逼真。现收藏于闽侯县博物馆。

明孔雀石嵌玛瑙母子蟾蜍像

86. 清光绪二十年（1894）柯世荣雕龙眼木弥勒佛坐像 通高 60.5 厘米，座高 10 厘米，最宽 55.6 厘米，最厚 36.3 厘米。底座与雕像皆为龙眼木雕成。座为荷叶形，座下有四个云头足。大肚弥勒佛肥头大耳，笑容可掬，端坐在五谷袋上。身着宽袖长衫、长裤，袒胸露腹，左手按袋，左足后跟着地脚趾微翘，右手靠于右膝，小手指勾垂仙拂，右足屈起，踏在五谷袋上。五谷袋后面阴刻楷书："光绪甲午春，华严精舍造，象工柯世荣。"现收藏于闽侯县博物馆。

清光绪二十年（1894）柯世荣雕龙眼木弥勒佛坐像

87. 战国铜凿 长 11.73 厘米，宽 2.66 厘米，高 3.64 厘米。青铜铸造，前部为弧形刃，后部上方为銎头，箍一道弦纹，銎头上方为方形孔用来固定木柄等作为使用工具。出土于连江县南塘村后山。现收藏于连江县博物馆。

战国铜凿

88. 唐瑞禽纹菱花铜镜 直径11厘米，厚0.7厘米，钮径1.1厘米，高0.7厘米。八棱圆钮，镜背内区饰四瑞禽，并铸阳文“青”字，外区饰蛱蝶花卉纹。现收藏于连江县博物馆。

唐瑞禽纹菱花铜镜

89. 南宋箕形端砚 高2.43厘米，长14.64厘米，宽8.02—9.44厘米。平面高梯形，端石刻制箕形，砚灰色，砚堂为一斜面，砚边阴刻花纹，砚底内凹，边有足墙，底上墨书“馨器”二字。定海水下沉船出水文物。现收藏于连江县博物馆。

南宋箕形端砚

90. 南宋青釉划花瓷碗 高8.56厘米，口径12.44厘米，足径6.42厘米。直口、深腹、圈足，外壁饰篦纹。施青灰釉，釉不及底。芒口，灰白胎。连江大官坂围垦时宋墓出土。现收藏于连江县博物馆。

南宋青釉划花瓷碗

91. 明“国姓府”铜铳 长80厘米，口径5.5厘米，后座径6厘米，重10.537千克。圆筒竹节形，长短共四节，前后两端均有孔，前为炮膛孔安装火药；后座镂孔为安装木柄，使用前平稳瞄准铳；中部左右各一实心圆棍状耳，用于架设，两耳间铳壁上有一引火孔。尾部阴刻“国姓府”，为郑成功所部使用兵器。定海湾水下出水文物。现收藏于连江县博物馆。

明“国姓府”铜铳

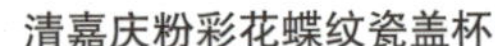
清嘉庆粉彩花蝶纹瓷盖杯

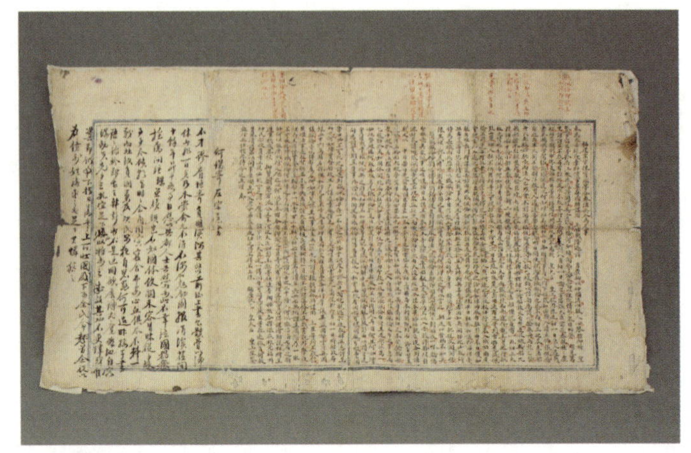
清光绪手抄册页“福建京官陈宝琛等合奏法兵入马尾事件”

92. 清嘉庆粉彩花蝶纹瓷盖杯 高8.1厘米，口径9.06厘米，底径3.81厘米。景德镇铸造，白瓷粉彩，盖圆口浅腹弧壁圈足，金边。盖与杯外壁均饰粉彩花蝶，足内均有“大清嘉庆年制”方印红款，杯心及盖均饰粉彩蝙蝠、桃（福寿）纹。现收藏于连江县博物馆。

93. 清墨书“福建京官陈宝琛等合奏法兵入马尾事件”奏章 长61.5厘米，宽33.6厘米。宣纸质手抄册页“福建京官陈宝琛等官员合奏法兵入马尾事件”，后有闽浙总督何璟寄左宗棠亲笔手书文。是中法马江海战重要的文字材料。现收藏于连江县博物馆。

94. 民国“二三”革命透堡兵工厂制铁手雷 高8.63厘米，顶径1.59厘米，腹径5.61厘米，底径2.37厘米。梨形，外壁铸出5×13格开花片，并饰填镰锤纹五角星徽标。空心，上端有圆孔，孔径2厘米，下端有小圈足。现收藏于连江县博物馆。

民国“二三”革命透堡兵工厂制铁手雷

明俞本元、俞本亨著万选堂梓《元亨疗马集》木刻本

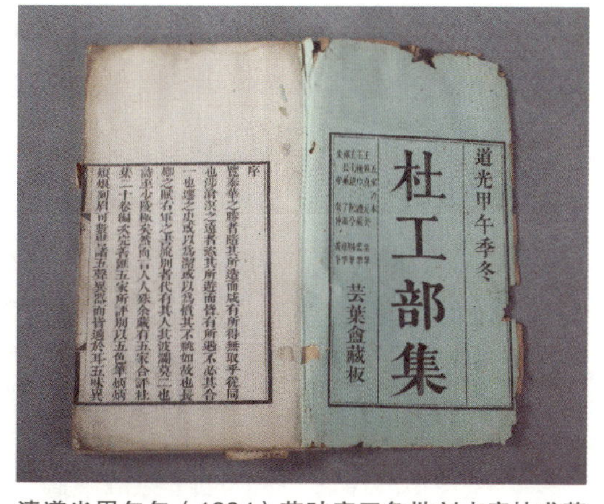

清道光甲午年（1834）芸叶庵五色批刻本唐杜甫著《杜工部集》木刻本

95. 明俞本元、俞本亨著万选堂梓《元亨疗马集》木刻本　长 26 厘米、宽 15 厘米。该书由明代俞本元、俞本享所著，又名《马经》，共 4 册 4 卷，第一页写有“后附驼经，万世堂梓”，主要介绍马的疾病如何治疗。图文并茂，形象生动。现收藏于罗源县博物馆。

96. 清道光甲午年（1834）芸叶庵五色批刻本唐杜甫著《杜工部集》木刻本　长 30 厘米、宽 18 厘米。该书由唐朝杜甫所著，为清道光十四年的印刷本，共 20 卷 8 本，书面上印有游凤岩三字，第一页写有芸叶盦藏板，书中各页都有王世贞、邵长蘅等五家的评论、批注。现收藏于罗源县博物馆。

97. 清道光皇帝敕封知县游长龄之祖父母奉天诰命圣旨　长 194 厘米、宽 32 厘米。用满、汉两种文字书写，内容完整，是研究道光朝圣旨制度的珍贵实物。现收藏于罗源县博物馆。

清道光皇帝敕封知县游长龄之祖父母奉天诰命圣旨

98. 清道光皇帝敕封知县游长龄之父母奉天诰命圣旨 长198厘米、宽33厘米。用满、汉两种文字书写，内容完整，是研究道光朝圣旨制度的珍贵实物。现收藏于罗源县博物馆。

清道光皇帝敕封知县游长龄之父母奉天诰命圣旨

99. 清咸丰皇帝敕封知府游长龄之父母奉天诰命圣旨 通长259厘米、通宽32厘米。褐色织锦上双龙捧“奉天诰命”，其后用满、汉两种文字书写，汉文25行，满文25行，内容完整，是研究咸丰朝圣旨制度的珍贵实物。现收藏于罗源县博物馆。

清咸丰皇帝敕封知府游长龄之父母奉天诰命圣旨

100. 清咸丰皇帝敕封知府游长龄之妻的诰命圣旨 通长250厘米、通宽32.5厘米。褐色织锦上双龙捧“奉天诰命”，其后用满、汉两种文字书写，汉文25行，满文25行，内容完整。现收藏于罗源县博物馆。

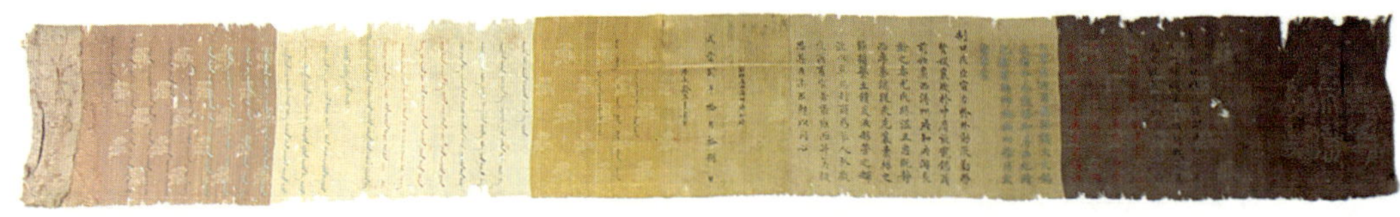

清咸丰皇帝敕封知府游长龄之妻的诰命圣旨

101. 宋陶龟 长18.5厘米、宽13厘米。龟形，背圆弧，龟首伸头，双圆眼，四足仅见三足，背正中条带纹作“人”字形点状纹，两旁刻画菱形格纹。龟身内弧，无肉身。灰胎，胎质粗糙。现收藏于永泰县博物馆。

宋灰陶龟

第三节　三级文物（节选）

1. 南朝青釉瓷盘口壶 高28.7厘米，口径10.5厘米，底径10.5厘米，腹围73厘米。盘口，束颈，丰肩，鼓腹，平底。肩部附双耳，盘口沿一圈弦纹，肩部三圈凹弦纹。灰胎，施青釉偏灰。近底以下无釉露胎。现收藏于市博物馆。

2. 宋白釉刻花瓷枕 长33.1厘米，宽15.8厘米，高11厘米。枕呈长方形，前低后高，两侧稍起翘，中间稍内凹，直腹，平底，枕侧有一圆孔。枕面边沿刻画长方形的双线框，框中刻画一支盛开的折枝荷叶与荷花。胎质较粗，灰白色，施化妆土，白釉不透明，周壁施半釉，以下露胎。现收藏于市博物馆。

3. 宋青白釉堆贴人物龙纹瓷皈依瓶 高59.5厘米，口径8.3厘米，腹围53.6厘米，底径10.7厘米。直楞腹口，长颈，长腹微鼓，圈足。口沿下堆波纹一圈，如莲花盛开，颈部上方堆贴盘绕龙纹，间饰螺状云纹与云纹月亮，下层十二尊头披风帽身着宽袖长袍人物，眉目不清。灰胎，施青釉偏灰。现收藏于市博物馆。

4. 宋青白釉印花芒口瓷碗 高6.1厘米，口径16.9厘米，足径5.6厘米。敞口，斜弧腹，矮圈足。碗内近底六出筋，底部印荷花、双鱼及鱼藻纹。灰白胎，施青白釉。唇口无釉露胎。现收藏于市博物馆。

5. 宋青白釉叶形高圈足瓷枕 足径11.6厘米，最高15厘米。枕面呈圆叶形，内弧，前低后高，前侧向下内折卷曲，喇叭形圈足。器形略变形，不甚规整，枕面施青白釉，沾有土锈，圈足底部露胎，胎体灰黄色。现收藏于市博物馆。

6. 宋青釉瓜棱形带盖瓷执壶 口径2.8厘米，底径6厘米，通高11.1厘米。执壶由壶盖、壶身组合而成，盖呈圆形，面微隆起，瓜蒂形钮，下设子口。壶直口，短颈，圆垂腹，矮圈足，条形半环状执手，流为管状曲短流。壶身外壁刻画四瓣瓜棱，造型呈瓜形。器表施青釉，釉色青中泛黄，有细碎开片。灰白色胎，质地细腻坚实。现收藏于市博物馆。

7. 宋青釉刻画云气花卉纹葵口瓷碗 高 4.5 厘米，口径 17 厘米。碗口呈六瓣葵花式，撇口，斜弧腹，矮圈足。内外施青釉，胎质灰白。内壁刻画六道斜曲线，分成六格，格内刻画云气纹。碗底刻画六瓣团花纹，碗心凸起。现收藏于市博物馆。

8. 南宋青白釉印花瓷碗 高 4 厘米，口径 17.5 厘米，底径 4.9 厘米。敞口，浅弧腹，矮圈足。碗内腹印折枝荷叶与莲花相间，碗心折枝莲花纹。灰白胎，施青白釉。唇口无釉。现收藏于市博物馆。

9. 元青釉瓷杯 高 3.5 厘米，口径 6.8 厘米，底径 3.7 厘米。圆唇，微敛口，弧腹，卧足。灰胎，施青釉，足底露胎。足底心外凸，切削痕迹明显。现收藏于市博物馆。

10. 元末龙泉窑青釉划花卉纹瓷盘 高 6.8 厘米，口径 34.5 厘米，底径 11.8 厘米。圆唇，侈口，宽折沿，沿面内凹，斜曲腹，矮圈足，盘心略凸，内底窑裂。内口沿刻画回纹一周，腹内壁刻画花卉纹，内底刻画折枝莲荷纹。灰胎，青釉，釉面开片。内外均施釉，足外底刮釉有涩圈一道露胎。现收藏于市博物馆。

11. 明青花开光花鸟纹瓷盘 高 5.5 厘米，口径 29 厘米，足径 17.5 厘米。撇口外折，浅弧腹，圈足。盘内腹壁八开光内绘花卉、博古图，开光外间饰锦地小花纹，盘底外锦地一圈，内八边形绘花鸟纹。盘外腹八开光内简单的小花纹。白胎白釉发青，足根尖无釉露胎。现收藏于市博物馆。

12. 明成化丁亥竹编纹铜笾 高 19 厘米，口径 16.2 厘米，底径 14.9 厘米。笾上方直口，直腹盘，中圆柱形颈部，下为覆盆式圈足座，腹部、足部皆为竹编纹，颈部铸四竖行“福州府儒学　文庙祭器　笾　成化丁亥年造”。为福州府文庙祭孔礼器。现收藏于市博物馆。

13. 明成化云雷纹铜簋 高 16.9 厘米，口径 12.3 厘米，腹围 52.2 厘米，底径 7.6 厘米。簋外折沿，口外圆内方，束颈，宽肩，鼓腹下收，小平底，底周附三兽面形足，颈腹部附双螭耳。颈部饰卷草纹，肩部、下腹部变体云雷纹，腹部云纹，中间长方块铸四竖行“福州府儒学 文庙祭器 簋 成化丁亥年造”。为福州府文庙祭孔礼器。现收藏于市博物馆。

14. 明素三彩陶屋 通高 43.5 厘米，面阔 31.5 厘米，进深 23 厘米。神龛平面长方形，单坡顶。前廊四柱三间，柱头、柱础饰仰复莲。神龛束腰须弥座，土衬石、如意圭角，束腰内三组瑞兽纹。背面平。灰黄陶，施黄绿釉相间。现收藏于市博物馆。

15. 明仿汉车马仙人画像铜镜 直径 19.4 厘米，缘厚 0.9 厘米。圆形，半圆钮。三角尖素缘。镜背分内外两区，内区四乳钉纹，间四车马四神像人物，外区条带纹饰模糊不清。近缘处一块荷叶盖长方形招牌，字迹模糊不清，通体绿锈无光泽。现收藏于市博物馆。

16. 明中期青花人物纹瓷盘 高 2.9 厘米，口径 13.9 厘米，足径 7.4 厘米。撇口，口沿微外折，浅斜腹，大平底，外圈足。内外施白釉，足根露胎，胎质白。青花装饰，色蓝中发灰，盘内外口沿及足墙青花双圈弦纹，外腹部绘缠枝莲花，盘心青花双圈弦纹内绘携琴访友图，边衬花草。现收藏于市博物馆。

17. 明青花花卉鱼纹卧足瓷碟 高 3.1 厘米，口径 12 厘米，足径 3.8 厘米。圆唇，敞口，浅弧腹，内底平，外卧足，足底心外凸。内外施白釉，釉面青灰。足根露胎，胎质粗。青花发色蓝灰，内口沿青花单圈弦纹，盘底青花双圈弦纹内周绘三花草，中间一露胎呈火石红的游鱼。现收藏于市博物馆。

18. 明末青花釉里红花卉纹瓷碗 高 4.7 厘米，口径 9.4 厘米，底径 3.8 厘米。敞口，弧腹，圈足。里外满釉，足根露胎。外壁上下饰青花双圈弦纹，中间绘三组青花釉里红花卉纹。胎体坚致，釉色莹润。现收藏于市博物馆。

19. 清康熙景德镇窑青花折枝花卉纹瓷盘 高 2.3 厘米，口径 13.1 厘米，足径 7.6 厘米。敞口，浅弧腹，矮圈足。里外满釉，足根露胎。内壁上下饰青花锦地纹，中间饰青花折枝花卉纹四组，盘心饰青花卷草纹、青花团花纹。外口沿饰青花锦地纹，外底青花双圈弦纹内饰叶片。胎体坚致，釉色莹润。康熙中期江西景德镇民窑烧造。现收藏于市博物馆。

20. 清康熙景德镇窑外黄釉内青花花卉纹瓷杯 高 4.8 厘米，口径 8.6 厘米，足径 4.2 厘米。圆唇，敞口，斜直腹，内小平底，外圈足。内口沿青花斜三角线锦地边饰，杯心绘折枝小花，外足底青花双圈内一方形花押款。杯内及足底白釉，外腹施浅黄色釉，足根露胎，胎质细白。现收藏于市博物馆。

21. 清康熙景德镇窑青花渔家乐瓷杯 高 4.4 厘米，口径 7.8 厘米，足径 4.1 厘米。圆唇，敞口，口沿微外撇，斜直腹，内平底，外圈足。内外施白釉，釉面微泛青，足根露胎，胎质细白。内口沿青花双圈弦纹，内底青花双圈弦纹内绘远山近水、岸边茅屋；外腹口沿、腹底与足边各绘青花双圈弦纹，腹部绘渔家乐图案。足底青花双圈内一灵芝花款。现收藏于市博物馆。

22. 清康熙景德镇窑青花湖石花卉纹瓷碗 高 6.8 厘米，口径 11.1 厘米，足径 5.3 厘米。圆唇，撇口，斜直腹，内平底，外圈足。内外施白釉，釉色泛青，足根露胎，胎质白。外腹部上下青花双圈弦纹，中间绘湖石梅竹图与单蝶；内腹部上下青花双圈弦纹，碗心绘湖石兰草。足外沿青花双圈弦纹，足底青花双圈弦纹内一吉庆花押。现收藏于市博物馆。

23. 清康熙景德镇窑青花龙纹瓷碗 高 5.3 厘米，口径 13.5 厘米，足径 5.7 厘米。敞口，斜腹，平底，外圈足。内外施白釉，釉色发青灰，内底涩圈，足根露胎呈尖状，胎质较粗。青花色深蓝发灰，碗外腹部青花云龙纹，内底心小云纹花押。外底心微凸。现收藏于市博物馆。

24. 清康熙景德镇窑黄釉青花莲花蕉叶纹瓷葫芦瓶 高 18.5 厘米，口径 2.2 厘米，腹围 26 厘米，足径 4.4 厘米。小口微外撇，长颈双束，颈上小双腹微鼓，颈下大圆鼓腹，呈变异葫芦形，矮圈足。酱口，口沿下及长颈至上腹部依次以青花装饰三角带纹、复蕉叶纹、复莲瓣纹与锦地开光花卉纹，圆鼓的下腹部上方饰菱格锦地六开光几何纹饰带，间开片的透明釉，下为大片土黄釉延伸到圈足。胎质细密色白。现收藏于市博物馆。

25. 清康熙青花缠枝莲纹瓷将军罐 通高 37 厘米，口径 14.4 厘米，腹围 80.5 厘米，底径 18 厘米。直口，短颈，丰肩，鼓腹渐收，平底；盖子口，宽平沿，圆弧顶，宝珠形尖钮。白胎白釉微泛青，青花装饰纹样，口、底沿、肩部青花圈纹，颈部勾莲瓣纹，肩部曲三角纹，腹部与盖顶缠枝牡丹纹。腹部錾刻四竖行文字，“生于崇祯戊寅年十一月初二日辰时 清故考王公讳世禄之灵柩广东广州府南海县人 卒于康熙庚午年四月初十日申时 龙飞岁在庚午仲夏谷旦立”。可知罐曾经作为骨灰罐使用，年代有准确的下限。现收藏于市博物馆。

26. 清鎏金铜观音坐像 高 35.8 厘米，身宽 16.7 厘米，身厚 13.1 厘米。观音菩萨头戴高宝冠，冠中有化佛，袒上身，双手掌心向上持宝瓶，胸前饰璎珞、项圈之类的器具，缯带垂肩，肩、臂搭披帛，结跏趺坐，双膝前圆形花纹，座下铺花边毯，座前两位戴冠力士托宝座，凸字形底座镂空，红铜铸造。观音宝座以上鎏金，底座红铜。此观音像具有藏汉造像相结合的风格。现收藏于市博物馆。

27. 清德化窑白釉双耳印花簋式瓷炉 高 10.5 厘米，口径 14.1 厘米，腹围 45 厘米，足径 10.4 厘米。侈口外卷沿，束颈，鼓腹，圈足，足沿外卷，颈肩部附双兽耳。颈部堆贴方圆相间的小花卉，足外刻变形云雷纹。白胎，胎质细腻，白釉亮泽。足底方形印章，模糊不清。现收藏于市博物馆。

28. 清“龙飞凤舞”八卦铜镜 直径 17.6 厘米，缘厚 0.38 厘米。圆形，圆平钮，钮上铸字不清，圆形钮座饰八卦纹，方框内铸“龙”“飞”“凤”“舞”四字，宽素缘，尖唇。镜体表色黑。黄铜质。现收藏于市博物馆。

29. 清镶银透雕双喜纹玉佩 最长 5.5 厘米，最宽 5.5 厘米，厚 0.3 厘米。白玉片，玉质干，周嵌银鎏金边。如意形，窄边框，透雕与阴刻线条碾琢，外围缠枝桃与盒、绣球，正中双喜字，意为“百年好合，双喜临门”。现收藏于市博物馆。

30. 清漳窑米白釉双铺首瓷瓶 高 28.7 厘米，口径 8.3 厘米，足径 7.7 厘米，腹围 38.7 厘米。浅盘口，束颈，窄鎏肩，微鼓腹，束胫，底外撇，二层台圈足。上腹部贴双首面耳。米白胎，施白釉偏米黄色，釉面开小碎片。足根无釉露胎。现收藏于市博物馆。

31. 清德化窑白釉贴梅花瓷杯 高 5.8 厘米，口径 7.5—8.5 厘米，足径 3.2—4.3 厘米。杯椭圆形，侈口，斜腹，尖圜底，屈曲梅花枝干托底成足，枝叶延伸贴腹。白胎，胎质细密，施白釉，釉面亮泽。足根无釉露胎。现收藏于市博物馆。

32. 清景德镇窑红釉瓷天球瓶 高 36.1 厘米，口径 6.6 厘米，底径 13 厘米，腹围 72.5 厘米。小口，长颈，丰肩，鼓腹，圈足。白胎，胎质坚致。施红釉，釉色均匀。足根无釉露胎，足底一层护胎釉。现收藏于市博物馆。

33. 清青花缠枝莲纹瓷九子攒盘 高 2 厘米，中间碟口径 14.3 厘米，足径 9.5 厘米；子碟口径 10—11.8 厘米，足径 5.3—5.4 厘米。九子碟一套九件，中八边形，外围八个五边形，拼成八瓣菱口盘，中间八边长与外围五边形底边长一致，两侧边等长，外菱形；盘皆外折沿，浅腹，矮足。口沿三角纹边饰，底缠枝莲纹。白胎白釉，足根无釉露胎。现收藏于市博物馆。

34. 清浮雕谷纹玉璧 直径 4.75 厘米，厚 0.51 厘米。白玉，玉质较温润。圆形，小圆孔，一面减地碾琢谷纹，另一面减地碾琢云纹。磨工抛光较佳。现收藏于市博物馆。

35. 清“知足”随形寿山芙蓉石山子 高 5.1 厘米，宽 1.3 厘米，厚 4.4 厘米。寿山白芙蓉石。石质细腻白润。天然随形，正面雕刻两段竹节并立，中有间隙，上刻竹叶与昆虫，背琢磨圆滑，印文“知足”。现收藏于市博物馆。

36. 民国金漆木雕人物花鸟纹六角形果盒 高 26 厘米，口径 17 厘米，足径 15.8 厘米。六角形，平顶，腹微鼓，束座，平底附六如意形矮足。金漆镂雕，六面腹部上下框内花卉，腹中部花卉纹与人物纹相间，束座开菱形壶门。木框条黑漆为主，间有红漆，富丽堂皇。供奉用品。现收藏于市博物馆。

37. 民国金漆木雕刀马人物纹饰板 厚 5 厘米，最长 55.4 厘米，最宽 46 厘米。凸字形内外两框相连，左中右镂空雕刻戏曲中的刀马人物故事，上下两边框镂雕缠枝梅花与牡丹，雕刻刀工细致，金漆装饰纹饰富丽堂皇。板为家具构件，背面漆红色。现收藏于市博物馆。

38. 民国蓝料彩山水人物纹瓷盖碗 通高 8.2 厘米，盖口径 14.8 厘米，碗口径 15.8 厘米，足径 8.1 厘米。碗敞口，斜腹，圈足；盖弧顶，圆形圈钮，盖口小于碗口。胎白釉白，蓝料彩装饰纹样。碗钮沿口均鎏金，盖面蓝料彩一棵茂竹，旁墨书“仿六如之法”，碗腹蓝料彩一丛茂竹，横写墨书“竹节心虚是我师”，落款“邹大兴美圻前人法”。现收藏于市博物馆。

39. 清道光斗彩团花纹马蹄形瓷碗 长 15.5 厘米，宽 9.3 厘米，高 6.8 厘米。敞口，斜直腹，圈足。通体施白釉，内壁洁白明净，外壁釉色白中泛青。采用斗彩工艺描绘纹饰，外壁饰五组团花纹间以折枝石榴，近足处饰变形花果纹。底款“大清道光年制”。现收藏于市林则徐纪念馆。

40. 清林则徐致东皋行书“经济”“家庭”八言对联 横 31.1 厘米，纵 167.5 厘米。行书，描金蜡笺：“经济博通言达于行，家庭和乐质有其文。”上款“东皋四表兄大人雅鉴”，下款“愚表弟林则徐”。现收藏于市林则徐纪念馆。

41. 清林则徐行书“静坐”“清风”八言对联 横 30.1 厘米，纵 173.4 厘米。行书，洒金纸笺：“静坐读书各得半日，清风明月不值一钱。”该联是林则徐写给友人霁川，上联体现闲居修养之术，人欲修身养性，就必须读书明理；下联则反映林则徐清廉自守、闲适恬淡的心态。现收藏于市林则徐纪念馆。

42. 清林则徐行书“奇花”“流水”八言对联 横 29 厘米，纵 163 厘米。行书，冷金黄色粉笺纸：“奇花四时秀石太古，流水今日明月前身。”林则徐为友人而写，上联以“奇花秀石”寓意天地之间美好的事物；下联引自晚唐诗人司空图的《二十四诗品》，喻指今日如流水般洁净，皆因纯静皎洁的明月是吾前身，流露出林则徐“文学而潜修”的才情。现收藏于市林则徐纪念馆。

43. 清林则徐行书李抟贺延裕登第诗扇面 横 50 厘米，纵 16.1 厘米。行书：“廷裕登第，李抟贺以诗云：铜梁千里曙云开，仙籍新从紫府来。天上已张丰翼羽，人间无复旧尘埃。嘉祯果应君平卜，欢贺须斟卓氏杯。曾笑戎蕃刀笔吏，谁教泥滓曝鱼鳃。”题款“宏勤三兄正之，少穆林则徐”。现收藏于市林则徐纪念馆。

44. 清林则徐绢本行书七言联团面 直径 24 厘米。行书团扇面，洒金绢本：“断云一片洞庭帆，玉破鲈鱼金破柑。好把新诗继桑苎，垂虹秋色满东南。”题款“乙未六月，荫襟仁兄正，林则徐”。现收藏于市林则徐纪念馆。

45. 清林则徐用闲章“身行万里半天下”印 高 9.6 厘米，宽 3.1 厘米。质地为大山石，属于寿山石，印文“身行万里半天下”。此方章乃林则徐被遣戍伊犁时，引用苏东坡《龟山》诗句而亲手篆刻的。现收藏于市林则徐纪念馆。

46. 南朝青釉六系盘口壶 高 31.7 厘米，口径 12 厘米，腹径 23.0 厘米，底径 13.3 厘米。高盘口，圆肩，圆腹至底足内收。颈、肩刻画弦纹，肩部两侧一对复系。通体施青釉，釉色青中泛黄，釉面有细小开片，部分脱釉呈红褐色，施釉不到底。现收藏于鼓楼区博物馆。

47. 隋双虎纹铜镜 直径 15.4 厘米，厚 0.7 厘米。圆形，圆钮，钮座外饰一弦纹，外圈水波纹，内圈两虎栩栩如生，威猛矫健，首尾呼应，相互追逐。此镜铜绿自然，质沉色古，工艺精良。现收藏于鼓楼区博物馆。

48. 清哥釉盘口瓶 高 30.9 厘米，口径 10.6 厘米，足径 10.4 厘米，腹径 16.6 厘米。盘口，长颈，圆肩，鼓腹至高足内收。酱口，圈足露胎，施青釉，釉色莹润翠亮，光洁柔和，开片细腻，金丝毕现。现收藏于鼓楼区博物馆。

49. 清青花花篮纹折沿盘 高 5.2 厘米，口径 41 厘米，足径 24.7 厘米。撇口、折沿、弧腹、圈足，折沿处六个石榴开光内绘山水景观，以石榴籽、蕉叶纹、花卉纹间隔，中心一花篮置于锦缎上，篮内牡丹盛开，折枝舒展，装饰博古纹。现收藏于鼓楼区博物馆。

50. 清青花三国人物故事纹折沿盘 高 4.6 厘米，口径 34.1 厘米，足径 20 厘米。撇口、折沿、弧腹、圈足、酱口，以三国人物故事“吕布戏貂蝉”为构图主题，盘沿花团相对簇拥，盘壁杂宝纹、菱形纹作隔断，人物神态生动，楼阁石阶用色鲜明立体。现收藏于鼓楼区博物馆。

51. 现代吴适设色人物立轴 横 46 厘米，纵 118 厘米。此图近景构图鲜明，用色柔韧，三人仰立观树，其一人手持锯斧，山石坚立，老树盘根错节，老枝蜿蜒，新叶绿密，左上行书一行。印两方：朱文“任之”，白文“吴适之印”。现收藏于鼓楼区博物馆。

52. 现代吴适设色山水立轴 横 40.6 厘米，纵 151.9 厘米。画面层峦叠嶂，千岩万壑，柏松杂树，纵横有序，峰顶之上屋舍五间，建有牌坊，湖面泛舟两艘，舟山有五人，远景错综多姿，笔墨华滋清雅。左上角行书四行。印两方：朱文“任之”，白文“吴适之印”。现收藏于鼓楼区博物馆。

53. 南朝青釉瓷五盅盘 高 1.7 厘米，口径 17 厘米；盅高 4 厘米，口径大小不一，6.5—7 厘米，底径 2.7 厘米。浅盘，平底，微内凹。盘内有双圈弦纹和三个支钉痕；盘内置

5个小盅，盅为直口，深腹，假圈足。盘和盅施青灰釉，底露胎。现收藏于台江区博物馆。

54. 南朝青釉单环单管瓷莲花灯 通高14.5厘米，口径12.9厘米，底径10.9厘米，管高2.2厘米。圆柱状，平底盘形。柱顶饰一飞鸟、柱一侧附一环状耳、耳下附一莲花瓣形托。青灰釉，盘底露胎。现收藏于台江区博物馆。

55. 南朝青釉瓷三足砚 高4.6厘米，口径11厘米，底径11.3厘米。浅盘口，三足，底内凹。通体施青灰釉，底部有七个支钉痕。现收藏于台江区博物馆。

56. 南朝青釉瓷四管插器 通高14.3厘米，口径2.2厘米，底座径10.6厘米。台形，管状灯具。上饰四个管状插孔，座为三层台状，平底。青灰釉，底露胎。福州市龙岭小学出土。现收藏于台江区博物馆。

57. 宋青釉瓷执壶 高19厘米，口径10.4厘米，腹径14.2厘米，底径7厘米。大口，方唇，高领，弧肩，鼓腹，矮圈足，口、肩两侧各附一长流和扁平把。青灰色薄釉，底露胎。现收藏于台江区博物馆。

58. 宋青白釉印花瓷瓶 通高14.4厘米，口径5厘米，腹围24.2厘米，足径6.7厘米。折沿、长颈、圆肩 、鼓腹、腹下内收、矮圈足，底内凹。灰胎，胎质较硬。施青白釉，釉面白中泛青。现收藏于仓山区博物馆。

59. 宋青白釉瓷长颈瓶 通高12.5厘米，口径2.9厘米，腹围23.9厘米，足径4.5厘米。圆唇、直口、长颈、溜肩、鼓腹、圈足。灰白胎，胎质较坚硬。施青白釉，釉面白中泛青。现收藏于仓山区博物馆。

60. 宋青白釉瓷谷仓 通高35厘米，口径7.5厘米，腹围56.2厘米，足径9.6厘米，盖高10.3厘米，盖径8.8厘米。圆唇、直口、短颈、溜肩、圈足，腹部由中间向上下两端斜收，以浅弦纹划分为5层，每层等距离环列4个突角，共20个。盖呈伞状，弧顶，尖状钮。白胎，胎质较坚硬。施青白釉，釉面有小开片。现收藏于仓山区博物馆。

61. 元青白釉三足瓷炉 通高4.8厘米，口径12.1厘米。敛口、口沿内折、浅鼓腹、腹下接三扁足、足外撇、平底。灰白胎，胎质较坚硬。施青白釉，釉面白中泛青，有小开片。现收藏于仓山区博物馆。

62. 明青花缠枝牡丹纹带盖瓷梅瓶 通高25.6厘米，口径4厘米，腹围40.9厘米，底径8.7厘米，盖高5.2厘米，盖径6.8厘米。敞口、短颈、丰肩 、鼓腹、收胫、圈足。肩部内绘青花圆点纹，外绘青花如意云纹，中间用青花双圈弦纹分隔；腹部青花缠枝牡丹纹。盖平顶，内弧壁，圆钮，外壁绘青花如意云纹。灰白胎，胎质较硬。施青白釉，釉面有开片。现收藏于仓山区博物馆。

63. 南宋寿山石雕持笏文官俑 纵 11 厘米，横 3.3 厘米。石质为寿山老岭石。人物头戴官帽，方形脸，菱形眼，嘴部雕刻略微凹陷，双手持拥朝笏而立。身着朝服，饰纹雕刻简练。现收藏于中国寿山石博物馆。

64. 南宋寿山石雕武士坐俑 纵 7.3 厘米，横 4 厘米。石质为寿山老岭石。人物头戴盔帽，方形脸，菱形眼，鼻大，嘴微突，双手交叉席地而坐。衣饰雕刻简练。现收藏于中国寿山石博物馆。

65. 南宋寿山石雕立剑武士俑 纵 10.6 厘米，横 3.4 厘米。石质为寿山老岭石。武士俑头戴盔帽，双目圆睁，目视前方，面容威严。身披盔甲，双手持剑拄地而立。现收藏于中国寿山石博物馆。

66. 清海底电缆残段 最长残段长 50 厘米。1887 年 7 月，台湾首任巡抚刘铭传请英国怡和公司承包，船政电报学堂毕业生协助，开工建设台湾淡水至福州川石水线（有线电报线路）。电缆全线长 117 海里，10 月投入使用，对外营业直至 1931 年 5 月。该电缆开通后，实现两岸直通电报。现收藏于中国船政文化博物馆。

67. 清船政官界碑 高 65 厘米，宽 32 厘米，厚 13 厘米。花岗石质，竖刻“船政官界”四字。官界碑主要分布在船政衙门及船厂周围，仅存 4 块。现收藏于中国船政文化博物馆。

68. 清《船工纪事》 纵 18 厘米，横 14.2 厘米，厚 0.8 厘米，由福建船政驻省文案沈觐清撰写，其内容包括船政创设、招募洋员、招考生徒、财务收支、工作分工、考勤制度等。现收藏于中国船政文化博物馆。

69. 清“海华”舰管带饶鸣衢使用过的指南针 纵 12.5 厘米，横 8 厘米。饶鸣衢任北洋水师提督丁汝昌副官，后任“海华”舰管带，驻防天津大沽口，1900 年八国联军进攻天津时牺牲。现收藏于中国船政文化博物馆。

70. 清海军将领叶祖珪曾使用过的瓷餐盘 直径 21 厘米。叶祖珪（1852—1905），福州人，第一届赴英留学生。1899 年 4 月加提督衔，统领北洋水师，肩负整顿海军重任，逝世后清廷授予振威将军。现收藏于中国船政文化博物馆。

71. 近代矿务专家池贞铨的印章 高 6.2 厘米，底座边长 2.2 厘米。池贞铨（1854—1915），福州人，船政前学堂制造专业第一届毕业，1877 年 5 月作为赴法国学习，是近代中国矿业开采奠基人之一。现收藏于中国船政文化博物馆。

72. 清光绪元年黄文禧奏札 横 64 厘米，纵 25 厘米，纸质，为沈葆桢等大臣为船政版筑车间匠首黄文禧咨请给奖奏札。现收藏于中国船政文化博物馆。

73. 民国 1913 年式海军少将夏服肩章 横 13 厘米，纵 5.5 厘米。此副肩章原为陈赞汤将军所有，是目前国内首次发现的实物。现收藏于中国船政文化博物馆。

74. 民国手抄《航海学》课本 长 23 厘米，宽 33 厘米。1937 年抗日战争爆发，马尾海校辗转迁到贵州桐梓办学。为保证学习质量，海校学生就自发手抄课本。该课本是航海第九届学生李作健手抄，其中的插图也是由本人绘制的。现收藏于中国船政文化博物馆。

75. 民国马尾海校学生参加海军运动会时所用的钉鞋 长 25.5 厘米，宽 9.6 厘米。1935 年 10 月 10 日至 16 日，在马尾海军大学的大操场上举办了全军首届联合运动会，海军部长陈绍宽任运动会会长。马尾海校运动队获得团体总冠军的成绩，海军部授予了“总锦标”（奖杯）。现收藏于中国船政文化博物馆。

76. 民国王大恭毕业证书 纵 40.5 厘米，横 53 厘米。1930 年 5 月，福州海军学校颁发给航海专业第一届毕业生王大恭的毕业证书。王大恭（1902—1952），福州人，曾担任“江宁”舰舰长。1949 年 11 月，重庆起义后担任中国人民海军东海舰队“汾河”舰舰长，参加了一江山岛战役。现收藏于中国船政文化博物馆。

77. 中华人民共和国慰问电 纵 39 厘米，横 20 厘米。1949 年 9 月 19 日，国民党海军海防第一舰队旗舰“长治”舰，在长江口外大戢山海面起义。1950 年，人民解放军海军学校给“长治”舰起义官兵发来慰问电，同年“长治”舰更名为“南昌”舰，成为新中国海军第一支舰队——第六舰队的旗舰。现收藏于中国船政文化博物馆。

78. 特建马江昭忠祠碑 高 225 厘米，宽 90 厘米，厚 16 厘米。碑座上底长 107 厘米，下底长 130 厘米，斜边长 77.8 厘米。碑座侧面呈梯形，上底长 36 厘米，下底长 59 厘米。花岗石质，碑额竖式 4 行篆书“特建马江昭忠祠碑”，碑文楷书直下 18 行，共计 639 字，主要记载了光绪十二年（1886）建设昭忠祠之事宜，裴荫森题。现收藏于马江海战纪念馆。

79. 重建马江昭忠祠碑 长 84.3 厘米，宽 45.8 厘米，厚 1 厘米。碑为将乐石质，碑文纵 25 行，满行 19 字，楷书字径 1.3 厘米。1920 年由时任福州船政局局长陈兆锵撰并书，吴玉田镌。现收藏于马江海战纪念馆。

80. 甲申甲午两役合祀马江昭忠祠记 长 78.3 厘米，宽 44.4 厘米，厚 1.5 厘米。碑为将乐石质，碑文纵 28 行，满行 23 字，字径 1.1 厘米。1922 年由时任福州船政局局长陈兆锵撰并书。现收藏于马江海战纪念馆。

81. 重建马江昭忠祠捐款名录 长 79.7 厘米，宽 42 厘米，厚 0.8 厘米。碑为将乐石质，碑文纵70行，满行35字。1922年由时任福州船政局局长陈兆锵撰并书。现收藏于马江海战纪念馆。

82. 清留美幼童黄季良自画像 长41.8厘米，高32厘米。黄季良（1860—1884），字佐廷，广东番禺人。同治十三年（1874）第三批留美幼童，光绪七年（1881）船政后学堂驾驶班第八届毕业生。中法马江海战前，写信并将平日绘成的自画像寄给其父，誓死报国。中法马江海战中英勇献身。现收藏于马江海战纪念馆。

83. 清《黄佐廷慰亲遗照题词集》（副本） 长19.4厘米，高25.4厘米，厚2.7厘米。黄道平将黄季良生前写给他的信、自画像及黄季良阵亡后亲友的题词汇编成《黄佐廷遗照慰亲图题词集》。2000年黄季良后裔黄丽贤将《黄佐廷遗照慰亲图题词集》等文物捐赠予福州马江海战纪念馆。现收藏于马江海战纪念馆。

84. 新莽"大布黄千"铜布币 长5.8厘米，宽2.3厘米，厚0.3厘米；长5.5厘米，宽2厘米，厚0.2厘米；长5.5厘米，宽2厘米，厚0.2厘米。青铜质，铲形，扁平，平首，平肩，平足，首部有穿孔。其中一件模印阳文篆书"货币"，其余两件模印阳文篆书"大布黄千"。现收藏于长乐区博物馆。

85. 明牙笏 长53.5厘米，上宽5厘米，下宽8.5厘米，厚0.6厘米。牙笏上窄下宽，形略弯曲，扁条状，表面带有不规则细裂纹；器表呈牙黄色，内表左下方红漆楷书"兴贤坊郑弟子陈天伦叩谢"。现收藏于长乐区博物馆。

86. 明景德镇窑红绿彩花卉纹瓷盘 通高4.5厘米，口径23.6厘米，足径13.5厘米。撇口，浅腹，圈足。盘内底绘牡丹图案，口沿内边饰三角形线条几何纹圈带。外壁饰缠枝莲图案。圈足内底饰双圈同心圆，内写一梵文。灰白胎，黄白釉，足根露胎。现收藏于长乐区博物馆。

87. 明景德镇窑青花立凤牡丹瓷盘 通高5厘米，口径24.3厘米，足径14.4厘米。敞口，弧壁，浅平底，圈足。内底饰立凤牡丹纹，内边饰缠枝菊花纹，外壁饰缠枝莲花纹。青花发色蓝黑。灰白胎，白釉泛灰青，足根露胎。现收藏于长乐区博物馆。

88. 明景德镇窑青花花卉瓷盘 高4.3厘米，口径24厘米，底径13厘米。敞口，弧壁下收，大圈足内斜。内底绘山石菊花，外壁绘缠枝牡丹。通体施白釉，釉肥厚，白中闪青。现收藏于长乐区博物馆。

89. 明景德镇窑青花缠枝莲瓷碗 通高6.8厘米，口径14.4厘米，足径5.5厘米。侈口，深圆腹，塌底，圈足。内底饰折枝山茶花，腹外壁上部饰缠枝莲间杂宝图案，下部饰连续如意纹。灰白胎，白釉泛灰青，足根露胎。现收藏于长乐区博物馆。

90. 商硬灰陶云雷纹双耳罐 通高17.5厘米，口径10.4厘米，底径8.5厘米。口沿微残，单耳缺失。1958年4月出土于福清东张新石器时期遗址。现收藏于福清市博物馆。

91. 商硬灰陶云雷纹执壶 通高18.1厘米，口径10.2厘米，底径8.5厘米。口沿破损。1958年4月出土于福清东张新石器时期遗址。现收藏于福清市博物馆。

92. 商周青铜时代印纹硬陶单錾耳双口陶壶 高14.3厘米，口径8.3厘米，腹围62.5厘米，底径11.5厘米。泥质灰色硬陶。杯形口与椭圆口形成左右相对的双口壶，正中一宽扳耳附于两口沿间，扁鼓腹，圜凹底。杯形口如觚形，长喇叭筒状杯身，下出棱一周，椭圆口短颈、直口。扳耳上饰四道凸弦纹，杯口外壁刻双线锥点组成的曲尺纹，棱座刻锥点纹，壶外壁拍印菱形雷纹。该器形纹饰在闽江中下游黄土仑文化中常见。现收藏于闽侯县博物馆。

93. 商周青铜时代硬纹印陶豆 通高10.3厘米，口径10厘米，底径8.5厘米。泥质灰色硬陶。子口，口沿外凸棱，深斜直腹，腹下三圈凸棱柄，下接圆饼状足，足内空。器外表拍印变体云雷纹。是闽江中下游黄土仑文化常见的器形。现收藏于闽侯县博物馆。

94. 南朝青釉瓷鸡首壶 高27厘米，口径10.5厘米，腹围60.5厘米，底径13厘米。盘口外侈，长颈，溜肩，鼓腹，平底微内凹。颈部饰三道凸弦纹并刻画覆莲瓣一圈，颈肩交接处有一道凸弦纹。肩部对应两侧附鸡首流与把手，流为空心，鸡首长颈高冠。另两侧肩饰桥形耳一对，肩部刻画双重覆莲瓣纹。胎色灰白，质地较细致。通体施青釉。现收藏于闽侯县博物馆。

95. 南朝船形陶灶 高4.5厘米，长18厘米，宽6.4厘米。保存完好。20世纪70年代福清市龙田镇墓葬出土。现收藏于福清市博物馆。

96. 南朝青釉盘口平足四系罐 通高28.7厘米，口径11.4厘米，底径11.3厘米。保存完好。20世纪70年代福清市龙田镇墓葬出土。现收藏于福清市博物馆。

97. 唐船形陶灶 通高6.3厘米，长16.3厘米，最宽10.7厘米。灶体船形，前头尖后尾平，前头有圆形烟孔，后有灶门与平台，上设有双锅。泥质灰陶，质地较坚致。现收藏于闽侯县博物馆。

98. 宋青白釉瓷谷仓 通高22.5厘米，腹围36厘米，足径8厘米。两坡顶，圆筒腹，圈足。屋脊两端翘角，覆盖圆形仓体，腹部中间开长方形门，门的四周以泥条堆贴如门框，上下左右相对有孔可插栓。灰白胎，胎质坚硬。施青白釉。现收藏于闽侯县博物馆。

99. 宋龙泉窑青釉鬲式三足瓷炉 高7.7厘米，口径10厘米，腹围32厘米。直口，圆唇，宽折沿，直颈，溜肩，扁圆腹，圜底，三柱足。与足对应的腹部有三道凸棱，通称“出筋”。灰胎，胎质坚致。施粉青釉，釉面开片。现收藏于闽侯县博物馆。

100. 宋铜走龙 通高 12.8 厘米，身长 25 厘米，身宽 2 厘米。龙昂首张口，上唇翘，下颚有须，双眼突出，咧嘴过眼，头上有双角与向后飘拂的头发；龙身曲颈，四足作行走状，足为三爪；身为方格纹鳞，龙脊呈高低不等的火焰形。现收藏于闽侯县博物馆。

101. 明双兽耳铜尊 高 46.2 厘米，口径 18.6 厘米，腹围 69.2 厘米，足径 15.5 厘米。红铜质。盘口，束颈，斜折肩，斜弧腹至颈，喇叭形圈足。颈部附一对躬身形把状兽耳。盘口和圈足外各饰一圈回纹；腹部饰四道扉棱，又饰四道凸弦纹，分上、中、下三层纹饰，其地纹均为变体云雷纹，上、中部为勾连纹，下部饰蟠螭纹。现收藏于闽侯县博物馆。

102. 明兽面纹双兽耳铜簋 高 6.3 厘米，口径 7.2 厘米，腹围 23.2 厘米，足径 5.6 厘米。侈口，鼓腹，圈足。双兽耳，垂长珥。腹部饰变形兽面纹，圈足饰夔龙纹。器身布满绿锈，口沿处可见铜质为红铜。现收藏于闽侯县博物馆。

103. 明狮纽盖双兽耳三足铜熏炉 高 60.5 厘米，口径 27.8 厘米，腹围 109 厘米，底径 29 厘米。红铜质，直口带盖，缩颈，鼓腹，双兽耳，圜底，三兽足。盖为覆盆形，周镂空八卦纹；盖顶微凸，上立张口抱球狮子。颈腹之间安双夔龙形耳，颈以双耳和扉棱相隔，环颈一周浮印四组花纹，主体以云雷纹作底的变体兽面纹饰，主纹上下各饰一周勾连雷文。外底刻“长侍烟浮福愈除荫阑斋敬铸”双行楷书款。现收藏于闽侯县博物馆。

104. 清雕龙首玉带钩 高 2.1 厘米，长 10.2 厘米，最宽 1.6 厘米。青白玉质，略呈“~”形，为柱状光素无纹。龙首头额正中起发向后脑延伸，并在左右分列成勾云，耳后抿，口微张未露齿，两侧作虾米眼。钩身下作长方委角钮，钩首与钩身间距较大。现收藏于闽侯县博物馆。

105. 清光绪铸铁大关刀 长 245 厘米，宽 28.5 厘米。形似三国名将关羽所用的偃月刀。由带翘钩刀面、圆形执柄、三角尾翼三部分铸接而成。铁质，为清代武探花林培基练武大刀。林培基（1849—1893），闽侯县尚干镇人，光绪元年（1875）殿试第一甲第三名，授御前侍卫。现收藏于闽侯县博物馆。

106. 清光绪沙馥设色仙道人物中堂 纵 77 厘米，横 148 厘米。沙馥（1831—1906），江苏吴县人。工人物、花卉、仕女，为苏州阊门外山塘年画铺中最著名画家。现收藏于闽侯县博物馆。

107. 清总督盔甲礼服 盔高 46.8 厘米，直径约 20 厘米，上装长 71 厘米，宽 80 厘米，袖长 68 厘米，袖口 20 厘米，披肩长 60 厘米，裙装长 96 厘米，腰围 44 厘米。盔甲有头盔、上装、两片袖、两片裙裤组成。头盔为笠形，薄钢片铸造，盔顶三层，呈宝塔状，周饰毛茸茸的狐皮条，盔前檐镶嵌一颗晶莹洁亮的红宝石。上装对襟，带披肩，袖口呈马蹄状，襟下缝制一对台形口袋，左右胸口各嵌一钢板制成的圆形身镜，护身镜外一圈为龙纹、莲瓣纹以铜片压模镂空制作装饰。全套礼服以绫、缎为主要原料用铜线缝制，并布满铜泡钉，制作精良坚固。此服为清总督陈若霖身前所穿戴。现收藏于闽侯县博物馆。

108. 民国林森“筠柏长存”横批 纵 77 厘米，横 148 厘米。林森（1868—1943），闽侯县尚干镇凤港村人，曾任国民政府临时参议院院长、国民政府主席等。书法厚实遒劲。现收藏于闽侯县博物馆。

109. 新石器时代石环 外径 7.1 厘米，内径 2.35 厘米，厚 2.98 厘米。1958 年连江县南塘村出土。粗砂岩磨制，圆环状，横截面圆形，素面。现收藏于连江县博物馆。

110. 战国平首平足铜布币 高 5.43 厘米，长 3.67 厘米，宽 0.24 厘米。铲形，平首，圆肩，圆档，平足。正面铸阳文“梁斤五当十二法货”八字篆文，背面光素。现收藏于连江县博物馆。

111. 东晋黑釉瓷水丞 高 4.56 厘米，腹径 6.64 厘米，口径 2.92 厘米，底径 3.20 厘米。出土于连江县大埕口。敛口，鼓腹，小平底。灰白胎，施黑褐釉，釉不及底。为连江县最早期的黑釉瓷。现收藏于连江县博物馆。

112. 东晋青瓷鸡首壶 高 34.3 厘米，口径 10.69 厘米，腹径 19.65 厘米，底径 12.46 厘米。连江县筱埕镇大埕后山墓出土。盘口，束颈，丰肩，平底。肩上附一鸡首，双环耳及龙形执柄，龙首衔于口沿上。灰胎，施青釉。现收藏于连江县博物馆。

113. 南朝青釉瓷灯盏 高 13.7 厘米，足径 6.12 厘米，盘径 11.84 厘米。出土于连江县斗门山。经幢形圆柱顶部为尖状火苗下两边挂两环状耳作为插孔，柱中部三片莲瓣挂于两边以作承托。底盘为平口浅腹碗，实心平底。灰白胎，施青色釉。现收藏于连江县博物馆。

114. 南朝青釉褐彩四系瓷罐 高 16.55 厘米，口径 15.14 厘米，腹径 16.66 厘米，足径 8.32 厘米。出土于连江县大埕口。直口矮唇，圆肩，微鼓腹，平底座。肩部系四桥梁纽。灰白胎，施青灰釉，釉不及底。现收藏于连江县博物馆。

115. 唐青釉褐彩多嘴瓷壶 高 42.6 厘米，口径 7 厘米，腹径 16.3 厘米，足径 10.4 厘米。连江县玉泉山唐墓出土。塔刹式壶盖；壶身唇口，高颈，深斜直腹，腹壁分五层层粘接四根圆柱嘴，圆柱嘴共 20 个，平底座。灰白胎，施黄褐釉。现收藏于连江县博物馆。

116. 宋褐釉瓜楞罐 高 5.52 厘米，口径 3.15 厘米，底径 4 厘米。连江县玉山宋墓出土。小口，直颈，圆肩，鼓腹，腹作六瓣瓜楞，平底。紫红陶胎，褐釉，底露胎，现收藏于连江县博物馆。

117. 南宋酱釉双系瓷执壶 高 25.6 厘米，口径 10.95 厘米，腹径 19.3 厘米，底径 10.28 厘米。唇口，高颈，溜肩，鼓腹，平底。肩上附二系和圆管状流，肩颈间附一带状执把，肩上饰二道弦纹。灰胎，施酱釉不及底。现收藏于连江县博物馆。

118. 南宋黑釉瓷盏 高 4.5 厘米，口径 9.97 厘米，底径 3.14 厘米。直口侈沿，浅腹斜壁，浅圈足。灰黄色胎，施酱色釉。现收藏于连江县博物馆。

119. 南宋龙泉窑莲瓣瓷碗 高 6.7 厘米，口径 12.44 厘米，底径 3.34 厘米。连江县百货大楼工地出土。敞口，深腹，弧壁，小圈足。外壁隐形浮雕莲瓣纹。灰白胎，通体施青釉。景德镇官窑烧制品。现收藏于连江县博物馆。

120. 南宋龙泉窑瓷洗 高 4.3 厘米，口径 12.52 厘米，底径 6.88 厘米。连江县百货大楼工地出土。敞口，弧壁，平底，宽圈足。腹外壁浮雕菊瓣纹。灰白胎，通体施青釉。景德镇官窑烧制品。现收藏于连江县博物馆。

121. 元铜权 高 8.79 厘米，直径 4.87 厘米，底径 4.6 厘米。连江县定海湾出水。青铜铸造，梨形，上有桥形钮，下有半球形底座，平底。一面有阳文“八十四”反书楷体，一面有阳文“至元三年造”楷体。现收藏于连江县博物馆。

122. 元青釉四系陶罐 高 26.7 厘米，口径 9.25 厘米，腹径 15.46 厘米，底径 9.25 厘米。小口，溜肩，深腹，腹微鼓，平底微内凹。肩上附四系。紫褐胎，施青釉。现收藏于连江县博物馆。

123. 元青釉瓷碗 高 5.58 厘米，口径 15.4 厘米，底径 5.7 厘米。敞口，浅腹弧壁，浅圈足。白胎，施青釉不及底，小开片。现收藏于连江县博物馆。

124. 元青釉荷叶形瓷碗 高 7.4 厘米，口径 19.38 厘米，足径 4.97 厘米。八瓣荷叶口，深腹，小圈足。施青釉，内壁有三处露胎。现收藏于连江县博物馆。

125. 明兽首錾铜爵 高 15.9 厘米，口径 13.4 厘米，底径 5.9 厘米，腹深 7.1 厘米。青铜，仿商朝时期铜爵，船形口，中段微束，上立二蘑菇状柱。一侧腹部附一兽首状錾，腹表饰回纹一周。深腹圆底，下附三个三角足外敞，底下有“京社朱公福口”阴刻铭文。现收藏于连江县博物馆。

126. 明双耳兽面纹铜方鼎 高18厘米，长11.2厘米，宽11.18厘米。青铜质，双直耳，长方形，平底下附四角形扁足，腹外壁饰兽面纹，夔龙纹和“五”字，四角出扉棱。现收藏于连江县博物馆。

127. 明博山炉（双耳三足铜熏炉） 高58厘米，口径28厘米，腹径33厘米，腹深24.5厘米。原为连江县文庙使用。铜质，宽沿，束颈，鼓腹，双附耳，三兽足。盖上为层峰迭峦，游龙朝佛造像。颈部饰云水乳丁纹。部分残缺。现收藏于连江县博物馆。

128. 明狮戏球铜盖炉 高30厘米，口径13.33厘米，腹径15.78厘米，腹深11.5厘米。铜质，直口，宽沿，束颈，鼓腹，双附耳，底下附三蹄足，颈部饰回纹。现收藏于连江县博物馆。

129. 清“寿”字双耳铜樽 高16.27厘米，腹径8.27厘米，口径7.33厘米，足径6.2厘米。青铜质，喇叭口、束颈、鼓腹、外侈口圈足。颈部附二铺首衔环，饰蕉叶纹、回纹，腹部饰两“寿”字。两边兽面及两夔凤纹。现收藏于连江县博物馆。

130. 清狮钮双兽耳三足铜熏炉 高15.8厘米，口径7.9厘米，腹径10.3厘米，腹深6.7厘米。红铜质，由狮钮盖与炉身组成，唇口，束颈，鼓腹，三兽足。圆腹盆式镂空盖，上立一小狮钮，腹部两边为双夔耳，弧形釜底，肩部饰浮雕花卉纹。现收藏于连江县博物馆。

131. 清雕花青玉片 长7.08厘米，宽5.58厘米，厚0.46厘米。青灰色和田玉，半圆形状，镂雕，上刻“四人划龙舟”及“二仙飞天巡游”图。现收藏于连江县博物馆。

132. 清玉带钩 长10.05厘米，宽2.41厘米，厚2.69厘米。乳白色和田玉料制，钩头雕刻作龙首，钩体略呈弧状，面上雕一螭龙，底下雕刻出凸起的圆扣。现收藏于连江县博物馆。

133. 清料朝珠 长171厘米，高2厘米。由108颗兰料珠、4颗绿料大分珠、1粒绿料佛头塔、1片椭圆形背云和1个瓜形大坠用丝织圆带贯穿而成，珠间有铜垫片。后坠用大小料珠，用扁带贯穿佛头塔、背云大坠。现收藏于连江县博物馆。

134. 民国蓝釉瓷赏瓶 高38.8厘米，口径10.42厘米，腹径22.36厘米，足径13.28厘米。喇叭口，长颈，鼓腹，圈足。肩部上下各有一道旋纹。白胎，施蓝釉。现收藏于连江县博物馆。

135. 宋多嘴绿釉陶罐 高9.1厘米，口径6.4厘米，底径4.5厘米。圆唇，侈口，短束颈，溜肩，长腹略收，平底。肩部饰弦纹一圈，外腹部等距分布六纵五个短流。胎质疏松，施绿釉。现收藏于闽清县博物馆。

136. 宋青白釉划花瓷碗 高6厘米，口径15.9厘米，足径5.5厘米。圆唇，敞口，弧腹，内底心呈小圆饼略凸，圈足。内口沿下饰弦纹一周，内腹腰部饰六组篦刻纹。胎质疏松，内外施釉，釉色青灰黄，外底露胎。现收藏于闽清县博物馆。

137. 宋青白釉瓷执壶 高15.2厘米，口径5.8厘米，足径5.5厘米。喇叭口，圆唇，细长颈中部内收下部外撇，溜肩，深腹下收，圈足。扁带形耳式执柄安于颈肩，与其相对应一侧粘接细长弯管壶流。施青白釉，釉色灰黄。现收藏于闽清县博物馆。

138. 宋青白釉瓷执壶 高24厘米，口径10.5厘米，足径9厘米。圆唇上翘，长颈内束，溜肩，鼓腹下收，圈足。耳式扁带执柄安于颈肩，与其相对应一侧粘接弯管壶流，肩部饰弦纹一周，足心乳凸。胎质较疏松，施青白釉，釉色灰黄、青灰不匀。现收藏于闽清县博物馆。

139. 宋青白釉划花瓷盘 高8.5厘米，匣钵口径21.2厘米，盘口径16厘米，底径7.4厘米。敞口，浅腹，宽内底。内底刻画折枝莲纹，粘连匣钵。胎簿坚致，釉色灰黄。现收藏于闽清县博物馆。

140. 宋青白釉刻功印花瓷碗 高11.7厘米，匣钵口径24厘米，碗口径18.2厘米，底径7.8厘米。敞口，六出葵口，深弧腹，线环内底。内底压印折枝莲纹，腹壁内葵口至底刻功曲状复线，分作6个单元，每单元间下部刻功宽体花瓣纹，上部刻功云纹，间加篦划纹。胎薄坚致，通体施釉，釉色灰黄微泛绿。现收藏于闽清县博物馆。

141. 宋青白釉褐斑瓷虎枕 高14厘米，长17厘米，宽13厘米。由枕座、枕面两部分构成。枕座捏塑卧虎，虎面五官怒目狰狞，龇牙咧嘴，虎身呈褐斑纹，枕面中间凹，两端上扬。现收藏于闽清县博物馆。

142. 宋剔犀扁圆形黑面盒木胎 高3.9厘米，口径5.3厘米。扁圆形、有盖，平底。黑面，黑、黄、红相间，漆色九层。盖面剔刻四个对称如意云纹，中心为四出圆圈纹。内壁及底髹黑漆。现收藏于闽清县博物馆。

143. 元印花墩子瓷碗 高13厘米，匣钵口径24.3厘米，碗口径17.8厘米，底径5.5厘米。圆唇，敞口，深腹略鼓。内底饰弦纹一圈，圈内模印莲纹。粘连匣钵。釉色灰黄，均匀莹润。现收藏于闽清县博物馆。

144. 元仿青铜时代铜扁腹双耳瓶 通高25.72厘米，宽16.61厘米，口径9.97厘米，底径10.9厘米。橄榄形口内折方形孔，束颈，溜肩，扁鼓腹，喇叭形高圈足。颈部印一圈云雷纹地对称形浮雕纹饰，两扁腹部印圆形突起变形涡纹，另两侧附一对螺旋状耳，足外印变形勾连云纹。青铜质，胎质较厚，通体锈蚀。现收藏于罗源县博物馆。

145. 元仿青铜时代蝉纹青铜觚 通长24.5厘米，宽7.1厘米，口径14.5厘米，底径9.3厘米。大喇叭口，细颈，小鼓腹，复状喇叭形足。颈部印四个细条形云雷纹地蕉叶纹，蕉叶纹的地子印饕餮纹，腹、底部印云雷纹和蟠螭纹，腹部与底部四条长条形扉棱，腹底之间有两道凸棱，凸棱间左右对称的“十”字形方孔。青铜质，胎质较薄，通体锈蚀。现收藏于罗源县博物馆。

146. 元青釉高足瓷杯 高10厘米，宽12.5厘米，口径12.5厘米，底径3.8厘米。宽折沿，敞口，浅腹，圈足。灰胎，胎质坚硬。施灰釉，碗内涩圈。现收藏于罗源县博物馆。

147. 清万寿塔石将军立像 高100厘米，长33厘米，宽19厘米。青石圆雕立像，面向左侧，身披铠甲，脚穿毡靴，双手握剑于地，立于石座上，石座边缘雕刻云纹，衣着线条比例匀称。从座的卯口上看，应是置于石栏杆边的立像。现收藏于罗源县博物馆。

148. 民国铁座玻璃大罩灯 高48.5厘米，底座直径30.5厘米，灯罩直径21.5厘米，口径11.3厘米。灯座作覆盆形，底座与灯盘间有束腰支座连接，底周接扁方形四足；座两侧对称双把手，座顶素面，正中凸出灯芯管，侧有注油孔（缺盖），另一侧杆状调节旋钮；灯盘上盖菱格纹如凤梨形的紫红色玻璃罩。现收藏于罗源县博物馆。

149. 商印纹硬陶云雷纹双耳罐 长17厘米、宽19厘米。泥质灰陶，圆唇，侈口，短颈，折肩，微鼓腹，腹下内收，平底。颈部饰两圈凸弦纹，肩部两侧附环形耳，腹部拍印云雷纹。现收藏于永泰县博物馆。

150. 宋长方形翘头陶棺 长20.5厘米、宽37厘米。夹砂灰陶，长方形，头部翘起，似船形。顶部开一圆形小口，无盖。素面，胎质较硬。现收藏于永泰县博物馆。

第九章

历史文化名城

1986 年，福州市被国务院公布为第二批国家历史文化名城。悠久的历史，为福州积淀了深厚的文化底蕴，留下众多的文化遗存。全市现有全国重点文物保护单位 25 处，省级文物保护单位 131 处，市级文物保护单位 101 处，县（市）区级文物保护单位 530 处。福州名城体现中国城市选址的传统特征，山水环绕，经过两千多年的发展，形成文风昌盛和商贸兴盛并重的人文特色，依托独特的自然环境和丰富的历史文化遗存，是国内为数不多的古都型名城。辖区 6 区 6 县（市），中心城区有 24 处历史地段：其中 3 处历史文化街区，8 处历史文化风貌区，13 处历史建筑群。先后两次公布历史建筑共计 426 处，新增历史建筑群 5 处。历史文化名镇名村共有 23 处，其中国家级 6 处，即仓山区城门镇林浦村、马尾区亭江镇闽安村、长乐区航城街道琴江村、永泰县嵩口镇、永泰县洑口乡紫山村、永泰县洑口乡山寨村；省级 17 处，即仓山区螺洲镇、仓山区盖山镇阳岐村、长乐区梅花镇、长乐区江田镇三溪村、长乐区潭头镇二刘村、高新区南屿镇、福清市一都镇东山村、福清市龙田镇山利村、闽侯县青口镇、闽侯县白沙镇、连江县透堡镇、连江县筱埕镇定海村、闽清县下祝乡洋头村、永泰县岭路乡长坑村、永泰县梧桐镇椿阳村、永泰县赤锡乡东坑村、永泰县白云乡白云村。其中被誉为明清建筑博物馆的三坊七巷历史文化街区，位列福州“十大城市名片”之首。2009 年 6 月 10 日，三坊七巷名列“中国十大历史文化名街”榜首，后被评为国家 5A 级旅游景区。

福州作为历史文化名城，总体格局“三山两塔一条街”未湮可辨，三坊七巷、朱紫坊、上下杭等历史文化街区保存较为完整。历届福州市委市政府高度重视历史文化名城的保护。特别是近年来，福州对名城和历史文化遗存保护的重视程度不断提高，历史文化名城保护工作的重要性与迫切性更是在社会上形成共识，福州市名城保护工作逐步形成以历史城区为重点，历史文化街区、历史文化风貌区（历史建筑群）、不可移动文物、历史建筑、优秀近现代建筑等构成的历史文化遗存保护体系。

第一节 历史文化街区

一、三坊七巷

位于福州市鼓楼区八一七北路西侧，旧属侯官县。占地面积39.81公顷，西至通湖路东侧，南至吉庇路北侧，东、北两侧，由南街、杨桥路分别内缩，面积28.37公顷。建设控制区范围：保护区范围以外，北至杨桥路，东至八一七路，南至安泰河，西至安泰河，扣除已建高楼部分，面积9.98公顷。环境协调区（含澳门西片区）范围：建设控制地带范围向外延伸50米，北部以杨桥路为界，西侧由安泰河向西扩展50米，并将澳门路街区全部纳入，面积为24.27公顷。以南后街为轴线，三坊在西，七巷在东，坊巷均为东西走向。自北而南三坊为：衣锦坊、文儒坊、光禄坊；七巷为：杨桥巷、郎官巷、塔巷、黄巷、安民巷、宫巷、吉庇巷。坊巷中，历代文人荟萃，且保存着大量明、清时期民居建筑和庭院园林，被建筑界誉之为"明清建筑博物馆"。随着城市建设的发展，除杨桥巷扩建为杨桥路，吉庇巷扩建为吉庇路外，其他坊巷仍保持着粉墙青瓦，深宅大院，石板小巷的风貌。

2007年"三坊七巷"保护修复工程全面启动。2009年，"三坊七巷"名列"中国十大历史文化名街"。2015年评为"国家5A级旅游景区"，并荣膺2015年度亚太地区文化遗产保护荣誉奖。联合国教科文组织对三坊七巷的保护与开发工作给予高度评价，认为："这项历时近10年的保护工程，最终实现了社区生活的复苏，并使三坊七巷成为中国历史街区的典范。"

2015年4月，入选中国历史文化街区。

二、朱紫坊

位于福州市区最繁华的商业中心东街口东南部、安泰河旁。占地面积16.86公顷，东临法海路，西靠八一七北路，南至圣庙路，北接津泰路。因宋代通奉大夫朱敏功四兄弟皆登仕榜，朱紫盈门而得名。明朝三任首辅叶向高，清代谢汝韶和谢肇淛父子，清代水师管带方伯谦，民国海军将领萨镇冰、萨师俊、陈兆锵等，厦门大学校长萨本栋，著名天文学家张钰哲等居住于此。街区内文物保护单位和文物登记点共41处，建筑面积约2.88万平方米，其中，文物保护单位5处6点，建筑面积7766.02平方米；文物登记点36处，建筑面积2.1万平方米。朱紫坊芙蓉园保护修复工程已基本完成，漆艺研究院及展示中心、特色精品酒店、国际青年旅舍等项目陆续落地。

2014 年 5 月，入选省级历史文化街区。

三、上下杭

位于台江区中心地带。占地面积为 31.73 公顷，西到白马路，南至苍霞新城、合春弄、三捷河、中平路，东到三通路，北到学军路。上下杭历史文化街区形成于北宋年间，繁荣于清末民国，是闽商文化的发源地之一和最重要的传承地，至今遗留有“两横（上杭路、下杭路）一纵（隆平路）”的传统街道格局、商业街面和众多古建筑、近现代建筑等。街区范围内有各级文物保护单位和文物登记点 100 处，建筑面积约 6.6 万平方米。其中，文物保护单位 13 处 16 点，建筑面积约 1.6 万平方米；文物登记点 86 处，建筑面积约 4.5 万平方米；历史风貌建筑 810 处，建筑面积约 19 万平方米。

2014 年 5 月，入选省级历史文化街区。

第二节　中国历史文化名镇名村

一、仓山区城门镇林浦村

位于南台岛东北端，北临闽江，面对鼓山，南倚九曲山。地域面积 4.36 平方公里。古称濂浦。五代初，林姓始祖从河南迁来定居，族姓兴旺，因称林浦。南宋朱熹、黄榦师徒在此讲学。宋末赵昰兄弟浮海南下，驻跸于此，并以平山福地为行宫。明洪武赐闽人三十六姓赴琉球，村人林喜参与其中，而今繁衍至 30000 多人。

域内有省级文物保护单位林浦泰山宫；市级文物保护单位濂江书院、林浦断桥、瑞迹寺白佛、林尚书家庙、林瀚墓；区级文物保护单位林斯琛墓、林济斋祠、狮头山摩崖石刻、瑞迹岭岩画、林见泉祠、林浦石塔、林桥、林浦炮台、林斯琛故居（林瀚故居）。

历代名人有林瀚三代，有“七科八进士，三代五尚书”的雅誉，以及林云铭、林枝春等。

2019 年 1 月，入选中国历史文化名村。

二、马尾区亭江镇闽安村

位于马尾区亭江镇西南部，闽江口北岸、邢港与闽江交汇处，距福州城区 35 公里。地域面积 7.7 平方公里。唐末设税课司，宋、明设巡检司，清升为协台衙门。

域内有全国重点文物保护单位亭江炮台、福建戍守台湾将士墓群；省级文物保护单位迴龙桥、闽安协台衙门；市级文物保护单位林述庆墓；区级文物保护单位林述庆故居、龙门摩崖题刻，以及古遗址、古墓葬。

历史名人有宋知枢密院事兼参知政事郑昭先、闽安镇官赵与滂、清福建总兵范承谟、闽安镇协江继芸、辛亥革命功臣林述庆、马江海战抗法英雄陈明亮等。

2010年12月，入选中国历史文化名村。

三、长乐区航城街道琴江村

位于长乐区西北部，台江、乌龙江、马江三江的汇合处，与马尾隔江相望。地域面积0.6平方公里。清雍正七年（1729）建立福州三江口水师旗营。现为福建省唯一的满族聚居村，是全国保留较完整的清代军事城堡——旗人“八卦城”。

域内有县级文物保护单位旗人街、云门寺，以及古遗址圆山水寨、水师城、中法马江海战战场遗址，古建筑将军行辕、赖氏葆书堂、黄恩禄故居、黄恩浩故居、务本堂贾宅、友于草堂、李氏祖居和许建廷故居等。其民俗文化也具有民族特色，如旗人话、满族生活习俗及铁机台阁文娱表演等。

历史名人有“治世良才、一代功臣”赖安、《南洋商报》主笔蓝开岁、马江海战有功将领黄恩禄、民国海军中将许建廷、中国海商法奠基人黄挺枢、中国民主促进会发起人曹鸿翥、新华社香港分社副社长曹维廉、闽剧著名演员李铭玉等。此外，历史上曾出过进士2名，举人105名。

2010年12月，入选中国历史文化名村。

四、永泰县嵩口镇

位于永泰县西南部，闽清、尤溪、德化三县交通要冲，大樟溪与长庆溪交汇处。古称永泰南大门，为全县重要的集市贸易中心。地域面积257平方公里。古时设嵩口巡检司，闽剧《嵩口司》写的就是这里的故事。

域内有新石器时代遗址8处，古民居160座。镇东北五里月洲村，是宋代名词人张元幹的故里，有张元幹故居和张氏祠堂。还有明末卢洋寨、清乾隆元坦厝和张坂里畲寨等。

王审知的能臣张睦次子张赓、三子张膺，于五代间携眷迁至嵩口月洲发祥。张膺生四子，其六代孙张肩孟，宋宝祐五年（1053）进士，任歙州通判，其五子世称“月桂五枝芳”，孙曾皆显贵，五代八进士，张元幹即其孙。

2008 年 10 月，入选中国历史文化名镇。

五、永泰县洑口乡紫山村

位于永泰县西南部，洑口乡南部，与德化、仙游两县毗邻，距洑口乡政府 17 公里。下辖祖厝、下畲里、马鼻岭、溪里 4 个自然村，地域面积 33134 亩。主要为杨、李两姓，其中李家祖先李英于公元 948 年自福州迁入金龙山溪峙自然村；杨家祖先杨仪新于宋庆历三年（1043）自嵩阳迁入紫山。

域内有龙山堂古井、龙山堂曲形步道、龙山境越王殿、溪峙越王庙、银凤亭、马峰宫、旗杆石等古迹。

曾有闽赣省委书记钟循仁、苏维埃政府主席杨道明、闽中游击队长毛票等在此进行过革命活动。

2019 年 1 月，入选中国历史文化名村。

六、永泰县洑口乡山寨村

位于永泰县洑口乡西部。下辖 6 个村民小组，地域面积 5.5 平方公里。山寨村只有黄氏一姓，明嘉靖年间，由于战乱，始祖丙四公后裔黄六由德化桂阳乡王春村迁至洑口白沙古枣垅，数年后迁入山寨，与张、陈、郑三姓共居，后其他三姓逐渐衰亡，唯有黄姓繁衍，至今 500 多年。

域内有县级文物保护单位祥福堂，此外还有山寨水尾宫、庵亭岩、百年古道、村口古树、山寨第一井、南湖堂水井等古迹。

历代名人有抗战老兵黄声温、对越自卫反击战中荣立一等功的黄国喜。

2019 年 1 月，入选中国历史文化名村。

第三节　省级历史文化名镇名村

一、仓山区螺洲镇

位于南台岛南侧乌龙江畔，面对五虎山。古为一片沙洲，水网密布，是著名的“福橘之乡”，电影《闽江橘子红》的外景地。江名螺江，洲称螺洲。地域面积 6.4 平方公里。明清为十一都，又称仁惠里；民国为白湖区的一个村。建国初期改为螺洲镇，曾是中共闽侯地委、中共闽侯县委的所在地。1970年划归福州郊区。1996年改属晋安区，后又归仓山区。

域内有省级文物保护单位陈氏五楼及宗祠、螺洲天后宫；市级文物保护单位螺洲孔庙，以及螺女庙等。

历代名人众多，螺洲古时为吴、林、陈三大望族聚居，吴姓于明代即为世家大姓，出了工部右侍郎吴复，现代名人吴石；林氏于明初出现林旵、林峦、林頫三才子；陈氏明清两代出过22名进士、82名举人，自陈若霖以下，历代官宦，直至陈承裘六子科甲，长子陈宝琛为末代帝师。

2008年6月，入选省级历史文化名镇。

二、仓山区盖山镇阳岐村

位于南台岛西南端，面临乌龙江，隔江与高新区南屿镇相望，是古湾边过渡的渡口。土地肥沃，花果茂盛，清流盘曲，风光明媚。下辖上岐、下岐两个自然村。自唐天祐年间（904—907）严怀英随王潮兄弟入闽，择土而居，从此严氏发祥于阳岐。土著唯严、陈二姓，严氏族姓百数十家，传世久远。

域内有全国重点文物保护单位严复故居和墓；省级文物保护单位阳岐尚书祖庙；市级文物保护单位午桥、玉屏山庄，此外，还有涉台文物严氏宗祠等。

历代名人有近代启蒙思想家严复，其长子民国财政部长严璩、三子中华人民共和国福州市副市长严叔夏，以及辛亥广州起义生还义士严骥、翻译家严群等。

2008年6月，入选省级历史文化名村。

三、长乐区江田镇三溪村

位于长乐区江田镇屏山脚下。下辖三溪、溪山、帮上3个自然村，地域面积16平方公里。

域内有县级文物保护单位紫阳阁、朝元观、宋桥（大桥）、仙字岩摩崖石刻、朝元观摩崖石刻群等。

历代名人有宋代潘季荀父、子、孙、曾孙四代五中丞，潘循、潘衢“二难进士”，安南国王谢升卿（陈日照），明代诗人谢汝韶、谢肇淛父子，清代广东运使潘廊如，四川夔州知府潘炳年，致用书院山长谢章铤，当代书法家潘主兰等。

1999年5月，入选省级历史文化名村。

四、长乐区潭头镇二刘村

位于长乐区潭头镇西部。下辖二刘、港尾、沙下3个自然村，地域面积5.64平方公里，是著名的侨乡和台胞故乡。宋属芳桂乡“筹峰境”，元代为方安里二图“筹峰境”，明清时为北乡，1994年至今为潭头镇二刘村。

域内有县级文物保护单位云龙桥、晦翁岩摩崖石刻及古迹龙峰书院。

历代名人有理学家朱熹和闽中知名学者刘嘉誉及子刘世南，孙刘砥、刘砺，曾孙刘子介、刘晖、刘文藻等祖孙四代五人等。

2016年6月，入选省级历史文化名村。

五、长乐区梅花镇

位于长乐区东北角。地域面积5.8平方公里，距马祖岛14海里。梅花镇历史悠久，距今已有1400多年的历史，始发于唐，古称“梅花坊”，发展于宋元，改称“方桂乡新开里”，繁荣于明清，为“二十四都梅花城”，历史上是著名的古镇名港，军事要塞，古代因山多植梅花而得名。

域内有见证中日文化交流的琉球“蔡夫人庙”、明洪武二十年（1387）为抗倭而建至今保存基本完好的“梅花古城”、纪念抗倭英雄“林位宫”、为倡导乡风和谐清道光年间“梅花乡约所”四处长乐区级文物保护单位，以及宋代兵部尚书林采摩刻“龙东石”、明代万历年间的“爱军碑”与“清官碑”等。

2019年6月，入选省级历史文化名镇。

六、高新区南屿镇

位于旗山东麓，隔大樟溪与南通乡相望。地域面积170.5平方公里。因锦溪横贯境内，分南畔为南屿，北岸为北屿（亦称水西）。宋时分属侯官县修仁乡、五芝乡、西孝悌乡。元明属三都、四都、五都、六都、七都、九都、十二都（后改十一都）。清末为南屿区。民国29年（1940）属第三区；民国38年（1949）改第五区。1956年属南屿区；1958年建镇，后改人民公社。1984年恢复南屿镇。

域内有省级文物保护单位碗窑山窑址、石松寺、水西林建筑群、福护寺；县级文物保护单位栖云桥、灵凤山摩崖题刻、林春泽墓，以及青铜时代遗址9处。

历代名人有宋理学家林之奇，明南京户部尚书黄镐，明六朝大老林春泽、春泽子应亮、孙如楚“父子孙孙世进士”，清武状元宋鸿图，空手道拳师周子和，现代文学家庐隐，心理学家唐钺，院士唐仲璋、唐崇惕父女，果树植保专家林孔湘等。

2012 年 1 月，入选省级历史文化名镇。

七、福清市龙田镇山利村

位于福清市龙田镇东部，东邻沿海，南邻厝场村，西邻东壁岛垦区，北邻茶腰村。下辖山利、上东尤、下东尤三个自然村，地域面积 0.8 平方公里。

域内拥有规模庞大、保留较完整的古民居群，其中石屋 187 座，建筑面积约 28786 平方米，年代跨越清至现代。

2016 年 6 月，入选省级历史文化名村。

八、福清市一都镇东山村

位于福清市一都镇北部，与永泰、闽侯两县（市）毗邻，为畲族聚居村。宋时属永福县丰和乡永安里，元时分属一、二都，明清时仍属丰和乡永安里，民国初划东区，1927 年属龙屿乡，1958 年划归福清。

域内有省级文物保护单位东关寨；县级文物保护单位欧阳修题刻和东山大招桥，及三宝庄、三生石、古榕听涛等古迹。

2016 年 6 月，入选省级历史文化名村。

九、闽侯县青口镇

位于闽侯县东南部，南与福清接壤。地域面积 127 平方公里。宋分属闽县崇善东乡、赞贤乡。元为还珠里、西集里、方岳里、积善里，至明、清不变。清末属内七里区。民国 29 年（1940）属第三区；38 年（1949）属第四区。1952 年属十四区、尚干区。1958 年改隶祥谦人民公社。1983 年成立青口人民公社，1984 年改乡，1992 年设镇。

域内有全国重点文物保护单位灵济宫碑；省级文物保护单位莲峰石塔、青圃青石塔；县级文物保护单位宏屿桥、荣绣陈氏祠堂、九条金带墓群、林白水烈士陵园，以及尤墺黑釉窑址、大义窑址、龟山阁、宏山吴氏宗祠、穆岭寺、东台叶向高墓址等。

历代名人有明代诗人陈价夫、陈荐夫兄弟，陈叔刚、陈叔绍、陈炜一门四代九进士，清代甲午海战烈士陈履中，现代报界先驱林白水，当代院士张钰哲、闽剧演员林芝芳等。

2012 年 1 月，入选省级历史文化名镇。

十、闽侯县白沙镇

位于闽侯县西部，闽江北岸。地域面积175平方公里。地处水陆交通咽喉，古为福州往闽北出省的必经之路，元代设白沙驿。宋分属侯官县石门乡、永安乡、东大平乡。元明清为十八都、二十三都、二十五都、三十一都、三十二都、三十三都、三十四都。清末为白沙区。民国29年（1940）为白沙乡，属第四区；民国34年（1945）属甘白乡，民国37年（1948）为白沙乡、属甘蔗区；民国38年为第七区，1956年为白沙区，1958年设镇，后改为人民公社。1984年撤社还镇。

域内有省级文物保护单位汤院驿道、远济桥；县级文物保护单位永奋永襄厝、溪头新石器时代遗址、上寨新石器时代遗址、汤院山新石器青铜时代遗址、汤院温泉浴池遗址等。

2012年1月，入选省级历史文化名镇。

十一、连江县透堡镇

位于连江县东北部，西南背靠香炉山，东北濒临罗源湾。下辖8个行政村，地域面积25.1平方公里。透堡历史悠久，3000多年前已有先民生息，明嘉靖间建有城堡，副总兵戚继光曾驻屯于此进剿倭寇，辛亥革命时期透堡是革命党人重要活动基地，民国时期是闽东土地革命策源地之一，是连江县第一个党支部的诞生地。

域内有县级文物保护单位烽火台遗址、炉峰寺、光复会遗址棋盘堂、杨氏宗祠、林氏宗祠、杨而菖故居、“二三”革命纪念碑、杨而菖墓等。

历代名人有宋代释褐状元郑鉴，宋末爱国诗人郑思肖，广州起义烈士黄忠炳、王灿登，革命老人杨母（王水莲），革命烈士林孝吉、杨挺英、杨而菖、王明昆等。

1999年5月，入选省级历史文化名镇。

十二、连江县筱埕镇定海村

位于连江县筱埕镇定海村，闽江口北岸定海湾、黄岐半岛西南突出部，与马祖列岛隔海相望。地域面积3.2平方公里。村落形成于晋太康年间（280—289）。宋代以山海优势，发展渔猎，兴起海运。因地扼江口、控海道，为“闽江北喉”，元设巡检司，立千户所；明设小埕水寨；清置游击署，世称“会城重镇”。戚继光、沈有容等抗倭将领都在这里战斗过。

域内有省级文物保护单位定海白礁水下沉船遗址；县级文物保护单位明代古城堡、

城隍庙。1990—1995 年，中澳水下联合考古，发现古沉船遗址 9 处，出土宋、元文物 2000 多件。

1999 年 5 月，入选省级历史文化名村。

十三、闽清县下祝乡洋头村

位于闽清县下祝乡东南部。全村总面积 3.3 平方公里，山地面积 800 亩，耕地面积 1014 亩。辖 12 个村民小组，348 户，1322 人。洋头村开基始祖罗应祥于 1404 年定居此地，至今已有 600 余年，繁衍出 22 代子孙。村内山水形胜特色凸显，历史肌理保存完好；重教兴学，名人辈出；街巷空间保存完整；历史环境要素品种丰富，百年枳壳树遍布。

域内现存洋头佛殿、洋头旗杆碣 2 处不可移动文物，还集中连片分布着 65 座清代及民国时期建筑，建筑整体风貌保存完好。洋头村至今还保留着农历二月二十二举办庙会的习俗；以及米酒土法酿造手艺、竹编工艺、箍桶制作工艺、手工制作地瓜粉、面条、米线、豆腐等众多传统手工技艺。

2019 年 6 月，入选省级历史文化名村。

十四、永泰县岭路乡长坑村

位于永泰县岭路乡东南部。下辖沈厝、何厝、仙溪、德湖、鲤湖、九坑、乌岩等自然村，地域面积 24 平方公里。长坑村北宋太平兴国前属兴安县辖，宋太平兴国四年（979）后属兴化县辖，南宋隶属永福县辖，明正统十三年后属永福县中和乡元铺里十二都，现属永泰县岭路乡。

域内有长坑寨堡、天池尖寨堡、九坑寨堡遗址、三战岭关隘、亭隔关隘遗址、沈家古井、仙溪古驿道、仙溪会仙堂等古迹。

历代名人有宋代状元萧国梁，进士萧说、萧国馨、萧国均、萧轸、萧泰夫等。

2016 年 6 月，入选省级历史文化名村。

十五、永泰县梧桐镇椿阳村

位于永泰县西北部，大樟溪北岸。下辖 5 个自然村，地域面积 2.5 平方公里。原系永福县二十七都椿阳，民国期间为梧桐乡椿阳保，新中国成立后属梧桐区，之后为梧桐公社椿阳大队，1985 年后为梧桐镇椿阳村。

域内有省级文物保护单位庆丰庄，不可移动文物兴安会馆、椿头山遗址、湖山宫道院，及梧桐古码头、坂中街、古驿站、灵陞阁、苏广尊王庙等古迹。

2016 年 6 月，入选省级历史文化名村。

十六、永泰县赤锡乡东坑村

位于永泰县赤锡乡东南部。下辖有东坑、过山、新田，岭边、牛寨 5 个自然村，地域面积 5 平方公里。村落始建于北宋，村民以程姓居多。1983 年改为东坑行政村。

域内有不可移动文物桃园宅（程氏祖祠）、白云岩寺，及幽竹居、杏园宅、青云阁、仙瓢宫、大王庙、过山古井、下苑古桥等古迹。

历代名人有明朝进士、任职于礼部仪制司的程铨。

2016 年 6 月，入选省级历史文化名村。

十七、永泰县白云乡白云村

位于永泰、闽侯、闽清三县交界处，总面积为 11.6 平方公里，海拔在 560 米。境内有众多名山秀峰、奇山怪石，其中以上带溪、麟峰三洞、狮子岩以及姬岩这四大景区最为出名，省级风景区姬岩被称“神仙第一家”，宋侍郎陈暘曾在此立碑。白云村建筑主要集中于万年山东麓，整个村落呈上中下三条主街，左右两巷的三级大阶梯式台基格局形态。

域内现有省级文物保护单位姬岩摩崖石刻、县级文物保护单位黄氏宗祠，及姬岩寺、龙潭陂、冻井、玉井、黄绍峰墓、三峰寺遗址等 9 处不可移动文物。

历代名人有明天启进士黄文焕、清代黄任、民国黄展云等。

2019 年 6 月，入选省级历史文化名村。

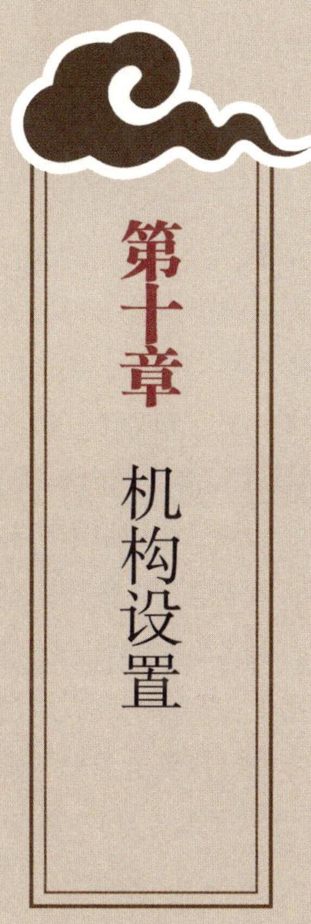

第十章 机构设置

古代，福州文博事业未设管理机构。民国时期，建立福建科学馆和博物馆，还有民间组织“闽侯县名胜古迹古物保存会”“闽都古迹文化俱乐部”，从事文物保护和修复，后来因日军侵占福州而停止。

中华人民共和国成立后，福州市委、市政府高度重视文物保护管理机构的建设，先后设立福州市文物管理委员会及其办公室和福州市文物局，专门负责文物保护和博物馆工作。各县市区也相应成立了文管会、文保中心等文物管理机构，配有专职或兼职文物干部，文物较集中的乡镇、村及重要的文物保护单位，也成立文物保护小组，不断加强文物保护工作。尤其是习近平总书记任职福州市委书记期间，提出文物保护“四个一”，其中就有成立市文物管理局，极大促进福州市文物博物馆事业的发展。

福州市相继建设了一批博物馆，20 世纪 80 年代建成的市林则徐纪念馆，2000 年建成的市博物馆新馆。至 2018 年底，市直文博系统下属单位有福州市博物馆（包括市博物馆、福州文庙、华林寺大殿、福州辛亥革命纪念馆、邓拓故居、闽王祠、福州市海上丝绸之路展示馆、陈绍宽故居），福州市林则徐纪念馆（包括林文忠公祠、林则徐出生地和林则徐故居），福州市文物考古工作队，其中福州市博物馆为国家二级博物馆，市林则徐纪念馆被授予全国爱国主义教育基地、国家教育示范基地、国家禁毒教育示范基地、全国人文社会科学普及基地和全国中小学生研学实践教育基地。各县（市）区均设立专门的国有博物馆，共计 14 家，实现每个县（市）区至少拥有 1 家国有博物馆，且多数馆舍为近 20 年按标准新建。此外，还积极推进非国有博物馆发展，经省文物局备案成立 7 家非国有博物馆，主要收藏展示瓷器、书画、楠木、玉器、金银器、杂件等，数量位居全省首位。福州市的文物博物馆体系和文物保护网络基本健全，形成市、县（市）区和乡镇三级管理体系，文物得到有效保护。

第一节 福州市文物管理委员会

20 世纪 50 年代，福建省文物管理委员会成立后，福州市也在市文化处配备 1 名管文物的干部。1962 年 1 月，福州市文物管理委员会（下简称市文管会）成立，由中共福州市委常委、宣传部部长苏里兼任主任，福州市人委秘书长陈高文、市文化局局长韩正博任副主任，址设福州文庙，业务挂靠市文化局文化科，科长欧文，文物干部增至 2 名。1963 年，设市文管办，初址在文庙，后迁于山真龙庵，由市文化局文化科长林元实兼市文管办主任，工作人员增至 4 名。1966 年“文化大革命”爆发后，文物管理工作陷于瘫痪。1970 年初，市文化局撤销，文物干部下放。

1973 年，调回 1 名下放的文物干部，安排在福州市革命委员会（简称市革委会）政治部文教组。1975 年 12 月，福州市革委会设立文化局。1978 年 12 月，福州市文管会重新成立，由市政府副市长杨佈任主任，副市长孙明、市文化局局长卓青任副主任，地址设于山戚公祠，业务挂靠市文化局文化科，编制增至 5 名。1979 年 3 月，朱振声任文物科科长兼文管办主任。1982 年 12 月，曾意丹任市文化局文物科副科长。1983 年 7 月，市文管会领导调整，副市长陈敬淼任主任。1983 年 8 月，曾意丹任市文化局副局长，分管文物工作。同月，李月英任市文化局文物科长。1984 年 3 月，杨秉纶、郑国珍任市文化局文物科副科长。同年 12 月，郑国珍任文物科科长兼市文管办主任。编制增至 13 名。1985 年 12 月，市文管办党支部成立，方锦江任支部书记。1986 年 3 月，福州市文管会进行调整，由市政府副市长明敏任主任，市委宣传部部长林景华、市政协副主席朱柽、市文化局局长卓青、市政府办公厅副主任林萱治任副主任。1989 年 3 月，市文管会又作调整，副市长明敏继续任主任，市政协副主席朱柽、市政府副秘书长林文健、市委办公厅主任黄启权（常务）、市文化局局长马国防、市文化局副局长曾意丹任副主任。1993 年，朱云斌任文管办党支部书记。1994 年 8 月，福州市文管会再次调整，由市政府副市长林强任主任，市文化局局长马国防、市政府办公厅副主任王培伦、市文化局副局长曾意丹（常务）任副主任，黄启权任顾问。1996 年 6 月 13 日改名福州市历史文化名城保护研究室。1998 年 3 月成立福州市历史文化名城保护管理办公室，编制 13 名，为市文物局直属单位。

2005 年 4 月，市文管会再次恢复，由市委常委、宣传部部长、市政府副市长朱华任主任。

第二节 福州市文物局

1995 年 6 月，为加强福州市文物保护工作，在省委副书记、市委书记习近平的关心下，福州市增设福州市文物管理局（简称市文物局），为市直副处级二级局，内设 4 个处室，核定行政编制 18 名，工勤事业编制 2 名，地址设于山白云寺，曾意丹任局长，蒋锦荣任党组书记。1996 年 3 月，王培伦任局党组书记、局长。2002 年 2 月，王华南任局党组书记、局长。2002 年 3 月因机构改革，福州市文物管理局作为市文化局的挂靠单位，取消内设处室，核定机关事业编制 8 名，工勤事业编制 2 名。2005 年机构改革，保留福州市文物管理局牌子。2009 年 10 月，杨勇任市文化局党组成员、副局长、市文物局局长。2011 年机构改革，福州市文物管理局撤销挂靠单位，福州市文化局与新闻出版局合并为福州市文化新闻出版局，加挂福州市文物管理局牌子，设文博处。2012 年 1 月，何经平挂职市文化新闻出版局任党组成员、副局长，11 月分管文物工作。2013 年 5 月，市文化新闻出版局党组书记、局长杨凡兼任市文物局局长。2014 年 6 月，吴聿建任市文化新闻出版局党组成员、市文物局局长。2015 年，根据福州市文化广电新闻出版局三定方案（榕政办〔2015〕52 号），福州市文化广电新闻出版局加挂福州市文物局牌子，福州市文化广电新闻出版局副局长兼任市文物局局长，设文物保护处、文物资源利用与安全处两个处室。2017 年 4 月 12 日，省委副书记、市委书记倪岳峰主持召开市委常委会扩大会议专题研究文物保护工作，明确由市委编办负责，为市文物局办理法人机构登记，管理职能和经费单独运作，调剂增加 4 名编制，2017 年度文物保护专项经费由 400 万元增至 600 万元，申遗等其他专项工作所需经费由市财政据实安排。

2021 年 4 月 7 日，根据榕委办〔2021〕13 号文件，市委市政府正式组建福州市文物局，作为市政府工作部门，机构规格为正处级。2021 年 7 月，吴聿建任市文物局党组书记、局长。2021 年 8 月 20 日，根据《中共福州市委办公厅 福州市人民政府办公厅关于印发〈福州市文物局职能配置、内设机构和人员编制规定〉的通知》（榕委办发〔2021〕7 号），福州市文物局内设办公室、文物保护与考古处、文物修复与利用处、博物馆与文物安全处（革命文物处），并按《党章》规定设置机关党组织。市文物局机关行政编制 20 名，设局长 1 名，副局长 3 名，科级领导职数 9 名。市文物局所属基层事业单位有福州市博物馆、福州市林则徐纪念馆、福州市文物考古工作队。

在市委、市政府的领导下，市文物局严格执行《中华人民共和国文物保护法》等法律法规，加强文物保护管理各项工作，取得较大工作成效。

制定公布一系列文物保护法规及规章。配合制定、修订《福州市历史文化名城保护条例》《福州市海上丝绸之路史迹保护条例》。推动市政府公布《福州市三坊七巷、朱紫坊历史文化街区保护管理办法》《关于进一步加强文物保护工作的意见》《关于保护沿海水下文物的通告》《福州市廊桥保护管理办法》《海上丝绸之路·福州史迹文化遗产保护管理办法》等一系列规章。福州市文物保护管理工作日益制度化、规范化。

完善文物保护基础性工作。组织开展系列文物普查和专项调查工作，提升重点文物保护级别。开展福州市第三次全国文物普查和第一次可移动文物普查工作，摸清了福州市文物家底，根据普查成果，福州市共有不可移动文物 4746 处，可移动文物 24923 件/套，在此基础上，建立健全全市不可移动文物档案和数据库。开展土楼、海丝文物、琉球文物、朱子文物、书院文物、红色文物等专题调查，研究其价值及特色。提升重点文物保护级别，20 多年来，有 21 处文物相继公布为第五至第八批全国重点文物保护单位，101 处文物公布为第五至第九批省级文物保护单位，32 处文物公布为第六至第八批市级文物保护单位。此外，一大批文物公布为县（市）区级文物保护单位。

加强名城保护。配合编制完成《福州市历史文化名城保护规划》（2012—2020）。编制完成《福州市历史文化名街、名镇（村）保护建设规划》《长乐区历史文化保护与传承保护规划》及名山室、乌塔、白塔等一批文物保护单位保护规划。参与编制三坊七巷、于山、乌山、烟台山等 12 处历史文化街区、历史文化风貌区保护规划及福州市区优秀近现代文物建筑保护规划等一批专项保护规划。配合开展三坊七巷、朱紫坊、上下杭、烟台山、鼓岭、冶山等历史文化街区、历史文化风貌区以及马尾闽安、长乐琴江、永泰嵩口等历史文化名镇（村）保护利用工作。

修缮一大批文物。完成福州文庙、林则徐出生地、灵济宫碑、福建船政建筑、华林寺大殿、林森公馆、闽王祠、闽安协台衙门、陈绍宽故居等近三百处重点文物和涉台文物修缮工程。推进三坊七巷、朱紫坊、上下杭、烟台山等历史文化街区（风貌区）保护修复，修缮一批重点文物建筑。2012 年“海上丝绸之路·福州史迹”和三坊七巷成功列入中国世界文化遗产预备名录。

做好城市基建中文物保护工作。对城市建设中涉及文物提出文物保护意见。对历史文化名城范围内基本建设、土地征收等项目提出文物保护审查意见，明确保护要求。2019 年 7 月，市政府出台《关于加强城市建设中文物保护的意见》，进一步强化城市建设中文物保护、修缮、利用、管理等机制。

配合大型建设项目开展考古勘探、发掘。对于大型建设项目如东部新城建设、长乐机场高速公路二期工程、福州绕城高速公路、闽清葫芦门水库库区建设、省委党校新校区、地铁一号线、二号线建设等重点工程，提前介入，主动配合，开展文物考古调查、勘探和发掘工作，提出文物保护意见，促进城市建设和文物保护协调发展。

加强建设文博馆所。相继建成并对外开放市博物馆新馆、福州文庙、市海上丝绸之路展示馆、陈绍宽故居等一批文博馆所，扩建市林则徐纪念馆，建设全国首批社区博物馆——三坊七巷社区博物馆，各县（市）区也陆续新建博物馆。备案成立了7家非国有博物馆，形成以国有博物馆为主，非国有博物馆为辅的文博馆所体系。

进行文物宣传和展示。2002年12月，代表福州市参加在韩国釜山举办的“中国历史文化名城展”，这是福州市文物部门首次在国外举办展览。组织文博馆所通过陈列展览、公共文化服务校园行、道德讲堂、文物在我身边、免费鉴宝、左海讲坛等活动，取得较好地社会效益。

第三节　福州市属文博单位

一、福州市博物馆

位于晋安区文博路8号。占地面积14.47亩，建筑面积11198平方米，展厅面积5447平方米，文物库房面积1533平方米。创建于1987年，原址设于山大士殿、护国寺、真龙庵。1998年市委市政府投入7500万元进行新馆建设，2000年元旦正式对外开放。2004年2月，福州市文博系统进行整合，林觉民故居、华林寺大殿、福州文庙、邓拓故居、严复故居、闽王祠、于山大士殿7个馆所合并至市博物馆。2009年根据市政府文件精神，林觉民故居和严复故居移交给市三坊七巷管委会。2016年成立福州市海上丝绸之路展示馆，由市博物馆管理；2017年陈绍宽故居由仓山区政府移交给市博物馆管理。现市博物馆管理福州文庙、华林寺大殿、福州辛亥革命纪念馆、邓拓故居、闽王祠、福州市海上丝绸之路展示馆、陈绍宽故居7个馆所。

1987年10月定编10名，林萱治任馆长；1989年10月，黄启权任馆长；1992年增编至15名；1993年增编至30名；2002年2月，黄启权任名誉馆长；2003年1月，张振玉任馆长；2004年2月，市文博系统整合后编制增至58名，现有编制61名。

现设“闽都华章——福州历史文化陈列”和“海丝门户 有福之州——福州‘海上

丝绸之路'文化遗产专题展”两个基本陈列。先后举办“铜镜的故事——武汉博物馆馆藏铜镜展”“草原盛装——中国蒙古族服饰展”“千年窑火 生生不息——邯郸市博物馆藏磁州窑瓷器展”“威楚彝韵——楚雄彝族历史文化展”“南海之光——康有为手迹精品展”等临时展览。其中“海丝遗珍——‘碗礁一号’沉船出水瓷器展”自2012年起，先后在景德镇、武汉、孝感、东莞、海口、佛山、中山、丽江、普洱、楚雄、大理、玉溪、昆明、唐山、沧州、邯郸全国18个城市的博物馆进行巡展，取得了很好社会效益。

现有馆藏文物7934件/套，其中一级文物18件/套、二级文物32件/套、三级文物2529件/套，类别涵盖陶瓷器、青铜器、寿山石雕、字画、丝织品、漆器、玉器、古家具、古木雕等，其中以寿山石雕、字画、丝织品收藏最具特色。

2009年被评为国家二级博物馆；2011年“国家历史文化名城——福州”荣获全国2000年度十大陈列精品提名奖；2012年被授予福建省一级博物馆；2015年被授予福建省十佳社会科学普及基地；2018年被评为福建省文化系统先进集体。

华林寺大殿

位于鼓楼区华林路78号。1985年5月成立，定编3名，钟同任所长；1989年6月增编至7名，1992年12月陈炘任所长；1999年9月，编制6名，葛敏任所长。先后举办“秦兵马俑展（复制品）”“福州地区古建筑介绍”“福州古民居选萃展”“福州地区国保、省保文物单位古建筑图片展”等展览。1994年被授予福州市第二批青少年德育基地；1999年被评为新中国成立五十周年福建省十项文化史迹保护成就项目之一。

福州辛亥革命纪念馆

位于鼓楼区于山大士殿。1991年10月成立，原址设杨桥路林觉民故居，编制4名，李厚威、薛岚先后任馆长。2004年11月，馆址移至于山大士殿，设“福州辛亥革命史”和“于山览胜展”两个基本陈列。1996年被授予福州市爱国主义教育基地；2001年被授予福建省爱国主义教育基地。

闽王祠

位于鼓楼区庆城路22号。祠内现展示有唐《恩赐琅琊郡王德政碑》、宋《重修忠懿王庙碑铭》、宋《乞土胜地》碑、明《重修忠懿王祠碑记》等碑刻。1981年5月，大殿修复竣工，编制3名。先后举办“开闽王——王审知造福闽疆”“跨越海洋——中国海上丝绸之路文化遗产精品联展”“绍越开疆”等展览。

福州文庙

位于鼓楼区圣庙路 10 号。1999 年划归文物部门管理，同年 10 月动工修复。2000 年 5 月成立文保所，陈炘任所长，编制 6 名，副科级单位。2004 年 9 月，举行纪念孔子诞辰 2555 周年大型祭孔活动。先后举办“福州古代教育展”“孔子生平图片展”“福州历代进士名录”“福州籍两院院士展”“福建各地文庙展”等展览。

邓拓故居

位于乌山北麓天皇岭东北坡下第一山弄 7 号。1994 年 2 月完成修复并成立保管所，编制 4 名，方锦江任馆长。2005 年 11 月外墙加固。现设“邓拓生平展”基本陈列。1998 年 11 月被授予福州市青少年德育基地；2001 年 7 月被授予福州市爱国主义教育基地；2012 年 12 月被授予福州市党史教育基地。

福州市海上丝绸之路展示馆

位于鼓楼区三坊七巷文儒坊 17 号。占地面积 2600 平方米，2016 年 11 月划归市博物馆管理，并成立福州市海上丝绸之路展示馆。2017 年 1 月 1 日正式开馆，现设“福地宝船　海丝帆影”基本陈列。

陈绍宽故居

位于仓山区城门镇胪雷村东洋路 182 号。占地面积 4143 平方米，始建于 1921 年，2017 年由仓山区政府划归市博物馆管理。2017 年 5 月 1 日正式对外开放，现设“船政海军的标杆领军——陈绍宽生平展”基本陈列。2018 年被授予民革中央党史教育基地。

林觉民故居

位于鼓楼区杨桥路 86 号。1991 年 10 月被辟为福州市辛亥革命纪念馆并正式对外开放。2004 年 2 月，整合至市博物馆。2009 年移交给市三坊七巷管委会。现由福州古厝保护开发集团有限公司管理。

严复故居

位于鼓楼区郎官巷 16—17 号。1993、2001 年先后两次维修，由上海市大唐美术广告有限公司管理二年。2003 年 1 月成立保管所。2004 年 2 月，整合至市博物馆。2009 年移交给市三坊七巷管委会。现由福州古厝保护开发集团有限公司管理。

二、福州市林则徐纪念馆

位于鼓楼区澳门路 16 号。占地总面积 15000 平方米，其中展厅面积 6465 平方米，库房面积 200 平方米。1961 年 10 月开始筹建，定编 2 名；1982 年 1 月正式成立，11 月开馆，编制 2 名，王铁藩任馆长；1983 年元旦对外开放；1986 年 5 月，编制增至 7 名；

1996 年 6 月，编制增至 12 名；2004 年 2 月，林则徐出生地、林则徐故居并入市林则徐纪念馆，编制 14 名；2005 年 11 月，林峰任馆长；2010 年 11 月，编制增至 21 名；2013 年 12 月，陈继勇任馆长。

现设“林则徐史绩展”“禁毒展馆”“林则徐系列遗迹保护修复回顾展”“少年林则徐”等基本陈列，赴全国各地举办“林则徐家风展”“林则徐与禁毒教育展”“林则徐廉政事迹展”等林则徐系列主题精品展。

现有馆藏文物 392 件 / 套，其中一级文物 1 件 / 套、二级文物 5 件 / 套、三级文物 145 件 / 套，主要类型为手稿、实物、信札、字画等。

1997 年被授予全国爱国主义教育示范基地；2009 年被授予国家国防教育示范基地、国家禁毒教育示范基地；2013 年被授予全国文化系统廉政文化教育基地；2014 年被授予全国人文社会科学普及基地；2017 年公众服务部荣获福建省巾帼文明岗；2018 年被授予全国中小学生研学实践教育基地。2019 年被授予全国关心下一代党史国史教育基地。

林则徐出生地

位于鼓楼区中山路 19 号。1997 年 7 月成立林则徐出生地管理所，编制 3 名。2004 年 7 月，机构编制整合至市林则徐纪念馆，保留“林则徐出生地”名称。现设“少年林则徐展”和“林则徐系列遗迹保护修复回顾展”两个基本陈列，曾举办“禁毒教育图片展览”“林则徐史迹与禁毒展览”等展览。2000 年被授予福州市爱国主义教育基地和福州市禁毒教育基地。

林则徐故居

位于鼓楼区鼓西街道文北路（文藻山）。1997 年 7 月，福州市人民政府决定修复林则徐故居；2003 年，林则徐故居第一期修复工程“七十二峰楼”竣工；2014 年，七十二峰楼被辟为林则徐文献馆；2015 年 8 月，林则徐文献馆正式启用；2017 年 5 月 17 日，林则徐故居二期修缮工程启动。

三、福州市文物考古工作队

1991 年 6 月成立，事业编制 8 名，地址设于山白云寺，林果任副队长。1998 年 3 月，移至鼓楼区道山路杜锡珪故居内，林果任队长。2006 年 11 月增编至 13 名。

1997 至 2018 年先后在屏山农贸市场、福建省农业厅工地，北大路市场工地，福建省财政厅工地、省二建以及省水产厅工地、地铁一号线屏山站工地、马球场遗址工地、汉冶城遗址工地、唐五代夹道遗址工地等开展考古发掘，发现“万岁”瓦当，汉代筒瓦、板瓦等建筑材料，此外，还发现唐代罗城延远门遗址、鼓角楼遗址、唐坊宋街遗址。这些考古发现充分印证了福州城2200多年建城史，为研究、保护和展示福州城深厚的历史底蕴提供了宝贵的实物资料。配合城市地铁、高速公路、防洪水库、西气东输等基本建设开展考古工作，为基本建设项目用地规划提供科学合理的建议。配合国家水下中心开展水下考古工作，并先后参加连江定海“白礁一号”沉船遗址、西沙“华光礁一号”沉船遗址、阳江“南海一号”沉船遗址、平潭“碗礁一号”沉船遗址等水下考古调查和发掘工作，成果丰硕。其中1990年首届全国水下考古专业人员培训班在福州市连江县定海湾“白礁一号”沉船遗址进行实习，揭开了中国水下考古的序幕，市文物考古工作队林果成为第一批中国水下考古工作人员。

四、福州市古代建筑设计研究所

1980年6月成立福州市古代建筑修缮队，编制10名，地址设鼓楼区闽王祠内，1984年9月更名为福州市古代建筑保护研究所。1988年9月，更名为福州市古代建筑设计研究所，先后由丹林、吴明兴任负责人。1999年6月，罗景烈任所长。2005年划归市规划设计研究院管理。

五、戚公祠保管所

位于鼓楼区于山9号。1987年成立，编制4名，1989年8月增编至6名，1995年增至10名，周端任所长。1998年10月划归市园林局下属的市于山风景区管理处管理。

第四节　县（市）区属博物馆

一、鼓楼区博物馆

位于鼓楼区福飞南路139号。总建筑面积8760平方米，展厅总面积5400平方米。成立于1995年，原址位于福州市乌石山道山观，1996年12月正式对外开放。2005年至今先后将林纾故居、高士其故居、福州历史文化名城展示馆、温泉博物馆划归鼓楼区博物馆管理。现有编制8名，林声哲任馆长。

现有馆藏文物90件/套，其中三级文物52件/套，以名人字画、石刻印章、瓷器为主。

福州历史文化名城展示馆

位于鼓楼区福飞南路139号屏山公园内镇海楼一楼。建筑面积2100平方米，展厅面积1600平方米。2015年5月18日建成并正式对外开放，现设《福州历史文化名城展》基本陈列。

林纾故居

位于鼓楼区水部街道莲宅社区。建筑面积360平方米，展厅面积300平方米。2005年市政府正式将林纾故居移交给鼓楼区政府管理，并拨款进行修缮对外开放。2006年被授予福州市爱国主义教育基地。

高士其故居

位于鼓楼区鳌峰坊3号。占地面积1200平方米，建筑面积800平方米，展厅面积500平方米。2006年正式对外开放，现设“高士其故居陈列展览”基本陈列。

温泉博物馆

位于鼓楼区温泉公园路184号。建筑面积为19842.1平方米，其中展厅占地面积约为3000平方米，体验区面积约为10000平方米。2015年建成，现设“龙脉金汤·有福之州”基本陈列。

二、台江区博物馆

位于南公园内，又称为台江区民俗馆。总建筑面积1951.46平方米，展厅面积1232平方米。1993年成立，定编3名，徐梅娜、林建萍、傅秀奇、叶红先后任馆长。下辖福州对外关系友好史馆（琉球馆）和古田会馆，现有编制5名。

现有馆藏文物124件/套，其中二级文物2件/套，三级文物39件/套，含瓷器54件/套，陶器26件/套，石刻、铜钱、铁器等39件/套。

台江区民俗馆

位于南公园内。建筑面积563平方米，展厅面积270平方米。1993年落成并对外开放，现设“台江——历史的传承与记忆展”基本陈列，先后举办“童心童绘诗画作品展”“家风家训书画展”“台江文博事业四十周年回顾展”等临时展览。

福州对外友好关系史馆（琉球馆）

位于台江区琯后街21号。占地面积672平方米，展厅面积450平方米，1992年2月成立，定编5名，郑国珍兼任馆长。2004年2月划归台江区政府管理，现设《福州琉球馆史迹陈列展》基本陈列。被授予福州市爱国主义教育基地。

古田会馆

位于台江区同德路 2 号。占地面积 685 平方米，展厅面积 512 平方米。2005 年完成修复并对外开放，现设“台江商贸文化历史展”基本陈列。

三、仓山区博物馆

位于仓山区下藤路蔡忠惠公祠内。建筑面积 1000 平方米，展厅面积 600 平方米。1992 年成立，定编 2 名；1994 年潘越兼馆长；1996 年扩编至 6 名，林明代馆长；1998 年潘越专任馆长；2005 年增编至 7 名；2012 年林松青任馆长，现有编制 2 名。

现设“蔡襄生平展”“蔡襄家风家训陈列展”“仓山区仓山区历代名人展”3 个基本陈列，先后举办“仓山区可移动文物精品图片展”“守望家园——福建涉台文物保护成果展”等临时展览。

现有馆藏文物 67 件 / 套，其中三级文物 26 件 / 套，含瓷器 54 件 / 套，陶器 3 件 / 套，铜器和石刻 10 件 / 套。主要类型有瓷器、陶器、铜器及石刻雕像等。

四、中国寿山石馆（晋安区博物馆）

位于晋安区寿山乡寿山村。占地面积 40 亩（含公园及后山），建筑面积约 4000 平方米。2002 年 5 月 20 日正式对外开放，是目前国内唯一的国有寿山石专题博物馆。2016 年 1 月 30 日加挂晋安区博物馆牌子。王永福任馆长，现有编制 12 名。

馆内现设寿山石的形成与品类厅、寿山石文化概览厅、寿山石精品鉴赏厅、数字化 VR 体验厅四个展厅。

现有馆藏品种石 100 件 / 套，作品 330 件 / 套，其中二级文物 8 件 / 套、三级文物 7 件 / 套。

先后被授予福建省社科普及基地、福州市青少年德育基地、福州市科普教育基地、福州市党性教育实践基地。

五、中国船政文化博物馆

位于马尾区昭忠路 7 号。建筑面积约 8000 平方米（含博物馆前开放式广场，面积约 3800 平方米），其中展厅面积约 3600 平方米，库房面积约 98 平方米。1998 年 5 月对外开放，原名为中国近代海军博物馆，2004 年更名为中国船政文化博物馆。2010 年对外免费开放。现有编制 12 名，吴登峰任馆长。

现设“福建船政”基本陈列和“深层脉动——船政对台湾近现代化影响”半固定展览。

先后赴港台和省外举办多场船政特展，如“福建船政——近代中国海军的摇篮特别展览”“福建船政——清末自强运动先驱特展”“船政与台湾”“一个法国人的中国梦”等。

现有馆藏文物 593 件 / 套，其中一级文物 2 件 / 套、二级文物 9 件 / 套、三级文物 167 件 / 套，以纸质文物居多。

2009 年被评为国家三级博物馆。先后被授予国家国防教育示范基地、全国人文社会科学基地、福建省高等学校思政理论课实践教学基地、福建标志性文化旅游场馆和全国工人先锋号及全国巾帼文明岗。

六、福州马江海战纪念馆

位于马尾区昭忠路 1 号。占地面积 31000 平方米，建筑面积 5988 平方米，展厅面积 2335 平方米，库房面积 60 平方米。1984 年 8 月成立，定编 5 名，张寒松任馆长。1987 年移交给马尾区政府管理。现有编制 16 名，王晓芹任馆长。下辖昭忠祠、烈士墓、中坡炮台、英国领事分馆、梅园监狱、圣教医院、福建船政天后宫 7 处。马江海战纪念馆合祀甲申、申午两役的烈士，是中国近代海军英烈纪念专祠。

现设昭忠祠的“马江之战”和副英国领事署、梅园监狱的“福州近代外交史迹”两个基本陈列。先后举办“西洋铜版画与中法战争专题展”“船政印象摄影作品展”“留美幼童与甲申甲午海战展览”等临时展览。

现有馆藏文物 203 件 / 套，其中三级文物 45 件 / 套，主要是与马江海战有关的文物，其中以留美幼童文物尤为珍贵。

现为福建省三级博物馆。先后被授予全国爱国主义教育示范基地、国家国防教育示范基地、福建省首批公共文化设施学雷锋志愿服务示范单位。

七、长乐区博物馆

位于长乐区爱心路 198 号。占地面积 20 亩，建筑面积 8600 多平方米，展厅面积约 4500 平方米，库房面积约 500 平方米。2004 年 12 月建成并对外开放，定编 10 名，郝新亮任馆长；2012 年 2 月李文挺任馆长；2014 年 9 月陈雯任馆长；2015 年定编增至 13 名。

现设“郑振铎纪念馆”“长乐历史大观一”“长乐历史大观二”“闽剧馆”“楹联馆”“林其文美术厅”“集邮馆”“美术馆——三贤堂”八个基本陈列。先后举办“石鸣书法展”“长乐福清书法联展”“海丝印记文物精品展”“海丝之路图片展”等临时展览。

现有馆藏文物4443件/套，其中二级文物2件/套，三级文物305件/套，包括陶瓷器、青铜器、寿山石雕、字画等，其中以水下文物最具特色。

2009年被评为国家三级博物馆，并荣获福建省十大博物馆建设成果；2012年被评为福建省二级达标博物馆；2013年被评为国家二级博物馆；先后被授予福建省国防教育基地、福州市爱国主义教育基地、福州市青少年德育基地。

八、长乐区郑和史迹陈列馆

位于长乐区吴航街道郑和公园2号。占地面积3378平方米，建筑面积1387平方米，展厅面积798平方米。1984年11月开馆，定编3名，陈迟任馆长。

现设“郑和史迹”基本陈列，先后举办“郑和杯迎新春少儿画展”“华人华侨奉献展”“吴航民俗文物展”等临时展览。

现有馆藏文物数十件，含天妃灵应之记碑、三清宝殿铜钟等。

先后被授予福州市爱国主义教育基地、福州青少年德育基地、福州国防教育基地、福州青少年学生第二课堂。

九、福清市博物馆

位于福清市向高街豆区园内。占地面积1500平方米，展厅面积600平方米。2001年10月成立，现有编制3名，毛胤云任馆长。

现设“福清历史名人展”“福清出土文物展”“福清文物古迹展”“福清非物质文化遗产展”四个基本陈列。

现有馆藏文物96件/套，其中三级文物45件/套。

十、闽侯县博物馆

位于闽侯县昙石山西大道昙石新区10号。占地面积25.6亩，建筑面积15434.59平方米，展厅面积7300平方米，库房面积600平方米。成立于1958年，为全国第一家县级博物馆，原址设于闽侯县螺洲镇（现为仓山区螺洲镇），后因区辖变更，1996年6月，在闽侯县甘蔗镇街心路155号文博大楼五层重新成立，定编4名，曾江任馆长；2015年11月邱长榕任负责人；2016年3月增编至6名；2016年12月周丕铧任负责人，2017年12月增编至7名。2012年开始筹建新馆，2019年新馆建成并正式对外开放。

现设“八闽首邑——闽侯人文生态展”基本陈列，先后举办“闽侯古桥集萃展”“福建省首届篆刻艺术巡回展”“闽江闽海闽侯情——海上陶瓷之路特展”等临时展览。

现有馆藏文物2058件/套，其中二级文物30件/套、三级文物706件/套，含陶瓷器837件/套、玉石器187件/套、骨贝器13件/套、竹木石雕115件/套、书画160件/套、拓片70件/套、书籍221件/套、照片49件/套。

2012年被评为福建省三级博物馆。

十一、连江县博物馆

位于连江县凤城镇八一六路陈第公园内。占地面积2358平方米，建筑面积3067.89平方米，展厅面积1380平方米，库房面积220平方米。创建于1994年9月，现有编制5名，周钦来任馆长。

现设“文物精品展”基本陈列，先后举办“党旗飘扬 翰墨流香——庆祝中国共产党建党95周年”“凤鸣新春——国画、油画、漆画、寿山石雕美术精品展”“海丝寻迹——定海行专题展”等临时展览。

现有馆藏文物4399件/套，其中二级文物8件/套、三级文物1691件/套，一般文物2700件/套。

2000年被评为福建省二级博物馆。

十二、闽清县博物馆

位于闽清县梅城镇西门街50—2号。建筑面积1952平方米，展厅面积1200平方米。成立于1996年6月，定编3名，原址设于闽清县梅城镇城南北大街中段东侧。2011年3月开始新馆建设，2013年8月新馆建成并对外正式开放。现有编制5名，林跃先任馆长。

现设“走进闽清窑”“当代陶瓷典藏”“农耕民俗文化展览”3个基本陈列，先后举办“闽清古厝掠影展”“闽清文物史迹展”“清廉闽清书画摄影展”等临时展览。

现有馆藏文物476件/套，其中三级文物89件/套。

2012年被评为福建省三级博物馆。

十三、罗源县博物馆

位于罗源县三中路9号。建筑占地面积1500平方米，展厅面积580平方米。成立于2004年11月，2005年5月18日正式对外开放。现有编制3名，黄新强任馆长。

展厅分五个展区，展示了罗源县历史、民族文化及革命史等内容。

现有馆藏文物 2136 件 / 套，其中二级文物 6 件 / 套、三级文物 30 件 / 套，以清代金漆木雕最具代表性。

2012 年被评为福建省三级博物馆；先后被授予福建省党史教育基地、福州市青少年德育基地。

十四、永泰县博物馆

位于永泰县大樟溪南岸小汤山文化公园的“文化中心”。建筑面积 5209.2 平方米，展厅面积 3000 平方米，库房面积为 500 平方米。1994 年 7 月开馆，定编 2 名；2008 年收回编制、挂靠县文管站。新馆于 2014 年动工，2017 年 10 建成并正式对外开放。现有编制 3 名，郑启凡任馆长。

现设“永泰历史文化展”“永阳风情展”两个基本陈列，先后举办“永阳墨宝”“精美瓷器展”“永泰庄寨摄影展”等临时展览。

现有馆藏文物 83 件 / 套，其中二级文物 1 件 / 套、三级文物 10 件 / 套。馆藏的宋灰陶龟为全省唯一一件，具有较高的历史、艺术和科学价值。

附录

一、福州市各级文物保护单位名单

（一）福州市全国重点文物保护单位

序号	名 称	年 代	类 别	公布日期	所属区县
1	华林寺大殿	宋	古建筑	1982	鼓楼区
2	林则徐墓	1826	近现代重要史迹及代表性建筑	1988	鼓楼区
3	崇妙保圣坚牢塔（乌塔）	五代晋	古建筑	2001	鼓楼区
4	三坊七巷和朱紫坊建筑群（包括林觉民故居、郎官巷严复故居、衣锦坊水榭戏台、衣锦坊欧阳氏民居、文儒坊陈氏民居、二梅书屋、小黄楼、宫巷林氏民居、沈葆桢故居、朱紫坊萨氏民居、芙蓉园、黄巷郭氏民居、南后街叶氏民居、安民巷鄢家花厅、光禄坊刘氏民居、塔巷王氏民居、宫巷刘氏民居）	明至民国	古建筑	2006 2013	鼓楼区
5	福州文庙	清	古建筑	2006	鼓楼区
6	林则徐宅与祠	清	近现代重要史迹及代表性建筑	2013	鼓楼区
7	乌石山、于山摩崖题刻及造像	唐至清	石窟寺及石刻	2013	鼓楼区
8	严复故居和墓	清至民国	近现代重要史迹及代表性建筑	2006	仓山区
9	鼓山摩崖题刻	宋至清	石窟寺及石刻	2001	晋安区
10	马江海战炮台、烈士墓及昭忠祠	1884	近现代重要史迹及代表性建筑	1996	马尾区
11	福建船政建筑（包括法式钟楼、轮机车间、官厅池、绘事院、一号船坞）	清	近现代重要史迹及代表性建筑	2001	马尾区
12	罗星塔	明	古建筑	2013	马尾区

序号	名 称	年 代	类 别	公布日期	所属区县
13	亭江炮台	清	近现代重要史迹及代表性建筑	2013	马尾区
14	福建戍守台湾将士墓群	清	近现代重要史迹及代表性建筑	2013	马尾区
15	圣寿宝塔（包括天妃灵应之记碑）	宋	古建筑	2006	长乐区
16	显应宫泥塑	明、清	石窟寺及石刻	2006	长乐区
17	九头马民居	清	古建筑	2013	长乐区
18	瑞岩弥勒造像	元	石窟寺及石刻	1996	福清市
19	龙江桥	宋	古建筑	2013	福清市
20	昙石山遗址	新石器、青铜器时代	古遗址	2001	闽侯县
21	灵济宫碑	明	石窟寺及石刻	2006	闽侯县
22	陈太尉宫	宋至清	古建筑	2001	罗源县
23	栖云洞造像	宋至明	石窟寺及石刻	2006	罗源县
24	名山室	宋至元	石窟寺及石刻	2006	永泰县
25	永泰庄寨建筑群（包括仁和庄、昇平庄、积善堂、绍安庄、中埔寨）	清	古建筑	2019	永泰县

（二）福州市省级文物保护单位

序号	名 称	年 代	类 别	公布日期	所属区县
1	张经墓	明	古墓葬	1961	鼓楼区
2	恩赐琅琊郡王德政碑	唐	石窟寺及石刻	1961	鼓楼区
3	新四军驻福州办事处旧址	1938	近现代重要史迹及代表性建筑	1991	鼓楼区
4	福州开元寺铁佛	宋	其他	1991	鼓楼区
5	辛亥革命福州前敌总指挥部旧址——于山大士殿	1911	近现代重要史迹及代表性建筑	1991	鼓楼区
6	报恩定光多宝塔（白塔）	明	古建筑	1991	鼓楼区
7	十九路军筹划“福建事变”会议旧址——于山补山精舍	1933	近现代重要史迹及代表性建筑	1991	鼓楼区
8	邓拓故居	清	近现代重要史迹及代表性建筑	1996	鼓楼区
9	吉庇巷谢家祠	明、清	古建筑	2005	鼓楼区
10	文儒坊尤氏民居	清	古建筑	2005	鼓楼区
11	朱紫坊方氏民居	清	古建筑	2005	鼓楼区
12	陈衍故居	清	古建筑	2009	鼓楼区
13	福州建宁会馆	清	古建筑	2009	鼓楼区
14	龙峰泰山庙	清	古建筑	2009	鼓楼区
15	福州中山堂	1912	近现代重要史迹及代表性建筑	2009	鼓楼区
16	高爷庙	清	古建筑	2013	鼓楼区
17	大光里陈氏民居	清	古建筑	2013	鼓楼区
18	道山观	清	古建筑	2013	鼓楼区
19	宫巷刘氏民居	清	古建筑	2013	鼓楼区
20	正谊书院	清	古建筑	2013	鼓楼区

序号	名称	年代	类别	公布日期	所属区县
21	泉山仁寿堂	1938	近现代重要史迹及代表性建筑	2013	鼓楼区
22	朱紫坊张钰哲故居	清	古建筑	2018	鼓楼区
23	朱紫坊陈兆锵故居	清、民国	古建筑	2018	鼓楼区
24	冶山摩崖石刻	清、民国	石窟寺及石刻	2018	鼓楼区
25	高士其故居	清、民国	古建筑	2018	鼓楼区
26	古田会馆	1915	近现代重要史迹及代表性建筑	1996	台江区
27	柔远驿（琉球馆）	清	古建筑	1996	台江区
28	福州商务总会旧址	清	近现代重要史迹及代表性建筑	2009	台江区
29	张真君祖殿	清	古建筑	2009	台江区
30	侯德榜故居	清	近现代重要史迹及代表性建筑	2009	台江区
31	采峰别墅	1920	近现代重要史迹及代表性建筑	2009	台江区
32	上下杭商号建筑群（包括咸康参号、黄恒盛布行、罗氏绸布庄、生顺茶栈）	清至民国	近现代重要史迹及代表性建筑	2013	台江区
33	路通桥	清	古建筑	2018	台江区
34	河口万寿桥	清	古建筑	2018	台江区
35	黄培松故居	清	古建筑	2018	台江区
36	怀安窑址	南朝至唐	古遗址	1991	仓山区
37	泛船浦天主堂	1933	近现代重要史迹及代表性建筑	1996	仓山区
38	龙瑞寺大殿	宋、清	古建筑	2001	仓山区

续 表

序号	名 称	年 代	类 别	公布日期	所属区县
39	蔡忠惠公祠	明、清	古建筑	2009	仓山区
40	福州安澜会馆	清	古建筑	2009	仓山区
41	螺洲陈氏五楼及宗祠	清	古建筑	2009	仓山区
42	林浦泰山宫	清	古建筑	2009	仓山区
43	螺洲天后宫	清	古建筑	2009	仓山区
44	台屿陈氏宗祠	清	古建筑	2009	仓山区
45	永盛梁氏宗祠	清、民国	古建筑	2009	仓山区
46	阳岐尚书祖庙	民国	古建筑	2009	仓山区
47	林森公馆	民国	近现代重要史迹及代表性建筑	2009	仓山区
48	淮安丞相墓	唐	古墓葬	2013	仓山区
49	烟台山近代建筑群（包括乐群楼、美国领事馆、俄国领事馆、汇丰银行福州分行、英华中学美志楼、英华中学力礼堂、私立协和大学、兰记脱胎漆器店等）	清至民国	近现代重要史迹及代表性建筑	2013	仓山区
50	华南女子文理学院旧址	1925	近现代重要史迹及代表性建筑	2013	仓山区
51	龙院郑氏民居	明、民国	古建筑	2018	仓山区
52	烟台山约翰堂	清	近现代重要史迹及代表性建筑	2018	仓山区
53	陈绍宽故居	民国	近现代重要史迹及代表性建筑	2018	仓山区
54	闽王王审知墓	五代后唐	古墓葬	1961	晋安区
55	林纾墓	1924	近现代重要史迹及代表性建筑	1991	晋安区

序号	名 称	年 代	类 别	公布日期	所属区县
56	高峰书院遗址（黄榦墓）	宋、明	古遗址 古墓葬	2005	晋安区
57	新店古城遗址	汉	古遗址	2001	晋安区
58	凤洋将军庙	清	古建筑	2005	晋安区
59	林尔康墓	1937	近现代重要史迹及代表性建筑	2009	晋安区
60	杨树庄墓	民国	古墓葬	2018	晋安区
61	迴龙桥	唐至宋	古建筑	1991	马尾区
62	闽安协台衙门	清	古建筑	2009	马尾区
63	福建协和大学建筑群	1921—1932	近现代重要史迹及代表性建筑	2013	马尾区
64	陈修园墓	清	古墓葬	1985	长乐区
65	谢肇淛墓	明	古墓葬	1991	长乐区
66	高应松祠堂（包括枢密第）	清	古建筑	2001	长乐区
67	南阳陈氏祠堂	明、清	近现代重要史迹及代表性建筑	2001	长乐区
68	南屿碗窑山遗址	宋	古遗址	2013	高新区
69	水西林建筑群	明、清	古建筑	2013	高新区
70	南屿福垆寺	清	古建筑	2013	高新区
71	瑞云塔	明	古建筑	1961	福清市
72	“黄阁重纶”石坊	明	古建筑	1985	福清市
73	东关寨	清	古建筑	2001	福清市
74	天宝陂	唐、宋	古建筑	2001	福清市
75	福清少林院遗址	宋至明	古遗址	2005	福清市
76	李纲墓	宋	古墓葬	1961	闽侯县
77	庄边山遗址	新石器	古遗址	1961	闽侯县

续 表

序号	名 称	年 代	类 别	公布日期	所属区县
78	林祥谦陵园	1963	近现代重要史迹及代表性建筑	1985	闽侯县
79	义存祖师塔墓	唐	古墓葬	1996	闽侯县
80	枯木庵树腹题刻	唐	其他	1996	闽侯县
81	大湖战役遗址	1941	近现代重要史迹及代表性建筑	2001	闽侯县
82	瓜山屯兵营址	元、明	古遗址	2013	闽侯县
83	侯官镇国宝塔	五代	古建筑	2013	闽侯县
84	汤院驿道	宋	古遗址	2013	闽侯县
85	云林院八角井	宋	古建筑	2013	闽侯县
86	拔仕官路及摩崖题刻	宋	古建筑	2013	闽侯县
87	尚干庵塔	宋	古建筑	2013	闽侯县
88	莲峰石塔	宋	古建筑	2013	闽侯县
89	青圃青石塔	宋	古建筑	2013	闽侯县
90	旗山石松寺	宋、明	古建筑	2013	闽侯县
91	池坑溪岭亭	明	古建筑	2013	闽侯县
92	闽侯木拱廊桥（包括龙津桥、坑坪桥、远济桥）	明、清	古建筑	2013	闽侯县
93	长门炮台	清	近现代重要史迹及代表性建筑	1991	连江县
94	林森藏骨塔及啸馀庐	1926	近现代重要史迹及代表性建筑	1991	连江县
95	陈第墓	明	古墓葬	1991	连江县
96	普光塔	元	古建筑	1996	连江县
97	连江光复会旧址	清	近现代重要史迹及代表性建筑	2001	连江县

序号	名称	年代	类别	公布日期	所属区县
98	含光塔	明	古建筑	2001	连江县
99	定海白礁水下沉船遗址	南宋	古遗址	2001	连江县
100	仙塔	唐	古建筑	2009	连江县
101	宝林寺法堂	唐、清	古建筑	2009	连江县
102	溪东丞相墓	宋	古墓葬	2013	连江县
103	宝溪尚书墓	明	古墓葬	2013	连江县
104	海峡之声黄岐广播站	1979—1997	近现代重要史迹及代表性建筑	2013	连江县
105	厦王里孙氏民居	明	古建筑	2018	连江县
106	黄乃裳、黄乃模墓	清、民国	近现代重要史迹及代表性建筑	1991	闽清县
107	义窑窑址	宋至清	古建筑	1991	闽清县
108	宏琳厝	清	古建筑	2005	闽清县
109	万松岭驿道	宋	古建筑	2013	闽清县
110	合龙桥	清	古建筑	2013	闽清县
111	闽清文庙	清	古建筑	2013	闽清县
112	际上石刻群	宋至清	石窟寺及石刻	2013	闽清县
113	中房林氏祖厅旗杆林	明、清	古建筑	2013	罗源县
114	岐阳郑氏宗祠	清	古建筑	2013	罗源县
115	郑侨墓	南宋	古墓葬	2001	永泰县
116	凤凰寺大殿	明	古建筑	2001	永泰县
117	联奎塔——三元祠	清	古建筑	2005	永泰县
118	方广岩寺	清	古建筑	2009	永泰县
119	金山堂	清	古建筑	2009	永泰县
120	樟坂乡贤第	清	古建筑	2009	永泰县
121	方壶岩摩崖题刻	宋至清	石窟寺及石刻	2009	永泰县
122	姬岩摩崖石刻	宋至清	石窟寺及石刻	2013	永泰县

续 表

序号	名 称	年 代	类 别	公布日期	所属区县
123	闔亭禅寺	清	古建筑	2018	永泰县
124	盖洋三对厝	清	古建筑	2018	永泰县
125	下坂厝	清	古建筑	2018	永泰县
126	下车碓厝	清	古建筑	2018	永泰县
127	垅口祖厝	清	古建筑	2018	永泰县
128	谷贻堂	清	古建筑	2018	永泰县
129	赤岸铳楼群	清、民国	古建筑	2018	永泰县
130	永泰庄寨建筑群（包括同安寨、九斗庄、爱荆庄、宁远庄、和城寨、竹头寨、荣寿庄、庆丰庄）	清	古建筑	2018	永泰县
131	将军堂建筑群	明、清	古建筑	2018	永泰县

（三）福州市市级文物保护单位

序号	名称	年代	类别	公布日期	所属区县
1	光禄吟台摩崖题刻	宋至清	石窟寺及石刻	1961	鼓楼区
2	闽王祠	清	古建筑	1961	鼓楼区
3	延圣大师塔内真身记天王殿抱鼓石	唐、元	石窟寺及石刻	1961	鼓楼区
4	桂斋	清	近现代重要史迹及代表性建筑	1961	鼓楼区
5	戚公祠	民国	近现代重要史迹及代表性建筑	1961	鼓楼区
6	福州清真寺	明	古建筑	1983	鼓楼区
7	欧冶池	春秋	古遗址	1983	鼓楼区
8	伊斯兰教圣墓	元	古墓葬	1983	鼓楼区
9	福州碑廊及九仙观附属文物	宋至民国	石窟寺及石刻	1983	鼓楼区
10	八旗会馆	清	古建筑	1992	鼓楼区
11	法海寺	清	古建筑	1992	鼓楼区
12	水部高升桥	清	古建筑	1992	鼓楼区
13	公正古城墙	明	古建筑	1992	鼓楼区
14	沈葆桢墓	清	近现代重要史迹及代表性建筑	1992	鼓楼区
15	黄钟瑛墓	民国	近现代重要史迹及代表性建筑	1992	鼓楼区
16	萨镇冰墓	现代	近现代重要史迹及代表性建筑	1992	鼓楼区
17	文林山革命陵园	现代	近现代重要史迹及代表性建筑	1992	鼓楼区
18	西禅寺	清	古建筑	1992	鼓楼区

续 表

序号	名　称	年　代	类　别	公布日期	所属区县
19	辛亥革命福建革命军总指挥部	近代	近现代重要史迹及代表性建筑	1992	鼓楼区
20	西水关水闸	元	古建筑	1992	鼓楼区
21	黄氏民居	明、清	古建筑	1992	鼓楼区
22	七星井	唐	古建筑	1992	鼓楼区
23	谢氏民居	清	古建筑	1992	鼓楼区
24	乌石山教案旧址	清	近现代重要史迹及代表性建筑	1992	鼓楼区
25	乌塔会馆	清	古建筑	1992	鼓楼区
26	于山古城墙	明	古建筑	1992	鼓楼区
27	琼河七桥	明、清	古建筑	1992	鼓楼区
28	苔泉古井	宋	古建筑	2001	鼓楼区
29	林纾故居	清	古建筑	2015	鼓楼区
30	王仁堪故居	清	古建筑	2020	鼓楼区
31	轮船公司旧楼	民国	近现代重要史迹及代表性建筑	1992	台江区
32	三通桥	清	古建筑	1992	台江区
33	彬德桥	清	古建筑	1992	台江区
34	星安桥	清	古建筑	1992	台江区
35	三山会馆	清	古建筑	1992	台江区
36	白马桥	清	古建筑	1992	台江区
37	台江万寿桥、江南桥	元、清	古建筑	1992	台江区
38	高氏文昌阁	清	古建筑	2015	台江区
39	万寿尚书庙	明、清	古建筑	2015	台江区
40	福清会馆	清	古建筑	2016	台江区
41	后洲建宁会馆	清	古建筑	2016	台江区

序号	名 称	年 代	类 别	公布日期	所属区县
42	苍霞洲基督教堂	民国	近现代重要史迹及代表性建筑	2020	台江区
43	琉球墓群	清	古墓葬	1983	仓山区
44	林瀚墓	明	古墓葬	1983	仓山区
45	洪塘金山塔寺	元	古建筑	1983	仓山区
46	赵新墓	清	古墓葬	1983	仓山区
47	濂浦断桥	宋	古建筑	1983	仓山区
48	瑞迹寺白佛	唐	石窟寺及石刻	1983	仓山区
49	独立厅	1911	近现代重要史迹及代表性建筑	1983	仓山区
50	玉屏山庄	清	古建筑	1983	仓山区
51	午桥	宋	古建筑	1983	仓山区
52	陈若霖墓	清	古墓葬	1983	仓山区
53	城门山摩崖题刻造像	宋	石窟寺及石刻	1992	仓山区
54	七星桥	宋	古建筑	1992	仓山区
55	高湖郑氏祠堂	明	古建筑	1992	仓山区
56	张经祠堂	明	古建筑	1992	仓山区
57	螺洲孔庙	明	古建筑	1992	仓山区
58	林尚书家庙	明	古建筑	1992	仓山区
59	濂江书院	清	古建筑	2001	仓山区
60	连坂桥	唐	古建筑	2015	仓山区
61	鲁贻图书馆	民国	近现代重要史迹及代表性建筑	2015	仓山区
62	淮安五帝庙	清	古建筑	2015	仓山区
63	怀安衙署旧址及接官道	宋	古建筑	2015	仓山区
64	天安堂	清	古建筑	2015	仓山区
65	陈若霖故居	清	古建筑	2016	仓山区

续 表

序号	名 称	年 代	类 别	公布日期	所属区县
66	通明古井	五代	古建筑	2020	仓山区
67	思万楼	民国	近现代重要史迹及代表性建筑	2020	仓山区
68	凤丘鹤林摩崖题刻	宋	石窟寺及石刻	1961	晋安区
69	鳝溪摩崖题刻	宋至清	石窟寺及石刻	1961	晋安区
70	宧溪宋窑址	宋至明	古遗址	1983	晋安区
71	地藏寺	清	古建筑	1992	晋安区
72	宧溪桥	宋	古建筑	1992	晋安区
73	鼓山涌泉寺	清	古建筑	1992	晋安区
74	林阳寺	清	古建筑	1992	晋安区
75	升山摩崖题刻	宋、清	石窟寺及石刻	1992	晋安区
76	崇福寺	清	古建筑	1992	晋安区
77	盘石山遗址	新石器、商周	古遗址	1992	晋安区
78	东岳庙殿堂	明	古建筑	1992	晋安区
79	“八一七”革命烈士墓	1949	近现代重要史迹及代表性建筑	2001	晋安区
80	降虎寨	明	古建筑	2001	晋安区
81	九峰摩崖石刻	清	石窟寺及石刻	2015	晋安区
82	汶石大王庙	清	古建筑	2015	晋安区
83	魏杰故居	清	古建筑	2016	晋安区
84	店坂桥	清	古建筑	2020	晋安区
85	怡山院	清	古建筑	1983	马尾区
86	魁岐炮台	1884	近现代重要史迹及代表性建筑	1992	马尾区
87	济美桥	宋	古建筑	1992	马尾区

序号	名 称	年 代	类 别	公布日期	所属区县
88	马限山梅园	清末	近现代重要史迹及代表性建筑	1992	马尾区
89	林述庆墓	民国	近现代重要史迹及代表性建筑	1992	马尾区
90	东岐山摩崖题刻造像	宋、清	石窟寺及石刻	1992	马尾区
91	石佛亭造像	元	石窟寺及石刻	1992	马尾区
92	陈宝琛墓	民国	古墓葬	2015	马尾区
93	沿山天主堂	清	古建筑	2015	马尾区
94	马限山圣教医院旧址	民国	近现代重要史迹及代表性建筑	2016	马尾区
95	东岐码头旧址	唐五代	古遗址	2016	马尾区
96	闽安龙门摩崖石刻	宋	石窟寺及石刻	2020	马尾区
97	杜锡珪摩崖石刻	民国	石窟寺及石刻	2020	马尾区
98	文石登文道码头	明、清	古建筑	2020	长乐区
99	西关天后宫	清	古建筑	2020	长乐区
100	李参将军故居	明、清	古建筑	2020	长乐区
101	东关司马第	明	古建筑	2020	长乐区

（四）福州市县（市）区级文物保护单位

序号	名 称	年 代	类 别	公布日期	所属区县
1	叶祖珪墓	清	古墓葬	1986	鼓楼区
2	程家小院	清	古建筑	1992	鼓楼区
3	狮山天池	清	古建筑	1992	鼓楼区
4	郭氏家族墓	清	古墓葬	1992	鼓楼区
5	保福寺	清	古建筑	1995	鼓楼区
6	湖南会馆	清	古建筑	1996	鼓楼区
7	方声洞故居	清	古建筑	1996	鼓楼区
8	清康熙御书“临米芾书”碑	清	石窟寺及石刻	1998	鼓楼区
9	慈善堂	清	古建筑	2007	鼓楼区
10	董见龙先生祠	清	古建筑	2007	鼓楼区
11	陈季同家族墓	清	古墓葬	2007	鼓楼区
12	许厝里	明	古建筑	2019	鼓楼区
13	陈培锟故居	清	古建筑	2019	鼓楼区
14	高峰桥	清	古建筑	2019	鼓楼区
15	陆庄桥	清	古建筑	2019	鼓楼区
16	福州志社	民国	近现代重要史迹及代表性建筑	1988	台江区
17	曾氏祠堂	民国	古建筑	1988	台江区
18	闽清会馆	清	古建筑	1988	台江区
19	东金寺	清	古建筑	1988	台江区
20	白龙庵	清	古建筑	1988	台江区
21	汀州会馆	清	古建筑	1988	台江区
22	南公园	清	古建筑	1988	台江区
23	茶亭	明	古建筑	1996	台江区
24	永德会馆	民国	古建筑	2019	台江区
25	万寿一道 24 号古民居	民国	古建筑	2019	台江区
26	路通街 143 号古民居	民国	古建筑	2019	台江区

序号	名称	年代	类别	公布日期	所属区县
27	小花园巷 3 号古民居	清	古建筑	2019	台江区
28	龙津二支巷 8 号古民居	清	古建筑	2019	台江区
29	小花园巷 9 号古民居	清	古建筑	2019	台江区
30	救生堂	清	古建筑	2019	台江区
31	妙峰寺	清	古建筑	1986	仓山区
32	翁正春故居	明清	古建筑	1986	仓山区
33	狮头山摩崖石刻	宋、明、清	石窟寺及石刻	1986	仓山区
34	林浦石塔	宋	古建筑	1986	仓山区
35	前桥	宋	古建筑	1986	仓山区
36	林浦炮台	清	古建筑	1986	仓山区
37	翁正春墓	明	古墓葬	1986	仓山区
38	齐鲲墓	清	古墓葬	1986	仓山区
39	林济斋家庙	明、清	古建筑	1992	仓山区
40	林之夏墓	民国	近现代重要史迹及代表性建筑	1992	仓山区
41	林延皓墓	五代	古墓葬	1992	仓山区
42	林斯琛墓	民国	近现代重要史迹及代表性建筑	1992	仓山区
43	梁甘甘墓	1965	近现代重要史迹及代表性建筑	1992	仓山区
44	上董桥	宋	古建筑	1992	仓山区
45	盘屿桥	宋	古建筑	1992	仓山区
46	广东会馆	清	古建筑	1992	仓山区
47	林见泉祠	明	古建筑	1995	仓山区
48	文天祥庙	清	古建筑	1995	仓山区
49	相公庙	清	古建筑	1995	仓山区

续 表

序号	名 称	年 代	类 别	公布日期	所属区县
50	瑞迹岭岩画石刻	闽越时期、唐	石窟寺及石刻	1995	仓山区
51	石步双塔	明	古建筑	1995	仓山区
52	林桥	宋	古建筑	1995	仓山区
53	林烃墓	明	古墓葬	1995	仓山区
54	义序黄氏宗祠	清	古建筑	1996	仓山区
55	耕藏祠	明、清	古建筑	1996	仓山区
56	望北台真武庙	清	古建筑	1996	仓山区
57	临江清凉寺碑刻	明、清	石窟寺及石刻	1996	仓山区
58	林斯琛故居	明、清	古建筑	2001	仓山区
59	石步王氏宗祠	清	古建筑	2001	仓山区
60	鹤巢寺	清	古建筑	2001	仓山区
61	天水赵氏宗祠	清	古建筑	2001	仓山区
62	浦口将军庙	清	古建筑	2001	仓山区
63	义序水陆尊王庙	明、清	古建筑	2001	仓山区
64	薛梦雷墓	明、清	古墓葬	2001	仓山区
65	蔡焕庵墓	清	古墓葬	2001	仓山区
66	潘墩清代建筑群	清	古建筑	2007	仓山区
67	阳岐严氏祠堂	清	古建筑	2007	仓山区
68	台屿陈东忠烈祠	清	古建筑	2007	仓山区
69	上渡闽王庙	明、清	古建筑	2007	仓山区
70	长兴寺	清	古建筑	2007	仓山区
71	高盖山五代齐氏墓	五代	古墓葬	2007	仓山区
72	横龙陈祺厝	清	古建筑	2019	仓山区
73	城门下洋普济桥	明	古建筑	2019	仓山区
74	高盖山烈士墓园	1958	近现代重要史迹及代表性建筑	2019	仓山区
75	林浦木牌坊	明、清	古建筑	2019	仓山区

序号	名 称	年 代	类 别	公布日期	所属区县
76	龙峰清邮政司宿舍（爱国路 2 号）	清	近现代重要史迹及代表性建筑	2019	仓山区
77	阳岐陈氏宗祠	民国	古建筑	2019	仓山区
78	浦东桥	宋	古建筑	1986	晋安区
79	升山寺	清	古遗址	1986	晋安区
80	大王庙（“二三”革命会址）	清	近现代重要史迹及代表性建筑	1986	晋安区
81	牛山石阶路	宋	古遗址	1992	晋安区
82	横屿宋井群	宋	古建筑	1992	晋安区
83	林聪彝墓	清	近现代重要史迹及代表性建筑	1992	晋安区
84	王仁堪墓（状元墓）	清	近现代重要史迹及代表性建筑	1992	晋安区
85	光华境	清	古建筑	1992	晋安区
86	战坂境	清	古建筑	1992	晋安区
87	竹屿木牌坊	明	古建筑	1992	晋安区
88	圣泉寺大殿	明	古建筑	1995	晋安区
89	阮公祠	清	古建筑	1995	晋安区
90	后屿烈士陵园	1965	近现代重要史迹及代表性建筑	1995	晋安区
91	小北岭古驿道	宋	古遗址	1995	晋安区
92	森林公园摩崖石刻	宋	石窟寺及石刻	1995	晋安区
93	杜溪桥	宋	古建筑	1995	晋安区
94	万国公益社	清末	近现代重要史迹及代表性建筑	1995	晋安区

续 表

序号	名称	年代	类别	公布日期	所属区县
95	宜夏别墅	清末	近现代重要史迹及代表性建筑	1995	晋安区
96	九峰寺	清	古建筑	1995	晋安区
97	白云洞（良心寺）	明	古建筑	1998	晋安区
98	五贤祠	清	古建筑	1998	晋安区
99	东际桥	宋	古建筑	1998	晋安区
100	更衣亭	明、清	古建筑	1998	晋安区
101	水云亭	清	古建筑	1998	晋安区
102	大北岭古驿道	宋	古遗址	1998	晋安区
103	象山摩崖石刻	清	石窟寺及石刻	1998	晋安区
104	刘齐衔墓	清	近现代重要史迹及代表性建筑	1998	晋安区
105	康山庙	清	古建筑	1998	晋安区
106	杨真君祖殿	清	古建筑	1998	晋安区
107	坊兜桥	宋	古建筑	1998	晋安区
108	登云石桥	宋	古建筑	1998	晋安区
109	蒲岭宋井	宋	古建筑	1998	晋安区
110	赵公俊墓	宋	古墓葬	1998	晋安区
111	独屏盾山摩崖石刻	宋	石窟寺及石刻	1998	晋安区
112	宜夏别墅	清末	近现代重要史迹及代表性建筑	1998	晋安区
113	翠微寺	清	古建筑	1998	晋安区
114	芙蓉山摩崖石刻	宋	石窟寺及石刻	1998	晋安区
115	佛舍岭石磴路	宋	古遗址	2002	晋安区
116	鳝溪吴氏宗祠	明	古建筑	2002	晋安区
117	松山毓麟宫	清	古建筑	2002	晋安区

序号	名 称	年 代	类 别	公布日期	所属区县
118	林元珠故居	清	古建筑	2002	晋安区
119	黄培松墓	1925	近现代重要史迹及代表性建筑	2002	晋安区
120	陈锐墓	宋	古墓葬	2002	晋安区
121	登云石磴路	宋、清	古遗址	2002	晋安区
122	红军烈士墓	1934	近现代重要史迹及代表性建筑	2002	晋安区
123	岭头门抗日战争烈士墓	1941	近现代重要史迹及代表性建筑	2002	晋安区
124	寿山石矿洞遗址（坑头水晶矿洞、都成坑琪源矿洞遗址）	明、民国	古遗址	2002	晋安区
125	五里亭	清	古建筑	2009	晋安区
126	孙氏宗祠	清	古建筑	2009	晋安区
127	陈兆翱墓	清	古墓葬	2017	晋安区
128	长柄铁冶场	宋	古遗址	1986	马尾区
129	长柄宋窑址	宋	古遗址	1986	马尾区
130	林述庆故居	清	近现代重要史迹及代表性建筑	1986	马尾区
131	朱子祠	清	古建筑	1986	马尾区
132	金牌炮台	清	近现代重要史迹及代表性建筑	1986	马尾区
133	塘湾民城遗址	明	古遗址	1992	马尾区
134	状元帽摩崖石刻	宋、明	石窟寺及石刻	1992	马尾区
135	东岐黄氏宗祠	清	古建筑	1995	马尾区
136	郑岐峰家族墓	明	古墓葬	1995	马尾区
137	董廷钦墓	明	古墓葬	1995	马尾区

续 表

序号	名 称	年 代	类 别	公布日期	所属区县
138	董氏宗祠	明	古建筑	1995	马尾区
139	舒啸台摩崖石刻群	明	石窟寺及石刻	1996	马尾区
140	陈孝宜故居	清	古建筑	1996	马尾区
141	林硕墓	明	古墓葬	1996	马尾区
142	晦翁摩崖石刻	宋	石窟寺及石刻	1996	马尾区
143	衙前陈氏宗祠	清	古建筑	1996	马尾区
144	陈文肃墓附属文物 凤山陈氏宗祠	明	古墓葬 / 古建筑	1998	马尾区
145	上岐江氏宗祠	清	古建筑	1998	马尾区
146	昭烈王庙	清	古建筑	1998	马尾区
147	嘉登泰山庙	宋	古建筑	1998	马尾区
148	林氏家祠（紫微堂）	清	古建筑	1999	马尾区
149	琅山朱氏宗祠暨朱榕窗墓	清	古建筑 / 古墓葬	1999	马尾区
150	义湖开湖碑	明	石窟寺及石刻	1999	马尾区
151	凤窝里街古井	南宋	石窟寺及石刻	1999	马尾区
152	象洋村王氏宗祠 （及王助纪念馆）	清	古建筑	2000	马尾区
153	通济王宫	清	古建筑	2000	马尾区
154	凤翥白马尊王庙 （附属文物庐江何氏宗祠）	清	古建筑	2000	马尾区
155	罗溪董海门题刻	明	石窟寺及石刻	2000	马尾区
156	海屿天后宫	清	古建筑	2000	马尾区
157	磨溪摩崖题刻群	唐、宋、 清、民国	石窟寺及石刻	2001	马尾区
158	赵世资墓（附属文物赵氏宗祠）	清	古墓葬	2001	马尾区
159	陈正庵墓	清	古墓葬	2001	马尾区
160	陈可琛墓	清	古墓葬	2001	马尾区
161	海屿翁氏古墓葬	清	古墓葬	2001	马尾区
162	金砂大王宫	清	古建筑	2001	马尾区

序号	名 称	年 代	类 别	公布日期	所属区县
163	凤窝大安祖社（附属文物朱氏宗祠）	清	古建筑	2001	马尾区
164	上岐张氏宗祠	清	古建筑	2006	马尾区
165	陈氏宗祠	清	古建筑	2006	马尾区
166	陈明良殉难处	清	近现代重要史迹及代表性建筑	2006	马尾区
167	王有树、王助故居	清	古建筑	2006	马尾区
168	飞泉寺	清	石窟寺及石刻	2006	马尾区
169	东岐江氏宗祠（附属文物江罗山墓）	清	古建筑	2006	马尾区
170	唐仰云墓	明	古墓葬	2006	马尾区
171	金砂陈氏宗祠	清	古建筑	2006	马尾区
172	云龙叶氏宗祠	清	古建筑	2006	马尾区
173	海屿翁氏宗祠	明	古建筑	2006	马尾区
174	下岐董氏明代古墓群	明	古墓葬	2006	马尾区
175	凤窝朱、刘氏明清古墓群	明、清	古墓葬	2006	马尾区
176	吴庄林氏寿房支祠	清	古建筑	2006	马尾区
177	南兜哪吒庙	清	古建筑	2006	马尾区
178	三溪大桥	宋	石建筑	1985	长乐区
179	竹林禅寺	清	古建筑	1986	长乐区
180	西兴寺叠翠岩	明、清	古建筑	1986	长乐区
181	宋苏才翁龙潭石刻	宋	石窟寺及石刻	1986	长乐区
182	桃源洞米芾石刻	宋	石窟寺及石刻	1986	长乐区
183	观察第	明	古建筑	1986	长乐区
184	太平桥	明	古建筑	1986	长乐区
185	奎光阁	清	古建筑	1986	长乐区
186	陈容墓	宋	古墓葬	1986	长乐区
187	六平山摩崖石刻	宋、明、清	石窟寺及石刻	1986	长乐区

续 表

序号	名 称	年 代	类 别	公布日期	所属区县
188	荔支冈摩崖石刻	唐、宋、明	石窟寺及石刻	1986	长乐区
189	旗人街	清	古建筑	1986	长乐区
190	云门寺	明	古建筑	1986	长乐区
191	仙字岩摩崖石刻	宋	石窟寺及石刻	1986	长乐区
192	朝元观摩崖石刻	明	石窟寺及石刻	1986	长乐区
193	灵峰寺摩崖石刻	唐、宋、明	石窟寺及石刻	1986	长乐区
194	鸣琴洞摩崖石刻	宋、元	石窟寺及石刻	1986	长乐区
195	石门文昌祠石刻	清	石窟寺及石刻	1986	长乐区
196	闽中游击队司令部故址、福建省委旧址	近代	近现代重要史迹及代表性建筑	1986	长乐区
197	龙泉寺	唐	古建筑	1986	长乐区
198	云龙桥	宋	古建筑	1986	长乐区
199	晦翁岸摩崖石刻	宋、明	石窟寺及石刻	1986	长乐区
200	南岸炮台	清	古建筑	1986	长乐区
201	蔡夫人庙	明、清	古建筑	1986	长乐区
202	闽海战役松下抗日阵亡军民公墓	近代	近现代重要史迹及代表性建筑	1986	长乐区
203	松江地界碑、松下长融交界碑	明	石窟寺及石刻	1986	长乐区
204	龙翔峰摩崖石刻	明	石窟寺及石刻	1986	长乐区
205	金刚腿	近代	石窟寺及石刻	1987	长乐区
206	李骐祠	明	古建筑	1987	长乐区
207	元台碑	宋	石窟寺及石刻	1987	长乐区
208	宋杨梦斗纪念祠及墓	明、清	古建筑	1987	长乐区
209	新宁桥	宋	古建筑	1995	长乐区
210	郑性之神道	清	古墓葬	1995	长乐区
211	林慎思墓	唐	古墓葬	1995	长乐区

序号	名 称	年 代	类 别	公布日期	所属区县
212	陈弼夫墓	清	古墓葬	1995	长乐区
213	中共玉田支部旧址（玉田郑氏宗祠）	近代	近现代重要史迹及代表性建筑	1995	长乐区
214	郑世威墓	清	古墓葬	1995	长乐区
215	陈时范第宅	明	古建筑	1998	长乐区
216	林山墓	明	古墓葬	1998	长乐区
217	柯尚迁墓	明	古墓葬	1998	长乐区
218	郑锡文墓	明	古墓葬	1998	长乐区
219	江田抗日六烈士墓	现代	近现代重要史迹及代表性建筑	1998	长乐区
220	漳港抗敌死难同胞纪念碑	现代	近现代重要史迹及代表性建筑	1998	长乐区
221	东屿文殊禅寺	唐	古建筑	1998	长乐区
222	石磐墓	明	古墓葬	1998	长乐区
223	陈复升墓	明	古墓葬	1998	长乐区
224	陈玉墓	明	古墓葬	1998	长乐区
225	明状元马铎第宅	明	古建筑	1998	长乐区
226	德成岩	宋	石窟寺及石刻	1998	长乐区
227	石梁墓	明	古墓葬	1998	长乐区
228	林慎思祠	唐	古建筑	2001	长乐区
229	明状元陈谨墓	明	古墓葬	2001	长乐区
230	梅花城	明	古建筑	2001	长乐区
231	梅花调羹境林位宫	明	古建筑	2001	长乐区
232	梅花乡约所	清	古建筑	2001	长乐区
233	桃源干训班旧址	近代	近现代重要史迹及代表性建筑	2001	长乐区

续 表

序号	名 称	年 代	类 别	公布日期	所属区县
234	兴龙碑	宋	石窟寺及石刻	2001	长乐区
235	宋大儒黄勉斋特祠	清	古建筑	2002	长乐区
236	江夏黄氏宗祠	清	古建筑	2002	长乐区
237	宋理学名家大儒文肃公宗祠	清	古建筑	2002	长乐区
238	瀛洲寺	近代	古建筑	2003	长乐区
239	营前新街（厦门街）	近代	古建筑	2003	长乐区
240	陶江义姑墓	宋	古墓葬	2007	长乐区
241	文石天妃庙	明、清	古建筑	2007	长乐区
242	么忠堂	宋	古建筑	2010	长乐区
243	林津龙墓	宋	古墓葬	2010	长乐区
244	明教堂	宋	古建筑	2010	长乐区
245	黄应恩墓	明	古墓葬	2010	长乐区
246	吴航城隍庙	清	古墓葬	2019	长乐区
247	鹤上取青桥	清	古墓葬	2019	长乐区
248	青山三元桥	宋、明、清	古墓葬	2019	长乐区
249	古槐行相桥	明	古墓葬	2019	长乐区
250	玉田龙首桥	宋	古墓葬	2019	长乐区
251	窗厦栖云桥	唐	古建筑	1989	高新区
252	新洲将军庙	明清	古建筑	1989	高新区
253	新洲彭城金氏宗祠	清、民国	古建筑	1995	高新区
254	新联合浦桥	宋	古建筑	2003	高新区
255	中溪林春泽墓	明	古墓葬	2006	高新区
256	南旗蕉府行宫	清	古建筑	2006	高新区
257	豆区园	明	古建筑	1981	福清市
258	闲云石	明	石窟寺及石刻	1981	福清市
259	福清市革命烈士陵园	现代	近现代重要史迹及代表性建筑	1981	福清市

序号	名 称	年 代	类 别	公布日期	所属区县
260	龙山祝圣宝塔	宋	古建筑	1981	福清市
261	紫云宝塔	明	古建筑	1981	福清市
262	石竹道院	唐	古建筑	1981	福清市
263	瑞岩寺	宋	古建筑	1981	福清市
264	宋窑遗址	宋	古遗址	1981	福清市
265	灵石禅寺	唐	古建筑	1981	福清市
266	显济庙	宋	古建筑	1981	福清市
267	蹑云桥	宋	古建筑	1981	福清市
268	鳌江宝塔	明	古建筑	1981	福清市
269	万福禅寺	唐	古建筑	1981	福清市
270	灵溪宫	清	古建筑	1981	福清市
271	迎潮塔	明	古建筑	1981	福清市
272	龙高革命烈士纪念碑	现代	近现代重要史迹及代表性建筑	1981	福清市
273	万安城遗址	明	古遗址	1981	福清市
274	万安祝圣宝塔	明	古建筑	1981	福清市
275	宋井（瑞亭古井）	宋	古建筑	1988	福清市
276	龙首桥	宋	古建筑	1988	福清市
277	陈伯谅牌坊	明	古建筑	1988	福清市
278	东漈寺	明	近现代重要史迹及代表性建筑	1988	福清市
279	余长钺烈士纪念碑	现代	近现代重要史迹及代表性建筑	1988	福清市
280	叶向高题刻	明	石窟寺及石刻	1988	福清市
281	通江门（海口遗址）	明	古遗址	1988	福清市
282	五龙塔桥	明	古建筑	1988	福清市

续 表

序号	名 称	年 代	类 别	公布日期	所属区县
283	龙卧禅寺	明	古建筑	1988	福清市
284	波澜桥	明	古建筑	1988	福清市
285	仙井岩摩崖石刻	明	石窟寺及石刻	1988	福清市
286	金刚幢及碑文	清	古墓葬	1988	福清市
287	欧阳修题刻	宋	石窟寺及石刻	1988	福清市
288	黄有才墓	清	古墓葬	1988	福清市
289	武当别院	明	古建筑	1988	福清市
290	桥尾桥	宋	古建筑	1988	福清市
291	薛曾墓	明	古墓葬	1988	福清市
292	叶氏宗祠	明	古建筑	1988	福清市
293	吴氏宗祠	清	古建筑	1999	福清市
294	林则徐祖居和古井	明末清初	古建筑	1999	福清市
295	文武名祠	明	古建筑	1999	福清市
296	福庐石仙造像	明	石窟寺及石刻	1999	福清市
297	瑞岩山摩崖题刻群	宋、元	石窟寺及石刻	2016	福清市
298	琯口陞平人瑞坊	清	古建筑	2016	福清市
299	灵石山曹源大师塔墓	清	古墓葬	2016	福清市
300	石坑碇步桥	明、清	古建筑	2016	福清市
301	龙屿碇步桥	明、清	古建筑	2016	福清市
302	黄定墓	宋	古墓葬	2016	福清市
303	东山大招桥	清	古建筑	2016	福清市
304	黄檗山僧人塔墓群	明、清	古墓葬	2016	福清市
305	江兜昭灵庙	清	古建筑	2016	福清市
306	万安烽火台	明	古遗址	2016	福清市
307	石溪沁园六扇邸	民国	古建筑	2019	福清市
308	草堂山书院遗址	明、清	古建筑	2019	福清市
309	灵济宫	明至民国	古建筑	1989	闽侯县
310	灵光桥	宋	古建筑	1989	闽侯县

序号	名 称	年 代	类 别	公布日期	所属区县
311	三溪桥	清	古建筑	1989	闽侯县
312	诸天宫	清	古建筑	1989	闽侯县
313	大湖分县衙	清	古建筑	1989	闽侯县
314	十四门桥	宋	古建筑	1989	闽侯县
315	良地银矿遗址	宋至明	古遗址	1989	闽侯县
316	龚文波墓	清	古墓葬	1989	闽侯县
317	横列窑址	宋	古遗址	1989	闽侯县
318	龟山阁	明	古建筑	1989	闽侯县
319	林森故居	清、民国	近现代重要史迹及代表性建筑	1989	闽侯县
320	林白水陵园	1985	近现代重要史迹及代表性建筑	1989	闽侯县
321	榕荫桥	宋至清	古建筑	1989	闽侯县
322	苏洲桥	民国	近现代重要史迹及代表性建筑	1989	闽侯县
323	芹岩寺	元至清	古建筑	1989	闽侯县
324	古洋遗址	商周	古遗址	1989	闽侯县
325	牛头山遗址	新石器时代	古遗址	1989	闽侯县
326	雪峰崇圣禅寺（大殿）	唐至清	古建筑	1989	闽侯县
327	九条金带墓群	明	古墓葬	1989	闽侯县
328	宏屿桥	唐	古建筑	1992	闽侯县
329	宏屿古井	宋	古建筑	1992	闽侯县
330	三峰寺、鼓响桥	元至清	古建筑	1992	闽侯县
331	大义陈氏祠堂	明、清	古建筑	1992	闽侯县
332	杨厝祠堂	明、清	古建筑	1992	闽侯县
333	溪源宫摩崖石刻	明、清	古石刻	1992	闽侯县

续 表

序号	名 称	年 代	类 别	公布日期	所属区县
334	永奋永襄厝	清	古建筑	1992	闽侯县
335	江山陈氏支祠	清	古建筑	1992	闽侯县
336	溪源寨土楼	清	古建筑	1992	闽侯县
337	六君殿	宋至清	古建筑	1995	闽侯县
338	茂峰寺	明、清	古建筑	1995	闽侯县
339	穆岭寺	明至清	古建筑	1995	闽侯县
340	泰山宫	明至清	古建筑	1995	闽侯县
341	凤池张氏支祠	清	古建筑	1995	闽侯县
342	宏屿吴氏宗祠	明至民国	古建筑	1995	闽侯县
343	程赟墓	唐至明	古墓葬	1999	闽侯县
344	张睦墓	唐代、明代	古墓葬	1999	闽侯县
345	仙洋闽越王庙	明、清	古建筑	1999	闽侯县
346	永丰闽越王庙	明、清	古建筑	1999	闽侯县
347	文山陈氏宗祠	明至民国	古建筑	1999	闽侯县
348	都巡许氏宗祠	清代	古建筑	1999	闽侯县
349	城隍庙	明、清	古建筑	1999	闽侯县
350	荆山境	明、清	古建筑	2003	闽侯县
351	黄仿冶墓	清	古墓葬	2003	闽侯县
352	岐山寺	唐至清	古建筑	2003	闽侯县
353	西井林氏宗祠	明	古建筑	2003	闽侯县
354	“昇平人瑞”坊	清	古建筑	2003	闽侯县
355	石岗都督府	清	古建筑	2003	闽侯县
356	苏坂北社	民国	古建筑	2006	闽侯县
357	泽江张氏宗祠	民国	古建筑	2006	闽侯县
358	陈璧故居	清	古建筑	2006	闽侯县
359	宋少保方公祠	民国	古建筑	2006	闽侯县
360	大本厝	清	古建筑	2006	闽侯县

序号	名 称	年 代	类 别	公布日期	所属区县
361	黄觉民故居	清	古建筑	2006	闽侯县
362	南山极乐寺	清	古建筑	2013	闽侯县
363	佛日圆明院	清	古建筑	2013	闽侯县
364	尚锦天王宫	清	古建筑	2013	闽侯县
365	池坑聂氏祖屋	明	古建筑	2013	闽侯县
366	罗洲自钿厝	民国	古建筑	2013	闽侯县
367	火炬许氏大厝	清	古建筑	2013	闽侯县
368	上寨江章文厝	清	古建筑	2013	闽侯县
369	张淦故居	清	古建筑	2013	闽侯县
370	登瀛桥	清	古建筑	2013	闽侯县
371	泰山桥	民国	古建筑	2013	闽侯县
372	蕉溪桥	民国	古建筑	2013	闽侯县
373	角洋张梦张氏祖居	明	古建筑	2019	闽侯县
374	角洋铁铜溪古驿道	宋至清	古遗址	2019	闽侯县
375	赤塘山遗址	商周至宋	古遗址	2019	闽侯县
376	关西洁比幽兰坊	清	古建筑	2019	闽侯县
377	红星淘江、陶南书院旧址	清、民国	古建筑	2019	闽侯县
378	中岩寺	明	古建筑	1961	连江县
379	连江县革命烈士纪念碑（烈士陵园）	1957	近现代重要史迹及代表性建筑	1961	连江县
380	荷山寺	明	古建筑	1961	连江县
381	云居寺	明	古建筑	1961	连江县
382	“海上飞来”石岩刻	明	石窟寺及石刻	1961	连江县
383	下庵寺	明	古建筑	1961	连江县
384	玉泉寺	明	古建筑	1961	连江县
385	青芝寺	明	古建筑	1961	连江县
386	余氏墓祠	明	古墓葬	1961	连江县
387	魁岐窑址	宋	古遗址	1961	连江县

续 表

序号	名 称	年 代	类 别	公布日期	所属区县
388	浦口窑址	宋	古遗址	1961	连江县
389	杨而菖烈士议事处遗址	1934	近现代重要史迹及代表性建筑	1961	连江县
390	陈玺墓	明	古墓葬	1961	连江县
391	游涟墓	明	古墓葬	1961	连江县
392	“二三”革命纪念碑	1957	近现代重要史迹及代表性建筑	1980	连江县
393	杨而菖墓	1957	近现代重要史迹及代表性建筑	1980	连江县
394	覆釜寺（旧址）	明	古遗址	1980	连江县
395	玉华寺	明	古建筑	1980	连江县
396	品岩寺	清	古建筑	1980	连江县
397	含光寺	清	古建筑	1980	连江县
398	关公亭	清	古建筑	1980	连江县
399	庐峰寺	清	古建筑	1980	连江县
400	庐峰井	宋	古建筑	1980	连江县
401	戚军井	明	古建筑	1980	连江县
402	烽火台	明	古建筑	1980	连江县
403	铁竹篙	明末清初	古遗址	1980	连江县
404	后周御史孙公墓	后周	古墓葬	1980	连江县
405	朱子祠	明	古建筑	1980	连江县
406	报慈寺	清	古建筑	1984	连江县
407	定海城堡	明	古遗址	1984	连江县
408	琉球国墓	清	古墓葬	1984	连江县
409	养拙草堂	民国	近现代重要史迹及代表性建筑	1984	连江县

序号	名 称	年 代	类 别	公布日期	所属区县
410	温麻庙	清	古建筑	1984	连江县
411	妈祖庙	清	古建筑	1995	连江县
412	光复会故址棋盘堂	清	近现代重要史迹及代表性建筑	2000	连江县
413	洪塘龙潭石刻	明至民国	石窟寺及石刻	2000	连江县
414	七里探花府	清	古建筑	2000	连江县
415	龙宫庙	清	古建筑	2000	连江县
416	龙头烽火台	明	古建筑	2000	连江县
417	长龙广应寺	明	古建筑	2000	连江县
418	赵恢家庙	清	古建筑	2000	连江县
419	透堡杨氏宗祠	明	古建筑	2000	连江县
420	定海城隍庙	明、清	古建筑	2000	连江县
421	中逢贞节坊	清	古建筑	2000	连江县
422	透堡暴动遗址（林氏宗祠）	1933	近现代重要史迹及代表性建筑	2000	连江县
423	东洛岛水下沉船遗址	宋、元	古遗址	2005	连江县
424	董氏宗祠	明	古建筑	2006	连江县
425	孙氏宗祠	明	古建筑	2006	连江县
426	陈氏宗祠	明	古建筑	2006	连江县
427	灵椿庵	清	古建筑	2006	连江县
428	郑氏祖祠	清	古建筑	2010	连江县
429	东湖乡苏维埃政府办公地——郑氏宗祠	清	近现代重要史迹及代表性建筑	2018	连江县
430	宝林刘在庵宋墓	南宋	古墓葬	2018	连江县
431	贵安朱文公祠	清	古建筑	2018	连江县
432	蒲边志愿队旧址“丁家祠堂”	清	古建筑	2018	连江县
433	定海海潮寺	清	古建筑	2019	连江县

续 表

序号	名 称	年 代	类 别	公布日期	所属区县
434	安凯乡通仙庆丰桥	宋	古建筑	2019	连江县
435	台山石塔	清	古建筑	1981	闽清县
436	白云山石碑	宋	石窟寺及石刻	1981	闽清县
437	白岩山风景区	清	其他	1982	闽清县
438	梅溪坪题刻	宋至清	石窟寺及石刻	1985	闽清县
439	白云寺	清	古建筑	1985	闽清县
440	芝田宫	清	古建筑	1992	闽清县
441	金沙堂	清	古建筑	1992	闽清县
442	洞灵桥	清至民国	古建筑	1992	闽清县
443	王公庙	清	古建筑	1992	闽清县
444	武功庙	明至清	古建筑	1992	闽清县
445	文昌阁	清	古建筑	1992	闽清县
446	文泉书院	清	古建筑	1992	闽清县
447	文昌宫	清	古建筑	1992	闽清县
448	留云石刻	宋	石窟寺及石刻	1992	闽清县
449	六叶祠	民国	近现代重要史迹及代表性建筑	1998	闽清县
450	娘寨	清	古建筑	2019	闽清县
451	良衡厝	清	古建筑	2019	闽清县
452	学龙厝	清	古建筑	2019	闽清县
453	洋里桥	明	古建筑	2019	闽清县
454	横溪卢公堂	明	古建筑	2019	闽清县
455	横溪泗洲亭	清	古建筑	2019	闽清县
456	桥东大王宫	清	古建筑	2019	闽清县
457	温汤廊屋桥	清	古建筑	2019	闽清县
458	冬畴寨	清	古建筑	2019	闽清县
459	典利厝	清	古建筑	2019	闽清县
460	圣水寺	清	古建筑	1980	罗源县

序号	名 称	年 代	类 别	公布日期	所属区县
461	万寿塔	清	古建筑	1980	罗源县
462	烈士陵园	现代	近现代重要史迹及代表性建筑	1980	罗源县
463	才翁石	宋	石窟寺及石刻	1980	罗源县
464	宋墓葬	宋	古墓葬	1980	罗源县
465	巽峰塔	明	古建筑	1980	罗源县
466	碧岩寺	清	古建筑	1980	罗源县
467	石香炉	元	石窟寺及石刻	1980	罗源县
468	烈女坊	清	古建筑	1986	罗源县
469	节孝坊	清	古建筑	1986	罗源县
470	东山宫	清	古建筑	1986	罗源县
471	新福宫	清	古建筑	1986	罗源县
472	天后宫	明	古建筑	1986	罗源县
473	小云宫	清	古建筑	1986	罗源县
474	曹山寺	清	古建筑	1986	罗源县
475	未婚节孝坊	清	古建筑	1986	罗源县
476	尤光被墓	明	古墓葬	1986	罗源县
477	吴型山墓	清	近现代重要史迹及代表性建筑	1986	罗源县
478	白马寺	清	古建筑	1986	罗源县
479	中国工农红军北上抗日总指挥部旧址	近现代	近现代重要史迹及代表性建筑	2001	罗源县
480	久安桥	清	古建筑	2001	罗源县
481	旗杆厝	清	古建筑	2001	罗源县
482	福寿桥	宋	古建筑	2001	罗源县
483	王认桥	宋	古建筑	2001	罗源县

续 表

序号	名 称	年 代	类 别	公布日期	所属区县
484	黄氏宗祠	现代	近现代重要史迹及代表性建筑	2004	罗源县
485	林九娘墓	元	古墓葬	2007	罗源县
486	瑞云寺海会塔	宋	古建筑	2007	罗源县
487	城隍庙	宋	古建筑	2017	罗源县
488	林可彝故居	清	近现代重要史迹及代表性建筑	2017	罗源县
489	蓝氏宗祠	清	古建筑	2017	罗源县
490	梧桐 33 号古民居	清	近现代重要史迹及代表性建筑	2017	罗源县
491	护国小塔	宋	古建筑	2017	罗源县
492	文庙	清	古建筑	1987	永泰县
493	重光寺	清	古建筑	1987	永泰县
494	能仁寺	清	古建筑	1987	永泰县
495	麟瑞阁	清	古建筑	1987	永泰县
496	太原石刻	宋	石窟寺及石刻	1994	永泰县
497	龙山堂	清	古建筑	1994	永泰县
498	五显宫	清	古建筑	1994	永泰县
499	张元干祖居地	明	古建筑	1997	永泰县
500	黄氏名祠	清	古建筑	2001	永泰县
501	郑登光故居	清	古建筑	2001	永泰县
502	汪氏宗祠	清	古建筑	2001	永泰县
503	大圣庙	清	古建筑	2007	永泰县
504	杜申故居	明	古建筑	2007	永泰县
505	白云黄氏宗祠	清	古建筑	2007	永泰县
506	同安张氏宗祠	清	古建筑	2007	永泰县

序号	名 称	年 代	类 别	公布日期	所属区县
507	盘谷张氏宗祠	清	古建筑	2007	永泰县
508	张元干故居（世科里）	清	古建筑	2007	永泰县
509	土厝	清	古建筑	2007	永泰县
510	锦安黄氏宗祠	清	古建筑	2013	永泰县
511	方氏宗祠	清	古建筑	2013	永泰县
512	余氏宗祠	明	古建筑	2013	永泰县
513	北山寨	清	古建筑	2016	永泰县
514	岳家庄	清	古建筑	2016	永泰县
515	宝善庄	清	古建筑	2016	永泰县
516	容就庄	清	古建筑	2016	永泰县
517	香远堂	清	古建筑	2016	永泰县
518	祥福堂	清	古建筑	2016	永泰县
519	新安庄	清	古建筑	2016	永泰县
520	珠峰寨	清	古建筑	2016	永泰县
521	福隆居	清	古建筑	2016	永泰县
522	巫洋寨	清	古建筑	2016	永泰县
523	文昌阁	清	古建筑	2016	永泰县
524	九座寺	清	古建筑	2016	永泰县
525	光德庄	清末民初	古建筑	2017	永泰县
526	高阳温氏太祖墓	宋	古墓葬	2017	永泰县
527	紫山堂	清	古建筑	2017	永泰县
528	盘谷积善堂	清	古建筑	2017	永泰县
529	惜字坛	清	石窟寺及石刻	2017	永泰县
530	天台寺遗址	宋	古遗址	2017	永泰县

二、福州市各级传统村落名单

（一）福州市中国传统村落

序号	名　称	类　别	年　代
1	城门镇林浦村	2019 年 6 月	仓山区
2	亭江镇闽安村	2012 年 12 月	马尾区
3	航城街道琴江村	2012 年 12 月	长乐区
4	南岭镇大山村食菜厝村	2014 年 11 月	福清市
5	一都镇东山村	2019 年 6 月	福清市
6	梅溪镇桥东村	2016 年 12 月	闽清县
7	坂东镇新壶村	2016 年 12 月	闽清县
8	中房镇深坑村	2014 年 11 月	罗源县
9	中房岭兜村	2016 年 12 月	罗源县
10	飞竹镇塔里洋村	2016 年 12 月	罗源县
11	中房镇林家村	2019 年 6 月	罗源县
12	中房镇吉际村	2019 年 6 月	罗源县
13	中房镇满盾村	2019 年 6 月	罗源县
14	中房镇厚富村	2019 年 6 月	罗源县
15	嵩口镇月洲村	2014 年 11 月	永泰县
16	嵩口镇中山村	2014 年 11 月	永泰县
17	盖洋乡盖洋村	2014 年 11 月	永泰县
18	嵩口镇溪口村	2016 年 12 月	永泰县
19	嵩口镇月阙村	2016 年 12 月	永泰县
20	嵩口镇道南村	2016 年 12 月	永泰县
21	嵩口镇芦洋村	2016 年 12 月	永泰县
22	嵩口镇漈头村	2019 年 6 月	永泰县
23	嵩口镇赤水村	2019 年 6 月	永泰县
24	梧桐镇椿阳村	2019 年 6 月	永泰县
25	梧桐镇后溪村	2019 年 6 月	永泰县
26	梧桐镇潼关村	2019 年 6 月	永泰县

续 表

序号	名 称	类 别	年 代
27	葛岭镇巫洋村	2019 年 6 月	永泰县
28	长庆镇中埔村	2019 年 6 月	永泰县
29	同安镇同安村	2019 年 6 月	永泰县
30	同安镇三捷村	2019 年 6 月	永泰县
31	大洋镇大展村	2019 年 6 月	永泰县
32	岭路乡长坑村	2019 年 6 月	永泰县
33	栿口乡山寨村	2019 年 6 月	永泰县
34	栿口乡紫山村	2019 年 6 月	永泰县
35	盖洋乡珠峰村	2019 年 6 月	永泰县
36	盖洋乡湖里村	2019 年 6 月	永泰县
37	盖洋乡前湖村	2019 年 6 月	永泰县
38	盖洋乡碓头村	2019 年 6 月	永泰县
39	东洋乡周坑村	2019 年 6 月	永泰县
40	东洋乡东洋村	2019 年 6 月	永泰县
41	霞拔乡下园村	2019 年 6 月	永泰县
42	霞拔乡锦安村	2019 年 6 月	永泰县
43	白云乡寨里村	2019 年 6 月	永泰县
44	白云乡石岸村	2019 年 6 月	永泰县
45	白云乡白云村	2019 年 6 月	永泰县
46	丹云乡赤岸村	2019 年 6 月	永泰县
47	丹云乡翠云村	2019 年 6 月	永泰县

（二）福州市省级传统村落

序号	名 称	类 别	年 代
1	江田镇三溪村	2014 年 12 月	长乐区
2	新厝镇江兜村	2014 年 12 月	福清市
3	龙田镇山利村	2014 年 12 月	福清市
4	渔溪镇陈白村	2014 年 12 月	福清市
5	一都镇一都村	2017 年 8 月	福清市
6	一都镇普礼村	2017 年 8 月	福清市
7	黄岐镇古石村	2017 年 8 月	连江县
8	塔庄镇炉溪村	2014 年 12 月	闽清县
9	金沙镇上演村	2014 年 12 月	闽清县
10	金沙镇广峰村	2014 年 12 月	闽清县
11	下祝乡洋边村	2014 年 12 月	闽清县
12	下祝乡洋头村	2014 年 12 月	闽清县
13	坂东镇文定村	2014 年 12 月	闽清县
14	坂东镇坂中村坂后自然村	2014 年 12 月	闽清县
15	省璜镇山边村	2014 年 12 月	闽清县
16	省璜镇良寨村	2014 年 12 月	闽清县
17	省璜镇省璜村	2014 年 12 月	闽清县
18	白樟镇下炉村	2014 年 12 月	闽清县
19	梅溪镇樟洋村	2014 年 12 月	闽清县
20	云龙乡后垅村	2014 年 12 月	闽清县
21	三溪乡上洋村	2017 年 8 月	闽清县
22	霍口镇福湖村	2014 年 12 月	罗源县
23	西兰乡洋坪村	2014 年 12 月	罗源县
24	飞竹镇丰余村	2014 年 12 月	罗源县
25	嵩口镇里洋村	2014 年 12 月	永泰县
26	大洋镇旗杆村	2014 年 12 月	永泰县
27	城峰镇凤星村	2014 年 12 月	永泰县

序号	名 称	类 别	年 代
28	城峰镇凤山洋村	2014年12月	永泰县
29	葛岭镇小洲村	2014年12月	永泰县
30	丹云乡翠竹村	2014年12月	永泰县
31	梧口乡梧口村	2014年12月	永泰县
32	白云乡北山村	2017年8月	永泰县
33	白云乡寨里村竹头寨自然村	2017年8月	永泰县
34	赤锡乡东坑村	2017年8月	永泰县
35	赤锡乡念后村	2017年8月	永泰县
36	黄坑自然村	2017年8月	永泰县
37	盖洋乡小洋村小洋自然村	2017年8月	永泰县
38	岭路乡对山村	2017年8月	永泰县
39	嵩口镇大喜村	2017年8月	永泰县
40	同安镇三捷村双溪自然村	2017年8月	永泰县
41	同安镇同安村阳谷自然村	2017年8月	永泰县
42	梧桐镇潼关村后元宫自然村	2017年8月	永泰县
43	梧桐镇三富村小喜自然村	2017年8月	永泰县
44	梧桐镇潼关行中洲自然村	2017年8月	永泰县
45	霞拔乡下园村旧厝自然村	2017年8月	永泰县
46	霞拔乡锦安村长万村自然村	2017年8月	永泰县
47	霞拔乡锦安村翰阳自然村	2017年8月	永泰县
48	长庆镇中铺村	2017年8月	永泰县
49	长庆镇上洋村	2017年8月	永泰县
50	清凉镇山田村文潭里自然村	2017年8月	永泰县
51	梧口乡梧村村车濑洋自然村	2017年8月	永泰县

后 记

福州为国家历史文化名城，文化底蕴丰厚，文物资源丰富。自新中国成立以来，福州尚无文物专志。1995 年 6 月，福州市文物管理局成立伊始，正逢中华人民共和国成立后第一轮《福州市志》开编，时任局长曾意丹主持编修《福州市志·文物篇》，列入《福州市志》，并于 1999 年由方志出版社出版，但未形成文物部门志。

2014 年，福州市文物局着手编纂《福州市文物志》，在系统总结福州地区第三次全国文物普查和第一次全国可移动文物普查工作成果的基础上，增加了近年文物调查新发现及研究成果。经过六年的艰苦努力，并经多次专家评议、调整编目、补充内容、修改完善，《福州市文物志》终付梓出版。作为福州市首部文物专志，全面记述福州市文物全貌以及新中国成立 70 年来的保护成就。

福州市文物局吴聿建局长主持本书的编纂工作，参与书稿的修改、审核、统稿。该书初稿由福州市政府原文化顾问黄启权先生组稿，杨小红女士协助。书稿未成，黄老先生却已仙逝，甚为憾事！何晓斌、陈毓彪、林魁、阮章魁、张春兰参与全书的编纂、增补和校对工作。感谢参与此书评审的卢美松、郑国珍、何经平、王培伦、王华南、杨勇、谢在华等领导、专家。感谢为本书编辑出版付出辛勤劳动的各基层文博单位和文博同仁。本志书相关资料由市博物馆、市林则徐纪念馆、市文物考古工作队及各县（市）区文体旅局提供，一部分照片由林振寿先生提供，在此一并致谢。

编纂《福州市文物志》是一项浩大工程，历史跨度大，涉及范围广，由于我们水平有限，书中不足与错误之处敬请读者不吝批评指正。

编 者

2020 年 10 月

图书在版编目（CIP）数据

福州市文物志 / 福州市文物局编；吴聿建主编. --福州：福建人民出版社，2020.12

ISBN 978-7-211-08504-0

Ⅰ.①福… Ⅱ.①福… ②吴… Ⅲ.①文物—概况—福州 Ⅳ.①K872.571

中国版本图书馆 CIP 数据核字（2020）第 144177 号

福州市文物志

FUZHOUSHI WENWU ZHI

主　　编：吴聿建
责任编辑：黄须友
出版发行：福建人民出版社　　**电　　话**：0591-87533169(发行部)
网　　址：http://www.fjpph.com　　**电子邮箱**：fjpph7211@126.com
地　　址：福州市东水路 76 号　　**邮政编码**：350001
经　　销：福建新华发行（集团）有限责任公司
印　　刷：福州万紫千红印刷有限公司
地　　址：福州市闽侯县南屿镇高岐安里 6 号
开　　本：787 毫米×1092 毫米　1/16
印　　张：25.75
字　　数：473 千字
版　　次：2020 年 12 月第 1 版
印　　次：2020 年 12 月第 1 次印刷
书　　号：ISBN 978-7-211-08504-0
定　　价：208.00 元